미래와 통하는 책

동양북스 외국어 베스트 도서

700만 독자의 선택!

새로운 도서, 다양한 자료
동양북스 홈페이지에서 만나보세요!

www.dongyangbooks.com
m.dongyangbooks.com

※ 학습자료 및 MP3 제공 여부는 도서마다 상이하므로 확인 후 이용 바랍니다.

홈페이지 도서 자료실에서 학습자료 및 MP3 무료 다운로드

PC

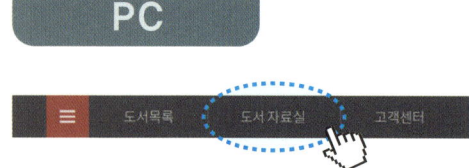

❶ 홈페이지 접속 후 도서 자료실 클릭
❷ 하단 검색 창에 검색어 입력
❸ MP3, 정답과 해설, 부가자료 등 첨부파일 다운로드
  * 원하는 자료가 없는 경우 '요청하기' 클릭!

MOBILE

* 반드시 '인터넷, Safari, Chrome' App을 이용하여 홈페이지에 접속해주세요. (네이버, 다음 App 이용 시 첨부파일의 확장자명이 변경되어 저장되는 오류가 발생할 수 있습니다.)

❶ 홈페이지 접속 후 ≡ 터치

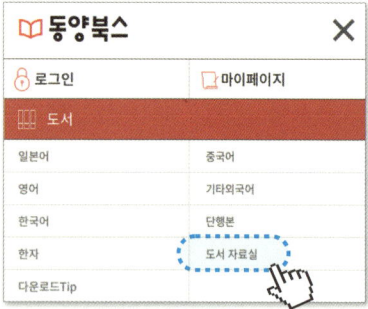

❷ 도서 자료실 터치

❸ 하단 검색창에 검색어 입력
❹ MP3, 정답과 해설, 부가자료 등 첨부파일 다운로드
  * 압축 해제 방법은 '다운로드 Tip' 참고

일본어 상용한자 2136 이거하나면 끝!

동양북스

초판 20쇄 | 2023년 8월 20일

지은이 | 이성순
발행인 | 김태웅
책임 편집 | 길혜진, 이선민
디자인 | 남은혜, 김지혜
일러스트 | 이윤정
마케팅 | 나재승
제　작 | 현대순

발행처 | ㈜동양북스
등　록 | 제 2014-000055호
주　소 | 서울시 마포구 동교로22길 14 (04030)
구입문의 | 전화 (02)337-1737　팩스 (02)334-6624
내용문의 | 전화 (02)337-1762　dybooks2@gmail.com

ISBN 978-89-8300-713-1　13730

ⓒ 이성순, 2011

▶ 본 책은 저작권법에 의해 보호를 받는 저작물이므로 무단 전재와 복제를 금합니다.
▶ 잘못된 책은 구입처에서 교환해 드립니다.
▶ 도서출판 동양북스에서는 소중한 원고, 새로운 기획을 기다리고 있습니다.
　http://www.dongyangbooks.com

머리말

 일본어 한자에는 문부과학성이 2010년 11월 30일에 새로이 지정한 2136자의 신 상용한자가 있다. 신 상용한자란 법령이나 공용문서, 신문, 방송, 잡지 등 일반 사회생활에서 쓰도록 권장하고 있는 한자로, 현대 일본어를 표기할 때의 한자 사용의 기준이 되고 있다.

 필자는 현재 일본 유학 시험(EJU) 대비 강좌를 하고 있다. 일본어 교재는 물론이고, 일본 신문이나 잡지 등의 일본어를 막힘없이 읽고 쓸 수 있는 단계의 수업이다. 그럼에도 불구하고 학생들이 써놓은 한자는 늘 어딘가 어색하다. 한자의 획의 방향이나 순서를 무시하고 모양만 비슷하게 쓰면 된다는 식이기 때문이다. 그러나 한자를 쓰는 데 있어서 획의 방향이나 획순은 매우 중요하다.

그래서 본서에서는 기존의 상용한자 1945자에서 5자가 삭제되고, 196자가 새로 추가되어 새로 개정된 신 상용한자 2136자를 중심으로 획 방향과 획 순서를 시각적으로 구성하여 누구나 알 수 있도록 하였다. 또한 총획만 알면 쉽게 찾을 수 있도록 총획 순으로 배열하였다. 수록된 예제 단어는 현재 실생활에서 많이 사용되고 있는 단어 위주로 구성하고, 문어체나 사용 빈도가 높지 않은 단어는 가능한 배제하였다.

 부디 이 책이 새로 개정된 신 상용한자 2136자를 익히는 데에 있어서 필자의 학생들과 일본어 학습자들에게 도움이 되기를 바라며, 이 책을 쓰도록 애써주신 동양북스에게 감사드린다.

저자 이성순

차 례

머리말	3	
차례	4	
일러두기	5	
일본어 한자에 대해	7	

1획	(0001, 0002)	14	13획	(1522~1693)	410
2획	(0003~0014)	14	14획	(1694~1809)	453
3획	(0015~0045)	17	15획	(1810~1930)	483
4획	(0046~0114)	26	16획	(1931~2008)	513
5획	(0115~0213)	44	17획	(2009~2051)	533
6획	(0214~0327)	70	18획	(2052~2090)	543
7획	(0328~0480)	100	19획	(2091~2114)	553
8획	(0481~0684)	140	20획	(2115~2125)	559
9획	(0685~0878)	195	21획	(2126~2131)	562
10획	(0879~1095)	246	22획	(2132~2134)	563
11획	(1096~1310)	301	23획	(2135)	564
12획	(1311~1521)	357	29획	(2136)	564

일본의 연중행사	566
비슷한 한자	568
일본인 성씨 읽기	587
일본의 역사시대와 연호	598
일본의 지명	599
찾아보기	602

일러두기

- 이 책은 일본문부과학성이 지정한 신 상용한자 2136자를 총획순으로(1~29획) 정리하였고, 획수가 같은 한자들은 다시 가나다순으로 배열하였습니다.
- 표제자(標題字)는 현재 일본에서 사용하고 있는 新字体(약자)로 표기하였습니다.
- 한자의 우리말 음과 훈은 한국어문회에서 지정한 대표음과 훈을 기준으로 작성하였습니다.
- 일본에서 만들어진 한자(国字)는 우리말 음과 훈 대신 [일본한자]로 표기하였습니다.
- 디자인의 차이에 의한 한자체 차이는 생략하고, 글자체의 차이에 의한 한자체는 별도 표기하였습니다.
- 교육한자는 2020년 4월 1일부터 문부과학성에 의해 시행된 小学校学習指導要領에 의해 기존의 1006자에서 1026자로 변경되었습니다.
- 의무교육에서 배우는 상용한자 2136자 중, 교육한자 1026자를 제외한 나머지 1110자는 중학교과정에서 배우도록 되어 있으나, 중학교에서 학습하는 학년구별은 되어 있지 않습니다.
- 변경된 교육한자의 "학년별 한자배당표"다음과 같습니다.

第 1학년 (80字) 一 右 雨 円 王 音 下 火 花 貝 学 気 九 休 玉 金 空 月 犬 見 五 口 校 左 三 山 子 四 糸 字 耳 七 車 手 十 出 女 小 上 森 人 水 正 生 青 夕 石 赤 千 川 先 早 草 足 村 大 男 竹 中 虫 町 天 田 土 二 日 入 年 白 八 百 文 木 本 名 目 立 力 林 六

第 2학년 (160字) 引 羽 雲 園 遠 何 科 夏 家 歌 画 回 会 海 絵 外 角 楽 活 間 丸 岩 顔 汽 記 帰 弓 牛 魚 京 強 教 近 兄 形 計 元 言 原 戸 古 午 後 語 工 公 広 交 光 考 行 高 黄 合 谷 国 黒 今 才 細 作 算 止 市 矢 姉 思 紙 寺 自 時 室 社 弱 首 秋 週 春 書 少 場 色 食 心 新 親 図 数 西 声 星 晴 切 雪 船 線 前 組 走 多 太 体 台 地 池 知 茶 昼 長 鳥 朝 直 通 弟 店 点 電 刀 冬 当 東 答 頭 同 道 読 内 南 肉 馬 売 買 麦 半 番 父 風 分 聞 米 歩 母 方 北 毎 妹 万 明 鳴 毛 門 夜 野 友 用 曜 来 里 理 話

第 3학년 (200字) 悪 安 暗 医 委 意 育 員 院 飲 運 泳 駅 央 横 屋 温 化 荷 界 開 階 寒 感 漢 館 岸 起 期 客 究 急 級 宮 球 去 橋 業 曲 局 銀 区 苦 具 君 係 軽 血 決 研 県 庫 湖 向 幸 港 号 根 祭 皿 仕 死 使 始 指 歯 詩 次 事 持 式 実 写 者 主 守 取 酒 受 州 拾 終 習 集 住 重 宿 所 暑 助 昭 消 商 章 勝 乗 植 申 身 神 真 深 進 世 整 昔 全 相 送 想 息 速 族 他 打 対 待 代 第 題 炭 短 談 着 注 柱 丁 帳 調 追 定 庭 笛 鉄 転 都 度 投 豆 島 湯 登 等 動 童 農 波 配 倍 箱 畑 発 反 坂 板 皮 悲 美 鼻 筆 氷 表 秒 病 品 負 部 服 福 物 平 返 勉 放 味 命 面 問 役 薬 由 油 有 遊 予 羊 洋 葉 陽 様 落 流 旅 両 緑 礼 列 練 路 和

第 4학년 (202字) 愛 案 以 衣 位 茨 印 英 栄 媛 塩 岡 億 加 果 貨 課 芽 賀 改 械 害 街 各 覚 潟 完 官 管 関 観 願 岐 希 季 旗 器 機 議 求 泣 給 挙 漁 共 協 鏡 競 極 熊 訓 軍 郡 群 径 景 芸 欠 結 建 健 験 固 功 好 香 候 康 佐 差 菜 最 埼 材 崎 昨 札 刷 察 参 産 散 残 氏 司 試 児 治 滋 辞 鹿 失 借 種 周 祝 順 初 松 笑 唱 焼 照 城 縄 臣 信 井 成 省

清静席積折節説浅戦選然争倉巣束側続卒孫帯隊達単置仲沖兆低底
的典伝徒努灯働特徳栃奈梨熱念敗梅博阪飯飛必票標不夫付府阜富
副兵別辺変便包法望牧末満未民無約勇要養浴利陸良料量輪類令冷
例連老労録

第5学年(193字) 圧囲移因永営衛易益液演応往桜可仮価河過快解格確
額刊幹慣眼紀基寄規喜技義逆久旧救居許境均禁句型経潔件険検限
現減故個護効厚耕航鉱構興講告混査再災妻採際在財罪殺雑酸賛士
支史志枝師資飼示似識質舎謝授修述術準序招証象賞条状常情織職
制性政勢精製税責績接設絶祖素総造像増則測属率損貸態団断築貯
張停提程適統堂銅導得毒独任燃能破犯判版比肥非費備評貧布婦武
復複仏粉編弁保墓報豊防貿暴脈務夢迷綿輸余容略留領歴

第6学年(191字) 胃異遺域宇映延沿恩我灰拡革閣割株干巻看簡危机揮
貴疑吸供胸郷勤筋系敬警劇激穴券絹権憲源厳己呼誤后孝皇紅降鋼
刻穀骨困砂座済裁策冊蚕至私姿視詞誌磁射捨尺若樹収宗就衆従縦
縮熟純処署諸除承将傷障蒸針仁垂推寸盛聖誠舌宣専泉洗染銭善奏
窓創装層操蔵臓存尊退宅担探誕段暖値宙忠著庁頂腸潮賃痛敵展討
党糖届難乳認納脳派拝背肺俳班晩否批秘俵腹奮並陛閉片補暮宝訪
亡忘棒枚幕密盟模訳郵優預幼欲翌乱卵覧裏律臨朗論

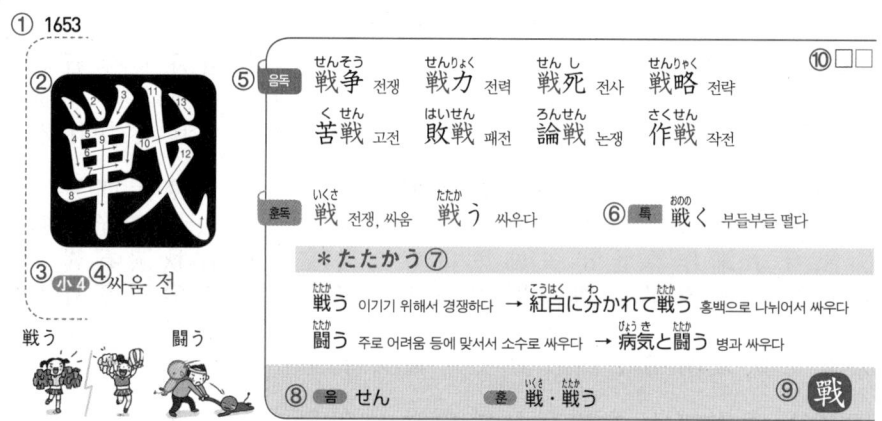

① 일련 번호 : 총획순과 가나다순에 따른 한자의 번호입니다.
② 표제자와 필순 : 한자 안의 번호는 쓰는 순서, 화살표는 쓰는 방향을 의미합니다.
　　*일본 한자의 필순은 표기 방식의 차이로 우리나라 한자의 필순과 항상 똑같지는 않습니다.
③ 교육 한자(1026자)의 경우, 초등학교 학년을 표시하였습니다.
④ 우리말 음훈 : 우리나라에서 쓰는 한자의 음과 훈을 표기하였습니다.
⑤ 일본어 음독 단어의 예 / 훈독 단어의 예 : 각각의 한자가 쓰인 대표 단어들입니다.
⑥ [특] : 본래의 일본어 음훈과는 달리 특수하게 읽는 경우입니다.
⑦ 발음은 같으나 한자와 의미가 다른 경우, 뜻과 예문, 그림 등으로 차이점을 설명하였습니다.
⑧ 일본어 음독 / 훈독 : 일본에서 한자를 읽는 법으로, 존재하지 않거나 거의 쓰이지 않는 경우는 표기
　　　　　　　　　　하지 않습니다.
⑨ 한국 한자 : 우리나라에서 사용하는 한자(정자)가 있는 경우는 따로 표기하였습니다.
⑩ ㅁㅁ : 외운 글자를 체크할 수 있는 칸입니다.

일본어 한자에 대해

1. 일본어와 한자

일본어에 있어서 한자는 표음 문자인 仮名(平仮名・片仮名)와 함께 표기하기 위한 주요 문자로 되어 있다. 현대 일본어의 일반적인 표기법은 한자와 가나를 섞어 사용하고 있다. 한자는 실질적인 의미를 나타내는 말에 사용되며, 히라가나는 주로 활용 어미(조동사 포함)나 조사에 사용된다.

일본에 한자가 전해진 것은 4세기이며, 7세기 무렵에는 일본에서도 일반적으로 사용하게 되었다. 일본어에서의 한자 사용은 한자 단어에만 한정되지 않고, 일본 고유어까지도 한자로 표기한다는 점에서 다른 한자 문화권의 언어에는 없는 특징을 가지고 있다.

한자 읽기는 중국에서의 읽는 방법에서 유래한 음독과, 중국에서의 한자 의미를 일본어로 읽는 훈독, 두 종류가 있다.

2. 한자에는 音과 訓이 있다.

「花」는 花粉일 때는 「カ」로 읽고, 花がさく일 때는 「ハナ」로 읽는다. 「カ」로 읽는 것은 중국에서 「花(か)」의 한자와 함께 전해진 것으로, 원래는 중국어이다. 이에 대해, 「ハナ」라는 것은 일본인이 한자를 몰랐던 오랜 옛날부터 일본에서 만들어져 사용되어 온 일본어이다. 한자가 일본에 전달되었을 때, 「花」라는 한자가 일본어의 「ハナ」와 같은 의미를 나타냈었기 때문에 「ハナ」로 읽도록 된 것이다.

「花」의 「カ」처럼 중국에서 전해진 발음을 音이라고 하며, 「ハナ」처럼 옛날부터 사용되던 일본어로 읽는 것을 訓이라고 한다. 읽어서 의미를 알 수 있는 발음은 대개 訓이다.

> 예 雨(あめ) 의미를 알 수 있음 … 훈(訓)
> 　　雨(う) 의미를 알 수 없음 … 음(音)

3. 한자의 음은 여러 가지이다.

한자의 음은 오래전에 중국어의 발음이 전해져 온 것이다. 그 때문에 언제, 어느 지방에서 전해져 온 것인가에 따라, 다음의 3가지의 음이 생겨났다.

① 呉音: 가장 오래전에 전해진 음으로, 중국의 呉지방에서 5, 6세기 무렵에 전해졌다. 현재 불교 용어에 많이 남아 있다.
② 漢音: 수(隋)나라와 당(唐)나라 시대에 걸쳐서, 많은 사신이나 유학승들이 들여왔다. 당시 수도인 장안(長安)의 발음으로, 현재 일본에서 사용되고 있는 한자의 음은 대부분이 이 漢音이다.
③ 唐・宋音: 平安 시대 말부터 일본에 들어온 발음으로, 당시 수입된 물건이나 음식 이름 등에 남아 있다.

예 外 : 呉音 … ゲ … 外科(げか)
　　　　漢音 … ガイ … 海外(かいがい)
　　　　唐音 … ウイ … 外郎(ういろう)

4. 送り仮名에 따라 뜻이 달라진다.

送り仮名는, 일본어에서 한자와 가나를 섞어 쓰는 글에서 한자로 표기되는 和語(일본고유어)를 읽기 쉽게 하기 위해 세로쓰기라면 한자 밑에, 가로쓰기라면 한자의 오른쪽에 쓰는 가나를 말한다. 예를 들면 아래 문장에서, 밑줄 친 부분이 送り仮名이다.

예 昨日私はお祭りに行きました。
　　たくさんの人で身動きができないほど、混雑していました。

보통 용언을 한자로 쓸 때에는 대부분 送り仮名가 필요하다. 활용어미를 送り仮名로 하는 것이 원칙이지만, 형용사・형용동사에 대해서는 다음의 규칙이 적용된다.

형용사 : 종지형이 「～しい」로 끝나는 경우에는 送り仮名가 「し」로 시작된다.

예 美しい　　楽しい　　難しい

형용동사 : 어간이「か」「やか」「らか」로 끝나는 경우에는 送り仮名가 각각 「か」「やか」「らか」로 시작된다.

예 静かだ　　華やかだ　　清らかだ

부사・연체사・접속사 : 마지막 음절을 送り仮名로 한다.

예 甚だ　　全く　　最も

명사 : 送り仮名가 없다.

파생어 : 원래 단어의 送り仮名에 준한다.

예 動く　→　動かす
　　　　 →　動き

위와 같은 규칙이 적용되지 않는 예외의 送り仮名도 있다.

　　예　明るい　　少ない

또한, 잘못 읽을 가능성이 낮은 경우에는 送り仮名를 생략하기도 한다.

　　예　申し込み → 申込み　　封切り → 封切

送り仮名의 효과는 구별해서 읽게 하고, 잘못 읽는 것을 방지한다는 점이다.

　　예　その後　　その後ろ

이처럼 일본어를 표기함에 있어서 送り仮名를 잘못 표기하면 다른 단어로 읽히게 될 수 있으므로, 일본어 표기에 있어서 送り仮名가 매우 중요하다고 할 수 있다.

5. 한자 숙어를 읽는 방법은 다양하다.

두 글자 이상의 한자 단어를 읽을 때는 음으로만 읽는 경우와 훈으로만 읽는 경우 외에 음훈을 섞어서 읽는 경우가 있는데, 읽는 방법은 다음과 같다.

① 두 글자 모두 음으로 읽는 경우
예　愛読(あい どく)　　圧力(あつ りょく)
　　　음　음　　　　　　음　음

② 두 글자 모두 훈으로 읽는 경우
예　目印(め じるし)　　右手(みぎ て)
　　　훈　훈　　　　　　훈　훈

③ 앞의 글자는 음독, 뒤의 글자는 훈독으로 읽는 경우로, 重箱読み(重―음독/箱―훈독)라고 한다.
예　素顔(す がお)　　新型(しん がた)
　　　음　훈　　　　　　음　훈

④ 앞의 글자는 훈독, 뒤의 글자는 음독으로 읽는 경우로, 湯桶読み(湯―훈독/桶―음독)라고 한다.
예　荷物(に もつ)　　古本(ふる ほん)
　　　훈　음　　　　　　훈　음

⑤ 특별하게 읽는 경우도 있는데, 이를 当て字라고 한다.
예　明日　大人　昨日　果物　今朝　景色　七夕

6. 한자 쓰기에는 순서가 있다.

한자는 쓸 때에 순서대로 쓰지 않더라도 완성된 한자 모양만 같으면 상관없다고 생각할 수도 있겠지만, 한자에서는 쓰는 순서가 매우 중요하다. 오랫동안 가장 쓰기 쉬우면서도 가장 알아보기 쉬운 쓰기 방법으로 전해져 온 것이므로 한자를 빨리, 보기 좋게 쓰는 데에 있어서 획순을 소홀히 하지 말자.

한자를 쓰는 대표적인 순서 몇 가지만 살펴보자.

* 좌우로 나누어져 있는 한자는 왼쪽 부분을 먼저 쓴다.

* 상하로 나누어져 있는 한자는 위쪽 부분을 먼저 쓴다.

* 책받침 부수는 나중에 쓴다.

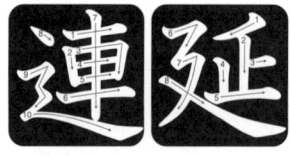

* ㄴ는 나중에 쓴다.

* 가로획이 짧고, 왼쪽 삐침획이 긴 한자는 가로획을 먼저 쓴다.

* 가로획이 길고, 왼쪽 삐침획이 짧은 한자는 왼쪽 삐침획을 먼저 쓴다.

* 왼쪽 삐침획과 오른쪽 삐침획이 교차할 때는 왼쪽 삐침획을 먼저 쓴다.

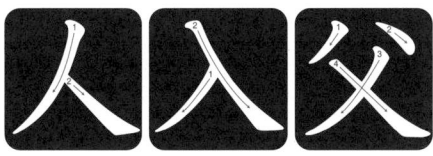

* 글자를 관통하는 획은 가장 나중에 쓴다.

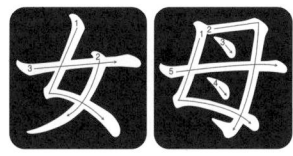

* 글자를 관통하는 획을 먼저 쓰는 경우

* 가로획과 세로획이 교차하는 획은 가로획을 먼저 쓴다.

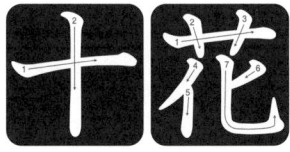

*ク·冂·气·門는 먼저 쓴다.

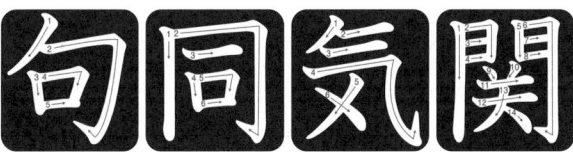

* 「心」과 「必」은 쓰는 순서가 다르다.

* 좌우의 획이 1~2획인 경우는 가운데 획을 먼저 쓴다.

* 가운데 획을 나중에 쓰는 경우

* 테두리를 마지막으로 막으며 끝내는 경우

❖ 참고 문헌 및 사이트

1. 常用漢字表(文部科学省)　　　　　www.mext.go.jp/
2. 漢字辞典ネット　　　　　　　　　www.kanjijiten.net
3. 韓国語文教育研究会　　　　　　　www.hanja.re.kr
4. 漢字の正しい書き順(筆順)　　　　kakijun.main.jp/m/
5. 小学校で習う漢字1006字ブック　　株式会社すばる舎　2007年
6. 例解小学漢字辞典　第3版　三省堂　2005年

漢字 익히기

0001

1획 새 을

음독 こうおつ 甲乙 ① 갑을, 첫째와 둘째 ② 우열

특 おとめ 乙女 처녀

음 おつ

0002

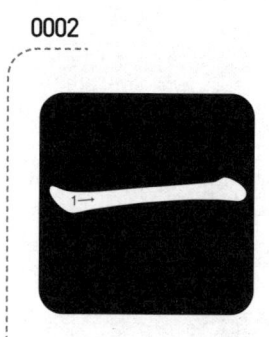

小1 한 일

음독 いちがつ 一月 1월　いちばん 一番 가장　いちおう 一応 일단　いちげんこじ 一言居士 참견쟁이
いっこう 一向 ① 매우 ② 전혀　いっしょ 一緒 함께　いっしょう 一生 평생　いってい 一定 일정
いったい 一体 ① 일체, 한몸 ② 도대체

훈독 ひとり 一人 한 명　ひと 一つ 한 개　ひとくち 一口 ① 한입, 한 모금 ② 한마디
ひとすじ 一筋 한 줄기　ひとむかし 一昔 옛날(약 10년 전쯤)　ひとむれ 一群れ 한 무리

특 ついたち 一日 1일

음 いち・いつ　**훈** ひと 一

0003

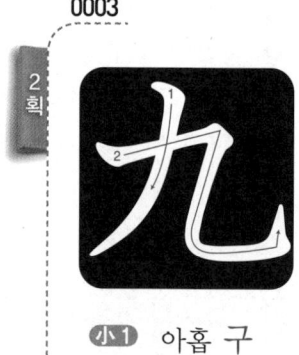

小1 아홉 구

음독 くがつ 九月 9월　くじ 九時 9시　じっちゅうはっく 十中八九 십중팔구
きゅうしゅう 九州 규슈(일본 서남부의 섬)　きゅうしいっしょう 九死一生 구사일생

훈독 ここのか 九日 9일　ここの 九つ 아홉 개　ここのえ 九重 아홉 겹

음 く・きゅう　**훈** ここの 九

0004

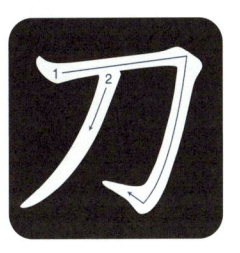

小2 칼 도

- 음독: とうけん 刀剣 도검 / とうこう 刀工 도공 / ぼくとう 木刀 목도 / たんとう 短刀 단도
  たんとうちょくにゅう 単刀直入 단도직입
- 훈독: かたな 刀 칼 / こがたな 小刀 주머니 칼
- 특: たち 太刀 칼 / しない 竹刀 죽도
- 음 とう   훈 刀(かたな)

0005

小1 힘 력

- 음독: のうりょく 能力 능력 / たいりょく 体力 체력 / がくりょく 学力 학력 / じつりょく 実力 실력 / どりょく 努力 노력
  りきがく 力学 역학 / りきさく 力作 역작 / りきそう 力走 역주(힘껏 달림) / りきとう 力投 역투(힘껏 던짐)
- 훈독: ちから 力 힘 / ちからづよい 力強い 든든하다 / ちからおとし 力落とし 낙담, 낙심
- 음 りょく・りき   훈 力(ちから)

0006

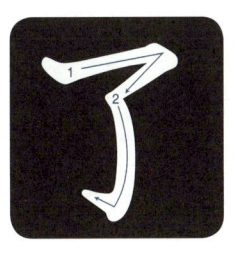

마칠 료

- 음독: りょうけん 了見 생각, 소견 / りょうしょう 了承 승낙, 양해 / りょうかい 了解 납득, 양해
  しゅうりょう 終了 종료 / かんりょう 完了 완료 / しゅうりょう 修了 수료 / みりょう 魅了 매료
- 음 りょう

0007

小1 열 십

- 음독: じゅうがつ 十月 10월 / じゅうぶん 十分 충분 / じゅうごや 十五夜 보름날 / じゅうにんといろ 十人十色 십인십색
  じっかん 十干 십간 / じっしんほう 十進法 십진법 / じっし 十指 열 손가락
- 훈독: とお 十 열 / とおか 十日 10일 / とえはたえ 十重二十重 겹겹
- 특: はつか 二十日 20일 / はたち 二十歳 스무살, 20세
- 음 じゅう・じっ   훈 十・十(とお・と)

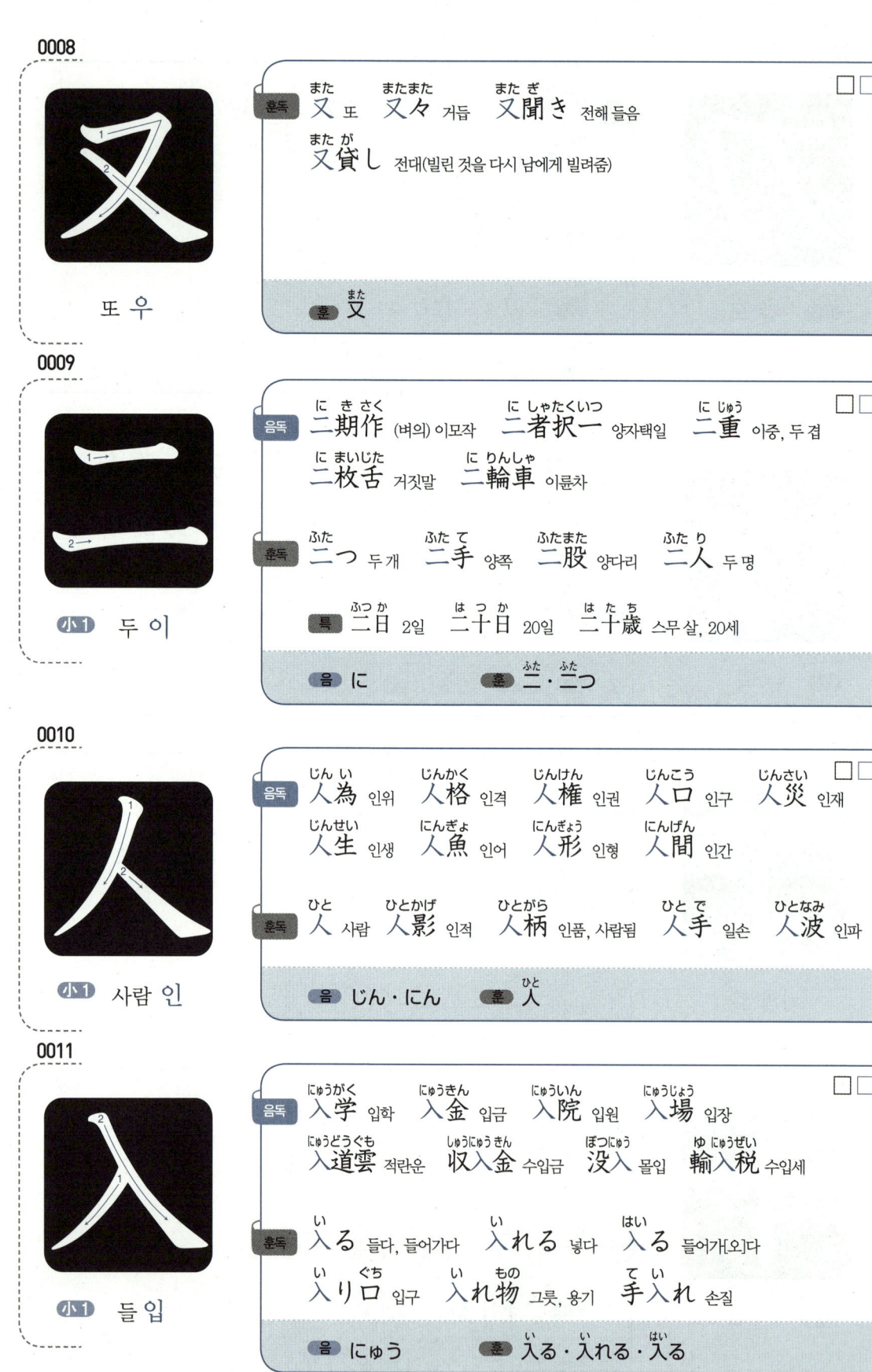

0012 丁 　小3 고무래/장정 정

음독
- ちょうど 丁度 ① 꼭, 정확히 ② 마침
- ほうちょう 包丁 식칼
- よこちょう 横丁 옆길, 골목
- ていねん 丁年 정년, 성년
- ていちょう 丁重 정중
- ていねい 丁寧 공손함
- ていじろ 丁字路 삼거리

음 ちょう・てい

0013 七 　小1 일곱 칠

음독
- しちがつ 七月 7월

훈독
- なな 七つ 일곱 개
- ななくさ 七草 7가지 나물
- なのか 七日 7일

특 たなばた 七夕 칠석

음 しち　　**훈** なな・ななつ・なの

0014 八 　小1 여덟 팔

음독
- はちがつ 八月 8월
- はっぽう 八方 팔방
- はっぴゃく 八百 8백
- しゃくはち 尺八 통소

훈독
- やっ 八つ 여덟 개
- やえ 八重 여덟 겹
- やおや 八百屋 채소 가게
- やおちょう 八百長 협잡, 승부 조작
- おやつ おハつ 간식
- ようか 八日 8일

음 はち　　**훈** や・やつ・やっつ・よう

0015 干 　小6 방패 간

음독
- かんしょう 干渉 간섭
- かんがい 干害 가뭄 피해
- かんたく 干拓 간척
- かんちょう 干潮 간조

훈독
- ほ 干す 말리다
- ひ 干る 마르다
- ひもの 干物 건어물

음 かん　　**훈** 干す・干る

0016 巾 수건 건

음독 ぞうきん 雑巾 걸레　ふきん 布巾 행주　ずきん 頭巾 두건
さんかくきん 三角巾 삼각건

훈 きん

0017 乞 빌 걸

훈독 こう 乞う 바라다, 원하다　あまごい 雨乞い 기우(비를 빎)

훈 乞う

0018 工 (小2) 장인 공

음독 こうがく 工学 공학　こうぎょう 工業 공업　こうげい 工芸 공예　こうさく 工作 공작　こうじ 工事 공사
こうじょう 工場 공장　こうぐ 工具 공구　かこう 加工 가공　じんこう 人工 인공　くふう 工夫 궁리
くめん 工面 융통, 변통　だいく 大工 목수　さいく 細工 세공

음 こう・く

0019 久 (小5) 오랠 구

음독 ゆうきゅう 悠久 유구　えいきゅうし 永久歯 영구치　じきゅうりょく 持久力 지구력
くおん 久遠 구원

훈독 ひさしい 久しい 오래되다　ひさびさ 久々 오래간만　ひさしぶり 久しぶり 오래간만

음 きゅう・く　**훈** 久しい

0020 口 — 小1 입 구

음독
- こうじつ 口実 구실
- こうろん 口論 언쟁
- こうとう 口頭 구두
- じんこう 人口 인구
- くちょう 口調 말투

훈독
- くち 口 입
- くちぶえ 口笛 휘파람
- くちもと 口元 입가
- わるぐち 悪口 험담
- いぐち 入り口 입구
- でぐち 出口 출구
- むくち 無口 과묵함
- きずぐち 傷口 상처

音 こう・く **訓** 口

0021 弓 — 小5 활 궁

음독
- きゅうけい 弓形 궁형, 활 모양
- きゅうどう 弓道 궁도
- きゅうじゅつ 弓術 궁술
- ようきゅう 洋弓 양궁

훈독
- ゆみ 弓 활
- ゆみや 弓矢 활과 화살

音 きゅう **訓** 弓

0022 及 — 미칠 급

음독
- きゅうだい 及第 급제
- きゅうらく 及落 급락
- げんきゅう 言及 언급
- はきゅう 波及 파급
- ふきゅう 普及 보급

훈독
- およぶ 及ぶ 달하다, 이르다, 미치다
- およぼす 及ぼす 미치게 하다

音 きゅう **訓** 及ぶ・及ぼす

0023 己 — 小6 몸 기

음독
- じこ 自己 자신
- りこ 利己 이기
- こっき 克己 극기
- ちき 知己 지기, 지인, 친지

훈독
- おのれ 己 자기 자신

音 こ・き **訓** 己

0024

小1 계집 녀

음독
- じょおう 女王 여왕
- じょし 女子 여자
- じょゆう 女優 여배우
- かのじょ 彼女 그녀, 여자친구
- しょうじょ 少女 소녀
- だんじょきょうがく 男女共学 남녀공학
- ろうじゃくなんにょ 老若男女 남녀노소
- にょうぼう 女房 아내

훈독
- おんな 女 여자
- おんなもの 女物 여성용
- めがみ 女神 여신

음 じょ・にょ・にょう　**훈** 女(おんな)・女(め)

0025

小1 큰 대

음독
- だいく 大工 목수
- だいしょう 大小 대소
- だいじ 大事 소중함
- だいじょうぶ 大丈夫 괜찮음
- だいち 大地 대지
- かくだい 拡大 확대
- たいせつ 大切 중요함
- たいかい 大会 대회

훈독
- おおきい 大きい 크다
- おおいに 大いに 대단히
- おおきな 大きな 큰
- おおどおり 大通り 큰길
- おおがた 大型 대형
- おおで 大手 활개
- おおはば 大幅 대폭
- おおぜい 大勢 여러, 많은 (사람)
- おおみそか 大晦日 섣달 그믐날

특
- おとな 大人 어른
- やまと 大和 일본의 다른 이름

음 だい・たい　**훈** 大(おお)・大きい(おお)・大いに(おお)

0026

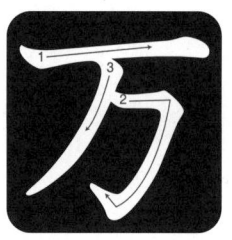

小2 일만 만

음독
- まんいち 万一 만일
- まんねんゆき 万年雪 만년설
- せんまん 千万 천만
- おくまんちょうじゃ 億万長者 억만장자
- ばんざい 万歳 만세
- ばんじ 万事 만사
- ばんぜん 万全 만전
- ばんかん 万感 만감
- ばんこく 万国 만국

음 まん・ばん　 萬

0027

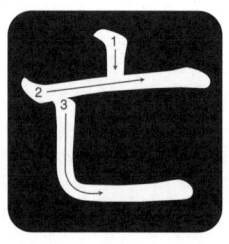

小6 망할 망

음독
- ぼうめい 亡命 망명
- こうぼう 興亡 흥망
- しぼう 死亡 사망
- すいぼう 衰亡 쇠망
- めつぼう 滅亡 멸망
- そんぼう 存亡 존망
- もうじゃ 亡者 망자, 죽은 사람

훈독
- ない 亡い 죽다

음 ぼう・もう　**훈** 亡い(な)

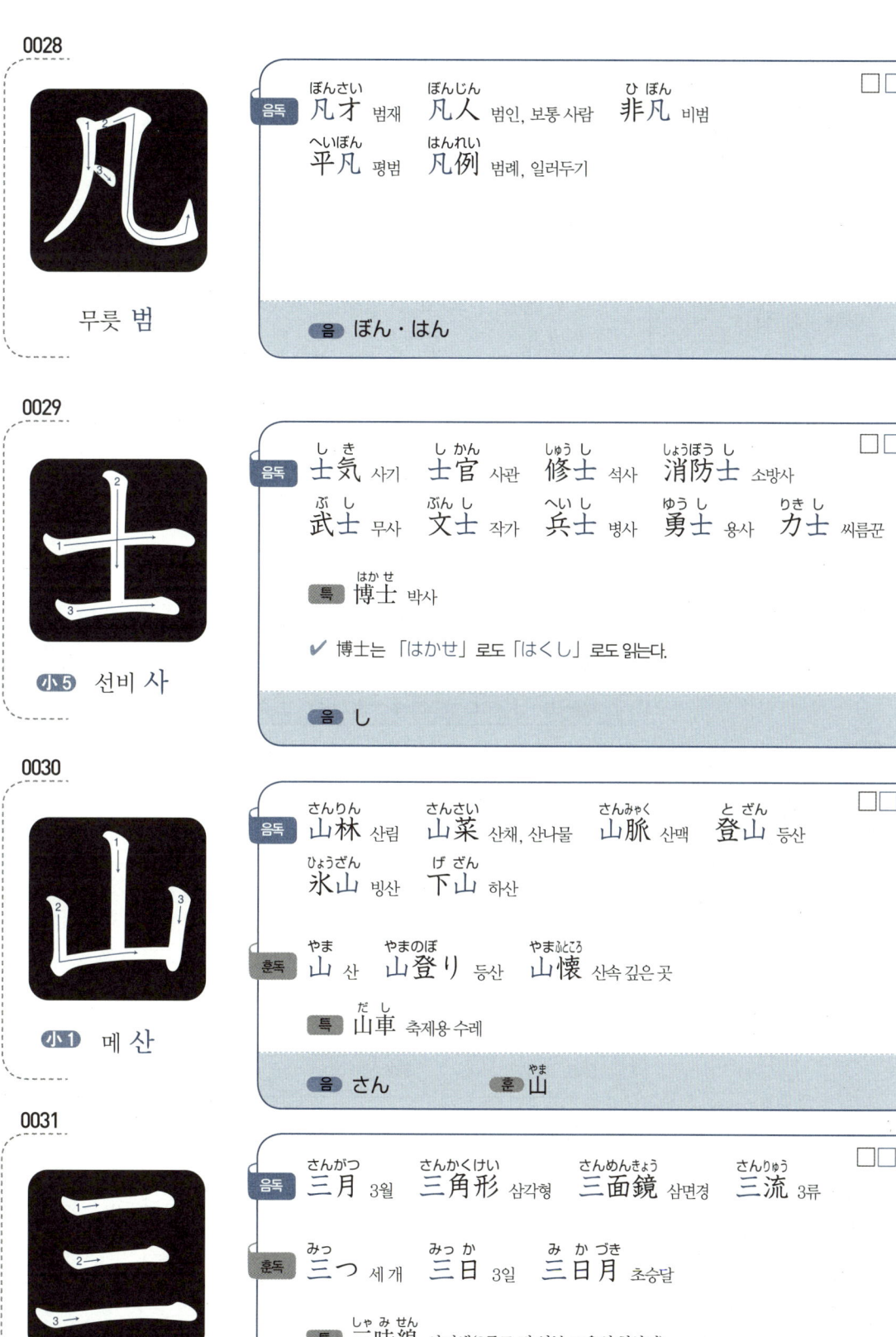

0032

小1 윗 상

음독	上位 상위　上院 (양원제의 국회에서) 상원　上下 상하 上手 능숙함　頭上 머리 위　地上 지상

훈독	上 위, 높음　上げる 올리다　上がる 오르다　上る 오르다 上す 올리다　上せる 올리다　身の上 신세　上着 겉옷, 상의 上半期 상반기　川上 상류　仕上げ 마무리　値上げ 가격 인상

＊のぼる

上る 아래에서 위로 가다 → 坂を上る 언덕을 오르다
登る 한걸음 한걸음 높은 곳으로 가다 → 木に登る 나무에 오르다
昇る 공중에 높이 오르다 → 日が昇る 해가 뜨다

음	じょう・しょう
훈	上・上・上・上げる・上がる・上る・上す・上せる

0033

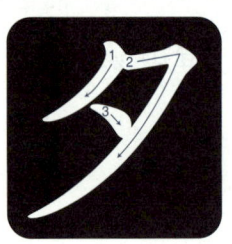

小1 저녁 석

음독	一朝一夕 일조일석, 아주 짧은 시일

훈독	夕 저녁　夕方 저녁때　夕刊 석간　夕暮れ 황혼 夕立 소나기　夕日 석양　夕焼け 저녁놀

특	七夕 칠석

음	せき	훈	夕

0034

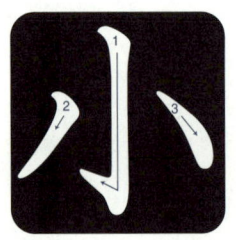

小1 작을 소

음독	小心 소심　小食 소식　小説 소설　小数点 소수점

훈독	小さい 작다　小型 소형　小切手 수표　小言 잔소리 小包 소포　小鳥 작은새　小川 시냇물

특	小豆 팥

음	しょう	훈	小さい・小・小

0035 더불/줄 여

음독: 与党 여당, 授与 수여, 譲与 양도, 贈与 증여, 貸与 대여, 付与 부여, 給与 급여, 供与 공여, 寄与 기여, 関与 관여

훈독: 与える 주다

음 よ　훈 与える　　與

0036 칼날 인

음독: 自刃 자인, 자결, 凶刃 흉기

훈독: 刃 칼, 刃物 날붙이(칼, 낫, 도끼 등)

음 じん　훈 刃

0037 小1 아들 자

음독: 子孫 자손, 子午線 자오선, 種子 종자, 씨앗, 調子 상태, 컨디션, 男子 남자, 女子 여자, 障子 장지, 様子 상황, 형편

훈독: 子 아이, 子育て 아이 기르기, 子供 어린이, 子守 아이를 돌봄, 親子 부모 자식, 団子 경단

음 し・す　훈 子

0038 어른 장

음독: 大丈夫 괜찮음, 頑丈 튼튼함

훈독: 丈 ①키 ②길이, 기장

음 じょう　훈 丈

0039

才 小2 재주 재

- 음독: 才覚(さいかく) 재치, 才能(さいのう) 재능, 英才(えいさい) 영재, 多才(たさい) 다재
- 음: さい

0040

川 小1 내 천

- 음독: 河川(かせん) 하천
- 훈독: 川(かわ) 강, 川上(かわかみ) 강의 상류, 川岸(かわぎし) 강기슭, 川下(かわしも) 강의 하류, 川底(かわぞこ) 강바닥, 川原(かわら) 강가 모래밭, 天の川(あまのがわ) 은하수, 小川(おがわ) 시냇물
- 음: せん 훈: 川(かわ)

0041

千 小1 일천 천

- 음독: 千(せん) (일)천, 千差万別(せんさばんべつ) 천차만별, 千秋(せんしゅう) 천추, 오랜 세월, 千羽鶴(せんばづる) 천 마리 학, 千里眼(せんりがん) 천리안
- 훈독: 千(ち) 천, 千代紙(ちよがみ) 일본 전통 색종이
- 음: せん 훈: 千(ち)

0042

寸 小6 마디 촌

- 음독: 寸志(すんし) 촌지, 寸前(すんぜん) 직전, 바로 전, 寸法(すんぽう) 치수, 寸秒(すんびょう) 촌각
- 음: すん

0043

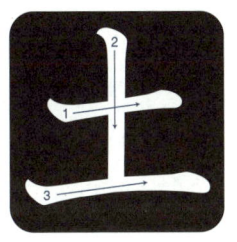

小1 흙 토

음독
- 土器 토기
- 土台 토대, 기초
- 土足 신발을 신은 채의 발
- 土木 토목
- 郷土 향토
- 国土 국토
- 土地 토지

훈독
- 土 땅, 흙
- 土遊び 흙장난

특
- 土産 토산품 (선물)

음 ど・と　　**훈** 土

0044

小1 아래 하

음독
- 下記 하기
- 下流 하류
- 廊下 복도
- 下車 하차
- 下旬 하순
- 下水 하수
- 下駄 나막신
- 下痢 설사
- 上下 상하

훈독
- 下 아래, 밑
- 下げる 낮추다
- 下がる 내려가다
- 下る 내려가다
- 下す 내리다
- 下さる 주시다
- 下ろす 내리다
- 下りる 내리다
- 下着 속옷
- 下町 서민촌
- 下見 예비 검사
- 川下 하류
- 下半期 하반기
- 足下 발밑
- 下り坂 내리막길

특
- 下手 서투름

*おろす

- 下ろす 위에서 아래로 옮기다 → 根を下ろす 뿌리를 내리다 ↔ 上げる

下ろす

- 降ろす 사람이나 물건을 내리다 → 乗客を降ろす 승객을 내리다 ↔ 乗せる

降ろす

음 か・げ

훈 下・下・下・下げる・下がる・下る・下す・下さる・下ろす・下りる

0045

小2 둥글 환

음독
- 弾丸 탄환

훈독
- 丸い 둥글다
- 丸める 둥글게 하다
- 丸顔 둥근 얼굴
- 丸木橋 외나무다리
- 丸太 통나무
- 日の丸 일본 국기

음 がん　　**훈** 丸・丸い・丸める

0046 介 낄 개

음독 かい
- かいご 介護 간호, 병구완
- かいざい 介在 개재
- かいにゅう 介入 개입
- いっかい 一介 일개, 한낱
- ぎょかい 魚介 어류와 조개류
- しょうかい 紹介 소개
- ちゅうかい 仲介 중개
- ばいかい 媒介 매개
- やっかい 厄介 귀찮음, 성가심

음 かい

0047 犬 (小1) 개 견

음독
- けんえん 犬猿 견원
- あいけん 愛犬 애견
- めいけん 名犬 명견
- もうどうけん 盲導犬 맹도견

훈독
- いぬ 犬 개
- こいぬ 子犬 강아지
- かいぬ 飼い犬 키우는 개

음 けん **훈** いぬ 犬

0048 欠 (小4) 이지러질 결

음독
- けついん 欠員 결원
- けってん 欠点 결점
- けっかん 欠陥 결함
- けっきん 欠勤 결근
- けっせき 欠席 결석
- しゅっけつ 出欠 출결
- ほけつ 補欠 보결

훈독
- か 欠ける 결여되다
- か 欠く 결여하다
- か 欠かす 빠뜨리다, 거르다

음 けつ **훈** 欠ける・欠く　缺

0049 公 (小2) 공평할 공

음독
- こうえん 公園 공원
- こうえん 公演 공연
- こうきょう 公共 공공
- こうかい 公開 공개
- こうがい 公害 공해
- こうしき 公式 공식
- こうへい 公平 공평
- こうりつ 公立 공립
- しゅじんこう 主人公 주인공

훈독
- おおやけ 公 ① 공공, 사회 ② 공개, 공식적

음 こう **훈** おおやけ 公

0050

孔 — 구멍 공

- 음독: <ruby>孔<rt>こう</rt></ruby><ruby>子<rt>し</rt></ruby> 공자 / <ruby>孔<rt>こう</rt></ruby><ruby>孟<rt>もう</rt></ruby> 공자와 맹자 / <ruby>気<rt>き</rt></ruby><ruby>孔<rt>こう</rt></ruby> 숨구멍 / <ruby>鼻<rt>び</rt></ruby><ruby>孔<rt>こう</rt></ruby> 콧구멍
- 훈독: <ruby>孔<rt>あな</rt></ruby> 구멍

音 こう　訓 <ruby>孔<rt>あな</rt></ruby>

0051

区 — 小3 구분할/지경 구

- 음독: <ruby>区<rt>く</rt></ruby><ruby>別<rt>べつ</rt></ruby> 구별 / <ruby>区<rt>く</rt></ruby><ruby>域<rt>いき</rt></ruby> 구역 / <ruby>区<rt>く</rt></ruby><ruby>画<rt>かく</rt></ruby> 구획 / <ruby>区<rt>く</rt></ruby><ruby>分<rt>ぶん</rt></ruby> 구분 / <ruby>区<rt>く</rt></ruby><ruby>切<rt>ぎ</rt></ruby>り 단락 / <ruby>区<rt>く</rt></ruby><ruby>役所<rt>やくしょ</rt></ruby> 구청 / <ruby>地<rt>ち</rt></ruby><ruby>区<rt>く</rt></ruby> 지구

音 く　區

0052

勾 — 굽을 구

- 음독: <ruby>勾<rt>こう</rt></ruby><ruby>留<rt>りゅう</rt></ruby> 구류

音 こう　區

0053

斤 — 날 근

- 음독: <ruby>斤<rt>きん</rt></ruby><ruby>量<rt>りょう</rt></ruby> 근량

音 きん

0054 今 小2 이제 금

음독 こんかい 今回 이번　こんご 今後 앞으로　こんど 今度 이번, 다음번　こんや 今夜 오늘 밤

훈독 いま 今 지금, 현재　いまさら 今更 새삼스레　いまどき 今時 요즘

특 きょう 今日 오늘　けさ 今朝 오늘 아침　ことし 今年 올해

✓ 「今日」는 「きょう」・「こんにち」로, 「今朝」는 「けさ」・「こんちょう」로, 「今年」는 「ことし」・「こんねん」 으로 읽는다.

음 こん・きん　훈 いま 今

0055 内 小2 안 내

음독 ないがい 内外 내외　ないよう 内容 내용　あんない 案内 안내　おくない 屋内 옥내　こうない 校内 교내　ふあんない 不案内 생소함　けいだい 境内 경내

훈독 うち 内 안, 속　うちがわ 内側 내측, 안쪽　うちき 内気 내성적　うちまく 内幕 내막　みうち 身内 일가, 친척

음 ない・だい　훈 うち 内

0056 匂 향내 내

훈독 にお 匂う 냄새나다　にお 匂い 냄새

훈 にお 匂う

0057 丹 붉을 단

음독 たんぜん 丹前 솜옷　たんねん 丹念 단념(정성을 들임)

음 たん

0058 말 두

음독 斗酒(としゅ) 두주, 말술

음 と

0059 진칠 둔

음독 駐屯軍(ちゅうとんぐん) 주둔군

음 とん

0060 터럭 모 (小2)

음독 毛髪(もうはつ) 모발　毛筆(もうひつ) 모필　毛布(もうふ) 모포　純毛(じゅんもう) 순모
羊毛(ようもう) 양모, 양털　羽毛(うもう) 깃털

훈독 毛(け) 털　毛織物(けおりもの) 모직물　毛皮(けがわ) 모피　毛糸(けいと) 털실　毛虫(けむし) 모충

음 もう　**훈** 毛(け)

0061 나무 목 (小1)

음독 木刀(ぼくとう) 목도　巨木(きょぼく) 거목　土木(どぼく) 토목　木星(もくせい) 목성
木造(もくぞう) 목조　材木(ざいもく) 재목

훈독 木(き) 나무　植木(うえき) 정원수, 분재　苗木(なえぎ) 묘목　並木(なみき) 가로수
庭木(にわき) 정원수　木立(こだち) 나무숲

특 木綿(もめん) 목면

음 ぼく・もく　**훈** 木(き)・木(こ)

0062 文 小1 글월 문

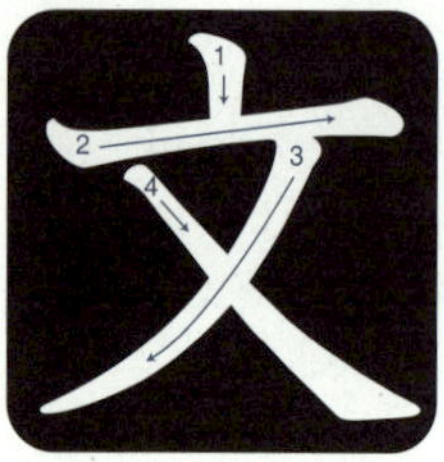

음독
- ぶんか 文化 문화
- ぶんがく 文学 문학
- ぶんしゅう 文集 문집
- ぶんしょう 文章 문장
- ぶんめい 文明 문명
- さくぶん 作文 작문
- じんぶん 人文 인문
- もんく 文句 불평, 불만
- もんよう 文様 문양, 무늬
- ちゅうもん 注文 주문

훈독
- ふみ 文 문서, 책

특
- もじ 文字 문자

음 ぶん・もん　　훈 文

0063 反 小3 돌이킬 반

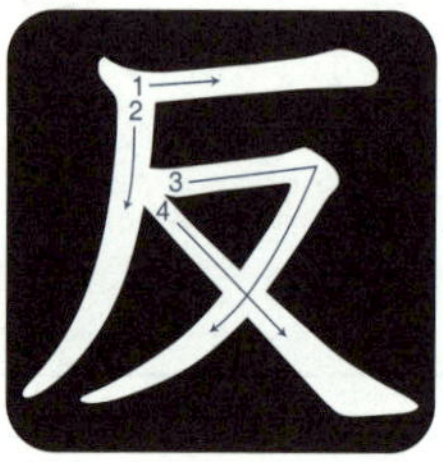

음독
- はんえい 反映 반영
- はんかん 反感 반감
- はんぎゃく 反逆 반역
- はんせい 反省 반성
- はんたい 反対 반대
- はんのう 反応 반응
- はんめん 反面 반면
- むほん 謀反 모반, 반역

훈독
- そる 反る 휘다
- そらす 反らす 휘게 하다
- そりかえる 反り返る 많이 휘다

음 はん・ほん・たん　　훈 反る・反らす

0064 方 小2 모 방

음독
- ほうがく 方角 방위, 방향
- ほうけい 方形 방형, 사각형
- ほうげん 方言 방언, 사투리
- ほうこう 方向 방향
- ほうほう 方法 방법
- ちほう 地方 지방

훈독
- かた 方 쪽
- みかた 見方 보는 방법, 관점
- ゆうがた 夕方 저녁때
- しかたない 仕方ない 어쩔 수 없다

음 ほう　　훈 方

0065 父 小2 아비 부

음독
- ふぼ 父母 부모
- ふけい 父兄 부형
- しんぷ 神父 (가톨릭) 신부
- そふ 祖父 조부

훈독
- ちち 父 아버지
- ちちおや 父親 부친

특
- とうさん お父さん 아버지
- おじ 叔父 숙부
- おじ 伯父 백부

음 ふ　　훈 父

0066

小4 지아비 부

음독	ふ さい 夫妻 부처, 부부	ふ じん 夫人 부인	こう ふ 工夫 공사장 인부	すい ふ 水夫 선원

のう ふ 　　だいじょうぶ　　　　　　ふう ふ　　　　　く ふう
農夫 농부　大丈夫 괜찮음　夫婦 부부　工夫 궁리

훈독　おっと
夫 남편

음 ふ・ふう　　훈 夫(おっと)

0067

小2 나눌 분

음독 ぶんたん 分担 분담　ぶんぱい 分配 분배　ぶんるい 分類 분류　じ ぶん 自分 자신　すいぶん 水分 수분
はんぶん 半分 반, 절반　ぶ ぶん 部分 부분　み ぶん 身分 신분　ぶ あつい 分厚い 두툼하다

훈독 わける 分ける 나누다, 가르다　わかれる 分かれる 갈리다　わかる 分かる 알다
わかつ 分かつ 나누다　ひ き わけ 引き分け 무승부

*わかれる

わ
分かれる 함께 있던 것이 각각 떨어지다 → みち わ 道が分かれる 길이 갈라지다

わか
別れる 함께 있던 사람과 헤어지다 → ともだち わか 友達と別れる 친구와 헤어지다

음 ぶん・ふん・ぶ　　훈 分ける・分かれる・分かる・分かつ

別れる

分かれる

0068

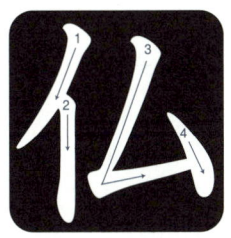

小5 부처 불

음독	ぶっきょう 仏教 불교	ぶつぜん 仏前 불전	ぶつぞう 仏像 불상	ぶつどう 仏堂 불당

ねんぶつ
念仏 염불

훈독　ほとけ
仏 부처

음 ぶつ　　훈 仏(ほとけ)　　佛

0069

小4 아닐 불·부

음독
- ふあん 不安 불안
- ふしぎ 不思議 불가사의
- ふとう 不当 부당
- ふべん 不便 불편
- ふまん 不満 불만
- ふもう 不毛 불모
- ふり 不利 불리
- ぶきみ 不気味 불길함

음 ふ・ぶ

0070

小5 견줄 비

음독
- ひかく 比較 비교
- ひじゅう 比重 비중
- ひゆ 比喩 비유
- ひりつ 比率 비율
- ひれい 比例 비례
- たいひ 対比 대비
- はんぴれい 反比例 반비례

훈독
- くらべる 比べる 비교하다
- ちからくらべ 力比べ 힘겨루기

음 ひ　　**훈** 比べる

0071

小2 적을 소

음독
- しょうじょ 少女 소녀
- しょうねん 少年 소년
- しょうすう 少数 소수
- しょうりょう 少量 소량
- げんしょう 減少 감소
- せいしょうねん 青少年 청소년
- たしょう 多少 다소
- ようしょうねん 幼少年 유소년

훈독
- すくない 少ない 적다
- すこし 少し 조금

음 しょう　　**훈** 少ない・少し

0072

小6 거둘 수

음독
- しゅうかく 収穫 수확
- しゅうしゅう 収拾 수습
- しゅうしゅく 収縮 수축
- しゅうにゅう 収入 수입
- しゅうのう 収納 수납
- しゅうようしょ 収容所 수용소
- かいしゅう 回収 회수
- きゅうしゅう 吸収 흡수
- ばいしゅう 買収 매수

훈독
- おさめる 収める 넣다, 얻다, 거두다
- おさまる 収まる (범위 안에) 들어가다

음 しゅう　　**훈** 収める・収まる

收

0073 小1 물 수

음독
- 水車 すいしゃ 수차, 물레방아
- 水分 すいぶん 수분
- 水面 すいめん 수면
- 水陸 すいりく 수륙
- 海水 かいすい 해수
- 潜水 せんすい 잠수
- 下水 げすい 하수
- 洪水 こうずい 홍수

훈독
- 水 みず 물
- 水遊び みずあそび 물놀이
- 水色 みずいろ 물빛
- 水着 みずぎ 수영복
- 水気 みずけ 물기

음 すい　**훈** 水(みず)

0074 小1 손 수

음독
- 手芸 しゅげい 수예
- 手段 しゅだん 수단
- 手話 しゅわ 수화
- 選手 せんしゅ 선수

훈독
- 手 て 손
- 手当 てあて 수당
- 手紙 てがみ 편지
- 手帳 てちょう 수첩
- 手品 てじな 요술, 마술
- 手伝う てつだう 돕다
- 手間 てま 수고
- 厚手 あつで 두꺼움
- 上手 かみて 위쪽
- 苦手 にがて ① 대하기 싫음 ② 서투름
- 元手 もとで 밑천, 자본

특
- 手繰る たぐる 끌어당기다
- 手綱 たづな 고삐

음 しゅ　**훈** 手(て)

0075 되 승

음독
- 一升 いっしょう 한 되

훈독
- 升 ます 되(용량의 단위)

음 しょう　**훈** 升(ます)

0076 小2 마음 심

음독
- 心身 しんしん 심신
- 心臓 しんぞう 심장
- 関心 かんしん 관심
- 感心 かんしん 감탄, 감동
- 苦心 くしん 고심
- 中心 ちゅうしん 중심
- 熱心 ねっしん 열심
- 用心 ようじん 조심함

훈독
- 心 こころ 마음
- 心意気 こころいき 기개
- 心得 こころえ 마음가짐
- 心細い こころぼそい 불안하다

특
- 心地 ここち 기분, 느낌

음 しん　**훈** 心(こころ)

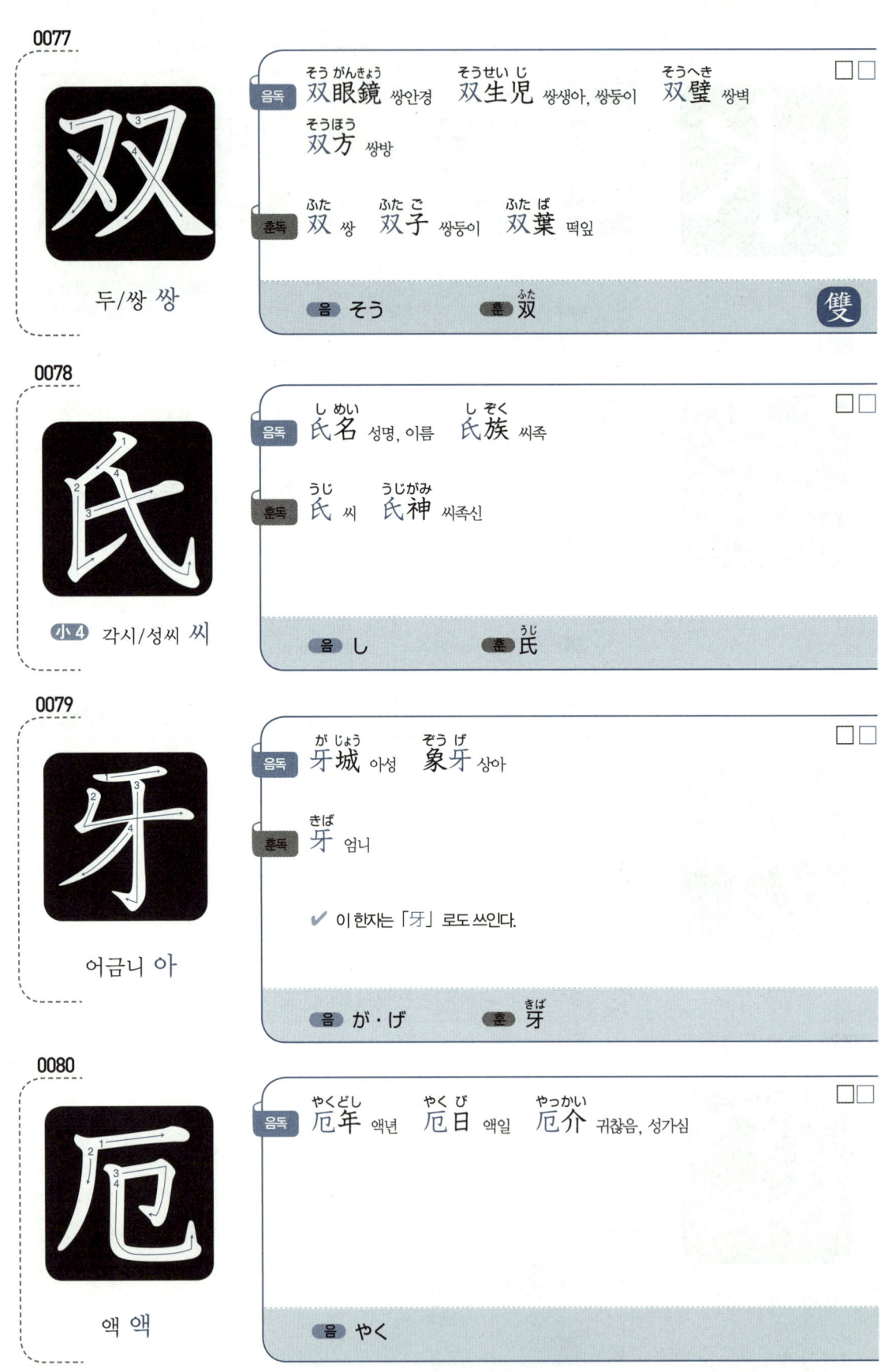

0081

小3 미리 예

음독
予感 예감　予告 예고　予算 예산　予習 예습
予想 예상　予定 예정　予防 예방　予約 예약

음 よ

0082

벨 예

훈독
刈る 베다, 깎다　稲刈り 벼 베기

훈 刈る

0083

小2 낮 오

음독
午前 오전　午後 오후　午睡 낮잠　正午 정오
子午線 자오선

음 ご

0084

小1 다섯 오

음독
五十歩百歩 오십보 백보　五十音順 오십음 순서
十五夜 십오야, 음력 보름날 밤　四捨五入 반올림

훈독
五つ 다섯 개　五月五日 5월 5일, 어린이날

특
五月晴れ 5월의 맑은 날씨　五月雨 음력 5월경의 장맛비

음 ご　　**훈** 五・五つ

0085

王 小1 임금 왕

- 음독: おうさま 王様 왕 / おうじ 王子 왕자 / おうじょ 王女 왕녀 / おうちょう 王朝 왕조 / こくおう 国王 국왕 / じょおう 女王 여왕
- 특: しんのう 親王 친왕 / てんのう 天王 천왕
- 音: おう

0086

冗 쓸데없을 용

- 음독: じょうだん 冗談 농담 / じょうちょう 冗長 장황 / じょうひ 冗費 쓸데없는 비용
- 音: じょう

0087

友 小2 벗 우

- 음독: ゆうこう 友好 우호 / ゆうじょう 友情 우정 / ゆうじん 友人 친구 / しんゆう 親友 친우, 친구 / がくゆう 学友 학우 / きゅうゆう 級友 급우 / あくゆう 悪友 나쁜 친구
- 훈독: とも 友 벗 / ともだち 友達 친구(들)
- 音: ゆう 훈: とも 友

0088

牛 小2 소 우

- 음독: ぎゅうしゃ 牛舎 외양간 / ぎゅうにく 牛肉 소고기 / ぎゅうにゅう 牛乳 우유 / ぎゅうば 牛馬 소와 말 / にくぎゅう 肉牛 고기소 / にゅうぎゅう 乳牛 젖소
- 훈독: うし 牛 소 / うしごや 牛小屋 소 외양간 / こうし 子牛 송아지
- 音: ぎゅう 훈: うし 牛

0089

小1 둥글 원

음독
- 円滑 원활
- 円周 원주, 원둘레
- 円満 원만
- 円高 엔고
- 円盤 원반
- 半円 반원

훈독
- 円い 둥글다
- 円み 둥그스름함, 원만함

*まるい

- 丸い 입체적인 동그란 모양 → 背中を丸くする 등을 둥글게 하다
- 円い 평면적인 원모양 → 円い窓 둥근 창문

丸い / 円い

音 えん　　訓 円い　　圓

0090

元

小2 으뜸 원

음독
- 元日 설날
- 元祖 원조
- 元気 기운
- 元素 원소
- 単元 단원
- 復元 복원

훈독
- 元 원래
- 地元 그 지방
- 手元 주변, 바로 옆

*もと

- 下 물건의 아래 쪽, 영향이 미치는 곳 → 法の下に平等 법 아래에 평등
- 元 시초 → 元に戻る 원래로 되돌아가다
- 本 중심이 되는 중요한 것 → 正直を本とする 정직을 근본으로 삼는다
- 基 토대가 되는 것 → 資料を基に報告書を作る 자료를 토대로 보고서를 작성하다

音 げん・がん　　訓 元

4획

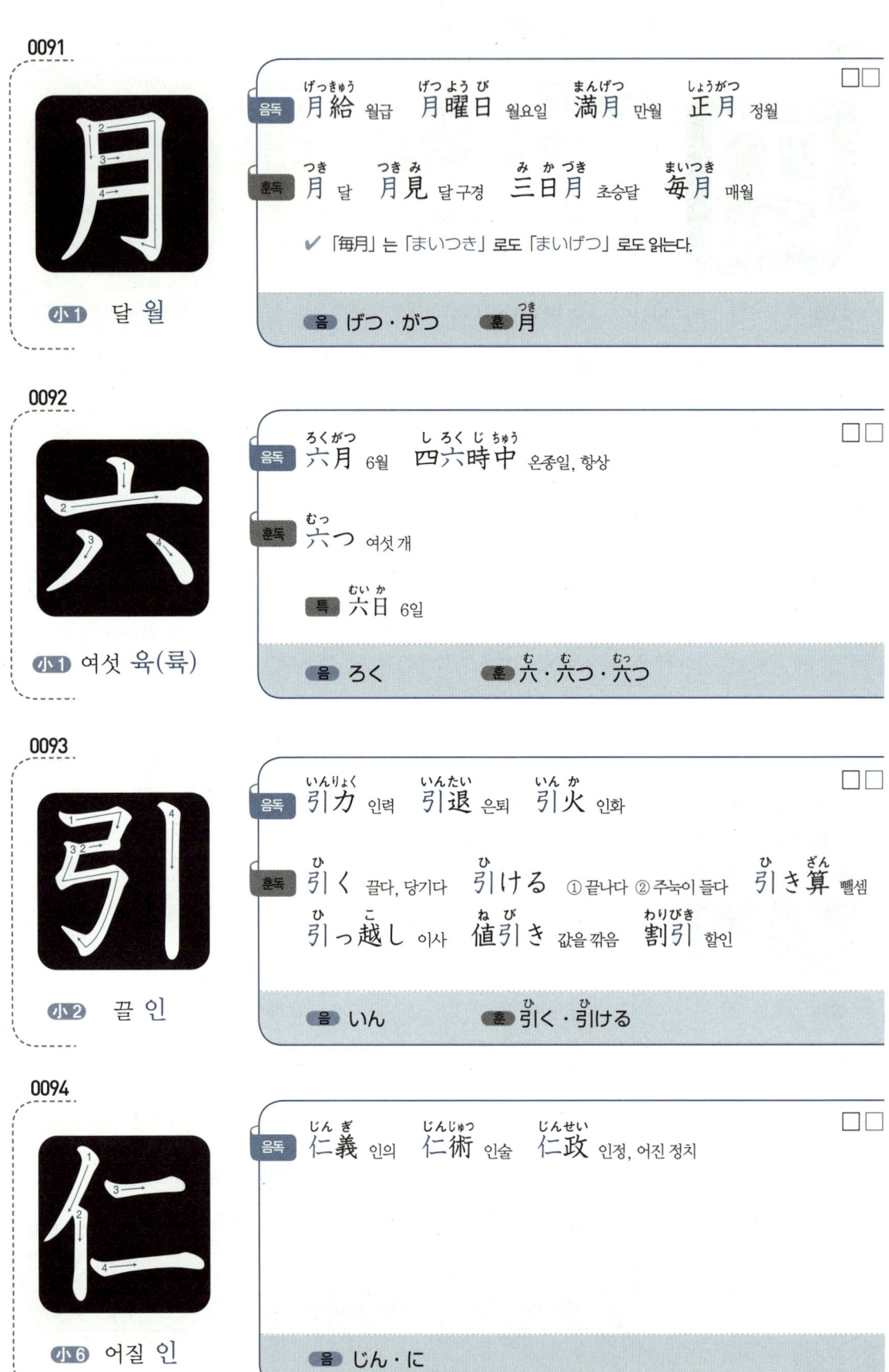

0095 日 (小1) 날 일

음독
- 日時 (にちじ) 일시
- 日記 (にっき) 일기
- 一日 (いちにち) 하루
- 休日 (きゅうじつ) 휴일

훈독
- 日 (ひ) ①해 ②하루, 날
- 日和 (ひより) 좋은 날씨
- 夕日 (ゆうひ) 석양
- 曜日 (ようび) 요일
- 日の出 (ひので) 일출, 해돋이
- 日付 (ひづけ) 날짜
- 十日 (とおか) 10일
- 二十日 (はつか) 20일

특
- 一日 (ついたち) 1일
- 昨日 (きのう) 어제
- 今日 (きょう) 오늘
- 明日 (あした) 내일

음 にち・じつ **훈** 日・日

0096 切 (小2) 끊을 절 · 온통 체

음독
- 切実 (せつじつ) 절실
- 切断 (せつだん) 절단
- 親切 (しんせつ) 친절
- 大切 (たいせつ) 중요함
- 適切 (てきせつ) 적절
- 一切 (いっさい) ①일체, 모두 ②일절, 전혀

훈독
- 切る (きる) 끊다
- 切れる (きれる) 끊어지다
- 踏み切り (ふみきり) 건널목
- 切手 (きって) 우표

음 せつ・さい **훈** 切る・切れる

0097 井 (小4) 우물 정

음독
- 油井 (ゆせい) 유정
- 天井 (てんじょう) 천장

훈독
- 井 (い) 우물
- 井戸 (いど) 우물

음 せい・しょう **훈** 井

0098 爪 손톱 조

훈독
- 爪 (つめ) 손톱
- 爪先 (つまさき) 발끝

훈 爪・爪

0099

조상할 조

음독	ちょうい 弔意 조의　ちょうぶん 弔文 조문, 조사(弔詞)　ちょうもん 弔問 조문, 문상
	けいちょう 慶弔 경조
훈독	とむら 弔う 문상하다

음 ちょう　　훈 弔う

0100

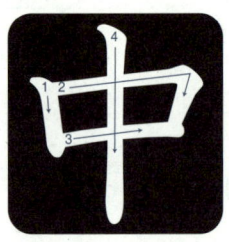

小1 가운데 중

음독	ちゅうおう 中央 중앙　ちゅうがくせい 中学生 중학생　ちゅうし 中止 중지　ちゅうしん 中心 중심
	さいちゅう 最中 한창인 때　むちゅう 夢中 열중함, 몰두함
훈독	なか 中 ①안, 속 ②가운데　なかみ 中身 내용물　まなか 真ん中 한가운데　せなか 背中 등

✔ 「最中」는 「さいちゅう」로도 「さなか」로도 읽는다.

특　せかいじゅう 世界中 전 세계　ねんじゅう 年中 연중, 항상

음 ちゅう　　훈 中

0101

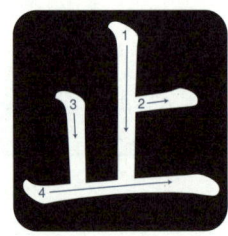

小2 그칠 지

음독	しけつ 止血 지혈　ちゅうし 中止 중지　きんし 禁止 금지　ていし 停止 정지
	ぼうし 防止 방지
훈독	と 止まる 멈추다, 서다　と 止める 세우다　つうこうど 通行止め 통행금지

특　や 止める 중지하다, 그만두다

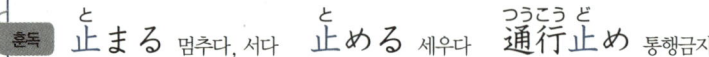
＊とめる

止める 움직이고 있는 것을 움직이지 않게 하다 → 車を止める 차를 세우다

留める 떨어지지 않도록 움직이지 않게 하다 → ボタンを留める 단추를 채우다

 止める　 留める

음 し　　훈 止まる・止める

0102 小5 지탱할 지

음독 しきゅう 支給 지급　しじ 支持 지지　ししゅつ 支出 지출　ししょう 支障 지장
しちゅう 支柱 지주　してん 支店 지점　しはい 支配 지배　しはら 支払う 지불하다
しゅうし 収支 수지

훈독 ささ 支える (떠)받치다, 지탱하다

음 し　**훈** ささ 支える

0103 小6 자 척

음독 しゃくど 尺度 척도　しゃくはち 尺八 퉁소　しゅくしゃく 縮尺 축척　まじゃく 巻き尺 줄자

음 しゃく

0104 小1 하늘 천

음독 てんち 天地 천지　てんねん 天然 천연　てんき 天気 날씨　てんさい 天災 천재, 자연 재해
ぎょうてん 仰天 매우 놀람　せいてん 晴天 맑은 하늘(날씨)

훈독 あめ 天 하늘　あまくだ 天下り 낙하산 인사　あま がわ 天の川 은하수

음 てん　**훈** あめ・あま 天・天

0105 小2 클 태

음독 たいこ 太古 태고, 먼 옛날　たいよう 太陽 태양　たいへいよう 太平洋 태평양
こうたいし 皇太子 황태자　たち 太刀 칼　まるた 丸太 통나무

훈독 ふと 太い 굵다　ふと 太る 살찌다, 굵어지다　ふと ばら 太っ腹 배짱이 큼
ふともも 太股 넓적다리　ほねぶと 骨太 골격이 튼튼함

음 たい・た　**훈** ふと・ふと 太い・太る

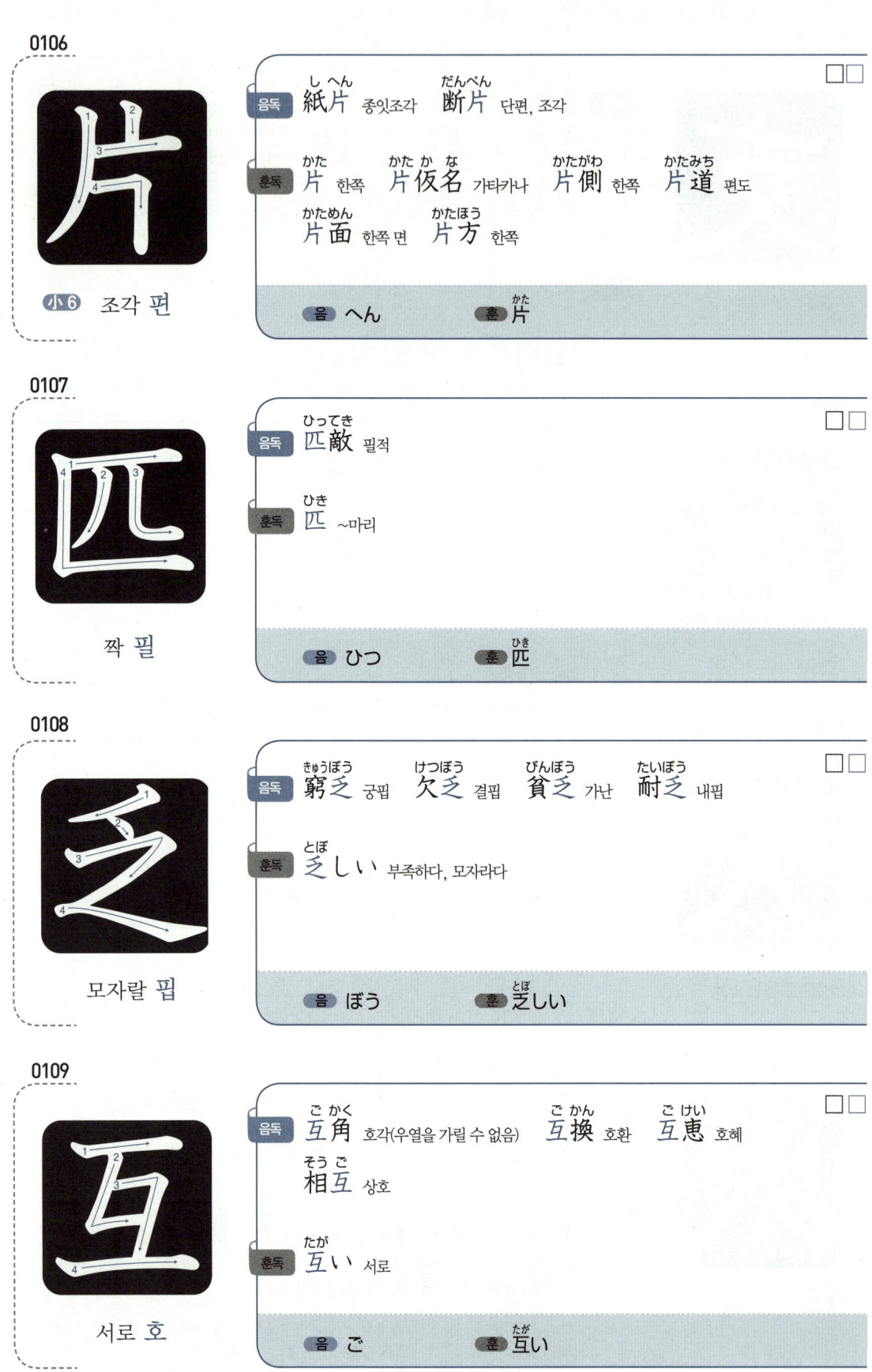

0110 戸 (小2) 집 호

음독
- 戸外 (こがい) 옥외
- 戸数 (こすう) 호수, 집 수효
- 戸別 (こべつ) 호별, 집집마다

훈독
- 戸 (と) 문
- 雨戸 (あまど) 덧문

音 こ　訓 戸

0111 化 (小3) 될 화

음독
- 化学 (かがく) 화학
- 化石 (かせき) 화석
- 近代化 (きんだいか) 근대화
- 消化 (しょうか) 소화
- 進化 (しんか) 진화
- 文化 (ぶんか) 문화
- 化粧品 (けしょうひん) 화장품

훈독
- 化ける (ばける) 둔갑하다
- 化かす (ばかす) 호리다
- お化け (おばけ) 도깨비

音 か・け　訓 化ける・化かす

0112 火 (小1) 불 화

음독
- 火災 (かさい) 화재
- 火事 (かじ) 불
- 引火 (いんか) 인화
- 消火 (しょうか) 소화
- 点火 (てんか) 점화

훈독
- 火 (ひ) 불
- 火花 (ひばな) 불꽃
- 火の気 (ひのけ) 불기
- 火遊び (ひあそび) 불장난
- 炭火 (すみび) 숯불
- 花火 (はなび) 불꽃놀이

특
- 火影 (ほかげ) 불빛

音 か　訓 火

0113 幻 헛보일 환

음독
- 幻影 (げんえい) 환영
- 幻覚 (げんかく) 환각
- 幻想 (げんそう) 환상
- 幻聴 (げんちょう) 환청
- 幻灯 (げんとう) 환등
- 幻滅 (げんめつ) 환멸
- 幻惑 (げんわく) 현혹

훈독
- 幻 (まぼろし) 환상

音 げん　訓 幻

0114

흉할 흉

음독
きょうあく 凶悪 흉악 / きょうき 凶器 흉기 / きょうさく 凶作 흉작 / きょうじ 凶事 흉사, 불길한 일
きょうだん 凶弾 흉탄 / きょうちょう 凶兆 흉조 / きょうねん 凶年 흉년 / きょうぼう 凶暴 흉포
きっきょう 吉凶 길흉

음 きょう

0115

小4 더할 가

음독
かこう 加工 가공 / かげん 加減 가감 / かにゅう 加入 가입 / かねつ 加熱 가열
かめい 加盟 가맹 / さんか 参加 참가 / ぞうか 増加 증가 / ついか 追加 추가

훈독
くわえる 加える 더하다 / くわわる 加わる 늘다, 많아지다

음 か **훈** 加える・加わる

0116

小5 옳을 가

음독
かけつ 可決 가결 / かのう 可能 가능 / かひ 可否 가부

음 か

0117

小5 새길 간

음독
かんこう 刊行 간행, 출판 / きかん 季刊 계간 / きゅうかん 休刊 휴간 / ちょうかん 朝刊 조간
しんかん 新刊 신간 / ぞうかん 増刊 증간 / そうかん 創刊 창간 / ふっかん 復刊 복간

음 かん

0118

甘 달 감

음독
- かんげん 甘言 감언
- かんじゅ 甘受 감수
- かんみ 甘味 단맛

훈독
- あま 甘い 달다
- あま 甘える 응석부리다
- あま 甘やかす 응석을 받아주다
- あまざけ 甘酒 단술
- あまとう 甘党 단것을 좋아하는 사람

✔ 「甘味」는 「あまみ」로도 「かんみ」로도 읽는다.

음 かん　**훈** 甘い・甘える・甘やかす

0119

甲 갑옷 갑

음독
- こうおつ 甲乙 갑을
- こうちゅう 甲虫 딱정벌레
- こうら 甲羅 등딱지
- こうはん 甲板 갑판

훈독
- きのえ 甲 갑
- かぶと 甲 투구

특 か い 甲斐 보람

✔ 「甲板」은 「かんぱん」으로도 「こうはん」으로도 읽는다.

음 こう・かん　**훈** 甲(きのえ)・甲(かぶと)

0120

小3 갈 거

음독
- きょねん 去年 작년
- しきょ 死去 사망
- しょうきょ 消去 소거
- じょきょ 除去 제거
- かこ 過去 과거

훈독
- さ 去る ①떠나다 ②(때·상태가) 지나가다
- に さ 逃げ去る 도망치다

음 きょ・こ　**훈** 去る

0121

巨 클 거

음독
- きょかん 巨漢 거한, 거인
- きょじん 巨人 거인
- きょせい 巨星 거성
- きょしてき 巨視的 거시적
- きょたい 巨体 거구
- きょだい 巨大 거대
- きょぼく 巨木 거목
- きょがく 巨額 거액

음 きょ

0122

꽁무니 고

- 훈독: 尻 엉덩이　尻目 곁눈질　尻餅 엉덩방아
- 특: 尻尾 꼬리　目尻 눈꼬리　眉尻 눈썹꼬리

훈: 尻

0123

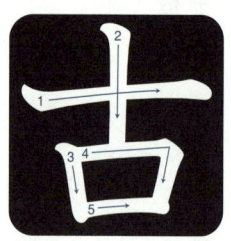

小2　예 고

- 음독: 古代 고대　古典 고전　古都 고도, 옛 도읍　古風 고풍
  考古学 고고학　太古 태고, 먼 옛날　中古 중고
- 훈독: 古い 낡다　古す 낡게 하다　古株 고참
  使い古す 오래 사용해서 낡게 하다

음: こ　훈: 古い・古す

0124

小4　공 공

- 음독: 功罪 공죄　功績 공적　功名 공명　功徳 공덕

음: こう・く

0125

小2　넓을 광

- 음독: 広義 광의, 넓은 뜻　広告 광고　広大 광대　広報 홍보
  広葉樹 활엽수
- 훈독: 広い 넓다　広まる 넓어지다, 퍼지다　広める 넓히다, 퍼뜨리다
  広がる 넓어지다　広げる 넓히다　広場 광장

음: こう　훈: 広い・広まる・広める・広がる・広げる　廣

0126 巧 공교할 교

음독
- <ruby>巧<rt>こう</rt></ruby><ruby>妙<rt>みょう</rt></ruby> 교묘
- <ruby>巧<rt>こう</rt></ruby><ruby>言<rt>げん</rt></ruby><ruby>令<rt>れい</rt></ruby><ruby>色<rt>しょく</rt></ruby> 교언영색
- <ruby>巧<rt>こう</rt></ruby><ruby>拙<rt>せつ</rt></ruby> 교졸
- <ruby>精<rt>せい</rt></ruby><ruby>巧<rt>こう</rt></ruby> 정교
- <ruby>老<rt>ろう</rt></ruby><ruby>巧<rt>こう</rt></ruby> 노련함

훈독
- <ruby>巧<rt>たく</rt></ruby>み 계략

음 こう **훈** <ruby>巧<rt>たく</rt></ruby>み

0127 句 (小5) 글귀 구

음독
- <ruby>句<rt>く</rt></ruby><ruby>読<rt>とう</rt></ruby><ruby>点<rt>てん</rt></ruby> 구두점
- <ruby>語<rt>ご</rt></ruby><ruby>句<rt>く</rt></ruby> 어구
- <ruby>節<rt>せっ</rt></ruby><ruby>句<rt>く</rt></ruby> 명절
- <ruby>俳<rt>はい</rt></ruby><ruby>句<rt>く</rt></ruby> 하이쿠
- <ruby>文<rt>もん</rt></ruby><ruby>句<rt>く</rt></ruby> 불평, 불만

✔ <ruby>俳句<rt>はいく</rt></ruby>: 일본 고유의 단시(短詩)

음 く

0128 丘 언덕 구

음독
- <ruby>丘<rt>きゅう</rt></ruby><ruby>陵<rt>りょう</rt></ruby> 구릉, 언덕
- <ruby>砂<rt>さ</rt></ruby><ruby>丘<rt>きゅう</rt></ruby> 사구, 모래 언덕

훈독
- <ruby>丘<rt>おか</rt></ruby> 언덕

음 きゅう **훈** <ruby>丘<rt>おか</rt></ruby>

0129 旧 (小5) 예 구

음독
- <ruby>旧<rt>きゅう</rt></ruby><ruby>式<rt>しき</rt></ruby> 구식
- <ruby>旧<rt>きゅう</rt></ruby><ruby>約<rt>やく</rt></ruby><ruby>聖<rt>せい</rt></ruby><ruby>書<rt>しょ</rt></ruby> 구약성서
- <ruby>旧<rt>きゅう</rt></ruby><ruby>友<rt>ゆう</rt></ruby> 옛 친구
- <ruby>旧<rt>きゅう</rt></ruby><ruby>暦<rt>れき</rt></ruby> 음력
- <ruby>旧<rt>きゅう</rt></ruby><ruby>来<rt>らい</rt></ruby> 종래, 이전부터
- <ruby>新<rt>しん</rt></ruby><ruby>旧<rt>きゅう</rt></ruby> 신구

음 きゅう   舊

0130 종 노

음독 奴隷 노예　農奴 농노

훈독 奴 하인　奴 녀석, 놈

음 ど　　훈 奴·奴

0131 여승 니

음독 尼僧 비구니, 여승

훈독 尼 여승　尼寺 여승방

음 に　　훈 尼

0132 아침 단

음독 旦那 바깥어른　元旦 설날

음 たん·だん

0133 小2 대 대

음독 台本 대본　台所 부엌　台地 대지　台形 사다리꼴
灯台 등대　台風 태풍　台頭 대두　舞台 무대

음 だい·たい

臺

0134

小3 대신할 대

음독 代表 대표　現代 현대　世代 세대 (だいひょう / げんだい / せだい)

훈독 代わる 바뀌다　代える 바꾸다　代 세상 (か / か / よ)
身の代金 인질의 몸값 (み / しろきん)

*かわる

代わる 어떤 역할을 대신하다 → 父に代わって応対する 아버지를 대신해서 응대하다 (か / ちち・か / おうたい)

変わる 그 자체가 다른 상태로 변하다 → 色が変わる 색깔이 변하다 (か / いろ・か)

替わる 지금까지의 것이 물러나고, 다음 것으로 교체되다 → 内閣が替わる 내각이 교체되다 (か / ないかく・か)

換わる 그 위치를 다른 것이 차지하다 → 席が換わる 자리가 바뀌다 (か / せき・か)

음 だい・たい　**훈** 代わる・代える・代・代 (か / か / よ / しろ)

0135

小2 겨울 동

음독 冬季 동계　冬至 동지　冬眠 동면, 겨울잠　初冬 초겨울 (とうき / とうじ / とうみん / しょとう)
立冬 입동　春夏秋冬 춘하추동 (りっとう / しゅんかしゅうとう)

훈독 冬 겨울　冬物 겨울옷　冬山 겨울산　真冬日 한겨울 날 (ふゆ / ふゆもの / ふゆやま / まふゆび)

음 とう　**훈** 冬 (ふゆ)

0136

小4 하여금 령

음독 令状 영장　命令 명령　司令官 사령관　法令 법령 (れいじょう / めいれい / しれいかん / ほうれい)

음 れい

0137

小3 예도 례

음독
- れいぎ 礼儀 예의
- けいれい 敬礼 경례
- しゃれい 謝礼 사례

음 れい・らい   禮

0138

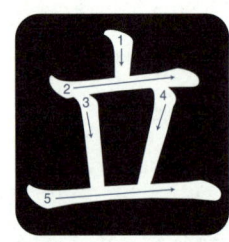

小1 설립

음독
- りっしゅん 立春 입춘
- きりつ 起立 기립
- じりつ 自立 자립
- どくりつ 独立 독립
- りょうりつ 両立 양립
- こんりゅう 建立 건립

훈독
- た立つ 서다
- た立てる 세우다
- たちば 立場 입장, 처지
- こだち 木立 나무숲
- た立ち の退く 물러나다, 퇴거하다

*たてる

- た立てる 수직으로 세우다 → はた旗を た立てる 깃발을 세우다
- た建てる 크고 복잡한 것을 세우다, 짓다, 건설하다 → そうこ倉庫を た建てる 창고를 짓다

음 りつ・りゅう   **훈** た立つ・た立てる

立てる
建てる

0139

小4 끝 말

음독
- かんまつ 巻末 권말
- きまつ 期末 기말
- けつまつ 結末 결말
- しゅうまつ 週末 주말
- ねんまつ 年末 연말
- しまつ 始末 경위, 자초지종

훈독
- すえ 末 끝, 마지막
- すえっこ 末っ子 막내

음 まつ・ばつ   **훈** すえ末

0144 未 — 小4 아닐 미

음독
- み かい 未開 미개
- み かんせい 未完成 미완성
- み じゅく 未熟 미숙
- み ち 未知 미지
- み ぞう 未曾有 미증유
- み てい 未定 미정
- み まん 未満 미만
- み らい 未来 미래

音 み

0145 民 — 小4 백성 민

음독
- みんかん 民間 민간
- みんしゅう 民衆 민중
- みんぞく 民族 민족
- みん わ 民話 민화
- こくみん 国民 국민
- じゅうみん 住民 주민
- しょみん 庶民 서민
- のうみん 農民 농민

훈독
- たみ 民 국민, 백성

音 みん　訓 たみ

0146 半 — 小2 반 반

음독
- はんえん 半円 반원
- はんがく 半額 반액
- はんとう 半島 반도
- はんぶん 半分 반, 절반
- ぜんはん 前半 전반
- こうはん 後半 후반
- たいはん 大半 태반, 대부분

훈독
- なか 半ば 절반

音 はん　訓 半ば

0147 白 — 小1 흰 백

음독
- はく し 白紙 백지
- はくまい 白米 백미
- こうはく 紅白 홍백
- めいはく 明白 명백
- じゅんぱく 純白 순백
- こくびゃく 黒白 흑백

훈독
- しろ い 白い 하얗다
- ま しろ 真っ白 새하얌
- しら 白ける (색이) 바래다
- しら が 白髪 백발
- しらゆきひめ 白雪姫 백설공주

音 はく・びゃく　訓 白・白い・白

0148

汎 넘칠 범

음독 氾濫 (はんらん) 범람

음 はん

0149

犯 (小5) 범할 범

음독 犯行 (はんこう) 범행 犯罪 (はんざい) 범죄 犯人 (はんにん) 범인 現行犯 (げんこうはん) 현행범
主犯 (しゅはん) 주범 防犯 (ぼうはん) 방범

훈독 犯す (おかす) 범하다, 어기다

*おかす

犯す 규칙을 어기다 → 法を犯す 법을 어기다

侵す 다른 국가나 땅에 무리하게 들어가다 → 国境を侵す 국경을 침범하다

冒す 뭔가를 무릅쓰거나 피해를 주다 → 危険を冒す 위험을 무릅쓰다

음 はん   **훈** 犯す

0150

辺 (小4) 가 변

음독 近辺 (きんぺん) 근처 身辺 (しんぺん) 신변 底辺 (ていへん) 저변

훈독 辺り (あたり) 근처, 주위 海辺 (うみべ) 해변 岸辺 (きしべ) 강변, 바닷가 水辺 (みずべ) 물가

음 へん   **훈** 辺り・辺   邊

0151

小5 고깔 변

음독: <ruby>弁護<rt>べんご</rt></ruby> 변호　<ruby>弁当<rt>べんとう</rt></ruby> 도시락　<ruby>弁明<rt>べんめい</rt></ruby> 변명　<ruby>弁論<rt>べんろん</rt></ruby> 변론
<ruby>駅弁<rt>えきべん</rt></ruby> 역에서 파는 도시락　<ruby>花弁<rt>かべん</rt></ruby> 꽃잎

음 べん

0152

남녘 병

음독: <ruby>丙午<rt>へいご</rt></ruby> 병오

훈독: <ruby>丙<rt>ひのえ</rt></ruby> 병(십간의 셋째)

음 へい　　훈 <ruby>丙<rt>ひのえ</rt></ruby>

0153

小1 근본 본

음독: <ruby>本気<rt>ほんき</rt></ruby> 진심　<ruby>本当<rt>ほんとう</rt></ruby> 정말　<ruby>本能<rt>ほんのう</rt></ruby> 본능　<ruby>本来<rt>ほんらい</rt></ruby> 본래
<ruby>絵本<rt>えほん</rt></ruby> 그림책　<ruby>資本<rt>しほん</rt></ruby> 자본　<ruby>日本語<rt>にほんご</rt></ruby> 일본어　<ruby>見本<rt>みほん</rt></ruby> 견본

훈독: <ruby>本<rt>もと</rt></ruby> 기원　<ruby>旗本<rt>はたもと</rt></ruby> 본 진영

음 ほん　　훈 <ruby>本<rt>もと</rt></ruby>

0154

小4 부칠 부

음독: <ruby>付近<rt>ふきん</rt></ruby> 부근　<ruby>付録<rt>ふろく</rt></ruby> 부록　<ruby>寄付<rt>きふ</rt></ruby> 기부　<ruby>給付<rt>きゅうふ</rt></ruby> 급부
<ruby>送付<rt>そうふ</rt></ruby> 송부

훈독: <ruby>付ける<rt>つける</rt></ruby> 붙이다　<ruby>付く<rt>つく</rt></ruby> 붙다　<ruby>名付ける<rt>なづける</rt></ruby> 이름 짓다, 명명하다
<ruby>気付く<rt>きづく</rt></ruby> 눈치채다, 깨닫다　<ruby>受付<rt>うけつけ</rt></ruby> 접수

付く
着く 
就く

*つく

付く 떨어지지 않게 되다 → 墨が付く 먹물이 묻다

着く 어떤 장소에 도착하다 → 船が港に着く 배가 항구에 도착하다

就く 시작하거나 지위를 차지하다 → 職に就く 취직하다

| 음 | ふ | 훈 | 付ける・付く |

0155 北
小2 북녘 북·달아날 배

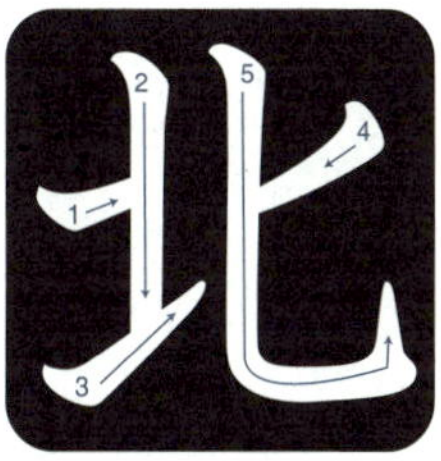

음독
- 北上 북상
- 北極 북극
- 北方 북방
- 東北 동북
- 敗北 패배

훈독
- 北 북쪽
- 北風 북풍
- 北半球 북반구
- 北向き 북향

| 음 | ほく | 훈 | 北 |

5획

0156 払
떨칠 불

음독
- 払拭 불식
- 払底 바닥이 남, 품절

훈독
- 払う ① 없애다, 제거하다 ② 지불하다

| 음 | ふつ | 훈 | 払う | 拂 |

0157 氷
小3 얼음 빙

음독
- 氷河 빙하
- 氷山 빙산

훈독
- 氷 얼음
- 氷雨 우박

| 음 | ひょう | 훈 | 氷・氷 |

0158

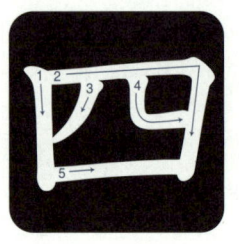

小1 넉 사

음독
- しがつ 四月 4월
- しかく 四角 사각
- しき 四季 사계
- しほう 四方 사방
- しくはっく 四苦八苦 온갖 고생을 겪음

훈독
- よっ 四つ 네개
- よっか 四日 4일
- よ かど 四つ角 사거리
- よんりん く どう 四輪駆動 사륜구동

음 し **훈** よ・よっ・よっ・よん
四・四つ・四つ・四

0159

小4 맡을 사

음독
- しかいしゃ 司会者 사회자
- ししょ 司書 사서
- しほう 司法 사법
- しれいかん 司令官 사령관
- じょうし 上司 상사
- ぎょうじ 行司 씨름 심판

음 し

0160

小3 베낄 사

음독
- しゃしん 写真 사진
- しゃせいが 写生画 사생화
- えいしゃき 映写機 영사기
- ししゃかい 試写会 시사회
- しょしゃ 書写 베껴 씀
- もしゃ 模写 모사
- ふくしゃ 複写 복사

훈독
- うつ 写す 베끼다
- うつ 写る (사진에) 찍히다
- か うつ 書き写す 베껴 쓰다

*うつす

うつ 写す 문자나 그림 등으로 그대로 나타내다 → 宿題を写す 숙제를 베끼다

うつ 映す 빛을 이용해서 물건의 형태나 색을 나타내다 → スライドを映す 슬라이드를 비추다

写す / 映す

음 しゃ **훈** 写す・写る   寫

0161

小5 사기 사

음독
- しがく 史学 (역)사학
- ししょ 史書 (역)사서
- しじつ 史実 (역사적) 사실
- れきし 歴史 역사
- こくし 国史 국사

음 し

0162

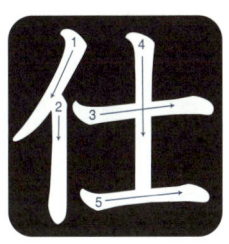

小3 섬길 사

음독 仕入れ 구입　仕方 하는 방법, 수단　仕組み ①구조 ②방법
仕事 일　奉仕 봉사　給仕 시환

훈독 仕える 섬기다, 봉사하다

음 し・じ　　**훈** 仕える

0163

小1 날 생

음독 生活 생활　生存 생존　生命 생명　先生 선생님
一生 일생　誕生日 생일

훈독 生 가공하지 않음, 날것　生きる 살다, 생존하다　生かす 살리다
生まれる 태어나다　生む 낳다　生える 나다　生やす 기르다
生放送 생방송　生地 원단, 반죽　生き物 생물　長生き 장수

특 芝生 잔디밭

*うむ

生む 뭔가를 새로이 만들다 → 新記録を生む 신기록을 내다
産む 분만(출산)하다 → たまごを産む 달걀을 낳다

음 せい・しょう
훈 生・生・生きる・生かす・生まれる・生む・生える・生やす

生む

産む

0164

小1 돌 석

음독 石材 석재　石油 석유　石器 석기　化石 화석
一石二鳥 일석이조　岩石 암석　玉石 옥석　磁石 자석

훈독 石 돌　石橋 돌다리　小石 작은 돌

음 せき・しゃく・こく　　**훈** 石

0165 신선 선 仙

음독 仙人 선인 　仙女 선녀

음 せん

0166 인간 세 世 (小3)

음독 世紀 세기　近世 근세　世界 세계　世間 세간, 세상　世帯 세대, 가정　世代 세대　世話 신세　出世 출세

훈독 世 세상　世の中 세상

음 せい・せ　**훈** よ

0167 부를 소 召

음독 召喚 소환　召還 소환　召集 소집

훈독 召す '불러들이다'의 높임말　召し上がる (음식을) 드시다, 잡수시다

*しょうかん

召喚 어디로 오라고 명령함 → 証人の召喚 증인의 소환
召還 불러들임 → 本国に召還する 본국으로 소환하다 ↔ 派遣 파견

음 しょう　**훈** 召す

0168 가둘 수 囚

음독 囚人 죄수　死刑囚 사형수

음 しゅう

0173 失 (小4) 잃을 실

음독
- しつい 失意 실의
- しつぎょう 失業 실업
- しつぼう 失望 실망
- しつれい 失礼 실례
- しっかく 失格 실격
- しっぱい 失敗 실패
- かしつ 過失 과실
- しょうしつ 消失 소실(사라져 없어짐)
- しょうしつ 焼失 소실(불타서 없어짐)
- とくしつ 得失 득실

훈독
- うしな 失う 잃다, 상실하다

음 しつ **훈** 失う

0174 圧 (小5) 누를 압

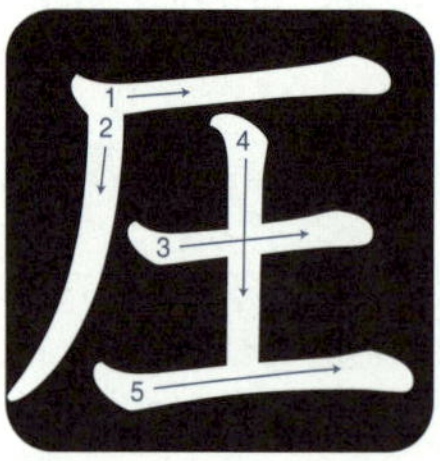

음독
- あつりょく 圧力 압력
- あっしょう 圧勝 압승
- あっしゅく 圧縮 압축
- あっとう 圧倒 압도
- きあつ 気圧 기압
- けつあつ 血圧 혈압
- じゅうあつ 重圧 중압

음 あつ   壓

0175 央 (小3) 가운데 앙

음독
- ちゅうおう 中央 중앙
- しんおう 震央 진앙

음 おう

0176 永 (小5) 길 영

음독
- えいえん 永遠 영원
- えいきゅう 永久 영구
- えいじゅうけん 永住權 영주권
- えいぞく 永続 영속
- えいみん 永眠 영면, 죽음

훈독
- なが 永い (시간적으로) 길다, 오래다

음 えい **훈** 永い

0177

구슬 옥 (小1)

- **음독**: ぎょく
  - 玉座（ぎょくざ） 옥좌
  - 玉石（ぎょくせき） 옥석
  - 宝玉（ほうぎょく） 보옥, 보석
- **훈독**: たま
  - 玉（たま） 구슬
  - 目玉（めだま） 안구, 눈알
  - 水玉（みずたま） 물방울
  - 五円玉（ごえんだま） 5엔짜리 동전
  - お年玉（おとしだま） 세뱃돈

音 ぎょく　**訓** 玉（たま）

0178

기와 와

- **음독**: が
  - 瓦解（がかい） 와해
- **훈독**: かわら
  - 瓦（かわら） 기와

音 が　**訓** 瓦（かわら）

0179

바깥 외 (小2)

- **음독**: がい・げ
  - 外出（がいしゅつ） 외출
  - 外食（がいしょく） 외식
  - 屋外（おくがい） 옥외
  - 海外（かいがい） 해외
  - 野外（やがい） 야외
  - 外科（げか） 외과
- **훈독**: そと・ほか・はず
  - 外（そと） 바깥
  - 外（ほか） ~외
  - 外す（はずす） ①떼다, 풀다, 빼다 ②(자리를) 비우다
  - 外れる（はずれる） 어긋나다, 빗나가다
  - 町外れ（まちはずれ） 변두리

音 がい・げ　**訓** 外（そと）・外（ほか）・外す・外れる

0180

오목할 요

- **음독**: おう
  - 凹凸（おうとつ） 요철, 울퉁불퉁
  - 凹面鏡（おうめんきょう） 오목거울

音 おう

0181

小2 쓸 용

- 음독
  - よう い 用意 준비, 채비
  - ようけん 用件 용건
  - ようじん 用心 조심함
  - き よう 器用 솜씨가 좋음
  - きゅうよう 急用 급한 용무
  - り よう 利用 이용
- 훈독
  - もち 用いる 쓰다, 사용하다

음 よう **훈** 用いる

0182

小1 오를/오른(쪽) 우

- 음독
  - う せつ 右折 우회전
  - さ ゆう 左右 좌우
- 훈독
  - みぎ 右 오른쪽
  - みぎがわ 右側 우측
  - みぎ て 右手 오른손

음 う・ゆう **훈** 右

0183

小3 말미암을 유

- 음독
  - ゆ らい 由来 유래
  - けい ゆ 経由 경유
  - じ ゆう 自由 자유
  - り ゆう 理由 이유
  - ゆいしょ 由緒 유서, 유래, 내력
- 훈독
  - よし 由 까닭, 원인

음 ゆ・ゆう・ゆい **훈** 由

0184

小6 어릴 유

- 음독
  - よう じ 幼児 유아
  - よう じ 幼時 어릴 때
  - よう ち えん 幼稚園 유치원
  - ようちゅう 幼虫 유충
- 훈독
  - おさな 幼い 어리다
  - おさなごころ 幼心 동심

음 よう **훈** 幼い

0189 丼 우물 정

훈독
- 丼(どん) 덮밥
- 丼(どんぶり) 덮밥
- 天丼(てんどん) 튀김덮밥

훈 丼(どん)・丼(どんぶり)

0190 左 [小1] 왼 좌

음독
- 左右(さゆう) 좌우
- 左折(させつ) 좌회전
- 右往左往(うおうさおう) 우왕좌왕

훈독
- 左(ひだり) 왼쪽
- 左側(ひだりがわ) 좌측
- 左手(ひだりて) 왼손
- 左利き(ひだりきき) 왼손잡이

음 さ   **훈** 左(ひだり)

0191 主 [小3] 임금/주인 주

음독
- 主演(しゅえん) 주연
- 主観(しゅかん) 주관
- 主君(しゅくん) 주군
- 主権(しゅけん) 주권
- 主語(しゅご) 주어
- 主食(しゅしょく) 주식
- 主人(しゅじん) ①주인 ②남편
- 主題(しゅだい) 주제
- 主体(しゅたい) 주체
- 主婦(しゅふ) 주부

훈독
- 主(ぬし) 주인
- 飼い主(かいぬし) 사육주
- 地主(じぬし) 지주
- 主に(おもに) 주로

특
- 坊主(ぼうず) ①(절의) 주지 ②사내아이의 애칭, 꼬마

음 しゅ・す   **훈** 主(ぬし)・主(おも)

0192 汁 즙 즙

음독
- 果汁(かじゅう) 과즙
- 胆汁(たんじゅう) 담즙
- 墨汁(ぼくじゅう) 먹물

훈독
- 汁(しる) 즙, 국(물)
- みそ汁(しる) 일본식 된장국

음 じゅう   **훈** 汁(しる)

0193

꾸짖을 질

- 음독: しっせき 叱責 질책 / しった 叱咤 질타
- 훈독: しか 叱る 꾸짖다

✔ 이 한자는 「叱」로도 쓰인다.

- 音 しつ
- 訓 叱る

0194

또 차

- 훈독: か 且つ 게다가, 또

- 訓 且つ

0195

小4 편지 찰

- 음독: さつ 札 지폐 / かいさつぐち 改札口 개찰구 / けんさつ 検札 검표 / しゅっさつ 出札 매표 / ひょうさつ 表札 표찰, 문패 / にゅうさつ 入札 입찰
- 훈독: ふだ 札 표, 팻말 / なふだ 名札 명찰 / にふだ 荷札 (짐의) 꼬리표 / たてふだ 立て札 세운 팻말

- 音 さつ
- 訓 札

0196

小6 책 책

- 음독: さっし 冊子 책자 / さっすう 冊数 권수 / べっさつ 別冊 별책 / いっさつ 一冊 한 권 / ぶんさつ 分冊 분책 / たんざく 短冊 글씨를 쓰는 조붓한 종이

- 音 さつ・さく

冊

0197 処 — 小6 곳 처

음독
- しょぶん 処分 처분
- しょほう 処方 처방
- しょり 処理 처리
- ぜんしょ 善処 선처
- たいしょ 対処 대처

음 しょ　　　**[處]**

0198 斥 — 물리칠 척

음독
- せっこう 斥候 척후
- はいせき 排斥 배척

훈독
- しりぞける 斥ける 물리치다

음 せき　　　**훈** 斥ける(しりぞける)

0199 凸 — 볼록할 철

음독
- とつおう 凸凹 철요, 요철
- とっぱん 凸版 볼록판
- とつめんきょう 凸面鏡 볼록거울
- とっき 凸起 돌기, 튀어나옴

훈독
- でこ 凸 튀어나옴

✓ 「凸凹」는 「とつおう」로도 「でこぼこ」로도 읽는다.

음 とつ

0200 庁 — 小6 관청 청

음독
- ちょうしゃ 庁舎 청사
- かんちょう 官庁 관청
- きしょうちょう 気象庁 기상청
- けんさつちょう 検察庁 검찰청
- けんちょう 県庁 현청
- しょうちょう 省庁 성청(중앙 관청의 총칭)
- とちょう 都庁 도청

음 ちょう　　　**[廳]**

0201

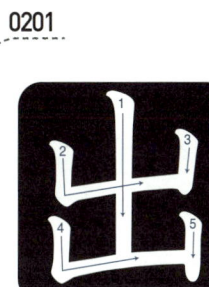

小1 날 출

음독 出現 출현　出身 출신　出発 출발　外出 외출
しゅつげん　しゅっしん　しゅっぱつ　がいしゅつ
提出 제출　出納 출납
ていしゅつ　すいとう

훈독 出る 나개[오]다　出す (꺼)내다　出口 출구　遠出 멀리 나감
で　　　　　　だ　　　　　　でぐち　　　とおで
初日の出 설날의 해돋이
はつひ　で

음 しゅつ・すい　**훈** 出る・出す
で　　だ

0202

小3 다를 타

음독 他国 타국　他人 타인　他力 타력, 남의 힘
たこく　　たにん　　たりき

훈 他 ①딴것, 딴 곳 ②그 밖, 이외
ほか

음 た

0203

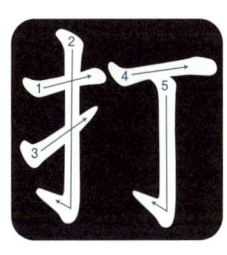

小3 칠 타

음독 打楽器 타악기　打者 타자　打席 타석　打破 타파
だがっき　　だしゃ　　だせき　　だは
安打 (야구에서) 안타　殴打 구타
あんだ　　　　　　おうだ

훈독 打つ 치다, 두드리다　値打ち ①값, 가격 ②가치
う　　　　　　　　　ねう

*うつ

打つ 두드리다, 적중하다 → バットで救を打つ 배트로 공을 치다
う　　　　　　　　　　　　　　きゅう　う

討つ 공격해서 없애다 → 敵の大将を討つ 적의 대장을 무찌르다
う　　　　　　　　　　てき　たいしょう　う

撃つ 총알 등을 쏘다 → ピストルを撃つ 총을 쏘다
う　　　　　　　　　　　　　　う

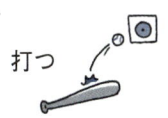

음 だ　**훈** 打つ
う

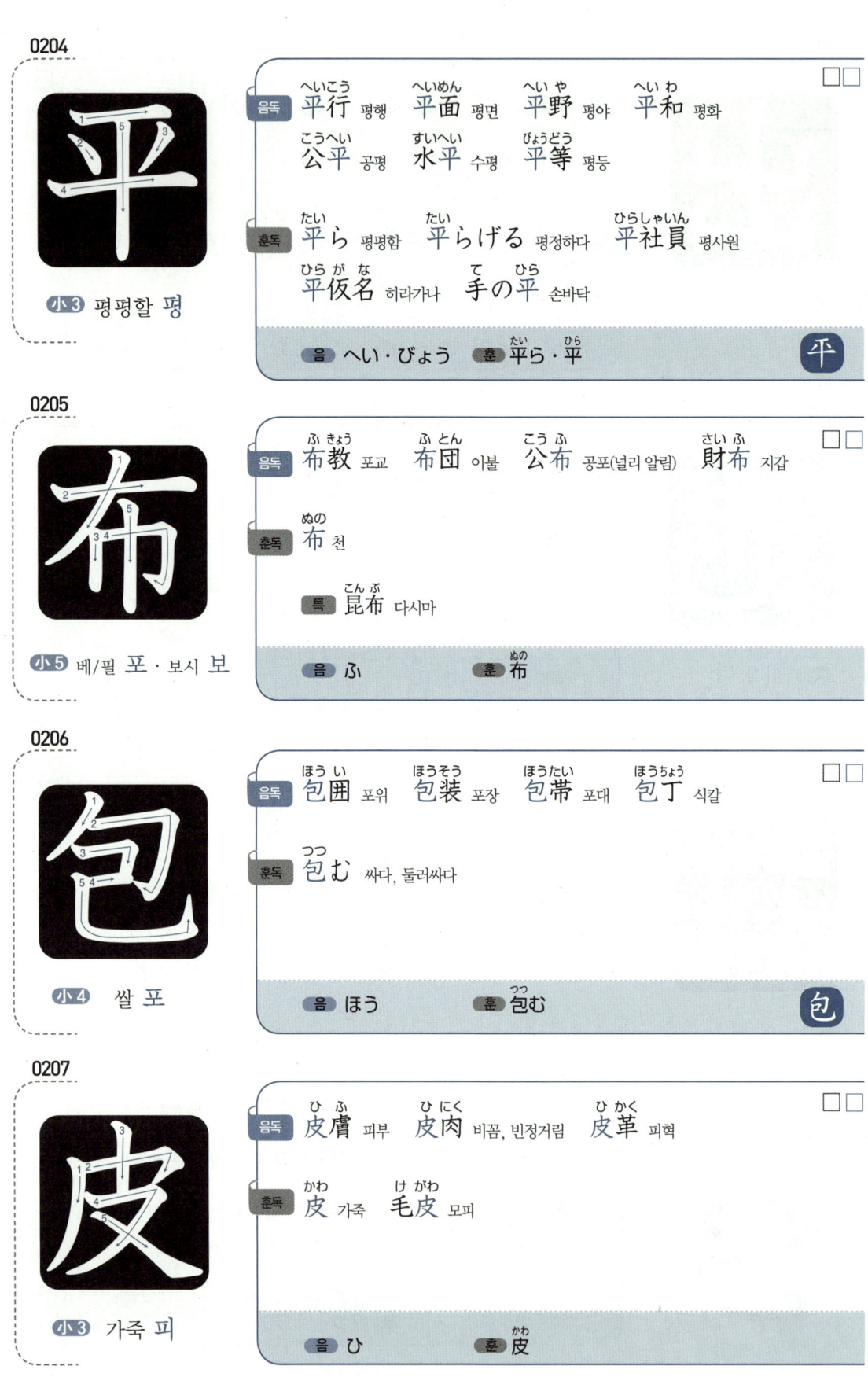

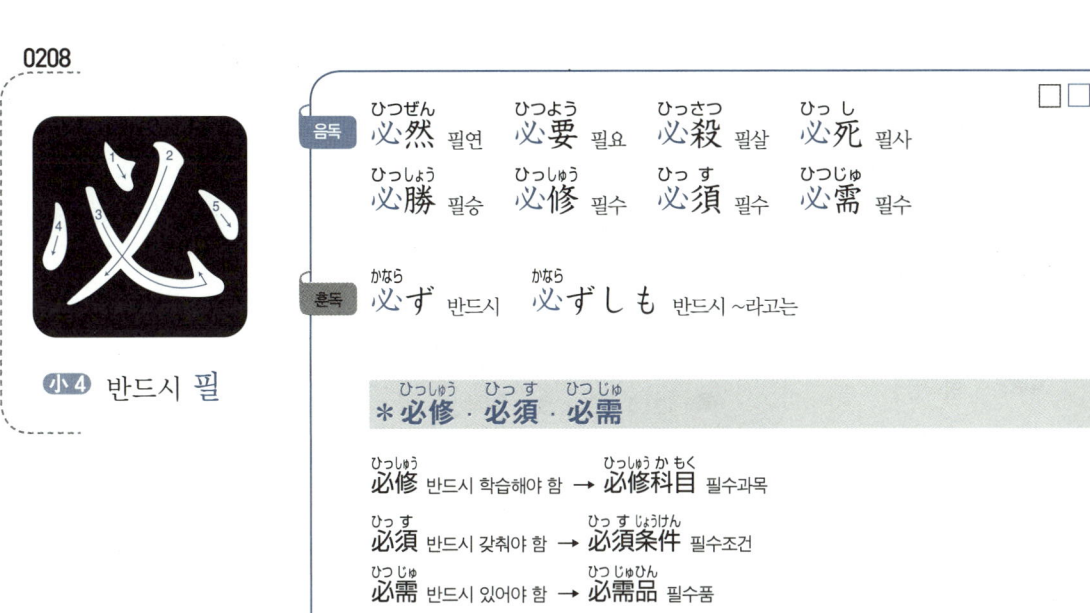

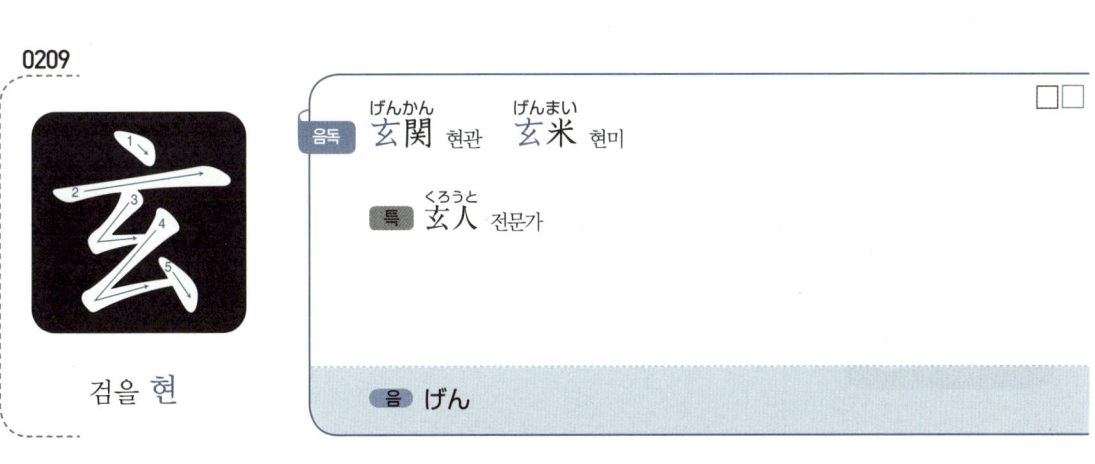

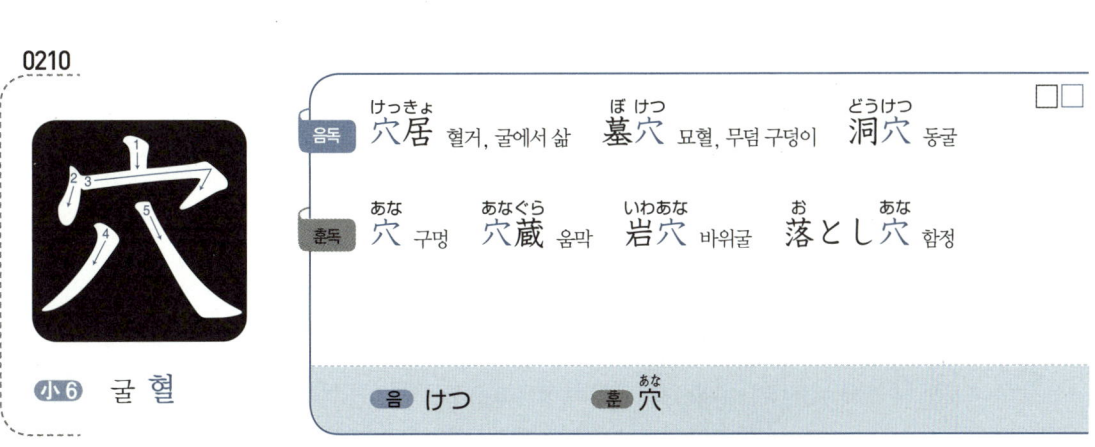

0211 兄

小2 형 형

음독 父兄 부형　兄弟 형제

훈독 兄 형

특 お兄さん 형·오빠

음 けい・きょう　훈 兄

0212 号

小3 부르짖을 호

음독 号外 (신문 등의) 호외　暗号 암호　記号 기호　称号 칭호　年号 연호　番号 번호

음 ごう

號

0213 込

(일본한자) 담다

훈독 込む 몰리다, 붐비다　込める 채우다

훈 込む・込める

0214 仮

6획

小5 거짓 가

음독 仮定 가정　仮名 가나(일본의 표음 문자)　仮説 가설　仮面 가면　仮病 꾀병

훈독 仮に ①가령 ②임시로　仮住まい 임시 거처

음 か・け　훈 仮

假

0215

各 小4 각각 각

- 음독
  - かくえき 各駅 각 역
  - かくじ 各自 각자
  - かくしゅ 各種 각종
  - かくち 各地 각지
  - かっこく 各国 각국
- 훈독
  - おのおの 各々 각각, 제각기

음 かく　훈 各々(おのおの)

0216

江 강 강

- 음독
  - こうこ 江湖 강호
- 훈독
  - え 江 (바다, 호수 등의) 후미

음 こう　훈 江(え)

0217

件 小5 물건 건

- 음독
  - けんすう 件数 건수
  - けんめい 件名 건명
  - ようけん 用件 용건
  - じけん 事件 사건
  - じょうけん 条件 조건

음 けん

0218

考 小2 생각할 고

- 음독
  - こうあん 考案 고안
  - こうさつ 考察 고찰
  - こうしょう 考証 고증
  - こうこがく 考古学 고고학
  - さいこう 再考 재고
  - さんこう 参考 참고
  - しこう 思考 사고
- 훈독
  - かんがえる 考える 생각하다
  - かんがえかた 考え方 사고방식

음 こう　훈 考える(かんがえる)

0219

曲 小3 굽을 곡

음독
- きょくげい 曲芸 곡예
- きょくせん 曲線 곡선
- さっきょく 作曲 작곡
- じょきょく 序曲 서곡
- めいきょく 名曲 명곡

훈독
- ま 曲がる ① 구부러지다 ② 돌다
- ま 曲げる 구부리다
- ま かど 曲がり角 길모퉁이

음 きょく **훈** 曲がる・曲げる

0220

共 小4 한가지 공

음독
- きょうがく 共学 공학
- きょうかん 共感 공감
- きょうつう 共通 공통
- きょうどう 共同 공동
- きょうめい 共鳴 공명
- きょうゆう 共有 공유
- こうきょう 公共 공공

훈독
- とも 共 같음, 함께임
- ともばたら 共働き 맞벌이

음 きょう **훈** 共

0221

缶 두레박 관

음독
- かんづめ 缶詰 통조림

음 かん

0222

光 小2 빛 광

음독
- こうけい 光景 광경
- こうせん 光線 광선
- こうねん 光年 광년
- えいこう 栄光 영광
- かんこう 観光 관광
- げっこう 月光 월광
- にっこう 日光 일광
- ようこう 陽光 햇빛

훈독
- ひか 光る 빛나다
- ひか もの 光り物 발광체

음 こう **훈** 光る

0223

小2 사귈 교

음독
- こうえき 交易 교역
- こうさい 交際 교제
- こうたい 交代 교대
- こうつう 交通 교통
- こうばん 交番 파출소
- こうりゅう 交流 교류

훈독
- まじわる 交わる 사귀다
- まじえる 交える 섞다, 끼게 하다
- まじる 交じる 섞이다
- まざる 交ざる 섞이다
- まぜる 交ぜる 섞다, 혼합하다
- かう 交う 섞이다
- かわす 交わす 주고받다
- とびかう 飛び交う 어지럽게 날다

*まじる

- ま 交じる 여러 가지가 섞여 있다 → おとなのなかにこどもがまじる 大人の中に子供が交じる 어른들 속에 아이가 섞여 있다
- ま 混じる 섞여서 구별할 수 없게 되다 → さけにみずがまじる 酒に水が混じる 술에 물이 섞이다

음 こう
훈 交わる・交える・交じる・交ざる・交ぜる・交う・交わす

交じる

混じる

0224

절구 구

음독
- きゅうし 臼歯 어금니

훈독
- うす 臼 절구, 맷돌
- うすば 臼歯 어금니

음 きゅう   훈 うす 臼

0225

小6 책상 궤

음독
- きあん 机案 책상
- きじょうのくうろん 机上の空論 탁상공론

훈독
- つくえ 机 책상

음 き   훈 つくえ 机

0226

叫 부르짖을 규

음독: きょうかん 叫喚 규환

훈독: さけぶ 叫ぶ 외치다, 소리지르다

음 きょう　훈 叫ぶ

0227

扱 거둘 급

훈독: あつかう 扱う 다루다, 취급하다

훈 扱う

0228

気 小1 기운 기

음독: きたい 気体 기체　きこう 気候 기후　いっき 一気 단숨　げんき 元気 기운
なまいき 生意気 건방짐　ぶきみ 不気味 불길함　けはい 気配 기색, 낌새
ゆげ 湯気 김, 수증기

음 き・け　　氣

0229

企 꾀할 기

음독: きかく 企画 기획　きぎょう 企業 기업　きと 企図 기도(일을 꾀함)

훈독: くわだてる 企てる 꾀하다　たくらむ 企む (좋지 않은 일을) 꾸미다

음 き　훈 企てる・企む

0234
多 小2 많을 다

음독:
- た がく 多額 다액, 고액
- た しょう 多少 다소
- た すう 多数 다수
- た よう 多用 다용
- た りょう 多量 다량
- ざっ た 雑多 잡다

훈독:
- おお 多い 많다
- おお 多め 조금 많은 정도
- かずおお 数多い 수많다

음 た　훈 多い

0235
団 小5 둥글 단

음독:
- だんけつ 団結 단결
- だんたい 団体 단체
- だん ち 団地 단지
- だん ご 団子 경단
- しゅうだん 集団 집단
- げきだん 劇団 극단
- にゅうだん 入団 입단
- ふ とん 布団 이불

음 だん・とん　〔團〕

0236
当 小2 마땅 당

음독:
- とうせん 当選 당선
- とうぜん 当然 당연
- とうばん 当番 당번
- けんとう 見当 짐작, 예상
- せいとう 正当 정당(이치가 당연함)
- ほんとう 本当 정말

훈독:
- あ 当たる 맞다, 부딪히다, 닿다
- あ 当てる 닿게 하다, 대다
- あ まえ 当たり前 당연함

음 とう　훈 当たる・当てる　〔當〕

0237
同 小2 한가지 동

음독:
- どうじょう 同情 동정
- どう じ 同時 동시
- どうかん 同感 동감
- どうてん 同点 동점
- こんどう 混同 혼동
- きょうどう 共同 공동
- ごうどう 合同 합동

훈독:
- おな 同じ 같음, 동일함
- おな どし 同い年 동갑, 같은 나이

음 どう　훈 同じ

0246 매양 매 (小2)

음독
- まいあさ 毎朝 매일 아침
- まいにち 毎日 매일
- まいしゅう 毎週 매주
- まいつき 毎月 매월

음 まい

0247 이름 명 (小1)

음독
- めいさく 名作 명작
- めいじん 名人 명인
- めいぶつ 名物 명물
- ゆうめい 有名 유명
- しめい 氏名 성명, 이름
- みょうじ 名字 성(姓)

훈독
- な 名 이름
- なまえ 名前 이름
- なごり 名残 여운, 흔적

음 めい・みょう　　**훈** な

0248 쌀 미 (小2)

음독
- べいか 米価 쌀값
- べいこく 米国 미국
- べいさく 米作 벼농사
- べいしょく 米食 쌀을 주식으로 함
- しんまい 新米 햅쌀
- はくまい 白米 백미
- せいまい 精米 정미

훈독
- こめ 米 쌀

음 べい・まい　　**훈** こめ

0249 성 박

음독
- ぼくとつ 朴訥 순박하고 입이 무거움
- ぼくねんじん 朴念仁 벽창호
- しつぼく 質朴 질박
- じゅんぼく 純朴 순박
- そぼく 素朴 소박

음 ぼく

0250

百 小1 일백 백

음독
- ^{ひゃっ}百^か科^じ事^{てん}典 백과사전
- ^{ひゃっ}百^か貨^{てん}店 백화점
- ^{ひゃく}百^{ぶん}聞 백문
- ^{すう}数^{ひゃく}百 수백
- ^ご五^{じっ}十^ぽ歩^{ひゃっ}百^ぽ歩 오십 보 백 보

음 ひゃく

0251

伐 칠 벌

음독
- ^{ばっ}伐^{さい}採 벌채
- ^{さつ}殺^{ばつ}伐 살벌
- ^{せい}征^{ばつ}伐 정벌
- ^{とう}討^{ばつ}伐 토벌
- ^{らん}濫^{ばつ}伐 남벌(나무를 함부로 베어냄)

훈독
- 伐^きる ① 치다, 토벌하다 ② 나무를 베다

음 ばつ　**훈** 伐^きる

0252

帆 돛 범

음독
- ^{はん}帆^{せん}船 범선
- ^{しゅっ}出^{ぱん}帆 출범

훈독
- ^ほ帆 돛
- ^ほ帆^{ばしら}柱 돛대
- ^{しら}白^ほ帆 흰 돛

음 はん　**훈** 帆^ほ

0253

汎 뜰 범

음독
- ^{はん}汎^{よう}用 범용
- ^{はん}汎^{ろん}論 범론

음 はん

0258

小3 죽을 사

음독 死去 사망　必死 필사　死者 사자, 죽은 사람
　　　死体 사체　死亡 사망　戰死 전사

훈독 死ぬ 죽다

음 し　**훈** 死ぬ

0259

小2 빛 색

음독 原色 원색　特色 특색　配色 배색　変色 변색
　　　色紙 색지　景色 경치

훈독 色 색　十人十色 십인십색, 각양각색

음 しょく・しき　**훈** 色

0260

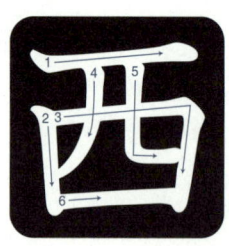

小2 서녘 서

음독 西洋 서양　西部 서부　西暦 서력　関西 관서
　　　大西洋 대서양　北西 북서　東西 동서

훈독 西 서쪽　西風 서풍　西日 석양

음 せい・さい　**훈** 西

0261

小1 먼저 선

음독 先生 선생님　先祖 선조　先端 첨단　先頭 선두
　　　先輩 선배

훈독 先 끝, 앞　先程 조금 전　行き先 목적지　旅先 여행지
　　　春先 초봄　店先 가게 앞　指先 손끝

특 行先不明 행방불명

음 せん　**훈** 先

0262 혀 설

음독 毒舌 독설　弁舌 언변, 말재주

훈독 舌 혀　舌先 혀끝　舌打ち 혀를 참　舌足らず 혀짤배기 소리

- 음: ぜつ
- 훈: 舌(した)

0263 이룰 성

음독 成功 성공　成熟 성숙　成績 성적　成分 성분
成長 성장　完成 완성　構成 구성　成就 성취

훈독 成る 이루어지다　成す 이루다　成り立ち 성장, 성립(과정)

- 음: せい・じょう
- 훈: 成る・成す

0264 지킬 수

음독 守衛 수위　守備 수비　厳守 엄수　死守 사수
保守 보수　留守 부재중

훈독 守る 지키다　守り 보살핌　お守り 부적　見守る 지켜보다

- 음: しゅ・す
- 훈: 守る・守り

0265 돌/순행할 순

음독 巡回 순회　巡演 순회 공연　巡航 순항　巡査 순사
巡視 순시　巡礼 순례

훈독 巡る 돌다, 회전하다

특: お巡りさん 순경 아저씨

- 음: じゅん
- 훈: 巡る

0266

열흘 순

음독
- じゅんかん 旬刊 순간(10일마다 펴냄)
- じゅんかん 旬間 10일간
- じゅんじつ 旬日 10일 동안
- じょうじゅん 上旬 상순
- しょじゅん 初旬 초순
- ちゅうじゅん 中旬 중순
- げじゅん 下旬 하순

음 じゅん・しゅん

0267

小3 법 식

음독
- しきてん 式典 식전
- しきじょう 式場 식장
- けいしき 形式 형식
- きょしき 挙式 거식
- こうしき 公式 공식
- にゅうがくしき 入学式 입학식
- わしき 和式 일본식

음 しき

0268

빠를 신

음독
- じんそく 迅速 신속
- ふんじん 奮迅 분신(힘차게 일어남)

음 じん

迅

0269

小3 편안 안

음독
- あんぜん 安全 안전
- あんてい 安定 안정
- あんしん 安心 안심
- あんせい 安静 안정
- あんぴ 安否 안부
- ふあん 不安 불안

훈독
- やす 安い 싸다
- やすね 安値 싼값
- やす 安らか 편안함
- めやす 目安 목표, 기준
- わりやす 割安 비교적 값이 쌈
- かくやす 格安 (보통보다) 특별히 쌈

음 あん **훈** 安い

0270

우러를 앙

음독 ぎょうてん 仰天 매우 놀람 　しんこう 信仰 신앙

훈독 あお 仰ぐ 우러러보다 　おお 仰せ 분부, 명령

음 ぎょう・こう 　**훈** 仰ぐ・仰せ

0271

小3 양 양

음독 ようもう 羊毛 양털 　ぼくよう 牧羊 목양

훈독 ひつじ 羊 양 　ひつじか 羊飼い 양치기 　ひつじぐも 羊雲 양떼구름 　こひつじ 子羊 새끼 양

음 よう 　**훈** 羊

0272

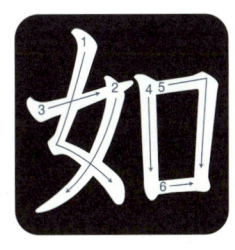

같을 여

음독 にょじつ 如実 여실 　にょらい 如来 여래(부처의 높임말) 　じょさい 如才 실수, 빈틈
けつじょ 欠如 결여 　とつじょ 突如 돌연, 갑자기

음 じょ・にょ

0273

더러울 오

음독 おじょく 汚辱 오욕, 욕됨 　おすい 汚水 오수 　おせん 汚染 오염 　おそん 汚損 오손
おだく 汚濁 오탁 　おてん 汚点 오점 　おぶつ 汚物 오물 　おめい 汚名 오명

훈독 けが 汚す 더럽히다 　けが 汚れる 더러워지다 　けが 汚らわしい 더럽다, 역겹다
よご 汚す 더럽히다 　よご 汚れる 더러워지다 　きたな 汚い 더럽다

음 お 　**훈** 汚す・汚れる・汚らわしい・汚す・汚れる・汚い

0274 小2 깃 우

- 음독: 羽毛 깃털, 羽化 우화(번데기가 성충이 되는 일)
- 훈독: 羽 날개, 羽 새털, 깃, 羽衣 우의, 깃털 옷, 羽音 날개 소리, 羽織 짧은 겉옷, 千羽鶴 천 마리 학
- 音: う
- 訓: 羽・羽

0275 小6 집 우

- 음독: 宇宙 우주, 気宇 기우, 기개
- 音: う

0276 토란 우

- 훈독: 芋 식용 뿌리, 種芋 씨감자, 씨고구마, 芋名月 음력 8월 보름달
- 訓: 芋

0277 小6 위태할 위

- 음독: 危害 위해, 危機 위기, 危急 위급, 危険 위험, 危惧 두려움
- 훈독: 危ない 위험하다, 危うい 위태롭다, 危ぶむ 의심하다, 걱정하다
- 音: き
- 訓: 危ない・危うい・危ぶむ

0278

小3 있을 유

음독
- ゆうえき 有益 유익
- ゆうのう 有能 유능
- ゆうめい 有名 유명
- ゆうりょう 有料 유료
- きょうゆう 共有 공유
- しょゆう 所有 소유
- ゆうこう 有効 유효
- うむ 有無 유무
- みぞう 未曾有 미증유

훈독
- あ 有る 있다
- あ がね 有り金 현재 가진 돈

음 ゆう・う **훈** 有る

0279

小2 고기 육

음독
- にくがん 肉眼 육안
- にくしん 肉親 육친
- にくたい 肉体 육체
- にくるい 肉類 육류
- ぎゅうにく 牛肉 소고기
- きんにく 筋肉 근육
- ひにく 皮肉 비꼼, 빈정거림

음 にく

0280

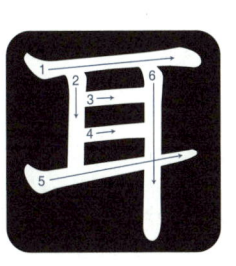

小4 옷 의

음독
- いふく 衣服 의복
- いるい 衣類 의류
- いしょくじゅう 衣食住 의식주
- さぎょうい 作業衣 작업복
- ちゃくい 着衣 착의
- はくい 白衣 백의, 흰옷

훈독
- ころも 衣 옷
- ころも が 衣替え 옷 갈아입음

음 い **훈** 衣

0281

小1 귀 이

음독
- じびか 耳鼻科 이비인후과
- じもく 耳目 이목

훈독
- みみ 耳 귀
- みみう 耳打ち 귓속말
- みみな 耳鳴り 이명, 귀울음
- みみもと 耳元 귓전
- そらみみ 空耳 환청
- はつみみ 初耳 처음 들음

음 じ **훈** 耳

0282

弍 두/갖은두 이

- 음독: <ruby>弍<rt>に</rt></ruby><ruby>万<rt>まん</rt></ruby><ruby>円<rt>えん</rt></ruby> 2만 엔
- 音 に

0283

印 小4 도장 인

- 음독: <ruby>印<rt>いん</rt></ruby>刷 인쇄　<ruby>実<rt>じつ</rt></ruby>印 실인, 인감 도장　<ruby>調<rt>ちょう</rt></ruby>印 조인
- 훈독: <ruby>印<rt>しるし</rt></ruby> 표, 표시, 기호　<ruby>矢<rt>や</rt></ruby><ruby>印<rt>じるし</rt></ruby> 화살표
- 音 いん　訓 <ruby>印<rt>しるし</rt></ruby>

0284

因 小5 인할 인

- 음독: <ruby>因<rt>いん</rt></ruby><ruby>果<rt>が</rt></ruby> 인과　<ruby>因<rt>いん</rt></ruby><ruby>習<rt>しゅう</rt></ruby> 인습　<ruby>因<rt>いん</rt></ruby><ruby>縁<rt>ねん</rt></ruby> 인연　<ruby>一<rt>いち</rt></ruby><ruby>因<rt>いん</rt></ruby> 한 원인
  <ruby>起<rt>き</rt></ruby><ruby>因<rt>いん</rt></ruby> 기인　<ruby>原<rt>げん</rt></ruby><ruby>因<rt>いん</rt></ruby> 원인　<ruby>勝<rt>しょう</rt></ruby><ruby>因<rt>いん</rt></ruby> 승인　<ruby>要<rt>よう</rt></ruby><ruby>因<rt>いん</rt></ruby> 요인
- 훈독: <ruby>因<rt>よ</rt></ruby>る 말미암다, 기인하다
- 音 いん　訓 <ruby>因<rt>よ</rt></ruby>る

0285

任 小5 맡길 임

- 음독: <ruby>任<rt>にん</rt></ruby><ruby>期<rt>き</rt></ruby> 임기　<ruby>任<rt>にん</rt></ruby><ruby>務<rt>む</rt></ruby> 임무　<ruby>任<rt>にん</rt></ruby><ruby>命<rt>めい</rt></ruby> 임명　<ruby>委<rt>い</rt></ruby><ruby>任<rt>にん</rt></ruby> 위임
  <ruby>新<rt>しん</rt></ruby><ruby>任<rt>にん</rt></ruby> 신임　<ruby>責<rt>せき</rt></ruby><ruby>任<rt>にん</rt></ruby> 책임　<ruby>担<rt>たん</rt></ruby><ruby>任<rt>にん</rt></ruby> 담임
- 훈독: <ruby>任<rt>まか</rt></ruby>す 맡기다　<ruby>任<rt>まか</rt></ruby>せる 맡기다　<ruby>人<rt>ひと</rt></ruby><ruby>任<rt>まか</rt></ruby>せ (자기 일을) 남에게 맡김
- 音 にん　訓 <ruby>任<rt>まか</rt></ruby>せる・<ruby>任<rt>まか</rt></ruby>す

0286 字

小1 글자 자

음독
- じかく 字画 자획
- あかじ 赤字 적자
- かつじ 活字 활자
- かんじ 漢字 한자
- ごじ 誤字 오자
- しゅうじ 習字 습자
- すうじ 数字 숫자
- もじ 文字 문자

훈독
- あざ 字 마을보다 작은 행정 구획
- おおあざ 大字 말단 행정 구역

음 じ　**훈** 字(あざ)

0287 自

小2 스스로 자

음독
- じが 自我 자아
- じこ 自己 자기
- じしゅう 自習 자습
- じしん 自信 자신
- じどう 自動 자동
- じぶん 自分 자신
- じゆう 自由 자유
- かくじ 各自 각자
- どくじ 独自 독자적
- しぜん 自然 자연

훈독
- みずか 自ら 스스로

음 じ・し　**훈** 自ら(みずか)

0288 匠

장인 장

음독
- きょしょう 巨匠 거장
- いしょう 意匠 ①의장 ②생각, 고안 ③디자인
- ししょう 師匠 스승
- めいしょう 名匠 명장

훈독
- たくみ 匠 장인

음 しょう　**훈** 匠(たくみ)

0289 壮

장할 장

음독
- そうかん 壮観 장관
- そうけん 壮健 건강
- そうぜつ 壮絶 장절, 장렬
- そうだい 壮大 장대
- そうと 壮途 장도
- そうねん 壮年 장년
- そうれつ 壮烈 장렬
- ひそう 悲壮 비장

음 そう　　壯

0290

小5 두 재

음독
- さいかい 再会 재회
- さいかい 再開 재개
- さいせい 再生 재생
- さいど 再度 재차, 두번
- さいき 再起 재기
- さいこう 再興 재흥
- さらいげつ 再来月 다음다음 달
- さらいしゅう 再来週 다음다음 주
- さらいねん 再来年 내후년

훈독
- ふたた 再び 재차, 다시, 두 번

음 さい・さ　　**훈** 再び

0291

小5 있을 재

음독
- ざいがく 在学 재학
- ざいこ 在庫 재고
- ざいたく 在宅 재택
- ざいらい 在来 재래
- けんざい 健在 건재
- げんざい 現在 현재
- ふざい 不在 부재

훈독
- あ 在る 존재하다

✔ 「在ある」는 그 장소에 존재하는 것 「有ある」는 물건이 있는 것

음 ざい　　**훈** 在る

0292

小4 다툴 쟁

음독
- そうぎ 争議 쟁의
- そうてん 争点 쟁점
- きょうそう 競争 경쟁
- せんそう 戦争 전쟁
- ろんそう 論争 논쟁

훈독
- あらそ 争う 다투다, 경쟁하다
- い あらそ 言い争い 말다툼, 언쟁

음 そう　　**훈** 争う

0293

小3 온전 전

음독
- ぜんいん 全員 전원
- ぜんこう 全校 전교
- ぜんぜん 全然 전혀
- ぜんたい 全体 전체
- ぜんぶ 全部 전부
- ぜんりょく 全力 전력
- あんぜん 安全 안전
- かんぜん 完全 완전
- けんぜん 健全 건전

훈독
- まった 全く 전혀

음 ぜん　　**훈** 全く

0294

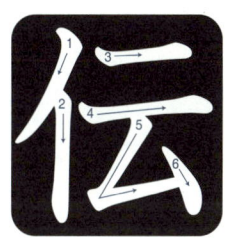

小4 전할 전

- 음독
  - でんき 伝記 전기
  - でんごん 伝言 전언
  - でんしょう 伝承 전승
  - でんせつ 伝説 전설
  - でんせん 伝染 전염
  - でんとう 伝統 전통
  - いでん 遺伝 유전
  - せんでん 宣伝 선전
- 훈독
  - つた 伝わる 전해지다
  - つた 伝える 전하다
  - つた 伝う 타고 가다
  - てつだ 手伝う 돕다
- 특
  - てんません 伝馬船 짐을 운반하는 거룻배

음 でん 훈 伝わる・伝える・伝う 傳

0295

小4 억조 조

- 음독
  - ちょうこう 兆候 조짐
  - おくちょう 億兆 억조
  - きっちょう 吉兆 길조
  - ぜんちょう 前兆 전조
- 훈독
  - きざ 兆す 징조가 보이다

음 ちょう 훈 兆す

0296

小1 이를 조

- 음독
  - そうき 早期 조기
  - そうしゅん 早春 이른 봄
  - そうじゅく 早熟 조숙
  - そうたい 早退 조퇴
  - そうちょう 早朝 조조
  - そうそう 早々 서둘러
  - さっきゅう 早急 조급
  - さっそく 早速 곧, 즉시
- 훈독
  - はや 早い 이르다, 빠르다
  - はや 早める 앞당기다
  - はや 早まる 앞당겨지다
  - はやお 早起き 일찍 일어남
  - はやくち 早口 말이 빠름
  - はやみみ 早耳 소식통
- 특
  - さおとめ 早乙女 처녀
  - さなえ 早苗 볏모

早い

速い

*はやい

- 早い (시기・시각이) 이르다, 빠르다 → 朝早く起きる 아침 일찍 일어나다
- 速い (동작・과정이) 빠르다 → 足が速い 발이 빠르다

음 そう・さっ 훈 早い・早める・早まる

0301

小1 대 죽

음독	ちくば とも　　ちくりん　　しょうちくばい
	竹馬の友 죽마고우　竹林 죽림, 대숲　松竹梅 송죽매

훈독	たけやぶ　　たけざいく
	竹藪 대밭　竹細工 죽세공(품)

특	しない
	竹刀 죽도

음 ちく　　훈 竹

0302

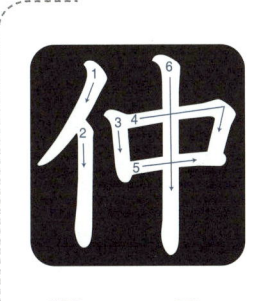

小4 버금 중

음독	ちゅうかい　　ちゅうさい
	仲介 중개　仲裁 중재

훈독	なかだち　　　　　なかなおり　　なかま
	仲立ち 주선, 중개, 중매　仲直り 화해　仲間 동료

특	なこうど
	仲人 중매인

음 ちゅう　　훈 なか 仲

0303

小2 땅 지

음독	ちか　　ちきゅう　　ちず　　ちほう
	地下 지하　地球 지구　地図 지도　地方 지방
	てんち　　とち　　じしん　　じもと
	天地 천지　土地 토지　地震 지진　地元 그 지역
	じみ　　じめん　　ふくじ
	地味 수수함　地面 지면　服地 복지, 옷감

음 ち・じ

0304

뜻 지

음독	しゅし　　ようし　　ろんし
	主旨 주지, 주된 의미　要旨 요지　論旨 논지

훈독	むね　　うまい　　うまに
	旨 취지, 뜻　旨い 맛있다　旨煮 고기·야채·어패류를 달게 조린 요리

음 し　　훈 むね うま 旨・旨い

0305

池 小2 못 지

- 음독: 電池 전지 / 用水池 용수지
- 훈독: 溜め池 저수지 / 古池 오래된 연못
- 음: ち
- 훈: 池(いけ)

0306

至 小6 이를 지

- 음독: 至急 매우 급함 / 至難 매우 어려움 / 夏至 하지 / 冬至 동지
- 훈독: 至る 이르다, 도달하다
- 음: し
- 훈: 至る(いたる)

0307

芝 지초 지

- 훈독: 芝 잔디 / 芝居 연극 / 芝生 잔디밭 / 芝原 잔디 들판
- 훈: 芝(しば)
- 芝

0308

尽 다할 진

- 음독: 尽力 진력 / 一網打尽 일망타진 / 焼尽 소진 / 無尽 무진
- 훈독: 尽くす 다하다 / 尽きる 바닥나다 / 尽かす 다하여 없어지다
- 음: じん
- 훈: 尽くす・尽きる・尽かす
- 盡

0309

小3 버금 **차**

음독
次官 차관　次回 다음번　次女 차녀　次男 차남
目次 목차　次第 ① 순서 ② 사정, 유래

훈독
次ぐ 잇따르다　次 다음　取り次ぐ 전하다　次々 계속하여

*つぐ

次ぐ 순서에 이어지다 → 大雨に次いで台風が来た 큰 비에 이어서 태풍이 왔다

継ぐ 뒤를 이어받다 → 王位を継ぐ 왕위를 잇다

接ぐ 서로 잇다 → 木に竹を接ぐ 나무에 대나무를 접목하다

음 じ・し　　**훈** 次ぐ・次

0310

小1 벌레 **충**

음독
害虫 해충　寄生虫 기생충　成虫 성충　幼虫 유충

훈독
虫 벌레　虫歯 충치　毛虫 송충이

음 ちゅう　　**훈** 虫

0311

채울 **충**

음독
充血 충혈　充実 충실　充足 충족　充電 충전
充当 충당　充分 충분　充満 충만

훈독
充てる 충당하다　充ちる 가득 차다

음 じゅう　　**훈** 充てる・充ちる

0312 宅 (집 택) 小6

음독 宅地 택지 (たくち) ・ 帰宅 귀가 (きたく) ・ 在宅 재택 (ざいたく)

음 たく

0313 吐 (토할 토)

음독 吐息 한숨 (といき) ・ 吐血 토혈 (とけつ) ・ 吐露 토로 (とろ)

훈독 吐く 뱉다, 토하다 (はく)

음 と **훈** 吐く

0314 汗 (땀 한)

음독 発汗 발한 (はっかん)

훈독 汗 땀 (あせ) ・ 汗水 물처럼 흐르는 땀 (あせみず) ・ 脂汗 진땀, 비지땀 (あぶらあせ) ・ 寝汗 식은땀 (ねあせ)

음 かん **훈** 汗 (あせ)

0315 合 (합할 합) 小2

음독 合格 합격 (ごうかく) ・ 合計 합계 (ごうけい) ・ 結合 결합 (けつごう) ・ 集合 집합 (しゅうごう) ・ 総合 종합 (そうごう) ・ 都合 형편, 사정 (つごう) ・ 合作 합작 (がっさく) ・ 合宿 합숙 (がっしゅく) ・ 合戦 전투 (がっせん) ・ 合点 납득, 수긍 (がってん)

훈독 合う 맞다, 일치하다 (あう) ・ 合わす 합치다 (あわす) ・ 合わせる 합치다, 맞추다 (あわせる)

 合う

 会う

 遭う

훈독 合図 신호　試合 시합

*あう

合う 맞다, 일치하다 → 意見が合う 의견이 맞다

会う 만나다 → 3時に会う約束になっている 3시에 만날 약속이 되어 있다

遭う 겪다 → 帰る途中で事故に遭う 돌아오는 도중에 사고를 당하다

음 ごう・がっ・かっ　　**훈** 合う・合わす・合わせる

0316

小2 다닐 행 · 항렬 항

음독 行動 행동　銀行 은행　流行 유행　旅行 여행
行間 행간　行事 행사　行列 행렬

훈독 行く 가다　行う 행하다　行く末 장래　行方 행방
行い 행동, 품행

특 行火 작은 화로

음 こう・ぎょう　　**훈** 行く・行く・行う

0317

小3 향할 향

음독 向上 향상　方向 방향

훈독 向く 향하다　向ける 향하게 하다　向かう 향하다
向こう 맞은편　横向き 옆으로 향함

음 こう　　**훈** 向く・向ける・向かう・向こう

0318

血 小3 피 혈

- 음독
  - けつあつ 血圧 혈압
  - けつえき 血液 혈액
  - けっかん 血管 혈관
  - けっとう 血統 혈통
  - しゅっけつ 出血 출혈
  - じゅうけつ 充血 충혈
  - ゆけつ 輸血 수혈
- 훈독
  - ち 血 피
  - ちまよう 血迷う 이성을 잃다
  - ちまなこ 血眼 혈안
  - はなぢ 鼻血 코피]

음 けつ　**훈** 血

0319

刑 형벌 형

- 음독
  - けいじ 刑事 형사
  - けいばつ 刑罰 형벌
  - けいほう 刑法 형법
  - けいむしょ 刑務所 형무소
  - きゅうけい 求刑 구형
  - げんけい 減刑 감형
  - しけい 死刑 사형
  - じっけい 実刑 실형

음 けい

0320

好 小4 좋을 호

- 음독
  - こうい 好意 호의
  - こうかん 好感 호감
  - こうひょう 好評 호평
  - こうぶつ 好物 좋아하는 것
  - かっこう 格好 (겉)모양
  - ぜっこう 絶好 절호
  - ゆうこう 友好 우호
- 훈독
  - この(む) 好む 좋아하다
  - す(く) 好く 좋아하다
  - す(き) 好き 좋아함

음 こう　**훈** 好む・好く

0321

回 小2 돌아올 회

- 음독
  - かいしゅう 回収 회수
  - かいそう 回想 회상
  - かいてん 回転 회전
  - かいとう 回答 회답
  - かいふく 回復 회복
  - えこう 回向 회향
- 훈독
  - まわ(る) 回る 돌다
  - まわ(す) 回す 돌리다
  - まわ(り) 回り 회전
  - みまわ(す) 見回す 둘러보다

음 かい・え　**훈** 回る・回す

0326

小1 쉴 휴

음독
きゅうこう 休講 휴강　きゅうし 休止 휴지, 중지　きゅうじつ 休日 휴일　きゅうそく 休息 휴식
きゅうよう 休養 휴양　ていきゅう 定休 정기 휴일　れんきゅう 連休 연휴

훈독
やす 休む 쉬다　やす 休まる 편안해지다　やす 休める 쉬게 하다
なつやす 夏休み 여름 휴가(방학)　なかやす 中休み 중간 휴식

음 きゅう　훈 休む・休まる・休める

0327

小6 마실 흡

음독
きゅういん 吸引 흡인　きゅうにゅう 吸入 흡입　きゅうしゅう 吸収 흡수　こきゅう 呼吸 호흡
しんこきゅう 深呼吸 심호흡

훈독
す 吸う 들이마시다, 빨다　すこ 吸い込む 빨아들이다, 흡입하다

음 きゅう　훈 吸う

0328

7획

물리칠 각

음독
ききゃく 棄却 기각　しょうきゃく 焼却 소각　たいきゃく 退却 퇴각　だっきゃく 脱却 탈각
ばいきゃく 売却 매각　へんきゃく 返却 반환　ぼうきゃく 忘却 망각

음 きゃく

0329

小2 뿔 각

음독
かくど 角度 각도　かくざとう 角砂糖 각설탕　さんかく 三角 삼각　しかく 四角 사각
ほうがく 方角 방위, 방향

훈독
かど 角 모퉁이　つの 角 뿔　まちかど 街角 길모퉁이　よかど 四つ角 사거리　つのぶえ 角笛 뿔피리

음 かく　훈 角・角

0330

간 간

| 음독 | 肝臓(かんぞう) 간장　　肝心(かんじん) 중요　　肝腎要(かんじんかなめ) 가장 중요함
肝胆(かんたん) 간담, 간과 쓸개　　肝要(かんよう) 간요함, 매우 중요함 |
| 훈독 | 肝(きも) 간 |

음 かん　　**훈** 肝(きも)

0331

小4　고칠 개

| 음독 | 改革(かいかく) 개혁　　改修(かいしゅう) 개수　　改正(かいせい) 개정(바르게 고침)　　改定(かいてい) 개정(다시 정함)
改善(かいぜん) 개선　　改選(かいせん) 개선(다시 뽑음)　　改造(かいぞう) 개조　　改良(かいりょう) 개량 |
| 훈독 | 改(あらた)める 고치다, 바꾸다　　改(あらた)まる 고쳐지다, 바뀌다 |

음 かい　　**훈** 改める・改まる

0332

구덩이 갱

| 음독 | 坑道(こうどう) 갱도(땅속에 뚫은 길)　　坑口(こうこう) 갱구, 갱도 입구
坑内(こうない) 갱내　　坑夫(こうふ) 광부　　炭坑(たんこう) 탄갱　　廃坑(はいこう) 폐갱 |
| 훈독 | 坑(あな) 구덩이 |

음 こう　　**훈** 坑(あな)

0333

小1　볼 견・뵈올 현

| 음독 | 見学(けんがく) 견학　　見物(けんぶつ) 구경　　見当(けんとう) 짐작, 예상　　見地(けんち) 견지, 관점
意見(いけん) 의견　　偏見(へんけん) 편견　　異見(いけん) 이견　　見識(けんしき) 견식, 식견
一見(いっけん) 일견, 한 번 봄, 언뜻 봄 |
| 훈독 | 見(み)る 보다　　見(み)える 보이다　　見(み)せる 보이게 하다
見習(みなら)う 보고 배우다　　見本(みほん) 견본　　下見(したみ) 예비 검사　　形見(かたみ) 유품 |

음 けん　　**훈** 見る・見える・見せる

0334

小3 결단할 결

음독
- けつい 決意 결의
- けつだん 決断 결단
- けっしょう 決勝 결승
- けっしん 決心 결심
- かいけつ 解決 해결
- かけつ 可決 가결
- ひけつ 否決 부결
- たいけつ 対決 대결

훈독
- き 決める 정하다
- き 決まる 정해지다
- と き 取り決め 결정

음 けつ　　**훈** 決める・決まる

0335

고칠 경 · 다시 갱

음독
- こうい 更衣 경의(옷을 갈아입음)
- こうしん 更新 갱신
- こうせい 更生 갱생
- こうてつ 更迭 경질
- へんこう 変更 변경

훈독
- さら 更に 한층 더, 더욱더
- ふ 更ける (밤・계절 등이) 깊어지다
- ふ 更かす 밤 늦도록 깨어 있다
- いまさら 今更 새삼스레
- ことさら 殊更 고의로, 일부러

음 こう　　**훈** 更・更ける・更かす

0336

경계할 계

음독
- かいこく 戒告 계고, 경고
- かいりつ 戒律 계율
- けいかい 警戒 경계
- さいかい 斎戒 재계(심신을 깨끗이 함)
- ちょうかい 懲戒 징계

훈독
- いまし 戒める 훈계하다, 징계하다

음 かい　　**훈** 戒める

0337

小6 이어맬 계

음독
- けいず 系図 계도, 계보
- けいとう 系統 계통
- けいれつ 系列 계열
- ふけい 父系 부계
- たいようけい 太陽系 태양계
- かけい 家系 가계

음 けい

0338

告

小5 고할 고

- 음독: 告白 고백　報告 보고　広告 광고　忠告 충고　予告 예고
- 훈독: 告げる 고하다, 알리다　告げ口 밀고, 고자질

음: こく　훈: 告げる

0339

谷

小2 골 곡

- 음독: 渓谷 계곡
- 훈독: 谷 골짜기　谷川 계류

음: こく　훈: 谷

0340

困

小6 곤할 곤

- 음독: 困苦 곤고, 고생　困難 곤란　貧困 빈곤
- 훈독: 困る 곤란하다　困り者 골칫거리

음: こん　훈: 困る

0341

攻

칠 공

- 음독: 攻撃 공격　攻守 공수　攻勢 공세　攻防 공방　攻略 공략　侵攻 침공　専攻 전공　内攻 내공
- 훈독: 攻める 공격하다, 치다

음: こう　훈: 攻める

7획

0346

局

小3 판 국

음독 きょくちょう 局長 국장　きょくちてき 局地的 국지적　やっきょく 薬局 약국　ほんきょく 本局 본국
ゆうびんきょく 郵便局 우체국

음 きょく

0347

君

小3 임금 군

음독 くんしゅ 君主 군주　くんし 君子 군자　くんりん 君臨 군림　しょくん 諸君 제군

훈독 きみ 君 자네, 너

음 くん　　**훈** きみ 君

0348

均

小5 고를 균

음독 きんとう 均等 균등　きんしつ 均質 균질　きんいつ 均一 균일　へいきん 平均 평균

음 きん

0349

克

이길 극

음독 こくふく 克服 극복　こっき 克己 극기　こくめい 克明 극명

훈독 か 克つ 극복하다, 이겨내다

음 こく　　**훈** か 克つ

0350 近 — 小2 가까울 근

- 음독: きんじょ 近所 근처, 이웃 / きんだい 近代 근대 / きんかい 近海 근해 / さいきん 最近 최근 / ふきん 付近 부근
- 훈독: ちか 近い 가깝다 / ちかみち 近道 지름길 / ちかよる 近寄る 접근하다 / まぢか 間近 임박함
- 音 きん / 訓 ちか 近い

0351 岐 — 小4 갈림길 기

- 음독: きろ 岐路 기로 / たき 多岐 다기, 여러 갈래 / ぶんきてん 分岐点 분기점
- 音 き

0352 忌 — 꺼릴 기

- 음독: きたん 忌憚 기탄 / きひ 忌避 기피 / きにち 忌日 기일, 제삿날
- 훈독: い 忌む 기피하다 / い 忌まわしい 꺼림칙하다
- 音 き / 訓 忌む・忌まわしい

0353 汽 — 小2 물끓는김 기

- 음독: きしゃ 汽車 기차 / きせん 汽船 (증)기선 / よぎしゃ 夜汽車 밤 기차
- 音 き

0354

技 小5 재주 기

- 음독
  - ぎじゅつ 技術 기술
  - ぎのう 技能 기능
  - ぎほう 技法 기법
  - きゅうぎ 球技 구기
  - じつぎ 実技 실기
  - きょうぎ 競技 경기
  - えんぎ 演技 연기
  - とくぎ 特技 특기
- 훈독
  - わざ 技 기술, 기예

음 ぎ   훈 技

0355

那 어찌 나

- 음독
  - なは 那覇 나하(지역)

음 な

0356

男 小1 사내 남

- 음독
  - だんし 男子 남자
  - だんじょ 男女 남녀
  - だんせい 男性 남성
  - だんゆう 男優 남자 배우
  - ちょうなん 長男 장남
  - じなん 次男 차남
- 훈독
  - おとこ 男 남자
  - おおおとこ 大男 덩치가 큰 남자

음 だん・なん   훈 男

0357

努 小4 힘쓸 노

- 음독
  - どりょく 努力 노력
- 훈독
  - つとめる 努める 애쓰다, 노력하다

*つとめる

努める 열심히 하다 → 勉学に努める 면학에 힘쓰다

務める 임무를 떠맡다 → 司会を務める 사회를 맡다

勤める 주어진 일을 매일 하다 → 役所に勤める 관공서에서 일하다

음 ど **훈** 努める

0358

오줌 뇨

음독 尿意 요의 尿道 요도 検尿 소변 검사

음 にょう

0359

다만 단

훈독 但し 단, 다만

훈 但し

0360

小3 대할 대

음독 対決 대결 対立 대립 対話 대화 対応 대응
対談 대담 対象 대상 対照的 대조적 一対 한쌍

음 たい・つい

對

0361 図 小2 그림 도

음독
- 図画 (ずが) 도화, 그림
- 図工 (ずこう) 도공
- 図形 (ずけい) 도형
- 図表 (ずひょう) 도표
- 図面 (ずめん) 도면
- 地図 (ちず) 지도
- 指図 (さしず) 지시, 지휘
- 合図 (あいず) 신호
- 図書 (としょ) 도서
- 意図 (いと) 의도

훈독
- 図る (はかる) 도모하다

*はかる

- 図る 잘 되도록 계획하다 → 解決を図る 해결을 도모하다
- 計る 수를 헤아리다 → 所要時間を計る 소요시간을 계산하다
- 量る 무게나 부피를 알아보다 → 体重を量る 체중을 재다
- 測る 길이나 높이를 알아보다 → 身長を測る 신장을 재다
- 謀る 어떤 일을 꾸미다 → 暗殺を謀る 암살을 도모하다
- 諮る 의견을 묻다 → 審議会に諮る 심의회에 묻다

음 ず・と 훈 図る 圖

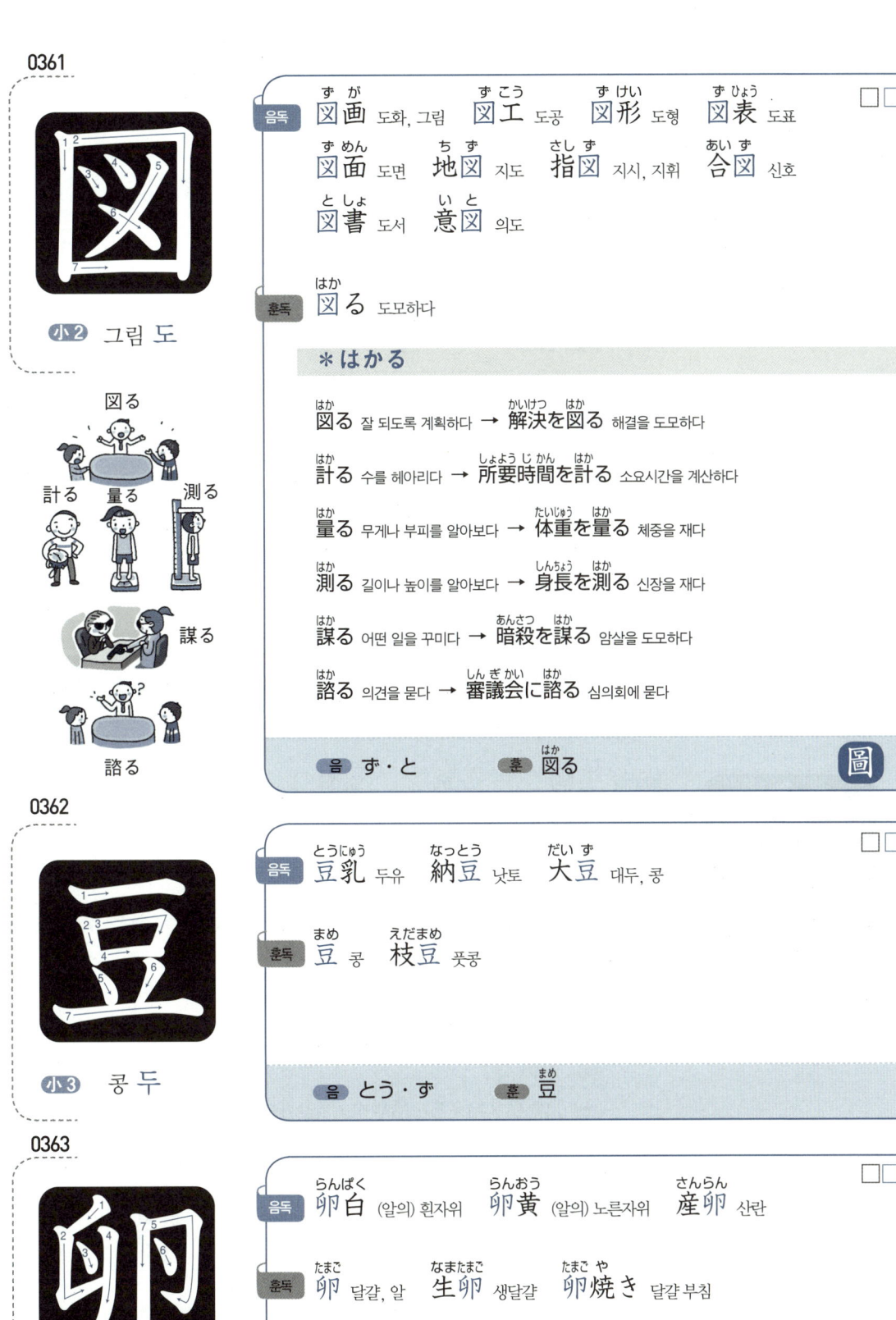

0362 豆 小3 콩 두

음독
- 豆乳 (とうにゅう) 두유
- 納豆 (なっとう) 낫토
- 大豆 (だいず) 대두, 콩

훈독
- 豆 (まめ) 콩
- 枝豆 (えだまめ) 풋콩

음 とう・ず 훈 豆 (まめ)

0363 卵 小6 알 란

음독
- 卵白 (らんぱく) (알의) 흰자위
- 卵黄 (らんおう) (알의) 노른자위
- 産卵 (さんらん) 산란

훈독
- 卵 (たまご) 달걀, 알
- 生卵 (なまたまご) 생달걀
- 卵焼き (たまごやき) 달걀 부침

음 らん 훈 卵 (たまご)

0364

小6 어지러울 란

| 음독 | らんぼう 乱暴 난폭　らんざつ 乱雑 난잡　らんせん 乱戦 난전 |
| 훈독 | みだ 乱れる 어지러워지다　みだ 乱す 어지럽히다 |

音 らん　訓 乱れる・乱す　亂

0365

小2 올 래

| 음독 | らいねん 来年 내년　らいきゃく 来客 내객　らいしゅう 来週 다음주　みらい 未来 미래　がんらい 元来 원래　しょうらい 将来 장래　ゆらい 由来 유래 |
| 훈독 | く 来る 오다　きた 来る (날짜 등) 다가오는　き 来たす 초래하다 |

音 らい　訓 来る・来る・来たす　來

0366

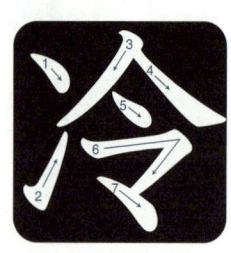

小4 찰 랭

| 음독 | れいせい 冷静 냉정　れいがい 冷害 냉해　れいき 冷気 냉기　れいけつ 冷血 냉혈　れいぞうこ 冷蔵庫 냉장고　かんれい 寒冷 한랭 |
| 훈독 | つめ 冷たい 차다　ひ 冷える 식다　ひ 冷やす 식히다　ひ 冷やかす 놀리다　さ 冷める 식다　さ 冷ます 식히다　ひ あせ 冷や汗 식은땀 |

音 れい　訓 冷たい・冷える・冷やす・冷やかす・冷める・冷ます　冷

0367

小4 어질 량

| 음독 | りょうこう 良好 양호　りょうしん 良心 양심　りょうやく 良薬 양약, 좋은 약　りょうしつ 良質 양질　りょうしき 良識 양식　かいりょう 改良 개량　ぜんりょう 善良 선량 |
| 훈독 | よ 良い 좋다　なかよ 仲良し 사이가 좋음 |

* **よい**

良い 바람직하다 → 仲が良い 사이가 좋다

善い 올바르다 → 善いおこない 착한 행실

음 りょう　　훈 良い

0368 어그러질 려

음독 返戻(へんれい) 반환

훈독 戻す(もど) 되돌리다, 돌려주다　戻る(もど) 되돌아가[오]다

음 れい　　훈 戻す・戻る

戻

0369 음률 려

음독 風呂(ふろ) 목욕

음 ろ

0370 힘쓸 려

음독 励行(れいこう) 여행(힘써 행함)　激励(げきれい) 격려　奨励(しょうれい) 장려　督励(とくれい) 독려

훈독 励む(はげ) 힘쓰다, 노력하다　励ます(はげ) 격려하다

음 れい　　훈 励む・励ます

勵

0371 労

小4 일할 로

음독
- ろうどう 労働 노동
- ろうりょく 労力 노력, 수고
- ろうさく 労作 노작
- こうろう 功労 공로
- ひろう 疲労 피로
- かろう 過労 과로
- きんろう 勤労 근로
- くろう 苦労 고생, 수고

음 ろう　　勞

0372 弄

희롱할 롱

음독
- ほんろう 翻弄 번롱
- がんろう 玩弄 완롱
- ぐろう 愚弄 우롱
- ちょうろう 嘲弄 조롱

훈독
- もてあそぶ 弄ぶ 가지고 놀다

음 ろう　　훈 弄ぶ

0373 里

小2 마을 리

음독
- きょうり 郷里 향리, 고향
- せんりがん 千里眼 천리안

훈독
- さと 里 마을
- さとおや 里親 수양부모
- さとご 里子 수양 아들딸
- さとがえり 里帰り 친정 나들이

음 り　　훈 里

0374 利

小4 이할 리

음독
- りよう 利用 이용
- りえき 利益 이익
- りてん 利点 이점
- りがい 利害 이해
- ゆうり 有利 유리
- べんり 便利 편리
- けんり 権利 권리
- しょうり 勝利 승리

훈독
- きく 利く 효력이 있다
- ひだりきき 左利き 왼손잡이

음 り　　훈 利く

0375

小6 잊을 망

음독 忘年会(ぼうねんかい) 송년회　忘恩(ぼうおん) 망은　備忘録(びぼうろく) 비망록

훈독 忘れる(わすれる) 잊다, 잊어버리다　忘れ物(わすれもの) 분실물　度忘れ(どわすれ) 깜박 잊음

음 ぼう　　**훈** 忘れる(わすれる)

0376

小2 팔 매

음독 売却(ばいきゃく) 매각　売店(ばいてん) 매점　売買(ばいばい) 매매　商売(しょうばい) 장사
販売(はんばい) 판매　発売(はつばい) 발매　競売(きょうばい) 경매　密売(みつばい) 밀매

훈독 売る(うる) 팔다　売れる(うれる) 팔리다　売値(うりね) 매가, 파는 값

음 ばい　　**훈** 売る・売れる

0377

小2 보리 맥

음독 麦芽(ばくが) 엿기름

훈독 麦(むぎ) 보리　麦畑(むぎばたけ) 보리밭　麦茶(むぎちゃ) 보리차　麦わら帽子(むぎわらぼうし) 밀짚 모자
大麦(おおむぎ) 겉보리　小麦(こむぎ) 밀

음 ばく　　**훈** 麦(むぎ)

0378

빠질 몰

음독 没収(ぼっしゅう) 몰수　没落(ぼつらく) 몰락　没頭(ぼっとう) 몰두　没入(ぼつにゅう) 몰입
陥没(かんぼつ) 함몰　沈没(ちんぼつ) 침몰　埋没(まいぼつ) 매몰　出没(しゅつぼつ) 출몰
戦没(せんぼつ) 전몰　日没(にちぼつ) 일몰

음 ぼつ

0379

묘할 묘

음독
- みょうあん 妙案 묘안
- みょうぎ 妙技 묘기
- みょうしゅ 妙手 묘수
- みょうみ 妙味 묘미
- みょうやく 妙薬 묘약
- みょうれい 妙齢 묘령
- こうみょう 巧妙 교묘
- れいみょう 霊妙 영묘
- ぜつみょう 絶妙 절묘
- きみょう 奇妙 기묘
- びみょう 微妙 미묘

훈독
- たえ 妙 매우 뛰어난 혹은 아름다운 모양

音 みょう　　訓 妙(たえ)

0380

꼬리 미

음독
- びこう 尾行 미행
- びよく 尾翼 (비행기 등의) 꼬리 날개
- ごび 語尾 어미, 말끝
- せんび 船尾 선미, 배의 뒷부분
- しゅび 首尾 수미, 처음과 끝
- まつび 末尾 말미, 끝
- てっとうてつび 徹頭徹尾 철두철미
- りゅうとうだび 竜頭蛇尾 용두사미

훈독
- お 尾 꼬리
- おね 尾根 산등성이, 능선

音 び　　訓 尾(お)

0381

小3 돌이킬 반

음독
- へんじ 返事 대답, 답장
- へんとう 返答 답변
- へんぴん 返品 반품
- へんそう 返送 반송
- へんさい 返済 반제
- へんれい 返礼 답례(품)

훈독
- かえす 返す ① (빌린 것을) 돌려주다 ② 되돌리다
- かえる 返る 돌아가[오]다
- おんがえし 恩返し 보은
- ねがえり 寝返り 자다가 몸을 뒤척임

*かえる

- 返る 원래대로 되돌아가다 → 落としたお金を返る 잃었던 돈이 되돌아오다
- 帰る 사람이나 동물이 원래 있던 장소로 돌아가다 → 家に帰る 집에 돌아가다

返る　　帰る

音 へん　　訓 返す・返る

返

0382 伴 — 짝 반

음독
- ばんそう 伴奏 반주
- はんりょ 伴侶 반려
- しょうばん 相伴 상반
- どうはん 同伴 동반
- ずいはん 随伴 수반

훈독
- ともな 伴う 따라가다, 동반하다

음 はん・ばん　훈 伴う

0383 抜 — 뽑을 발

음독
- ばっし 抜歯 발치
- ばっすい 抜粋 발췌
- ばってき 抜擢 발탁
- ばっぽんてき 抜本的 발본적
- ばつぐん 抜群 발군
- きばつ 奇抜 기발
- たくばつ 卓抜 탁월
- かいばつ 海抜 해발
- せんばつ 選抜 선발

훈독
- ぬ 抜く 뽑다
- ぬ 抜ける 빠지다
- ぬ 抜かす 빠뜨리다
- ぬ 抜かる 실수하다

음 ばつ　훈 抜く・抜ける・抜かす・抜かる

0384 芳 — 꽃다울 방

음독
- ほうき 芳紀 방년
- ほうこう 芳香 방향, 좋은 향기

훈독
- かんば 芳しい 향기롭다

음 ほう　훈 芳しい

0385 邦 — 나라 방

음독
- ほうか 邦貨 자국 화폐
- ほうが 邦画 자국 영화
- ほうがく 邦楽 자국 음악
- ほうじん 邦人 자국인
- ほうぶん 邦文 자국 문자
- いほう 異邦 이방, 타국
- ゆうほう 友邦 우방
- れんぽう 連邦 연방

음 ほう

0386

坊 동네 방

- 음독: 坊主(ぼうず) ①(절의) 주지 ②사내아이의 애칭, 꼬마　寝坊(ねぼう) 늦잠
- 음: ぼう・ぼっ

0387

防 小5 막을 방

- 음독: 防火(ぼうか) 방화　防災(ぼうさい) 방재　防犯(ぼうはん) 방범　防衛(ぼうえい) 방위
  防止(ぼうし) 방지　予防(よぼう) 예방　消防署(しょうぼうしょ) 소방서　防寒具(ぼうかんぐ) 방한구
- 훈독: 防(ふせ)ぐ 막다, 방지하다
- 음: ぼう　훈: 防ぐ(ふせぐ)

0388

妨 방해할 방

- 음독: 妨害(ぼうがい) 방해
- 훈독: 妨(さまた)げる 방해하다
- 음: ぼう　훈: 妨げる(さまたげる)

0389

伯 맏 백

- 음독: 伯仲(はくちゅう) 백중　伯爵(はくしゃく) 백작
- 특: 伯父(おじ) 백부　伯母(おば) 백모
- 음: はく

0390 別 — 小4 다를/나눌 별

음독: 別人(べつじん) 딴사람 / 区別(くべつ) 구별 / 差別(さべつ) 차별 / 特別(とくべつ) 특별 / 性別(せいべつ) 성별

훈독: 別れる(わかれる) 헤어지다 / 別れ道(わかれみち) 갈림길

음: べつ **훈**: 別(わか)れる

0391 兵 — 小4 병사 병

음독: 兵隊(へいたい) 군대 / 兵士(へいし) 병사 / 兵力(へいりょく) 병력 / 水兵(すいへい) 수병, 해군 병사 / 敵兵(てきへい) 적병

음: へい・ひょう

0392 扶 — 도울 부

음독: 扶助(ふじょ) 부조 / 扶養(ふよう) 부양

음: ふ

0393 否 — 小6 아닐 부

음독: 否定(ひてい) 부정 / 否決(ひけつ) 부결 / 安否(あんぴ) 안부 / 賛否(さんぴ) 찬부, 찬성 여부 / 可否(かひ) 가부 / 合否(ごうひ) 합격 여부

훈독: 否(いな) 아니(요)

음: ひ **훈**: 否(いな)

0394

비평할 비 (小6)

음독: ひせい 批正 비정(비평하여 바로 잡음)　ひはん 批判 비판　ひひょう 批評 비평

음: ひ

0395

닮을 사 (小5)

음독: ぎじたいけん 疑似体験 유사체험

훈독: に似る 닮다, 비슷하다　にあう 似合う 어울리다, 잘 맞다　そらに 空似 우연히 닮음

음: じ　훈: 似る

0396

모래 사

음독: ぶさた 無沙汰 격조　さた 沙汰 시비, 소식

훈독: すな 沙 모래

음: さ　훈: 沙

0397

모일 사 (小2)

음독: しゃかい 社会 사회　しゃちょう 社長 사장　しゃいん 社員 사원　しゃせつ 社説 사설
かいしゃ 会社 회사　じんじゃ 神社 신사　しょうしゃ 商社 상사　しゃこう 社交 사교

훈독: やしろ 社 신사(神社)

음: しゃ　훈: 社

0402 状

小5 형상 상·문서 장

음독
- じょうせい 状勢 상세
- げんじょう 現状 현상
- しょうじょう 賞状 상장
- いじょう 異状 이상
- しょじょう 書状 서장, 편지
- れいじょう 礼状 사례 편지
- ねんがじょう 年賀状 연하장

音 じょう　　狀

0403 序

小5 차례 서

음독
- じょきょく 序曲 서곡
- じょぶん 序文 서문, 머리말
- じょすう 序数 서수
- じょれつ 序列 서열
- じょろん 序論 서론
- じゅんじょ 順序 순서

音 じょ

0404 声

小2 소리 성

음독
- せいがく 声楽 성악
- めいせい 名声 명성
- おんせい 音声 음성
- はっせい 発声 발성

훈독
- うたごえ 歌声 노랫소리
- おおごえ 大声 큰 목소리
- はなごえ 鼻声 콧소리
- こわいろ 声色 목소리, 음색

音 せい・しょう　　訓 こえ・こわ 声・声　　聲

0405 束

小4 묶을 속

음독
- けっそく 結束 결속
- やくそく 約束 약속

훈독
- たば 束ねる 묶다
- はなたば 花束 꽃다발

音 そく　　訓 たば 束

0410

小4 신하 **신**

| 음독 | 臣下 신하　家臣 가신　君臣 군신　重臣 중신
大臣 대신 |

음 しん・じん

0411

펼 **신**

| 음독 | 伸縮 신축　伸長 신장(길이·힘이 늘어남)　伸張 신장(세력 등이 늘어남)
伸展 신전, 신장(伸張)　屈伸 굴신　追伸 (편지에서) 추신 |

| 훈독 | 伸びる 자라다, 늘다　伸ばす 늘이다 |

*のびる

伸びる 그 모양으로 길어지다 → 身長が伸びる 신장이 자라다 ↔ 縮む

延びる 이어지듯이 길어지다 → 鉄道が延びる 철로가 늘어나다

伸びる

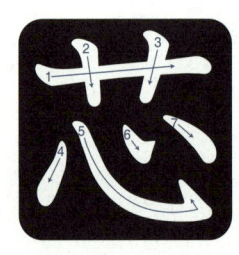
延びる

음 しん　　훈 伸びる・伸ばす

0412

등심초 **심**

| 음독 | 芯 심지, 사물의 중심을 이루는 것 |

음 しん

芯

0413 我

小6 나 아

- 음독: 我を張る 고집을 부리다 / 自我 자아 / 無我 무아, 무의식
- 훈독: 我々 우리들 / 我が国 우리나라

音 が 훈 我・我

0414 亜

버금 아

- 음독: 亜鉛 아연 / 亜寒帯 아한대 / 亜熱帯 아열대 / 亜流 아류

音 あ 亞

0415 児

小4 아이 아

- 음독: 児童 아동 / 乳児 유아(젖먹이) / 幼児 유아(어린아이) / 園児 원아 / 育児 육아 / 小児科 소아과

音 じ・に 兒

0416 冶

불릴 야

- 음독: 冶金 야금 / 陶冶 도야

音 や

0417

누를 억

음독 よくあつ 抑圧 억압　よくし 抑止 억지　よくせい 抑制 억제　よくよう 抑揚 억양
よくりゅう 抑留 억류

훈독 おさえる 抑える 누르다

음 よく　　**훈** おさ 抑える

0418

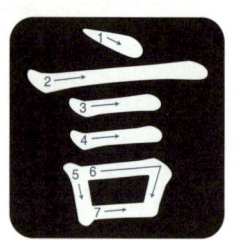

小2　말씀 언

음독 げんろん 言論 언론　ほうげん 方言 방언, 사투리　じょげん 助言 조언　せんげん 宣言 선언
でんごん 伝言 전언　むごん 無言 무언

훈독 いう 言う 말하다　いいつたえる 言い伝える 말로 전하다　ことば 言葉 말, 언어
ねごと 寝言 잠꼬대　ひとりごと 一人言 혼잣말

음 げん・ごん　　**훈** いう・こと 言う・言

0419

小5　나 여

음독 よけい 余計 쓸데없음　よぶん 余分 여분　よか 余暇 여가　よせい 余生 여생
よりょく 余力 여력　よざい 余罪 여죄　よはく 余白 여백

훈독 あます 余す 남기다　あまる 余る 남다　あまりもの 余り物 나머지

음 よ　　**훈** あま 余る・余す

0420

小3　부릴 역

음독 やくしょ 役所 관공서　やくめ 役目 임무, 역할　やくしゃ 役者 배우　やくにん 役人 관리, 공무원
やくわり 役割 역할　はいやく 配役 배역　しゅやく 主役 주역　しえき 使役 사역

음 やく・えき

0421 迎 맞을 영

음독
- げいげき 迎撃 요격
- げいごう 迎合 영합
- げいしゅん 迎春 새해맞이
- げいひん 迎賓 영빈
- かんげい 歓迎 환영
- そうげい 送迎 송영, 전송과 마중

훈독
- むか 迎える 맞다, 맞이하다

음 げい　훈 迎える

0422 芸 (小4) 재주 예

음독
- げいのう 芸能 예능
- ぶんげい 文芸 문예
- えんげい 園芸 원예
- えんげい 演芸 연예
- しゅげい 手芸 수예
- こうげい 工芸 공예

음 げい

藝

0423 呉 성 오

음독
- ごふく 呉服 (일본 옷) 직물의 총칭

훈독
- くれ 呉 오(나라)
- く 呉れる (상대방이 나에게) 주다

음 ご　훈 呉・呉れる

0424 沃 물 댈 옥

음독
- ひよく 肥沃 비옥
- ほうよく 豊沃 풍옥

음 よく

0425

完 小4 완전할 완

음독
- かんぜん 完全 완전
- かんせい 完成 완성
- かんりょう 完了 완료
- かんけつ 完結 완결
- かんび 完備 완비
- かんぱい 完敗 완패
- かんそう 完走 완주
- みかんせい 未完成 미완성

음 かん

0426

妖 아리따울 요

음독
- ようかい 妖怪 요괴
- ようせい 妖精 요정

훈독
- あや 妖しい 불가사의하다

음 よう　　**훈** 妖しい

0427

囲 小5 에워쌀 위

음독
- ほうい 包囲 포위
- しゅうい 周囲 주위
- きょうい 胸囲 가슴둘레

훈독
- かこ 囲む 둘러싸다
- かこ 囲う 둘러싸다
- かこ 囲い 울타리
- と かこ 取り囲む 에워싸다

음 い　　**훈** 囲む・囲う　　圍

0428

位 小4 자리 위

음독
- いち 位置 위치
- たんい 単位 단위
- ほうい 方位 방위
- じゅんい 順位 순위
- しゅい 首位 수위
- ちい 地位 지위

훈독
- くらい 位 지위, 계급
- きぐらい 気位 기품

음 い　　**훈** 位

0433

한/갖은한 일

음독	いちまんえん 壱万円 1만엔

음 いち

壱

0434

아이밸 임

음독	にんしん 妊娠 임신　にんぷ 妊婦 임(신)부　かいにん 懐妊 회임　ひにん 避妊 피임 ふにん 不妊 불임

음 にん

0435

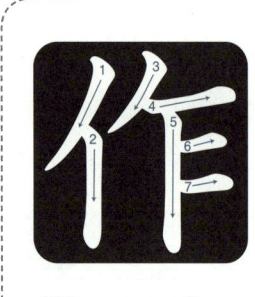

小2　지을 작

음독	さくぶん 作文 작문　さくひん 作品 작품　さっか 作家 작가　ほうさく 豊作 풍작 さぎょう 作業 작업　さよう 作用 작용　さほう 作法 예절　どうさ 動作 동작 そうさ 操作 조작
훈독	つく 作る 만들다　てづく 手作り 수제, 손수 만듦

＊つくる

作る 형태가 있든 없든 여러 가지를 만들어내다 → 規則を作る 규칙을 만들다
　　　　　　　　　　　　　　　　　　　　→ 時計を作る 시계를 만들다
造る 기계 등을 사용해서 큰 것을 만들어 내다 → 船を造る 배를 만들다

음 さく・さ　　훈 作る

0436 材

小4 재목 재

음독
- ざいもく 材木 재목
- ざいりょう 材料 재료
- きょうざい 教材 교재
- もくざい 木材 목재
- じんざい 人材 인재
- しざい 資材 자재
- だいざい 題材 제재
- しゅざい 取材 취재

음 ざい

0437 災

小5 재앙 재

음독
- さいがい 災害 재해
- さいなん 災難 재난
- てんさい 天災 천재, 자연 재해
- かさい 火災 화재
- せんさい 戦災 전재
- ぼうさい 防災 방재
- じんさい 人災 인재

훈독
- わざわい 災い 재난

음 さい 훈 災い

0438 低

小4 낮을 저

음독
- ていおん 低温 저온
- ていか 低下 저하
- ていちょう 低調 저조
- ていがくねん 低学年 저학년
- ていきあつ 低気圧 저기압
- ていくう 低空 저공
- こうてい 高低 고저
- さいてい 最低 최저

훈독
- ひくい 低い 낮다
- ひくめる 低める 낮추다
- ひくまる 低まる 낮아지다

음 てい 훈 低い・低める・低まる

0439 赤

小1 붉을 적

음독
- せきどう 赤道 적도
- せきじゅうじ 赤十字 적십자
- せきはん 赤飯 팥밥
- しゃくどう 赤銅 적동

훈독
- あかい 赤い 붉다
- あからむ 赤らむ 붉어지다
- あからめる 赤らめる 붉히다
- あかじ 赤字 적자

특 真っ赤 새빨감

음 せき・しゃく 훈 赤・赤い・赤らむ・赤らめる

7획

0440

小4 꺾을 절

음독	せっぱん 折半 절반　こっせつ 骨折 골절　うせつ 右折 우회전
훈독	お 折る 접다, 구부리다　お 折れる 접히다, 부러지다　おりおり 折々 때때로 お がみ 折り紙 종이접기　お ま 折れ曲がる 구부러지다

음	せつ	훈	お 折る・お 折れる

0441

드릴 정

음독	ろてい 露呈 드러냄, 드러남　けんてい 献呈 헌정　ぞうてい 贈呈 증정 きんてい 謹呈 근정, 삼가 드림

음	てい

0442

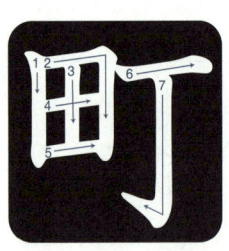

小1 밭두둑 정

음독	ちょう 町 지방 자치 단체의 하나　ちょうちょう 町長 町의 장　ちょうぎかい 町議会 町의 의회 しちょうそん 市町村 시정촌　よこちょう 横町 옆길, 골목
훈독	まち 町 시내, 읍내　みなとまち 港町 항구 도시

*まち

まち
町 사람들이 사는 집이 많이 모여 있는 곳 → むら まち うつ 村から町へ移る 마을에서 읍내로 옮기다
まち
街 상점이 많이 늘어서 있는 번화한 곳 → まち あ 街の明かりが美しい 거리의 불빛이 아름답다

음	ちょう	훈	まち 町

0443

조정 정

음독	ちょうてい 朝廷 조정　きゅうてい 宮廷 궁정　しゅってい 出廷 출정　へいてい 閉廷 폐정

음	てい

0444 아우 제 (小2)

음독
- 師弟 (してい) 사제
- 末弟 (まってい) 막내아우
- 門弟 (もんてい) 문하생
- 兄弟 (きょうだい) 형제
- 弟子 (でし) 제자

훈독
- 弟 (おとうと) 남동생

음 てい・だい・で **훈** 弟 (おとうと)

0445 가지 조 (小5)

음독
- 条件 (じょうけん) 조건
- 条文 (じょうぶん) 조문
- 条約 (じょうやく) 조약

음 じょう 條

0446 도울 조 (小3)

음독
- 助手 (じょしゅ) 조수
- 助言 (じょげん) 조언
- 助力 (じょりょく) 조력
- 補助 (ほじょ) 보조
- 救助 (きゅうじょ) 구조

훈독
- 助ける (たすける) 도와주다
- 助かる (たすかる) 도움 받다
- 助 (たすけ) 도움, 돕는 사람
- 助太刀 (すけだち) 도움, 돕는 사람
- 人助け (ひとだすけ) 남을 도움

음 じょ **훈** 助ける・助かる・助

0447 발 족 (小1)

음독
- 遠足 (えんそく) 소풍
- 満足 (まんぞく) 만족
- 補足 (ほそく) 보족, 보충
- 自給自足 (じきゅうじそく) 자급자족

훈독
- 足 (あし) 다리
- 足りる (たりる) 충분하다
- 足る (たる) 만족하다
- 足す (たす) 더하다
- 足音 (あしおと) 발소리
- 足元 (あしもと) 발밑
- 足し算 (たしざん) 덧셈

특 足袋 (たび) 일본식 버선

음 そく **훈** 足・足りる・足る・足す

0448

佐 — 小4 도울 좌

음독
- 大佐 (たいさ) 대령
- 中佐 (ちゅうさ) 중령
- 少佐 (しょうさ) 소령
- 補佐 (ほさ) 보좌

음 さ

0449

走 — 小2 달릴 주

음독
- 走者 (そうしゃ) 주자
- 走破 (そうは) 주파
- 競走 (きょうそう) 경주
- 快走 (かいそう) 쾌주
- 力走 (りきそう) 역주

훈독
- 走る (はしる) 달리다
- 先走る (さきばしる) 앞질러 나아가다

음 そう · 훈 走る (はしる)

0450

住 — 小3 살 주

음독
- 住所 (じゅうしょ) 주소
- 住宅 (じゅうたく) 주택
- 住居 (じゅうきょ) 주거
- 移住 (いじゅう) 이주
- 在住 (ざいじゅう) 재주, 거주
- 衣食住 (いしょくじゅう) 의식주

훈독
- 住む (すむ) 살다, 거주하다
- 住まう (すまう) 살다
- 一人住まい (ひとりずまい) 혼자 거주함

음 じゅう · 훈 住む (す) · 住まう (す)

0451

肘 — 팔꿈치 주

훈독
- 肘 (ひじ) 팔꿈치
- 肘鉄 (ひじてつ) 팔꿈치로 내지름

훈 肘 (ひじ)

0452

곧 즉

음독
- そく い 即位 즉위
- そく おう 即応 즉응
- そく し 即死 즉사
- そく じ 即時 즉시
- そくじつ 即日 당일
- そくせき 即席 즉석
- そっきょう 即興 즉흥
- そっけつ 即決 즉결
- そっこう 即効 즉효
- そっこく 即刻 즉각

훈독 即ち 곧, 즉

음 そく

卽

0453

小5 뜻 지

음독
- し ぼう 志望 지망
- し がん 志願 지원
- い し 意志 의지
- たい し 大志 큰뜻
- しょ し 初志 초지
- ゆう し 有志 유지
- どう し 同志 동지

훈독 こころざ す 志す 뜻을 두다 ・ こころざし 志 뜻

음 し **훈** 志す・志

0454

小1 수레 차

음독
- しゃりん 車輪 수레바퀴
- しゃ こ 車庫 차고
- しゃそう 車窓 차창
- き しゃ 汽車 기차
- じょうしゃ 乗車 승차
- ば しゃ 馬車 마차
- でんしゃ 電車 전차, 전철
- じ どうしゃ 自動車 자동차

훈독 くるま 車 ① 바퀴 ② 차, 자동차 ・ は ぐるま 歯車 톱니바퀴

음 しゃ **훈** 車

0455

小2 몸 체

음독
- たいりょく 体力 체력
- たいかく 体格 체격
- たいおん 体温 체온
- たいけん 体験 체험
- じんたい 人体 인체
- き たい 気体 기체
- だんたい 団体 단체
- ぜんたい 全体 전체
- しょうたい 正体 정체
- ていさい 体裁 겉모양, 체면

훈독 からだ 体 몸 ・ からだ 体つき 몸집, 몸매

음 たい・てい **훈** 体

體

0456 닮을/같을 초

음독 　肖像 초상

음 しょう

0457 뽑을 초

음독 　抄本 초본　抄訳 초역

음 しょう

0458 小4 처음 초

음독 　初夏 초여름　初級 초급　初心者 초심자　最初 최초

훈독 　初め 처음, 시초　初めて 처음으로　初める ~하기 시작하다
　初雪 첫눈　初夢 (새해의) 첫 꿈　初産 초산

*はじめ
初め 최초를 의미한다 → 初めて会う 처음 만나다
始め 뭔가를 하기 시작하다 → 試験始めの合図 시험 시작의 신호

음 しょ　훈 初め・初めて・初・初・初める

0459 小1 마을 촌

음독 　村長 촌장　村落 촌락　市町村 시정촌　寒村 한촌

훈독 　村 마을　村役場 마을의 행정 사무소　村人 마을 사람

음 そん　훈 村

0464 온당할 타

음독 だきょう 妥協 타협 / だけつ 妥結 타결 / だとう 妥当 타당

음 だ

0465 사치할 태

음독 とうた 淘汰 도태 / さた 沙汰 소문, 기별

음 た

0466 가릴 택

음독 たくいつ 択一 택일 / さいたく 採択 채택 / せんたく 選択 선택

음 たく

擇

0467 못 택

음독 たくさん 沢山 많이 / じゅんたく 潤沢 윤택 / こうたく 光沢 광택

훈독 さわ 沢 얕은 못

음 たく **훈** さわ 沢

澤

0468 던질 투 (小3)

음독
- 投手 투수
- 投票 투표
- 投資 투자
- 投書 투서
- 投下 투하
- 力投 역투

훈독
- 投げる 던지다
- 輪投げ 고리던지기

특 投網 투망

음 とう   훈 投げる

0469 잡을 파

음독
- 把握 파악

음 は

0470 비탈 판 (小3)

음독
- 急坂 가파른 비탈

훈독
- 坂 언덕
- 坂道 비탈길
- 上り坂 오르막길
- 下り坂 내리막길

음 はん   훈 坂

0471 언덕 판 (小4)

음독
- 阪神 한신(大阪와 神戸)

훈독
- 阪 고개
- 大阪 오사카

음 はん   훈 阪

0472 판단할 판 (小5)

음독
- 判決 판결
- 判断 판단
- 判明 판명
- 判事 판사
- 裁判 재판
- 批判 비판
- 評判 평판

音 はん・ばん

0473 조개 패 (小1)

훈독
- 貝殻 조개껍데기
- 貝柱 패주, 조개관자
- 貝塚 패총, 조개무덤

訓 貝(かい)

0474 어찌 하 (小2)

음독
- 幾何学 기하학

훈독
- 何物 어떤 것
- 何事 무슨 일
- 何点 몇 점
- 何人 몇 명
- 何年 몇 년
- 何本 몇 자루
- 何十 몇십
- 何か 뭔가가

특 何故 왜, 어째서

音 か　　訓 何(なに)・何(なん)

0475 머금을 함

음독
- 含有 함유
- 含蓄 함축
- 包含 포함

훈독
- 含む 포함하다
- 含める 포함시키다

音 がん　　訓 含む・含める

0476

겨룰 항

음독
- こうぎ 抗議 항의
- こうきん 抗菌 항균
- こうげん 抗原 항원
- こうせいぶっしつ 抗生物質 항생물질
- こうせん 抗戦 항전
- こうそう 抗争 항쟁
- こうたい 抗体 항체
- こうべん 抗弁 항변
- ていこう 抵抗 저항
- はんこう 反抗 반항
- たいこう 対抗 대항

음 こう

0477

小2 모양 형

음독
- ずけい 図形 도형
- ぎょうそう 形相 형상
- けいしき 形式 형식
- さんかくけい 三角形 삼각형
- ちけい 地形 지형
- にんぎょう 人形 인형

훈독
- かた 形 모양
- かたち 形 모양
- かたみ 形見 유품

*かた
- かた 形 물건의 모양 → 大形の花が開く 큰 모양의 꽃이 피다
- かた 型 특별히 정해진 모양 → 血液型 혈액형

음 けい・ぎょう **훈** 形(かた)・形(かたち)

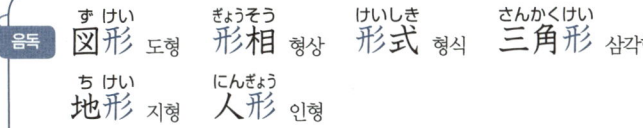

0478

小1 꽃 화

음독
- かだん 花壇 화단
- かべん 花弁 꽃잎
- ぞうか 造花 조화
- かいか 開花 개화

훈독
- はな 花 꽃
- はなび 花火 불꽃
- くさばな 草花 화초
- はなみ 花見 꽃구경
- はなわ 花輪 화환
- いけばな 生花 꽃꽂이

음 か **훈** はな 花

0479

小6 효도 효

음독
- こうこう 孝行 효행
- こうしん 孝心 효심
- おやこうこう 親孝行 효도

음 こう

0480 希 (小4) 바랄 희

음독
- <ruby>希<rt>き</rt></ruby><ruby>望<rt>ぼう</rt></ruby> 희망
- <ruby>希<rt>き</rt></ruby><ruby>少<rt>しょう</rt></ruby> 희소
- <ruby>希<rt>き</rt></ruby><ruby>求<rt>きゅう</rt></ruby> 희구
- <ruby>希<rt>き</rt></ruby><ruby>薄<rt>はく</rt></ruby> 희박

음 き

0481 苛 가혹할 가 (8획)

음독
- <ruby>苛<rt>か</rt></ruby><ruby>酷<rt>こく</rt></ruby> 가혹

훈독
- <ruby>苛<rt>いら</rt></ruby><ruby>立<rt>だ</rt></ruby>つ 초조해지다
- <ruby>苛<rt>いらいら</rt></ruby>々 초조해하는 모양

음 か　**훈** <ruby>苛<rt>いら</rt></ruby><ruby>立<rt>だ</rt></ruby>つ　苛

0482 価 (小5) 값 가

음독
- <ruby>価<rt>か</rt></ruby><ruby>格<rt>かく</rt></ruby> 가격
- <ruby>価<rt>か</rt></ruby><ruby>値<rt>ち</rt></ruby> 가치
- <ruby>株<rt>かぶ</rt></ruby><ruby>価<rt>か</rt></ruby> 주가
- <ruby>原<rt>げん</rt></ruby><ruby>価<rt>か</rt></ruby> 원가
- <ruby>高<rt>こう</rt></ruby><ruby>価<rt>か</rt></ruby> 고가
- <ruby>地<rt>ち</rt></ruby><ruby>価<rt>か</rt></ruby> 지가, 땅값
- <ruby>評<rt>ひょう</rt></ruby><ruby>価<rt>か</rt></ruby> 평가
- <ruby>物<rt>ぶっ</rt></ruby><ruby>価<rt>か</rt></ruby> 물가

훈독
- <ruby>価<rt>あたい</rt></ruby> 값

*あたい
- <ruby>価<rt>あたい</rt></ruby> 사고 팔 때의 가격 → <ruby>命<rt>いのち</rt></ruby>に<ruby>価<rt>あたい</rt></ruby>はつけられない 생명에 값은 매길 수 없다
- <ruby>値<rt>あたい</rt></ruby> 수치로 나타낸 것 → <ruby>未<rt>み</rt></ruby><ruby>知<rt>ち</rt></ruby><ruby>數<rt>すう</rt></ruby>の<ruby>値<rt>あたい</rt></ruby>を<ruby>求<rt>もと</rt></ruby>める 미지수의 값을 구하다

음 か　**훈** <ruby>価<rt>あたい</rt></ruby>　價

0483 佳 아름다울 가

음독
- <ruby>佳<rt>か</rt></ruby><ruby>境<rt>きょう</rt></ruby> 가경
- <ruby>佳<rt>か</rt></ruby><ruby>作<rt>さく</rt></ruby> 가작
- <ruby>佳<rt>か</rt></ruby><ruby>人<rt>じん</rt></ruby> 가인, 미인

음 か

0484 새길 각 (小6)

음독
- 刻印 각인
- 刻々 시시각각
- 時刻 시각
- 遅刻 지각
- 定刻 정각
- 夕刻 저녁때

훈독
- 刻む 새기다
- 小刻み 조금씩

음: こく 훈: 刻む

0485 곶 갑

훈독
- 岬 갑, 곶

훈: 岬

0486 산등성이 강 (小4)

훈독
- 岡 언덕

훈: 岡

0487 근거 거

음독
- 拠出 갹출
- 拠点 거점
- 根拠 근거
- 証拠 증거
- 準拠 준거
- 占拠 점거
- 典拠 출처, 문헌상의 근거
- 本拠 본거
- 論拠 논거

음: きょ・こ

據

0488

막을 거

음독	きょぜつ 拒絶 거절　きょひ 拒否 거부
훈독	こば 拒む 거절하다, 거부하다

음 きょ　　훈 拒む

0489

小5　살 거

 入る
 要る
 居る

음독	きょしつ 居室 거실　じゅうきょ 住居 주거　こうきょ 皇居 황거(천황이 거처하는 곳) しんきょ 新居 새집　てんきょ 転居 이사, 이전
훈독	い 居る 있다　いごこち 居心地 어떤 장소·지위에 있을 때의 느낌　いそうろう 居候 더부살이 いどころ 居所 있는 곳, 거처　いま 居間 거실　いるす 居留守 집에 있으면서 없는 척함

＊いる

い 入る 들다, 들어가다　→　きにいる 気に入る 마음에 들다

い 要る 필요로 하다　→　かねがいる お金が要る 돈이 필요하다

い 居る 사람이나 동물이 있다　→　おおきないぬがいる 大きな犬が居る 큰 개가 있다

음 きょ　　훈 居る

0490

어깨 견

음독	けんしょう 肩章 견장　きょうけん 強肩 강한 어깨　そうけん 双肩 양쪽 어깨　ひけん 比肩 비견
훈독	かた 肩 어깨　かたぐるま 肩車 목말　かたみ 肩身 면목, 체면　ろかた 路肩 갓길

음 けん　　훈 肩

0495

小6 이를 계

훈독 届ける ① 보내다, 전하다 ② 신고하다　届く 닿다　届け出 신고
届け先 보낼 곳　無届け 무신고, 무단　転居届 이전 신고

훈 届ける・届く

0496

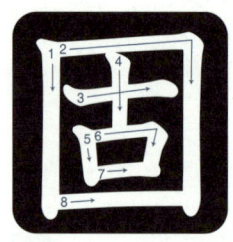

小4 굳을 고

음독 固形 고형　固体 고체　固定 고정　固有 고유
確固 확고　断固 단호

훈독 固める 굳히다　固まる 굳다　固い 단단하다

*かたい

固い 빈틈없이 확고하다 → 固く結ぶ 단단히 묶다

堅い 내용이 확실하다 → 口が堅い 입이 무겁다

硬い 딱딱하고 경직되다 → 石が硬い 돌이 딱딱하다

固い

堅い

硬い

음 こ　　**훈** 固める・固まる・固い

0497

넓적다리 고

음독 股間 사타구니　股関節 고관절

훈독 股 가랑이　股 넓적다리　二股 두 갈래

음 こ　　**훈** 股・股

0498

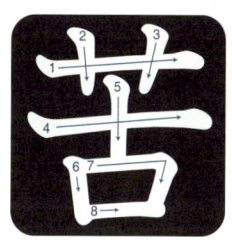

小3 쓸 고

음독
- 苦情 (くじょう) 불평, 불만
- 苦心 (くしん) 고심
- 苦戦 (くせん) 고전
- 苦労 (くろう) 고생, 수고
- 困苦 (こんく) 곤고, 고생
- 四苦八苦 (しくはっく) 매우 고생함
- 病苦 (びょうく) 병고

훈독
- 苦しい (くるしい) 괴롭다
- 苦しむ (くるしむ) 괴로워하다
- 苦しめる (くるしめる) 괴롭히다
- 苦い (にがい) (맛이) 쓰다
- 苦る (にがる) 못마땅해하다
- 見苦しい (みぐるしい) 보기 흉하다
- 苦手 (にがて) ① 대하기 싫음 ② 서투름

음 く 훈 苦しい・苦しむ・苦しめる・苦い・苦る

0499

만 곤

음독
- 昆虫 (こんちゅう) 곤충
- 昆布 (こんぶ) 다시마

음 こん

0500

小1 빌 공

음독
- 空気 (くうき) 공기
- 空港 (くうこう) 공항
- 空想 (くうそう) 공상
- 空腹 (くうふく) 공복
- 真空 (しんくう) 진공
- 航空 (こうくう) 항공
- 虚空 (こくう) 허공
- 上空 (じょうくう) 상공

훈독
- 空 (そら) 하늘
- 空く (あく) (공간이) 비다
- 空ける (あける) 비우다
- 空 (から) (속이) 빔
- 青空 (あおぞら) 푸른 하늘
- 星空 (ほしぞら) 별이 총총한 하늘
- 空き家 (あきや) 빈집
- 空回り (からまわり) 헛돎, 겉돎
- 空梅雨 (からつゆ) 장마철에 비가 오지 않음

*あける

- 開ける 닫혀있던 것을 열다 → 店を開ける 문을 열다
- 空ける 속을 비우다 → 席を空ける 자리를 비우다
- 明ける 새로운 기간이 시작되다 → 年が明ける 한해가 시작되다

음 くう 훈 空・空く・空ける・空

開ける

空ける

明ける

0501

小6 이바지할 공

供える
備える

음독
きょうきゅう 供給 공급　きょうじゅつ 供述 공술　ていきょう 提供 제공　くよう 供養 공양
じきょう 自供 자백

훈독
そな 供える 신불에게 올리다　そな もの 供え物 제물　こども 子供 어린이

*そなえる

そな 供える 바치다 → ぶつぜん はな そな 仏前に花を供える 불전에 꽃을 바치다

そな 備える 미리 준비하다 → たいふう そな 台風に備える 태풍에 대비하다

음 きょう・く　**훈** そな 供える・とも 供

0502

小4 실과 과

음독
かじつ 果実 과실　かじゅ 果樹 과수　けっか 結果 결과　こうか 効果 효과
せいか 成果 성과　いんがかんけい 因果関係 인과관계

훈독
は 果たす 완수하다　は 果てる 끝나다　は あ 果たし合い 결투

특 くだもの 果物 과일

음 か　**훈** は 果たす・は 果てる

0503

小4 벼슬 관

음독
かんしょく 官職 관직　かんちょう 官庁 관청　がいこうかん 外交官 외교관　きょうかん 教官 교관
けいかん 警官 경관　こうかん 高官 고관　ちょうかん 長官 장관

음 かん

0504 怪 괴이할 괴

음독
- かいい 怪異 괴이
- かいき 怪奇 괴기
- かいじゅう 怪獣 괴수
- かいじん 怪人 괴인
- かいだん 怪談 괴담
- かいとう 怪盗 괴도
- かいぶつ 怪物 괴물
- かいりき 怪力 괴력
- けが 怪我 부상, 상처
- きかい 奇怪 기괴
- ききかいかい 奇々怪々 기기괴괴

훈독
- あやしい 怪しい 괴상하다
- あやしむ 怪しむ 의심하다

음 かい・け 훈 怪しい・怪しむ

0505 拐 후릴 괴

음독
- ゆうかい 誘拐 유괴

음 かい

0506 具 갖출 구 (小3)

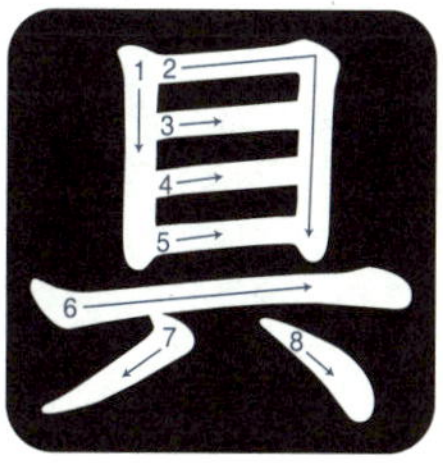

음독
- ぐあい 具合 형편, 상태
- ぐげん 具現 구현
- ぐたいてき 具体的 구체적
- ぐび 具備 구비
- かぐ 家具 가구
- きぐ 器具 기구
- どうぐ 道具 도구
- ぶんぼうぐ 文房具 문방구

음 ぐ

0507 拘 멜 구

음독
- こうきん 拘禁 구금
- こうそく 拘束 구속
- こうち 拘置 구치
- こうりゅう 拘留 구류

음 こう

0508 欧 — 구라파 구

- 음독
  - おうしゅう 欧州 구주, 유럽주
  - おうべい 欧米 구미, 유럽과 미국
  - せいおう 西欧 서유럽
  - とうおう 東欧 동유럽
  - ほくおう 北欧 북유럽
- 音 おう
- 歐

0509 殴 — 때릴 구

- 음독
  - おうだ 殴打 구타
- 훈독
  - なぐる 殴る 때리다, 치다
- 音 おう
- 훈 なぐる 殴る
- 毆

0510 国 — 小2 나라 국

- 음독
  - こくご 国語 국어
  - こくさい 国際 국제
  - ぜんこく 全国 전국
  - がいこく 外国 외국
  - きこく 帰国 귀국
  - こっか 国家 국가
  - こっかい 国会 국회
  - こっきょう 国境 국경
- 훈독
  - くに 国 나라
- 音 こく
- 훈 くに 国
- 國

0511 屈 — 굽힐 굴

- 음독
  - くっきょく 屈曲 굴곡
  - くっし 屈指 굴지
  - くつじょく 屈辱 굴욕
  - くっせつ 屈折 굴절
  - くっぷく 屈服 굴복
  - ひくつ 卑屈 비굴
  - ふくつ 不屈 불굴
  - りくつ 理屈 ①이치, 도리 ②핑계
- 音 くつ

0512 券
小6 문서 권

음독: 株券 주권, 주식 / 証券 증권 / 食券 식권 / 乗車券 승차권

음 けん

0513 金
小1 쇠 금·성 김

음독: 金塊 금괴 / 金魚 금붕어 / 金属 금속 / 金曜日 금요일
黄金 황금 / 大金 거금 / 代金 대금 / 貯金 저금

훈독: 金持ち 부자 / 金物 철물 / 金具 쇠장식

✔ 「金色」는 「きんいろ」로도 「こんじき」로도 읽는다.

음 きん・こん   훈 金(かね)・金(かな)

0514 肯
즐길 긍

음독: 肯定 긍정

음 こう

0515 奇
기특할 기

음독: 奇異 기이 / 奇形 기형 / 奇人 기인 / 奇声 기성
奇抜 기발 / 奇病 기이한 병 / 奇妙 기묘 / 奇跡 기적

음 き

8획

0516 祈 빌 기

- 음독: 祈願(きがん) 기원, 祈念(きねん) 기념, 기원
- 훈독: 祈る(いのる) 빌다
- 음: き
- 훈: 祈る(いのる)

0517 奈 (小4) 어찌 내/나

- 음독: 奈良(なら) 나라(지역)
- 음: な

0518 念 (小4) 생각 념

- 음독: 念願(ねんがん) 염원, 念入り(ねんいり) 공들임, 念力(ねんりき) 염력, 정신력, 念仏(ねんぶつ) 염불, 記念(きねん) 기념, 信念(しんねん) 신념
- 음: ねん

0519 泥 진흙 니

- 음독: 泥酔(でいすい) 만취, 泥流(でいりゅう) 이류
- 훈독: 泥(どろ) 진흙, 泥仕合(どろじあい) 추잡한 싸움, 泥沼(どろぬま) 수렁, 진창, 泥棒(どろぼう) 도둑
- 음: でい
- 훈: 泥(どろ)

0520

小6 멜 담

- 음독: たんとう 担当 담당 / たんにん 担任 담임 / ふたん 負担 부담 / かたん 加担 가담 / ぶんたん 分担 분담
- 훈독: にな(う) 担う 메다, 짊어지다 / かつ(ぐ) 担ぐ 메다 / にな(い)て 担い手 담당자

음 たん   훈 担う・担ぐ   擔

0521

이를 도

- 음독: とうたつ 到達 도달 / とうちゃく 到着 도착 / とうてい 到底 도저히 / とうらい 到来 도래 / さっとう 殺到 쇄도 / よういしゅうとう 用意周到 용의주도

음 とう

0522

小5 독 독

- 음독: どくさつ 毒殺 독살 / どくぶつ 毒物 독물 / どくやく 毒薬 독약 / がいどく 害毒 해독 / しょうどく 消毒 소독 / ちゅうどく 中毒 중독 / ふくどく 服毒 음독 / ゆうどく 有毒 유독

음 どく   毒

0523

갑자기 돌

- 음독: とっき 突起 돌기 / とつげき 突撃 돌격 / とっしゅつ 突出 돌출 / とっしん 突進 돌진 / とつぜん 突然 돌연 / とつにゅう 突入 돌입 / とっぱ 突破 돌파 / とっぱつ 突発 돌발 / とっぷう 突風 돌풍 / げきとつ 激突 격돌 / しょうとつ 衝突 충돌 / とうとつ 唐突 당돌
- 훈독: つ(く) 突く 찌르다, 꿰뚫다

음 とつ   훈 突く   突

0524 東

小2 동녘 동

음독
- とうきょう 東京 도쿄(일본의 수도)
- とうざい 東西 동서
- とうほく 東北 동북
- とうよう 東洋 동양
- かんとう 関東 관동(지방)

훈독
- ひがし 東 동쪽
- ひがしがわ 東側 동측
- ひがしにほん 東日本 동일본

음 とう　훈 ひがし 東

0525 拉

끌 랍

음독
- らち 拉致 = らっち 拉致 납치

훈독
- ひし 拉ぐ 압도하다
- ひし 拉げる 압도하게 하다

음 らつ・ろう　훈 ひし 拉ぐ

0526 例

小4 법식 례

음독
- れいがい 例外 예외
- れいぶん 例文 예문
- れいねん 例年 예년
- じれい 事例 사례
- ひれい 比例 비례
- ようれい 用例 용례

훈독
- たと 例える 예를 들다, 비유하다
- たと 例え 예
- たと 例えば 예를 들면
- ためし 例 예, 선례

음 れい　훈 たと 例える

0527 炉

화로 로

음독
- ろばた 炉端 노변, 화롯가
- ろへん 炉辺 노변
- こうろ 香炉 향로
- だんろ 暖炉 난로
- ようこうろ 溶鉱炉 용광로

음 ろ　爐

0528 小1 수풀 림

음독 りんぎょう 林業 임업 / さんりん 山林 산림 / しんりん 森林 삼림 / みつりん 密林 밀림 / こくゆうりん 国有林 국유림

훈독 はやし 林 숲 / まつばやし 松林 송림, 솔숲 / ぞうきばやし 雑木林 잡목림

음 りん　　**훈** はやし 林

0529 지울 말

음독 まっさつ 抹殺 말살 / まっしょう 抹消 말소 / まっちゃ 抹茶 말차, 가루차 / いちまつ 一抹 일말, 약간

음 まつ

0530 小6 낱 매

음독 まいすう 枚数 매수 / まいきょ 枚挙 매거, 하나하나 셈 / いちまい 一枚 한 장 / たいまい 大枚 거금, 많은 돈 / にまいじた 二枚舌 거짓말

음 まい

0531 小2 누이 매

음독 しまい 姉妹 자매

훈독 いもうと 妹 여동생

음 まい　　**훈** いもうと 妹

0532

소경/눈 멀 맹

음독
- もうあい 盲愛 맹목적인 사랑
- もうじゅう 盲従 맹종
- もうしん 盲信 맹신
- もうじん 盲人 맹인
- もうちょう 盲腸 맹장
- もうてん 盲点 맹점
- もうどうけん 盲導犬 맹도견
- もうもく 盲目 맹목
- しきもう 色盲 색맹

음 もう

0533

면할 면

음독
- めんえき 免疫 면역
- めんきょ 免許 면허
- めんじょ 免除 면제
- めんじょう 免状 면(허)장
- めんぜい 免税 면세
- めんしょく 免職 면직
- しゃめん 赦免 사면
- にんめん 任免 임면
- ほうめん 放免 방면
- ひめん 罷免 파면

훈독
- まぬか 免れる 면하다

음 めん **훈** 免れる

0534

小3 목숨 명

음독
- めいめい 命名 명명
- めいれい 命令 명령
- うんめい 運命 운명
- かくめい 革命 혁명
- しめい 使命 사명
- せいめい 生命 생명
- にんめい 任命 임명

훈독
- いのち 命 생명
- いのちびろい 命拾い 다행히 목숨을 구함

음 めい・みょう **훈** 命

0535

小2 밝을 명

음독
- めいあん 明暗 명암
- めいかい 明快 명쾌
- せつめい 説明 설명
- はつめい 発明 발명

훈독
- あ 明かり 불빛
- あか 明るい 밝다
- あ 明るむ 밝아지다
- あ 明らむ 밝아오다
- あき 明らか 명백함
- あ 明ける (날이)밝다
- あ 明く 나다, 비다
- あ 明くる 다음의
- あ 明かす 밝히다
- よあ 夜明け 새벽
- つきあ 月明かり 달빛

- 특 明日 내일

✓ 「明日」는 「あす」・「みょうにち」・「あした」로 읽는다.

- 음 めい・みょう
- 훈 明かり・明るい・明るむ・明らむ・明らか・明ける・明く・明くる・明かす

0536 업신여길 모

- 음독 侮辱 모욕 侮蔑 모멸
- 훈독 侮る 업신여기다, 깔보다

음 ぶ　훈 侮る

0537 小4 칠 목

- 음독 牧牛 목우 牧草 목초 牧羊 목양 牧場 목장
  放牧 방목 遊牧 유목
- 훈독 牧 목장

음 ぼく　훈 牧

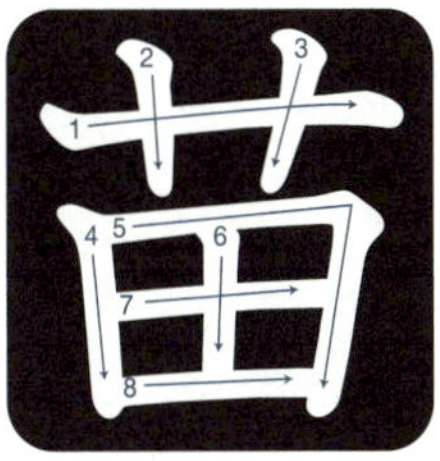

0538 모 묘

- 음독 種苗 종묘
- 훈독 苗 모종 苗木 묘목 苗床 묘판 苗代 못자리

음 びょう　훈 苗・苗

0539

무성할 무

음독 はんも 繁茂 초목이 무성함

훈독 しげる 茂る 우거지다, 무성해지다

음 も　훈 茂る

0540

小5 호반 무

음독
ぶき 武器 무기　ぶし 武士 무사　ぶじゅつ 武術 무술　ぶりょく 武力 무력
ぶどう 武道 무도　むしゃ 武者 무사　ぶんぶ 文武 문무

음 ぶ・む

0541

小2 문 문

음독
もんかせい 門下生 문하생　もんげん 門限 통금 시간　もんばん 門番 문지기, 수위
こうもん 校門 교문　せいもん 正門 정문　せんもん 専門 전문　にゅうもん 入門 입문

훈독 かどまつ 門松 새해에 문 앞에 세워 두는 장식 소나무

음 もん　훈 かど 門

0542

小3 물건 물

음독
ぶっか 物価 물가　ぶっしつ 物質 물질　ぶつよく 物欲 물욕　ぶつり 物理 물리
しょくもつ 食物 음식물　じんぶつ 人物 인물　どうぶつ 動物 동물　にもつ 荷物 짐

훈독
ものがたり 物語 이야기　ものおと 物音 (무슨) 소리　しなもの 品物 물건, 물품
きもの 着物 옷　ほんもの 本物 진품

음 ぶつ・もつ　훈 もの 物

0547

핍박할 박

음독
はくがい 迫害 박해　はくしん 迫真 박진　はくりょく 迫力 박력　あっぱく 圧迫 압박
きはく 気迫 기백　きゅうはく 急迫 급박　きょうはく 脅迫 협박　きんぱく 緊迫 긴박
せっぱく 切迫 절박

훈독
せま 迫る 다가오다, 육박하다

음 はく　훈 迫る

0548

小3 놓을 방

음독
ほうえい 放映 방영　ほうか 放火 방화　ほうそう 放送 방송　かいほう 解放 해방
かいほう 開放 개방　しゃくほう 釈放 석방　ついほう 追放 추방

훈독
はな 放つ 놓아주다, 풀어주다　はな 放す 놓아주다, 놓다
はな 放れる 놓이다, 풀리다　てばな 手放す 손에서 놓다

＊はなす

はな 放す 자유로이 움직일 수 있게 되다 → いぬ はな 犬を放す 개를 놓아주다
はな 離す 붙어 있던 것을 떼어 놓다 → つくえ はな なら 机を離して並べる 책상을 떼어 놓다

음 ほう　훈 放つ・放す・放れる

0549

방 방

음독
だんぼう 暖房 난방　にょうぼう 女房 아내

훈독
ふさ 房 송이　ちぶさ 乳房 유방　はなぶさ 花房 꽃송이

음 ぼう　훈 房

0550

肪 — 살찔 방

음독: 脂肪(しぼう) 지방

음: ぼう

0551

杯 — 잔 배

음독: 乾杯(かんぱい) 건배 / 祝杯(しゅくはい) 축배

훈독: 杯(さかずき) 술잔 / 水杯(みずさかずき) 작별의 잔

음: はい **훈**: 杯(さかずき)

0552

拜 — 小6 절 배

음독: 拝見(はいけん) 삼가 봄 / 拝借(はいしゃく) 삼가 빌려 씀 / 拝読(はいどく) 삼가 읽음 / 拝礼(はいれい) 배례 / 参拝(さんぱい) 참배 / 礼拝(れいはい) 예배

훈독: 拝(おが)む 절하다, 빌다 / 拝(おが)み倒(たお)す 빌다시피 사정하다

음: はい **훈**: 拝(おが)む 拜

0553

法 — 小4 법 법

음독: 法則(ほうそく) 법칙 / 方法(ほうほう) 방법 / 法律(ほうりつ) 법률 / 法度(はっと) 법도 / 憲法(けんぽう) 헌법 / 作法(さほう) 예절 / 手法(しゅほう) 수법 / 寸法(すんぽう) 치수 / 文法(ぶんぽう) 문법 / 用法(ようほう) (사)용법 / 立法(りっぽう) 입법

음: ほう・はっ・ほっ

0554

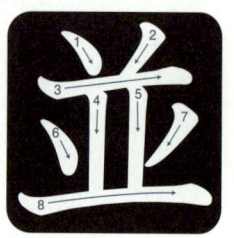

小6 나란히 병

음독
へいこう 並行 병행　へいれつ 並列 병렬

훈독
なみ 並 보통　なら 並べる 나란히 놓다　なら 並ぶ 나란히 서다　なら 並びに 및, ~와
なみき 並木 가로수

음 へい　훈 並・並べる・並ぶ・並びに

並 → 立

0555

아우를 병

음독
へいき 併記 병기　へいごう 併合 병합　へいせつ 併設 병설　へいはつ 併発 병발
へいよう 併用 병용　がっぺい 合併 합병

훈독
あわ 併せる 합치다, 모으다

음 へい　훈 併せる

併

0556

小2 걸음 보

음독
ほこう 歩行 보행　ほどう 歩道 보도　さんぽ 散歩 산책　しんぽ 進歩 진보
とほ 徒歩 도보　ゆうほどう 遊歩道 산책길　ぶあい 歩合 보합, 비율
ひぶ 日歩 일변(원금 100엔에 대한 하루의 이자)　ふ 歩 (장기의) 보

훈독
ある 歩く 걷다　あゆ 歩む 걷다　あゆ 歩み 걸음

음 ほ・ぶ・ふ　훈 歩く・歩む

歩

0557

小6 보배 보

음독
ほうぎょく 宝玉 보옥, 보석　ほうこ 宝庫 보고　ほうせき 宝石 보석　かほう 家宝 가보
こくほう 国宝 국보　ざいほう 財宝 재화와 보물

훈독
たから 宝 보물　たからぶね 宝船 보물선　たからさがし 宝探し 보물찾기　たからじま 宝島 보물섬

음 ほう　훈 宝

寶

0558

服 — 小3 옷 복

음독
- ふくそう 服装 복장
- ふくじゅう 服従 복종
- ふくどく 服毒 음독
- いふく 依服 의복
- しふく 私服 사복
- せいふく 制服 제복
- なつふく 夏服 하복
- ようふく 洋服 양복

음 ふく

0559

奉 — 받들 봉

음독
- ほうこう 奉公 봉공
- ほうしょく 奉職 봉직
- ほうのう 奉納 봉납
- ほうしゅく 奉祝 봉축
- しんぽう 信奉 신봉
- ほうし 奉仕 봉사
- ぶぎょう 奉行 봉행

훈독
- たてまつ 奉る 바치다, 모시다

음 ほう・ぶ　　**훈** 奉る

0560

府 — 小4 마을 부

음독
- がくふ 学府 학부
- しゅふ 首府 수도
- せいふ 政府 정부
- ばくふ 幕府 막부

음 ふ

0561

附 — 붙을 부

음독
- ふぞく 附属 부속
- きふ 寄附 기부

음 ふ

0562

阜

小4 언덕 부

음독 岐阜県(ぎふけん) 기후 현(일본 중부 지방에 있는 현)

훈독 阜(おか) 언덕

音 ふ　　　訓 阜(おか)

0563

奔

달릴 분

음독 奔走(ほんそう) 분주　奔放(ほんぽう) 분방　奔流(ほんりゅう) 분류, 격류

音 ほん

0564

沸

끓을 비・용솟음할 불

음독 沸点(ふってん) 비(등)점, 끓는점　沸騰(ふっとう) 비등　煮沸(しゃふつ) 펄펄 끓음

훈독 沸(わ)く 끓다　沸(わ)かす 끓이다, 데우다

音 ふつ　　　訓 沸(わ)く・沸(わ)かす

0565

泌

분비할 비・스며흐를 필

음독 泌尿器(ひにょうき) 비뇨기　分泌(ぶんぴつ) 분비

✓「分泌」는「ぶんぴつ」로도「ぶんぴ」로도 읽는다.

音 ひつ・ひ

0566

肥 小5 살찔 비

- 음독: 肥大(ひだい) 비대 · 肥満(ひまん) 비만 · 肥沃(ひよく) 비옥 · 肥料(ひりょう) 비료 · 堆肥(たいひ) 퇴비
- 훈독: 肥える(こえる) 살찌다 · 肥やす(こやす) 살찌우다 · 下肥(しもごえ) 뒷거름

음 ひ　훈 肥える・肥やす

0567

非 小5 아닐 비

- 음독: 非行(ひこう) 비행 · 非難(ひなん) 비난 · 非常識(ひじょうしき) 비상식 · 非売品(ひばいひん) 비매품 · 是非(ぜひ) ① 시비, 잘잘못 ② 꼭, 반드시

음 ひ

0568

邪 간사할 사

- 음독: 邪悪(じゃあく) 사악 · 邪心(じゃしん) 사심 · 邪道(じゃどう) 사도 · 邪念(じゃねん) 사념 · 邪魔(じゃま) 방해
- 특: 風邪(かぜ) 감기

음 じゃ

0569

使 小3 하여금/부릴 사

- 음독: 使役(しえき) 사역 · 使節(しせつ) 사절 · 使命(しめい) 사명 · 使用(しよう) 사용 · 駆使(くし) 구사 · 大使(たいし) 대사 · 勅使(ちょくし) 칙사 · 特使(とくし) 특사 · 労使(ろうし) 노사
- 훈독: 使う(つかう) 사용하다

*つかう

使う 사용하다 → 車を使って運ぶ 차를 이용해서 옮기다

遣う 도움이 되도록 궁리해서 사용하다 → 金遣い 돈의 씀씀이

| 音 し | 訓 使う |

0570

小3 일 사

| 음독 | 事故 사고　事実 사실　好事家 호사가　食事 식사
大事 중요함　無事 무사 |
| 훈독 | 事始め 일의 시작　仕事 일　出来事 사건 |

| 音 じ・ず | 訓 事 |

0571

小5 집 사

| 음독 | 舎監 사감　官舎 관사　牛舎 외양간　鶏舎 계사, 닭장
校舎 교사, 학교 건물　宿舎 숙소　畜舎 축사　庁舎 청사 |

| 音 しゃ | |

0572

오히려 상

| 음독 | 尚武 상무(무술을 숭상함)　和尚 스님　時期尚早 시기상조 |
| 훈독 | 尚 ① 더욱, 한층 ② 덧붙여, 또한 |

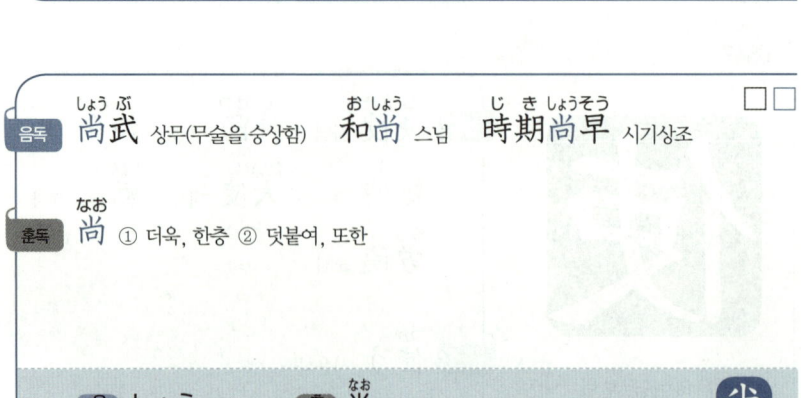

0573 昔

小3 예 석

음독
- せきじつ 昔日 옛날
- せきねん 昔年 옛날
- こんじゃく 今昔 옛날과 지금

훈독
- むかし 昔 옛날
- むかしばなし 昔話 옛날 이야기
- ひとむかし 一昔 옛날(약 10년 전쯤)

음 せき・しゃく　훈 むかし 昔

0574 析

쪼갤 석

음독
- せきしゅつ 析出 석출
- ぶんせき 分析 분석

음 せき

0575 姓

성 성

음독
- せいめい 姓名 성명
- どうせい 同姓 동성
- ひゃくしょう 百姓 농사꾼

음 せい・しょう

0576 性

小5 성품 성

음독
- せいかく 性格 성격
- せいこう 性向 성향
- せいしつ 性質 성질
- せいのう 性能 성능
- せいべつ 性別 성별
- こせい 個性 개성
- じょせい 女性 여성
- だんせい 男性 남성
- とくせい 特性 특성
- ひんせい 品性 품성
- ほんせい 本性 본성
- しょうぶん 性分 성분
- あいしょう 相性 성격이 서로 맞음
- こんじょう 根性 근성
- すじょう 素性 본성, 천성

음 せい・しょう

0577 沼 못 소

음독
- こしょう 湖沼 호수와 늪

훈독
- ぬま 沼 늪
- ぬまち 沼地 늪지대
- どろぬま 泥沼 수렁, 진창

음: しょう 훈: 沼(ぬま)

0578 所 (小3) 바 소

음독
- しょかん 所管 소관
- しょけん 所見 소견
- しょざい 所在 소재
- しょじ 所持 소지
- しょとく 所得 소득
- しょゆう 所有 소유
- きんじょ 近所 근처, 이웃
- じゅうしょ 住所 주소
- たんしょ 短所 단점
- ちょうしょ 長所 장점
- ばしょ 場所 장소, 곳
- めいしょ 名所 명소

훈독
- ところ 所 곳
- だいどころ 台所 부엌

훈(특수)
- いわゆる 所謂 소위, 이른바
- ゆえん 所以 까닭
- よそ 余所 딴곳
- あてど 当て所 목적지

음: しょ 훈: 所(ところ)

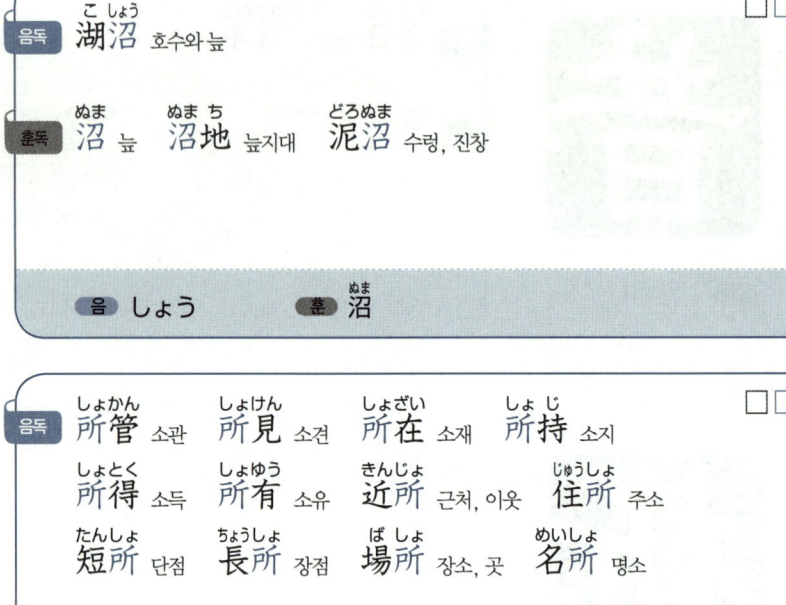

0579 松 (小4) 소나무 송

음독
- しょうちくばい 松竹梅 송죽매(소나무·대나무·매화나무)

훈독
- まつ 松 소나무
- まつばやし 松林 소나무 숲
- まつば 松葉 솔잎
- まつばら 松原 소나무 벌판
- あかまつ 赤松 적송
- かどまつ 門松 새해에 문 앞에 장식으로 세우는 소나무
- くろまつ 黒松 흑송

음: しょう 훈: 松(まつ)

0580 刷 (小4) 인쇄할 쇄

음독
- さっしん 刷新 쇄신
- いんさつ 印刷 인쇄
- しゅくさつ 縮刷 축쇄
- ぞうさつ 増刷 증쇄, 추가 인쇄

훈독
- する 刷る 인쇄하다

음: さつ 훈: 刷る(する)

0581 小6 드리울 수

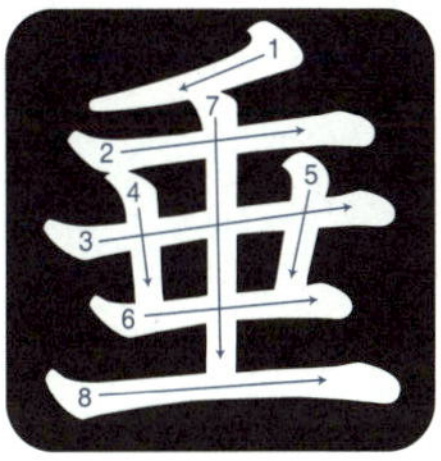

음독 垂線 수(직)선 垂直 수직 懸垂 매달림, 매닮

훈독 垂れる 드리워지다, 늘어지다 垂らす 드리우다, 늘어뜨리다
垂れ幕 현수막 雨垂れ 낙숫물

- 음 すい
- 훈 垂れる・垂らす

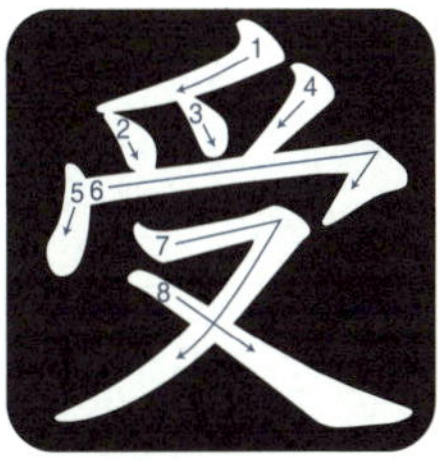

0582 小3 받을 수

음독 受験 수험 受講 수강 受賞 수상 受信 수신
授受 수수, 주고 받음 享受 향수(혜택을 받아 누림)

훈독 受ける 받다 受かる 합격하다 受け身 수동 受付 접수

- 음 じゅ
- 훈 受ける・受かる

0583 아재비 숙

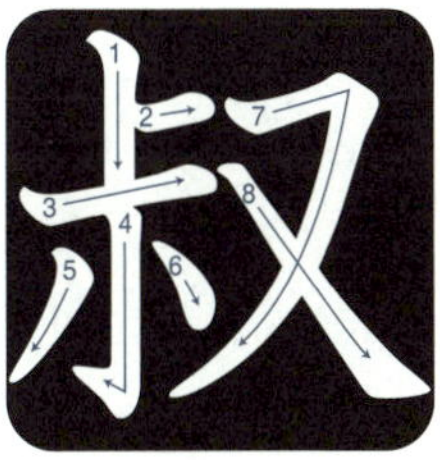

음독 叔父 숙부 叔母 숙모

특 叔父 숙부 叔母 숙모

- 음 しゅく

0584 小5 펼 술

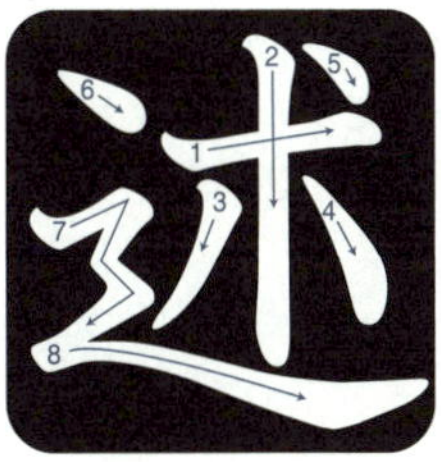

음독 述語 (서)술어 記述 기술 供述 공술

훈독 述べる 말하다, 서술하다

- 음 じゅつ
- 훈 述べる

0585 昇 오를 승

음독
- しょうか 昇華 승화
- しょうかく 昇格 승격
- しょうきゅう 昇給 승급
- しょうこう 昇降 승강
- しょうしん 昇進 승진
- しょうてん 昇天 승천

훈독
- のぼ 昇る 오르다, 올라가다

음 しょう　훈 昇る

0586 承 小6 이을 승

음독
- しょうち 承知 들어줌, 승낙함
- しょうにん 承認 승인
- しょうふく 承服 승복
- けいしょう 継承 계승
- でんしょう 伝承 전승

훈독
- うけたまわ 承る '받다·듣다'의 겸사말, 삼가 받다(듣다)

음 しょう　훈 承る

0587 侍 모실 시

음독
- じじゅう 侍従 시종
- じじょ 侍女 시녀

훈독
- さむらい 侍 무사

음 じ　훈 侍

0588 始 小3 비로소 시

음독
- しぎょうしき 始業式 시업식
- しじゅう 始終 시종, 늘, 항상
- しまつ 始末 경위, 자초지종
- しはつ 始発 시발
- かいし 開始 개시
- げんしじん 原始人 원시인
- ねんし 年始 연시, 연초

훈독
- はじ 始める 시작하다
- はじ 始まる 시작되다

음 し　훈 始める・始まる

0593

小2 바위 암

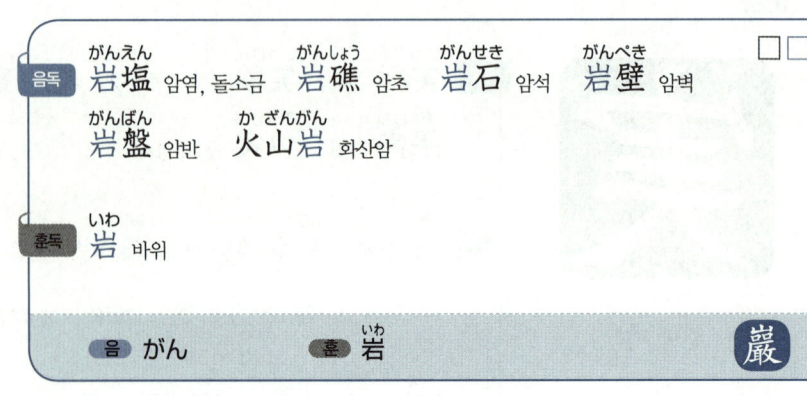

- 음독: がんえん 岩塩 암염, 돌소금 / がんしょう 岩礁 암초 / がんせき 岩石 암석 / がんぺき 岩壁 암벽 / がんばん 岩盤 암반 / かざんがん 火山岩 화산암
- 훈독: いわ 岩 바위

音 がん　訓 岩(いわ)　巌

0594

누를 압

- 음독: おういん 押印 압인, 날인 / おうしゅう 押収 압수 / おうそう 押送 압송
- 훈독: お す 押す 밀다, 누르다 / おさえる 押える 누르다

*おす

押す 맞은편 쪽으로 힘을 주다, 밀다 → 車を押す 차를 밀다
推す 추천하다, 추측하다 → 会長に推す 회장으로 추천하다
　　　　　　　　　 → 経験から推せば分かる 경험으로 미루어보면 알 수 있다

音 おう　訓 押す・押える

0595

밤 야 (小2)

- 음독: やかん 夜間 야간 / やきん 夜勤 야근 / やけい 夜景 야경 / やこう 夜行 야행 / こんや 今夜 오늘밤 / しんや 深夜 심야 / ちゅうや 昼夜 주야, 낮과 밤
- 훈독: よる 夜 밤 / よぞら 夜空 밤하늘 / つきよ 月夜 달밤 / まよなか 真夜中 한밤중

音 や　訓 夜(よ)・夜(よる)

0596

小6 같을 약

| 음독 | 若干 약간, 조금　若年 약년　老若男女 남녀노소 (じゃっかん / じゃくねん / ろうにゃくなんにょ) |

| 훈독 | 若い 젊다　若しくは 혹은　若者 젊은이　若草 어린 풀　若葉 새잎　若返る 젊어지다 |

| 특 | 若人 (わこうど) 젊은이 |

✔ 「若者」는 「わかもの」로도 「わこうど」로도 읽는다.

음 じゃく・にゃく　　훈 若い・若しくは

0597

小5 바꿀 역・쉬울 이

易しい

優しい

| 음독 | 安易 안이　簡易 간이　難易 난이　容易 용이　交易 교역　貿易 무역 (あんい / かんい / なんい /ようい / こうえき / ぼうえき) |

| 훈독 | 易しい 쉽다 |

＊やさしい

易しい 간단하다 → 問題が易しい 문제가 쉽다 ↔ 難しい

優しい 배려가 있다 → 優しい心の持主 다정한 마음을 가진 사람

음 えき・い　　훈 易しい

0598

小6 늘일 연

| 음독 | 延期 연기　延焼 연소　延着 연착　延命 연명 (えんき / えんしょう / えんちゃく / えんめい) |

| 훈독 | 延びる (시간이) 연장되다, 연기되다　延べる 늘이다, 연장하다　延ばす 연장하다, 연기하다 |

음 えん　　훈 延びる・延べる・延ばす

0599

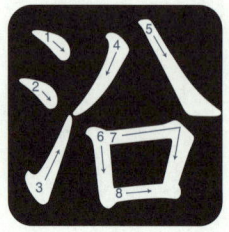

小6 물따라갈/따를 연

음독 沿海 연해　沿道 연도, 연로　沿革 연혁　沿岸 연안

훈독 沿う 따르다　海沿い 바닷가, 해안

*そう

沿う 길게 늘어서 있는 것을 따라 이어지다 → 線路に沿った道 선로를 따라 있는 길
添う 함께 있다. 목적에 맞다 → 期待に添うよう努力する 기대에 맞도록 노력하다

음 えん　훈 沿う

0600

불꽃 염

음독 炎々 활활　炎暑 불볕더위　炎上 (불)타오름
炎天 염천　炎症 염증　肺炎 폐렴　脳炎 뇌염

훈독 炎 화염, 불길

음 えん　훈 炎

0601

小4 꽃부리 영

음독 英会話 영어 회화　英語 영어　英国 영국　英才 영재
英断 영단　英雄 영웅　和英辞典 일영사전

음 えい

0602

小3 헤엄칠 영

음독 泳法 (수)영법　競泳 수영 경기　水泳 수영
背泳 배영　遊泳 유영　力泳 힘껏 헤엄침

훈독 泳ぐ 헤엄치다　平泳ぎ 평영

음 えい　훈 泳ぐ

0603

宛 완연할 완

훈독: 宛てる ~앞으로 보내다　宛 ~앞　宛名 수신인　宛先 수신처

훈: 宛てる

0604

玩 즐길 완

음독: 愛玩 애완　玩具 완구

특: 玩具 장난감

음: がん

0605

往 갈 왕　小5

음독: 往生 왕생　往診 왕진　往年 왕년
往復 왕복　往来 왕래　右往左往 우왕좌왕

음: おう

0606

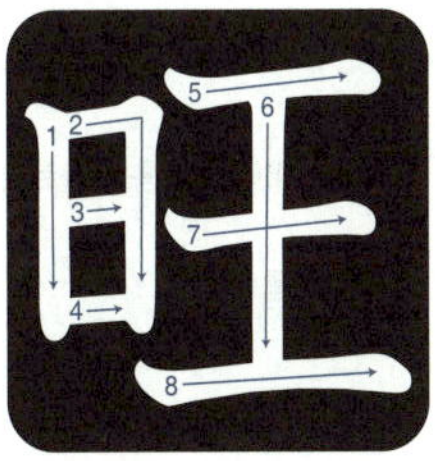

旺 왕성할 왕

음독: 旺盛 왕성

음: おう

0607

小1 비 우

음독
- <ruby>雨<rt>う</rt></ruby><ruby>季<rt>き</rt></ruby> 우기
- <ruby>雨<rt>う</rt></ruby><ruby>天<rt>てん</rt></ruby> 우천
- <ruby>雨<rt>う</rt></ruby><ruby>量<rt>りょう</rt></ruby> 우량
- <ruby>降<rt>こう</rt></ruby><ruby>雨<rt>う</rt></ruby> 강우

훈독
- <ruby>雨<rt>あめ</rt></ruby> 비
- <ruby>雨<rt>あま</rt></ruby><ruby>具<rt>ぐ</rt></ruby> 우비
- <ruby>雨<rt>あま</rt></ruby><ruby>雲<rt>ぐも</rt></ruby> 비구름
- <ruby>雨<rt>あま</rt></ruby><ruby>宿<rt>やど</rt></ruby>り 비 피하기
- <ruby>雨<rt>あま</rt></ruby><ruby>戸<rt>ど</rt></ruby> 덧문
- <ruby>大<rt>おお</rt></ruby><ruby>雨<rt>あめ</rt></ruby> 큰비

특
- <ruby>五月雨<rt>さみだれ</rt></ruby> 음력 5월경의 장맛비
- <ruby>小雨<rt>こさめ</rt></ruby> 가랑비
- <ruby>霧雨<rt>きりさめ</rt></ruby> 이슬비
- <ruby>春雨<rt>はるさめ</rt></ruby> 봄비
- <ruby>氷雨<rt>ひさめ</rt></ruby> 우박, 싸락눈

음 う | 훈 雨・雨

0608

小3 맡길 위

음독
- <ruby>委<rt>い</rt></ruby><ruby>員<rt>いん</rt></ruby> 위원
- <ruby>委<rt>い</rt></ruby><ruby>細<rt>さい</rt></ruby> 상세
- <ruby>委<rt>い</rt></ruby><ruby>嘱<rt>しょく</rt></ruby> 위촉
- <ruby>委<rt>い</rt></ruby><ruby>任<rt>にん</rt></ruby> 위임

음 い

0609

小3 기름 유

음독
- <ruby>油<rt>ゆ</rt></ruby><ruby>脂<rt>し</rt></ruby> 유지
- <ruby>油<rt>ゆ</rt></ruby><ruby>断<rt>だん</rt></ruby> 방심, 부주의
- <ruby>油<rt>ゆ</rt></ruby><ruby>田<rt>でん</rt></ruby> 유전
- <ruby>給<rt>きゅう</rt></ruby><ruby>油<rt>ゆ</rt></ruby> 급유
- <ruby>原<rt>げん</rt></ruby><ruby>油<rt>ゆ</rt></ruby> 원유
- <ruby>石<rt>せき</rt></ruby><ruby>油<rt>ゆ</rt></ruby> 석유
- <ruby>灯<rt>とう</rt></ruby><ruby>油<rt>ゆ</rt></ruby> 등유

훈독
- <ruby>油<rt>あぶら</rt></ruby> 기름
- <ruby>油<rt>あぶら</rt></ruby><ruby>絵<rt>え</rt></ruby> 유화
- <ruby>油<rt>あぶら</rt></ruby><ruby>紙<rt>がみ</rt></ruby> 기름종이
- <ruby>胡<rt>ご</rt></ruby><ruby>麻<rt>ま</rt></ruby><ruby>油<rt>あぶら</rt></ruby> 참기름

*あぶら

- <ruby>油<rt>あぶら</rt></ruby> 상온에서 액체 상태(주로 식물성, 광물성) → <ruby>髪<rt>かみ</rt></ruby>に<ruby>油<rt>あぶら</rt></ruby>をつける 머리에 기름을 바르다
- <ruby>脂<rt>あぶら</rt></ruby> 상온에서 고체 상태(주로 동물성) → <ruby>顔<rt>かお</rt></ruby>に<ruby>脂<rt>あぶら</rt></ruby>が<ruby>浮<rt>う</rt></ruby>く 얼굴에 개기름이 돌다

음 ゆ | 훈 <ruby>油<rt>あぶら</rt></ruby>

0610

小6 젖 유

음독
- にゅうえき 乳液 유액
- にゅうさん 乳酸 유산, 젖산
- にゅうぎゅう 乳牛 젖소
- にゅうし 乳歯 유치, 젖니
- にゅうしぼう 乳脂肪 유지방
- にゅうじ 乳児 유아(젖먹이)
- にゅうせいひん 乳製品 유제품
- にゅうはくしょく 乳白色 유백색
- ぎゅうにゅう 牛乳 우유
- とうにゅう 豆乳 두유

훈독
- ちち 乳 젖
- ち 乳 젖
- ちぶさ 乳房 유방

특
- うば 乳母 유모

음 にゅう　　훈 乳・乳

0611

小3 기를 육

음독
- いくじ 育児 육아
- いくせい 育成 육성
- きょういく 教育 교육
- しいく 飼育 사육
- たいいく 体育 체육
- はついく 発育 발육

훈독
- そだつ 育つ 자라다
- そだてる 育てる 키우다
- はぐくむ 育む 품어 기르다
- こそだて 子育て 육아

음 いく　　훈 育つ・育てる・育む

0612

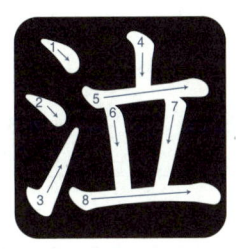

小4 울 읍

음독
- かんきゅう 感泣 감읍, 감격하여 욺
- ごうきゅう 号泣 호읍, 소리 높이 욺

훈독
- なく 泣く 울다
- なきごえ 泣き声 울음소리
- なきわらい 泣き笑い 울고 웃음
- もらいなき もらい泣き 따라 울다

*なく

泣く 사람이 눈물을 흘리며 울다 → 悲しくて泣く 슬퍼서 울다

鳴く 동물이 소리를 내며 울다 → 鳥が鳴いている 새가 울고 있다

泣く

鳴く

음 きゅう　　훈 泣く

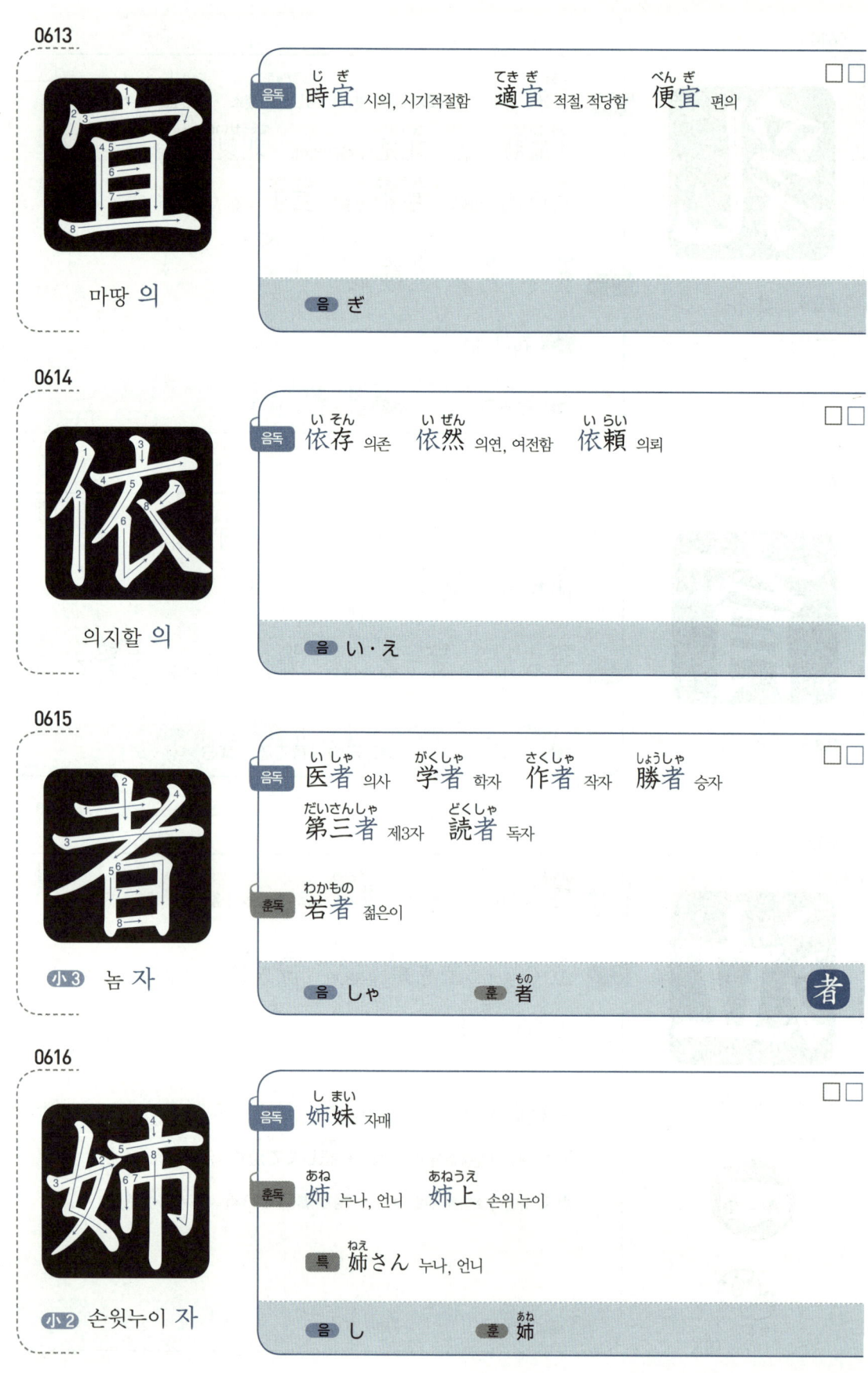

0617

찌를 자

刺す

差す

指す　挿す

음독 刺客 자객　刺激 자극　刺繡 자수　風刺 풍자
名刺 명함

훈독 刺す 찌르다　刺さる 찔리다　刺身 생선회

*さす

刺す 뾰족한 것으로 찌르다 → 注射の針を刺す 주사 바늘을 찌르다
差す 다른 것에 채워 넣듯이 넣다 → 刀を差す 칼을 넣다
指す 방향을 가리키다 → 時計の針が六時を指す 시곗바늘이 6시를 가리키다
挿す 가늘고 긴 것을 끼우다 → 花瓶に花を挿す 꽃병에 꽃을 꽂다

음 し　　**훈** 刺す・刺さる

0618

긴 장

長い

永い

음독 長期 장기　長所 장점　長短 장단　長文 장문
延長 연장　校長 교장　社長 사장　身長 신장
成長 성장　船長 선장

훈독 長い 길다　長生き 장수　長話 장황한 이야기
細長い 가늘고 길다

*ながい

長い 길이가 길다 → 長い髪 긴 머리
永い 끝없이 언제까지나 이어지다 → それが永い別れとなった 그것이 영원한 이별이 되었다

음 ちょう　　**훈** 長い

0619 抵 막을 저

음독
- ていこう 抵抗 저항
- ていしょく 抵触 저촉
- ていとう 抵当 저당(물)
- たいてい 大抵 대강, 대부분

음 てい

0620 底 밑 저 (小4)

음독
- ていへん 底辺 저변
- ていめん 底面 저면
- かいてい 海底 해저
- ちてい 地底 땅속, 땅의 밑바닥
- てってい 徹底 철저

훈독
- そこ 底 바닥
- そこい 底意 저의
- おくそこ 奥底 ① 깊은 곳 ② 속마음, 본심
- かわぞこ 川底 강바닥
- そこぢから 底力 저력
- そこびえ 底冷え 뼛속까지 스며드는 추위

음 てい 훈 底(そこ)

0621 狙 원숭이/엿볼 저

음독
- そげき 狙撃 저격

훈독
- ねらう 狙う 겨누다

음 そ 훈 狙う(ねらう)

0622 邸 집 저

음독
- ていたく 邸宅 저택
- かんてい 官邸 관저
- ごうてい 豪邸 호화 저택

음 てい

0623

小4 과녁 적

음독 的中 적중　的確 적확, 정확　劇的 극적　目的 목적
科学的 과학적　具体的 구체적　私的 사적

훈독 的 목표, 과녁　的外れ 요점에서 벗어남

음 てき　　훈 的

0624

小4 법 전

음독 典型 전형　古典 고전　祭典 제전　式典 식전
辞典 사전　特典 특전　香典 부의(금)

음 てん

0625

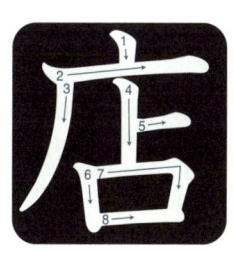

小2 가게 점

음독 店員 점원　商店 상점　売店 매점　本店 본점

훈독 店 가게, 상점　店番 가게를 봄

음 てん　　훈 店

0626

小3 정할 정

음독 定員 정원　定休 정기 휴일　安定 안정　決定 결정
定規 정규　定石 정석　案の定 예상대로　予定 예정
未定 미정

훈독 定める 정하다　定まる 정해지다　定か 확실함

음 てい・じょう　　훈 定める・定まる・定か

0627 칠 정

음독 せいとう 征討 정토, 정벌 せいばつ 征伐 정벌 せいふく 征服 정복 えんせい 遠征 원정
しゅっせい 出征 출정

음 せい

0628 가지런할 제

음독 せいしょう 斉唱 제창 いっせい 一斉に 일제히

음 せい

0629 (小5) 절제할 제

음독 せいげん 制限 제한 せいど 制度 제도 せいふく 制服 제복 きせい 規制 규제
きょうせい 強制 강제 せっせい 節制 절제 たいせい 体制 체제

음 せい

0630 막힐 조

음독 そがい 阻害 저해 そし 阻止 저지

훈독 はば 阻む 막다, 저지하다

음 そ   **훈** 阻む

0631

小4 마칠 졸

| 음독 | そつぎょう 卒業 졸업 | そっとう 卒倒 졸도 | のうそっちゅう 脳卒中 뇌졸중 | へいそつ 兵卒 병졸 |

음 そつ

0632

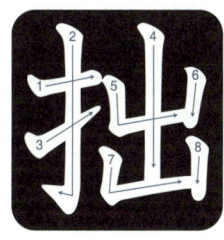

졸할 졸

| 음독 | せつぶん 拙文 졸문 | せつれつ 拙劣 졸렬 | せっさく 拙策 졸책 | せっさく 拙作 졸작 |
| | せっしゃ 拙者 졸자 | せっそく 拙速 졸속 | ちせつ 稚拙 치졸 | |

음 せつ

0633

宗

小6 마루 종

| 음독 | しゅうきょう 宗教 종교 | かいしゅう 改宗 개종 | そうけ 宗家 종가 |

음 しゅう・そう

0634

周

小4 두루 주

| 음독 | しゅうい 周囲 주위 | しゅうき 周期 주기 | しゅうち 周知 주지 | いっしゅう 一周 일주 | えんしゅう 円周 원주 |

| 훈독 | まわ 周り 주위, 둘레 |

*まわり

まわ
周り 물건을 둘러싸고 있는 곳 → 家の周りに塀をめぐらす 집 주위에 담을 두르다

まわ
回り 둥근 모양으로 움직이는 것 → 一回りする 한 바퀴 돌다

음 しゅう　　훈 周り

0639

祉 복지

| 음독 | ふく し
福祉 복지 |

음 し

0640

知 〈小2〉 알 지

| 음독 | ち しき
知識 지식　ち じ
知事 지사　ち じん
知人 지인, 친지　ち せい
知性 지성
ち のう
知能 지능　つう ち
通知 통지　み ち
未知 미지 |
| 훈독 | し
知る 알다　もの し
物知り 박식함 |

음 ち　　훈 し
知る

0641

肢 팔다리 지

| 음독 | し たい
肢体 지체　し し
四肢 사지　せんたく し
選択肢 선택지 |

음 し

0642

直 〈小2〉 곧을 직

| 음독 | ちょくせつ
直接 직접　ちょくせん
直線 직선　しょうじき
正直 정직 |
| 훈독 | ただ
直ちに 곧, 즉시　なお
直す 고치다　なお
直る 고쳐지다
て なお
手直し 약간 수정함　み なお
見直す 다시 보다, 달리 보다 |

* なおす

なお
直す 잘못된 것을 바르게 하다 → こしょう なお
故障を直す 고장을 고치다

なお
治す 병이나 상처를 치유하다 → かぜ なお
風邪を治す 감기를 치료하다

음 ちょく・じき　　훈 ただ
直ちに・なお
直す・なお
直る

0643

갈마들 질

음독 更迭 こうてつ 경질, 교체

음 てつ

0644

절 찰

음독 刹那 せつな 찰나 　 古刹 こさつ 고찰(오래된 절)

음 せつ・さつ

0645

小4 참여할 참・석 삼

음독 参加 さんか 참가 　 参観 さんかん 참관 　 参議院 さんぎいん 참의원 　 参考 さんこう 참고
参照 さんしょう 참조 　 参道 さんどう 참배길 　 参与 さんよ 참여 　 参列 さんれつ 참가, 참례

훈독 参る まいる '가다'의 겸사말

음 さん 　 **훈** 参る

0646

풍채 채

음독 采 さい 주사위 　 采配 さいはい 지휘 　 風采 ふうさい 풍채

음 さい

0647

小5 아내 처

음독
- さいし 妻子 처자
- あいさい 愛妻 애처
- ごさい 後妻 후처
- せんさい 先妻 전처
- ふさい 夫妻 부부

훈독
- つま 妻 처
- にいづま 新妻 새댁, 새색시

음 さい　훈 つま 妻

0648

넓힐 척 · 박을 탁

음독
- たくしょく 拓殖 척식(개척하여 정착함)
- たくほん 拓本 탁본
- かいたく 開拓 개척
- かんたく 干拓 간척
- ぎょたく 魚拓 어탁

음 たく

0649

小1 푸를 청

음독
- せいか 青果 청과
- せいしゅん 青春 청춘
- せいねん 青年 청년
- ぐんじょう 群青 군청색
- こんじょう 紺青 감청색
- ろくしょう 緑青 녹청색

훈독
- あお 青 파랑
- あおい 青い 파랗다
- あおじゃしん 青写真 청사진
- あおば 青葉 신록
- あおぞら 青空 푸른 하늘
- あおざめる 青ざめる 창백해지다
- あおもの 青物 ① 채소 ② 등이 푸른 생선

음 せい・しょう　훈 青・青い　青

0650

小5 부를 초

음독
- しょうしゅう 招集 소집
- しょうせい 招請 초청
- しょうたい 招待 초대

훈독
- まねく 招く 부르다, 초대하다
- てまねき 手招き 손짓으로 부름

음 しょう　훈 招く

0651 뽑을 추

음독
- ちゅうしょう 抽象 추상
- ちゅうしゅつ 抽出 추출
- ちゅうせん 抽選 추첨, 제비뽑기

음 ちゅう

0652 지도리 추

음독
- すうじく 枢軸 추축, 중심
- すうよう 枢要 가장 중요함
- ちゅうすう 中枢 중추

음 すう

樞

0653 小6 충성 충

음독
- ちゅうぎ 忠義 충의
- ちゅうけん 忠犬 충견
- ちゅうこく 忠告 충고
- ちゅうじつ 忠実 충실
- ちゅうせい 忠誠 충성
- ふちゅう 不忠 불충

음 ちゅう

0654 小3 가질 취

음독
- しゅざい 取材 취재
- しゅとく 取得 취득
- せんしゅてん 先取点 선취점

훈독
- と 取る ① 손에 들다, 쥐다 ② 취하다
- みとりず 見取り図 겨냥도
- まどり 間取り 방의 배치

*とる

- 取る 손에 들거나 넣다 → 机の上の本を取る 책상 위의 책을 들다
- 捕る 붙잡다 → 魚を捕る 물고기를 잡다
- 採る 선택하다 → 社員を採る 사원을 채용하다
- 執る 일을 하다 → 事務を執る 사무를 보다

음 しゅ　　**훈** 取る

0655

불 땔 **취**

음독 炊事 취사　自炊 자취　雑炊 죽　電気炊飯器 전기밥솥

훈독 炊く 밥을 짓다

음 すい　　**훈** 炊く

0656

小4 다스릴 **치**

음독 治癒 치유　治療 치료　治安 치안　政治 정치　退治 퇴치

훈독 治める 진정시키다　治まる 진정되다　治る 치료되다　治す 치료하다

음 じ・ち　　**훈** 治める・治まる・治る・治す

0657

베개 **침**

음독 枕席 침석(잠자리)

훈독 枕 베개　枕木 침목　枕元 베개 맡

음 ちん　　**훈** 枕

0658 높을 탁

음독
- たくえつ 卓越 탁월
- たくじょう 卓上 탁상
- たくろん 卓論 탁론
- たっきゅう 卓球 탁구
- えんたく 円卓 원탁
- きょうたく 教卓 교탁
- しょくたく 食卓 식탁

音 たく

0659 강샘할 투

음독
- しっと 嫉妬 질투
- とし 妬視 투시

훈독
- ねた 妬む 시샘하다

音 と **訓** ねた 妬む

0660 小3 물결 파

음독
- はちょう 波長 파장
- はらんばんじょう 波乱万丈 파란만장
- はもん 波紋 파문
- かんぱ 寒波 한파
- でんぱ 電波 전파
- のうは 脳波 뇌파

훈독
- なみ 波 파도
- なみま 波間 물결 이랑
- つなみ 津波 해일
- たかなみ 高波 높은 파도

특 はとば 波止場 부두, 항구

音 は **訓** なみ 波

0661 小3 널 판

음독
- ばんしょ 板書 판서
- こくばん 黒板 칠판
- てっぱん 鉄板 철판
- とうばん 登板 등판

훈독
- いた 板 판자, 널빤지
- いたまえ 板前 (일본 요리) 요리사

音 はん・ばん **訓** いた 板

0662

小5 판목 판

음독
- はんが 版画 판화
- はんけん 版権 판권
- かっぱん 活版 활판
- しんぱん 新版 신판
- しょはん 初版 초판
- しゅっぱん 出版 출판
- きゅうはん 旧版 구판
- ずはん 図版 도판

음 はん

0663

들 평

훈독
- つぼ 坪 평
- つぼすう 坪数 평수

훈 つぼ 坪

0664

거품 포

음독
- ほうまつ 泡沫 물거품
- きほう 気泡 기포
- すいほう 水泡 수포
- はっぽう 発泡 발포

훈독
- あわ 泡 거품

음 ほう　　**훈** あわ 泡

0665

두려워할 포

음독
- きょうふ 恐怖 공포

훈독
- こわい 怖い 무섭다

음 ふ　　**훈** こわ 怖い

0666

안을 포

음독	抱負 포부　抱腹絶倒 포복절도　抱擁 포옹
훈독	抱く 안다　抱く (마음에) 품다　抱える 안다, 감싸다

| 音 ほう | 訓 抱く・抱く・抱える |

0667

小3　겉 표

음독	表現 표현　表札 표찰, 문패　表紙 표지　表情 표정 表面 표면　代表 대표　発表 발표　年表 연(대)표
훈독	表 (물건의) 앞면, 겉　表す ① (감정 등을) 나타내다 ② 표시하다 表れる (감정·생각 등이) 저절로 나타나다　裏表 안팎, 안과 겉

*あらわす

表す 안에 있는 것을 알 수 있도록 나타내다 → 喜びを顔に表す 기쁨을 얼굴에 나타내다
現す 감춰져 있던 것을 그대로 보이도록 하다 → 姿を現す 모습을 드러내다
著す 책을 써서 펴내다 → 学術書を著した 학술서를 저술했다

 表す
 現す
 著す

| 音 ひょう | 訓 表・表す・表れる |

0668

저 피

음독	彼岸 피안
훈독	彼 그 (남자), 남자친구　彼ら 그들　彼女 그녀, 여자친구

| 音 ひ | 訓 彼・彼 |

0669 헤칠 피

음독
- 披瀝 (ひれき) 피력
- 披露 (ひろう) 피로, 공개
- 直披 (じきひ) 편지 등을 직접 개봉하여 보라는 뜻

음 ひ

0670 小5 물 하

음독
- 河口 (かこう) 하구
- 河川 (かせん) 하천
- 河岸 (かし) 하안, 강기슭
- 運河 (うんか) 운하
- 銀河 (ぎんが) 은하
- 山河 (さんか) 산하
- 大河 (たいか) 대하
- 氷河 (ひょうか) 빙하

훈독
- 河 (かわ) 강

특
- 河原 (かわら) 강가 모래밭

✔ 「河かわ」는 「川かわ」보다 큰 강을 의미한다.

음 か　　**훈** 河 (かわ)

0671 小1 배울 학

음독
- 学界 (がっかい) 학계
- 学校 (がっこう) 학교
- 学習 (がくしゅう) 학습
- 学生 (がくせい) 학생
- 学年 (がくねん) 학년
- 科学 (かがく) 과학
- 進学 (しんがく) 진학
- 新学期 (しんがっき) 신학기
- 大学 (だいがく) 대학

훈독
- 学ぶ (まなぶ) 배우다

음 がく　　**훈** 学ぶ (まなぶ)　　學

0672 꾸짖을 핵

음독
- 弾劾 (だんがい) 탄핵

음 がい

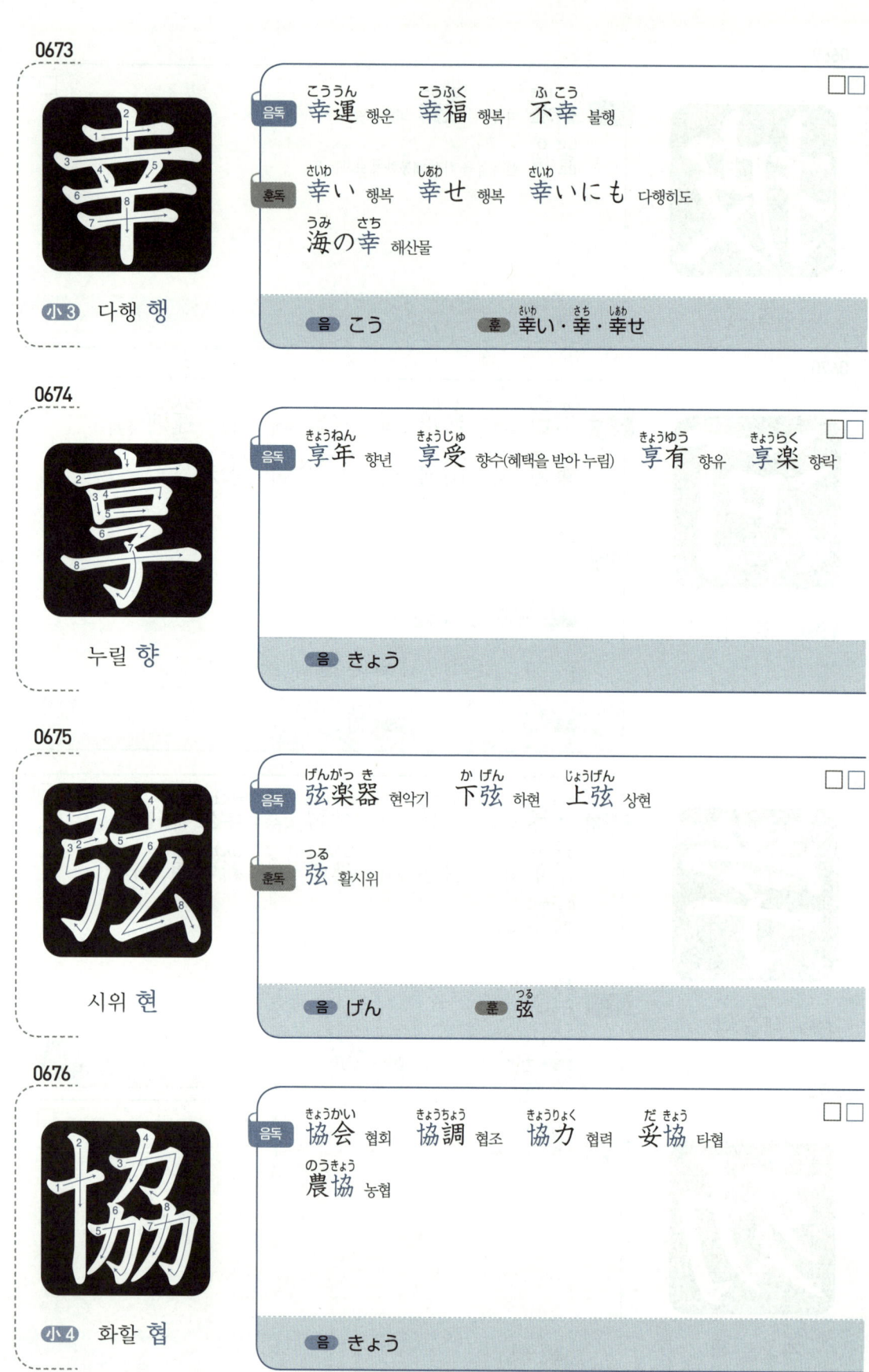

0677

범 호

음독
こ こう
虎口 호구　猛虎 맹호　竜虎 용호

훈독
とら
虎 호랑이　虎の子 늘 소중히 간직하고 있는 것

音 こ　　**訓** 虎

0678

小6 부를 호

음독
こ おう　こ きゅう　かん こ　てん こ
呼応 호응　呼吸 호흡　歓呼 환호　点呼 점호

훈독
よ
呼ぶ 부르다

音 こ　　**訓** 呼ぶ

0679

小2 그림 화 · 그을 획

음독
が か　かっ き てき　が めん　が ようし
画家 화가　画期的 획기적　画面 화면　画用紙 도화지
えい が　かい が　かくすう　ず が
映画 영화　絵画 회화　画数 획수　図画 도화, 그림
き かく　けいかく
企画 기획　計画 계획

音 が・かく　　

0680

小3 화할 화

음독
わ おん　わ かい　わ し　わ へい
和音 화음　和解 화해　和紙 일본 전통 종이　和平 화평
おん わ　こう わ　ちょう わ　へい わ
穏和 온화　講和 강화　調和 조화　平和 평화

훈독
やわ　　　　　　　やわ　　　　　　　なご
和らぐ 완화되다　和らげる 완화하다　和む 온화해지다
なご
和やか 온화함

특
ひ より　　　　　やまと
日和 날씨　大和 일본의 다른 이름

音 わ・お　　**訓** 和らぐ・和らげる・和む・和やか

0681
拡 — 小6 넓힐 확

음독
- かくさん 拡散 확산
- かくせいき 拡声器 확성기
- かくだい 拡大 확대
- かくちょう 拡張 확장

음 かく 擴

0682
況 — 상황 황

음독
- かっきょう 活況 활황, 활기를 띤 상황
- ぎょきょう 漁況 어황
- こうきょう 好況 호황
- きんきょう 近況 근황
- じっきょう 実況 실황
- じょうきょう 情況 정황
- じょうきょう 状況 상황
- せいきょう 盛況 성황
- せんきょう 戦況 전황
- ふきょう 不況 불황
- しきょう 市況 시황

음 きょう

0683
効 — 小5 본받을 효

음독
- こうか 効果 효과
- こうりょく 効力 효력
- こうりつ 効率 효율
- こうよう 効用 효용
- じこう 時効 시효
- じっこう 実効 실효
- むこう 無効 무효
- ゆうこう 有効 유효

훈독
- き 効く 효력이 있다

음 こう **훈** 効く 效

0684
枠 — (일본한자) 테, 테두리

훈독
- わく 枠 틀, 테두리

훈 わく 枠

0685

시렁 가

架ける

掛ける

懸ける

음독 架橋 가교　架空 가공　架設 가설　架線 가선
高架 고가　書架 서가　担架 들것

훈독 架かる 가설되다　架ける 가설하다

*かける

架ける 두 개의 물건 사이에 걸치다 → 川に橋を架ける 강에 다리를 놓다
掛ける 물건 위에 올려놓다 / 씌우다 / 늘어뜨리다 → 帽子を壁に掛ける 모자를 벽에 걸다
懸ける 목표나 희망 등을 걸다 → 命を懸けて戦う 목숨을 걸고 싸우다

음 か　　**훈** 架ける・架かる

0686

小6 볼 간

음독 看過 간과　看護 간호　看守 간수　看破 간파
看板 간판　看病 간병

특 看取り 병구완　看取る 병구완하다

음 かん

0687

다 개

음독 皆既食 개기식　皆勤 개근　皆無 전혀 없음

훈독 皆 모두　皆 모두　皆々 모두, 전부　皆殺し 몰살

음 かい　　**훈** 皆・皆

0688 客 손 객 (小3)

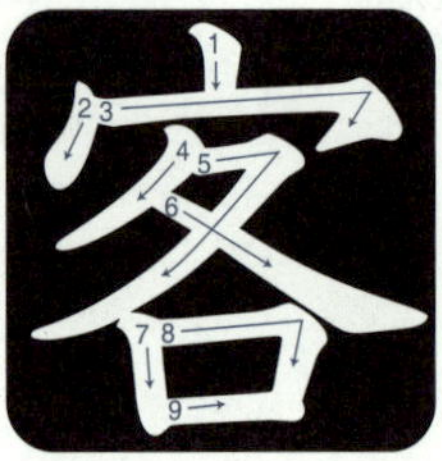

음독
- きゃくいん 客員 객원
- きゃくま 客間 객실, 응접실
- きゃくしゃ 客車 객차
- きゃっかんてき 客観的 객관적
- かんきゃく 観客 관객
- しきゃく 刺客 자객
- ろんきゃく 論客 논객
- かくねん 客年 작년

음 きゃく・かく

0689 建 세울 건 (小4)

음독
- けんこく 建国 건국
- けんざい 建材 건재, 건축 용재
- けんせつ 建設 건설
- けんちく 建築 건축
- さいけん 再建 재건
- ほうけん 封建 봉건
- こんりゅう 建立 건립

훈독
- た 建つ 건립되다
- た 建てる 건립하다
- たてもの 建物 건물
- いっこだ 一戸建て 단독 주택
- にかいだて 二階建て 2층 건물
- たてつぼ 建坪 건평

음 けん・こん **훈** 建てる・建つ

0690 係 맬 계 (小3)

음독
- けいりゅう 係留 계류
- けいすう 係数 계수
- かんけい 関係 관계
- れんけい 連係 연계

훈독
- かか 係る 관계되다
- かかりいん 係員 담당자

음 けい **훈** 係る

0691 契 맺을 계

음독
- けいき 契機 계기
- けいやく 契約 계약

훈독
- ちぎ 契る 굳게 약속하다

음 けい **훈** 契る

0692

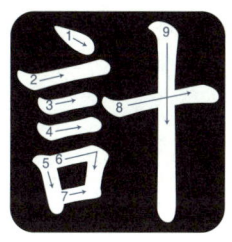

小2 셀 계

음독
けいかく 計画 계획　けいき 計器 계(량)기　けいさん 計算 계산　けいりゃく 計略 계략
ごうけい 合計 합계　せっけい 設計 설계　とけい 時計 시계　よけい 余計 쓸데없음

훈독
はか 計る (무게를) 달다, (길이를) 재다　はか 計らう 처리하다
はか 計らずも 뜻밖에도　み はか 見計らう 적당한 때를 가늠하다

음 けい　훈 計る・計らう

0693

小3 지경 계

음독
せかい 世界 세계　きょうかい 境界 경계　げんかい 限界 한계　ぎょうかい 業界 업계
がっかい 学界 학계　ざいかい 財界 재계, 경제계　せかいし 世界史 세계사　しぜんかい 自然界 자연계

특 さかい 界 경계

음 かい

0694

마를 고

음독
こかつ 枯渇 고갈　こし 枯死 고사(초목이 말라서 죽음)　えいこ 榮枯 영고

훈독
か 枯れる 시들다　か 枯らす 시들게 하다　か は 枯れ葉 마른 잎

음 こ　훈 枯れる・枯らす

0695

小5 연고 고

음독
こい 故意 고의, 일부러　こきゅう 故旧 옛 친구　ここく 故国 고국　こきょう 故郷 고향
こしょう 故障 고장　こじん 故人 고인　じこ 事故 사고

훈독
ゆえ 故に 그러므로, 따라서　ゆえ 故なく 이유 없이

특 なぜ 何故 어째서

✓ 「故郷」는 「こきょう」로도 「ふるさと」로도 읽는다.

음 こ　훈 故

0696 孤 외로울 고

음독
- 孤児(こじ) 고아
- 孤軍奮闘(こぐんふんとう) 고군분투
- 孤島(ことう) 고도, 외딴 섬
- 孤独(こどく) 고독
- 孤立(こりつ) 고립

특 孤児(みなしご) 고아

음 こ

0697 拷 칠 고

음독
- 拷問(ごうもん) 고문

음 ごう

0698 科 (小2) 과목 과

음독
- 科学(かがく) 과학
- 科目(かもく) 과목
- 学科(がっか) 학과
- 教科(きょうか) 교과
- 歯科(しか) 치과
- 内科(ないか) 내과
- 百科事典(ひゃっかじてん) 백과사전
- 理科(りか) 이과

음 か

0699 冠 갓 관

음독
- 冠婚葬祭(かんこんそうさい) 관혼상제
- 冠水(かんすい) (홍수로) 물에 잠김
- 王冠(おうかん) 왕관
- 弱冠(じゃっかん) 약관
- 冠(かん)する 위에 붙이다

훈독
- 冠(かんむり) 관

특 冠木(かぶき) 대문의 상부를 가로지른 재목

음 かん **훈** 冠(かんむり)

0700

묶을 괄

음독 括弧 괄호 | 括約筋 괄약근 | 概括 개괄 | 一括 일괄
総括 총괄 | 包括 포괄

훈독 括る 묶다

특 括れる 잘록해지다

음 かつ　　**훈** 括る

0701

들 교

음독 郊外 교외 | 近郊 근교

음 こう

0702

小4 군사 군

음독 軍人 군인 | 軍隊 군대 | 軍備 군비 | 軍服 군복
空軍 공군 | 従軍 종군 | 将軍 장군

특 軍 전쟁 | 軍鶏 댓닭, 투계용 닭

음 ぐん

0703

小6 책 권

음독 巻頭 권두, 책머리 | 巻末 권말 | 巻数 권수 | 圧巻 압권

훈독 巻く 말다, 감다 | 巻紙 두루마리 | 巻物 둘둘 말 것 | 巻き尺 줄자

음 かん　　**훈** 巻く

0704

바퀴자국 궤

음독 軌道 궤도

음 き

0705

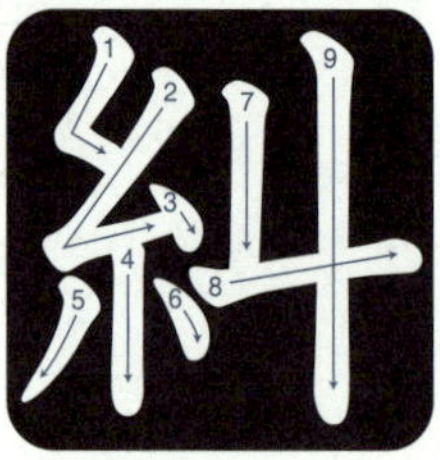

糾

얽힐 규

음독 糾合 규합　糾弾 규탄　糾明 규명

특 糾う (새끼를) 꼬다

음 きゅう

0706

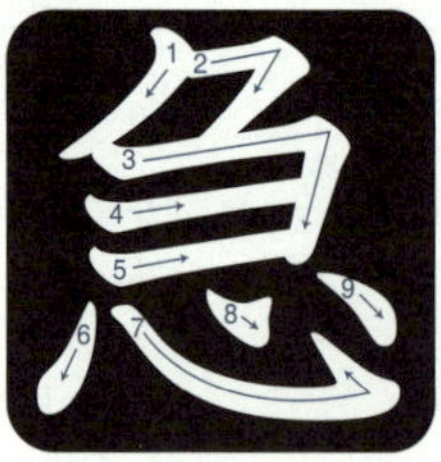

急

 급할 급

음독 急行 급행　急死 급사　急所 급소　急速 급속
急流 급류　応急 응급　緩急 완급　救急車 구급차

훈독 急ぐ 서두르다　急がせる 재촉하다

특 急かす 재촉하다　急く 서두르다

음 きゅう　**훈** 急ぐ

0707

級

 등급 급

음독 級友 급우　階級 계급　学級 학급　高級 고급
初級 초급　上級 상급　進級 진급　等級 등급

음 きゅう

0708

紀
小5 벼리 기

- **음독**: 紀行(きこう) 기행(문) / 紀元(きげん) 기원 / 世紀(せいき) 세기 / 風紀(ふうき) 풍기
- **음**: き

0709

南
小2 남녘 남

- **음독**: 南下(なんか) 남하 / 南極(なんきょく) 남극 / 南北(なんぼく) 남북 / 南部(なんぶ) 남부 / 南京豆(なんきんまめ) 땅콩 / 南京虫(なんきんむし) 빈대 / 南蛮(なんばん) 남방의 야만인
- **훈독**: 南(みなみ) 남쪽 / 南向(みなみむ)き 남향 / 南半球(みなみはんきゅう) 남반구 / 南風(みなみかぜ) 남풍
- **특**: 南瓜(かぼちゃ) 호박
- ✓ 「南風」는 「はえ」・「みなみかぜ」・「なんぷう」로 읽는다.
- **음**: なん・な   **훈**: 南(みなみ)

0710

耐
견딜 내

- **음독**: 耐火(たいか) 내화 / 耐久(たいきゅう) 내구 / 耐震(たいしん) 내진, 지진에 견딤 / 耐熱(たいねつ) 내열 / 耐乏(たいぼう) 내핍 / 忍耐(にんたい) 인내
- **훈독**: 耐(た)える 견디다, 참다
- **음**: たい   **훈**: 耐(た)える

0711

성낼 노

- **음독**: 怒気(どき) 노기 / 怒号(どごう) 노호(성내어 소리 지름) / 怒濤(どとう) 노도, 성난 파도 / 怒髪(どはつ) 노발 / 激怒(げきど) 격노 / 憤怒(ふんぬ) 분노
- **훈독**: 怒(いか)る 화내다 / 怒(おこ)る 화내다 / 怒(いか)らす 화나게 하다
- **음**: ど・ぬ   **훈**: 怒(いか)る・怒(おこ)る・怒(いか)らす

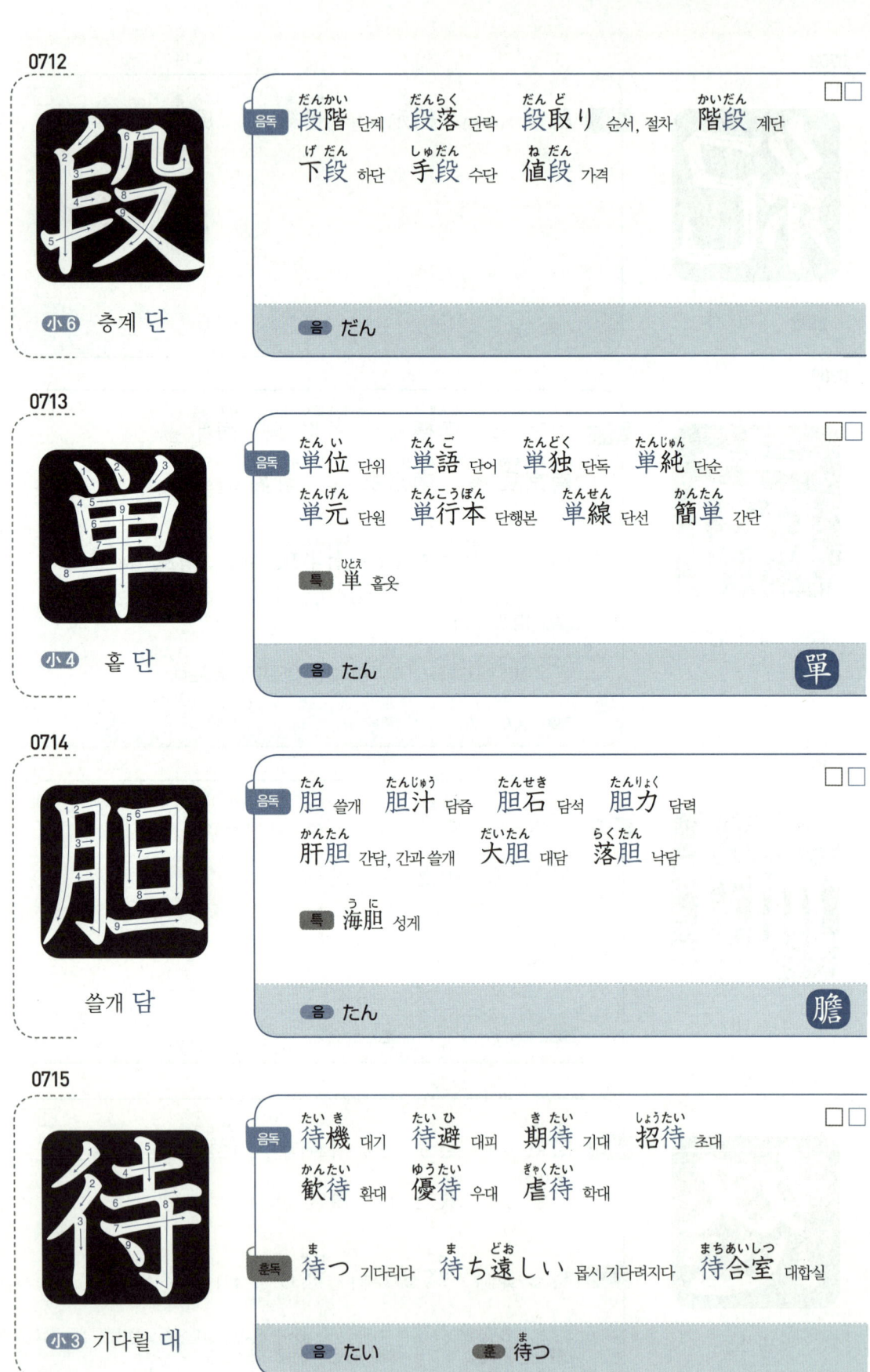

0716

도망할 도

- **음독**: とうそう 逃走 도주 / とうひ 逃避 도피 / とうぼう 逃亡 도망
- **훈독**: に 逃げる 도망치다, 달아나다 / に 逃がす 놓아주다 / のが 逃す 놓아주다 / のが 逃れる 달아나다

음 とう　**훈** 逃げる・逃がす・逃す・逃れる　逃

0717

돋울 도

- **음독**: ちょうせん 挑戦 도전 / ちょうはつ 挑発 도발
- **훈독**: いど 挑む 도전하다

음 ちょう　**훈** 挑む

0718

小3　법도 도

- **음독**: どあい 度合い 정도 / どきょう 度胸 담력, 배짱 / おんど 温度 온도 / どもり 度盛り 눈금 / げんど 限度 한도 / こんど 今度 이번, 다음번 / したく 支度 준비 / せいど 制度 제도 / しゃくど 尺度 척도 / ていど 程度 정도 / どぎも 度肝 간담, 마음 / はっと 法度 법도
- **훈독**: たび 度 ~할 때마다 / たびたび 度々 자주 / たびかさ 度重なる 거듭되다

음 ど・と・たく　**훈** 度

0719

홀로 독

- **음독**: どくがく 独学 독학 / どくさい 独裁 독재 / どくじ 独自 독자 / どくしょう 独唱 독창 / どくしん 独身 독신 / どくりつ 独立 독립 / こどく 孤独 고독 / たんどく 単独 단독
- **훈독**: ひと 独り 혼자 / ひとごと 独り言 혼잣말
- **특**: こま 独楽 팽이

음 どく　**훈** 独り　獨

0720

洞

골 동 · 밝을 통

- 음독: どうくつ 洞窟 동굴 / どうさつ 洞察 통찰
- 훈독: ほら 洞 동굴

음 どう   훈 洞

0721

郎

사내 랑

- 음독: しんろう 新郎 신랑

음 ろう

0722

侶

짝 려

- 음독: はんりょ 伴侶 반려

음 りょ

0723

柳

버들 류

- 음독: りゅうび 柳眉 아름다운 눈썹
- 훈독: やなぎ 柳 버드나무

음 りゅう   훈 柳

0724 律

小6 법칙 률

| 음독 | りっ 律する 어떤 기준에 따라 다루다 　 りちぎ 律儀 성실하고 의리가 있음 |

りつりょう 律令 율령　いちりつ 一律 일률　きりつ 規律 규율　ちょうりつ 調律 조율

ほうりつ 法律 법률　ふぶんりつ 不文律 불문율

음 りつ・りち

0725 厘

리 리

| 음독 | いちりん 一厘 1리 |

음 りん

0726 昧

새벽 매

| 음독 | あいまい 曖昧 애매 |

음 まい

0727 面

小3 낯 면

| 음독 | めんかい 面会 면회　めんせき 面積 면적　めんどう 面倒 귀찮음, 번거로움　めんぼく 面目 면목 |

ばめん 場面 장면　ひょうめん 表面 표면　がめん 画面 화면

| 훈독 | おも 面 얼굴　おもて 面 얼굴, 겉면　つら 面 낯, 낯짝　おもなが 面長 얼굴이 갸름함 |

| 특 | にきび 面皰 여드름 |

음 めん　**훈** おも 面・おもて 面・つら 面

0728 冒 무릅쓸 모

음독
- 冒険(ぼうけん) 모험
- 冒頭(ぼうとう) 모두, 첫머리

훈독
- 冒(おか)す 무릅쓰다

음 ぼう　훈 冒(おか)す

0729 某 아무 모

음독
- 某国(ぼうこく) 어떤 나라
- 某氏(ぼうし) 모씨, 어떤 분
- 某所(ぼうしょ) 모처
- 某々(ぼうぼう) 아무개

음 ぼう

0730 眉 눈썹 미

음독
- 眉目(びもく) 눈썹과 눈
- 眉間(みけん) 미간
- 愁眉(しゅうび) 근심스러워 얼굴을 찌푸림
- 柳眉(りゅうび) 아름다운 눈썹

훈독
- 眉(まゆ) 눈썹

음 び・み　훈 眉(まゆ)

0731 迷 小5 미혹할 미

음독
- 迷宮(めいきゅう) 미궁
- 迷彩(めいさい) 미채, 위장
- 迷信(めいしん) 미신
- 迷惑(めいわく) 폐, 성가심
- 迷路(めいろ) 미로
- 混迷(こんめい) 혼미
- 低迷(ていめい) 침체

훈독
- 迷(まよ)う 헤매다, 망설이다
- 迷(まよ)わす 현혹시키다
- 血迷(ちまよ)う 이성을 잃다
- 特 迷子(まいご) 미아

음 めい　훈 迷(まよ)う　迷

0732

小3 아름다울 미

음독	び か 美化 미화	び じゅつ 美術 미술	び じん 美人 미인	び せい 美声 미성
	び だん 美談 미담	さん び 賛美 찬미	ほう び 褒美 포상	ゆう び 優美 우아하고 아름다움

훈독 うつく 美しい 아름답다

특 お い 美味しい 맛있다

음 び　　훈 うつく 美しい

0733

우쩍 일어날 발

음독 ぼっぱつ 勃発 발발　ぼっき 勃起 발기

음 ぼつ

0734

小3 필 발

음독	はっさん 発散 발산	はっせい 発生 발생	はっぴょう 発表 발표	はつばい 発売 발매
	はつめい 発明 발명	ほっさ 発作 발작	ほっそく 発足 발족	さいはつ 再発 재발
	し はつ 始発 시발	しゅっぱつ 出発 출발		

음 はつ・ほつ　　發

0735

小6 등 배

음독 はいけい 背景 배경　はい ご 背後 배후　はいえい 背泳 배영　はいきん 背筋 배근

훈독
せ 背 등　そむ 背く 등을 돌리다　そむ 背ける (얼굴·눈길을) 돌리다
せ お 背負う 업다　せ なか 背中 등　せ すじ 背筋 등줄기　せ びろ 背広 신사복
せいかっこう 背格好 체격　せいくら 背比べ 키재기

음 はい　　훈 せ 背・せい 背・そむ 背く・そむ 背ける

0736

小4 변할 변

음독 へんか 変化 변화　へんしん 変身 변신　へんしょく 変色 변색　へん 変ずる 변하다
へんどう 変動 변동　いっぺん 一変 일변　いへん 異変 이변　たいへん 大変 대단함, 힘듦

훈독 か 変わる 변하다, 바뀌다　か 変える 변화시키다, 바꾸다　さまが 様変わり 변화

음 へん　훈 変わる・変える　變

0737

자루 병

음독 けんぺい 権柄 권세

훈독 がら 柄 몸집, 품위　え 柄 자루, 손잡이　いえがら 家柄 집안, 가문　みがら 身柄 신분
おおがら 大柄 큰 몸집/무늬　こがら 小柄 작은 몸집/무늬

특 ひしゃく 柄杓 국자

음 へい　훈 がら 柄・え 柄

0738

小5 지킬 보

음독 ほあん 保安 보안　ほいく 保育 보육　ほおん 保温 보온　ほけん 保険 보험
ほけん 保健 보건　ほご 保護 보호　ほ 保する 보증하다　ほぞん 保存 보존
ほりゅう 保留 보류　たんぽ 担保 담보

훈독 たも 保つ 유지하다

음 ほ　훈 保つ

0739

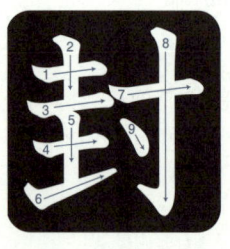

봉할 봉

음독 ふういん 封印 봉인　ふうさ 封鎖 봉쇄　ふうとう 封筒 봉투　ほうけん 封建 봉건
かいふう 開封 개봉　どうふう 同封 동봉　みっぷう 密封 밀봉　ふうき 封切り (영화의) 개봉
ほう 封ずる (영주로) 봉하다　ふう 封ずる 봉하다, 봉쇄하다

음 ふう・ほう

0740 갈 부

음독 赴任 ふにん 부임

훈독 赴く おもむく 향하여 가다

음 ふ　　훈 赴く

0741 부고 부

음독 訃告 ふこく 부고　訃音 ふいん 부음

음 ふ

0742 (小3) 질 부

음독 負荷 ふか 부하　負債 ふさい 부채　負傷 ふしょう 부상　負担 ふたん 부담
自負 じふ 자부　勝負 しょうぶ 승부　抱負 ほうふ 포부

훈독 負ける まける 지다　負かす まかす 이기다　負う おう 짊어지다
負け犬 まけいぬ 패배자　負けじ魂 まけじだましい 지지 않으려는 정신
負けず劣らず まけずおとらず 막상막하　負けず嫌い まけずぎらい 지기 싫어함

특 負ぶう おぶう (아이를) 업다

음 ふ　　훈 負ける・負かす・負う

0743

동이 분

| 음독 | 盆栽 분재　盆地 분지 |

| 음 | ぼん |

0744

小4　날 비

| 음독 | 飛行機 비행기　飛翔 비상　飛躍 비약　飛来 날아옴
突飛 엉뚱함　雄飛 웅비 |

| 훈독 | 飛ぶ 날다　飛ばす 날리다　飛び魚 날치 |

| 특 | 飛蝗 메뚜기 |

飛ぶ

跳ぶ

*とぶ

飛ぶ 공중을 날아서 가다 → 飛行機は東へ飛んで行った 비행기는 동쪽으로 날아갔다

跳ぶ 지면으로부터 튀어 오르다 → スカートに泥が跳んだ 스커트에 흙탕물이 튀었다

| 음 | ひ |　| 훈 | 飛ぶ・飛ばす |

0745

낮을 비

| 음독 | 卑怯 비겁　卑近 비근　卑屈 비굴　卑下 비하
卑小 비소　卑俗 비속　卑劣 비열　尊卑 존비 |

| 훈독 | 卑しい 미천하다　卑しむ 경멸하다　卑しめる 무시하다 |

| 음 | ひ |　| 훈 | 卑しい・卑しむ・卑しめる |

0746

小6 모래 **사**

음독
- 砂丘 (さきゅう) 사구, 모래 언덕
- 砂金 (さきん) 사금
- 砂鉄 (さてつ) 사철
- 砂糖 (さとう) 설탕
- 砂漠 (さばく) 사막
- 砂礫 (されき) 모래와 자갈
- 土砂 (どしゃ) 토사

훈독
- 砂 (すな) 모래
- 砂嵐 (すなあらし) 모래 폭풍
- 砂場 (すなば) 모래밭
- 砂浜 (すなはま) 모래 해변

특
- 砂 (いさご) 모래
- 砂利 (じゃり) 자갈
- 真砂 (まさご) 잔모래

음 さ・しゃ　　**훈** 砂 (すな)

0747

小2 생각 **사**

음독
- 思案 (しあん) 사안
- 思惟 (しい) 사유
- 思考 (しこう) 사고
- 思想 (しそう) 사상
- 思慮 (しりょ) 사려
- 意思 (いし) 의사
- 不思議 (ふしぎ) 신기함, 이상함

훈독
- 思う (おもう) 생각하다
- 思い当たる (おもいあたる) 짐작이 가다
- 思い出 (おもいで) 추억
- 思い切る (おもいきる) ① 단념하다 ② 결심하다
- 思う存分 (おもうぞんぶん) 마음껏, 실컷
- 思い遣る (おもいやる) 염려하다
- 思惑 (おもわく) ① 생각, 의도 ② 평판, 소문

음 し　　**훈** 思う (おもう)

0748

小5 조사할 **사**

음독
- 査察 (ささつ) 사찰
- 査証 (さしょう) 사증 ① 조사하여 증명함 ② 비자(visa)
- 査定 (さてい) 사정
- 検査 (けんさ) 검사
- 捜査 (そうさ) 수사
- 調査 (ちょうさ) 조사
- 踏査 (とうさ) 답사

음 さ

0749

짐부릴/풀 **사**

훈독
- 卸す (おろす) 도매하다
- 卸問屋 (おろしどんや) 도매상
- 卸値 (おろしね) 도매 가격

훈 卸す (おろす)

0750 削 깎을 삭

음독
- さくげん 削減 삭감
- さくじょ 削除 삭제
- くっさく 掘削 굴착
- てんさく 添削 첨삭

훈독
- けず 削る ① 깎다 ② 삭감하다, 삭제하다

음 さく　**훈** 削る

0751 相 서로 상 (小3)

음독
- そうご 相互 상호
- そうぞく 相続 상속
- そうだん 相談 상담
- そうとう 相当 상당(히), 무척
- そうはん 相反 상반
- しんそう 真相 진상
- ひそう 皮相 피상, 겉
- しゅしょう 首相 수상

훈독
- あいて 相手 상대
- あいしょう 相性 성격이 서로 맞음
- あいつ 相次ぐ 잇달다
- あいこ 相子 무승부
- あいづち 相槌 맞장구
- あいたい 相対 상대, 마주 대함

특
- すもう 相撲 씨름
- ふさわ 相応しい 어울리다, 걸맞다

음 そう・しょう　**훈** 相

0752 牲 희생 생

음독
- ぎせい 犠牲 희생

음 せい

0753 叙 펼 서

음독
- じょじ 叙事 서사
- じょじゅつ 叙述 서술
- じょじょう 叙情 서정
- じょ 叙する 서술하다

음 じょ

0754

小6 베풀 선

음독 せんきょう 宣教 선교　せんげん 宣言 선언　せんせんふこく 宣戦布告 선전포고
せんでん 宣伝 선전　せんぷ 宣布 선포

특 のたま 宣う '말하다'의 높임말, 말씀하시다

음 せん

0755

小4 살필 성·덜 생

음독 せいさつ 省察 성찰　はんせい 反省 반성　しょうりゃく 省略 생략　がいむしょう 外務省 외무성

훈독 かえり 省みる 반성하다　はぶ 省く 줄이다, 덜다, 생략하다

음 せい・しょう　**훈** 省みる・省く

0756

小2 별 성

음독 せいうん 星雲 성운　せいざ 星座 성좌, 별자리　えいせい 衛星 위성　かせい 火星 화성
きんせい 金星 금성　ほっきょくせい 北極星 북극성　りゅうせい 流星 유성　みょうじょう 明星 명성, 금성

훈독 ほし 星 별　ほしぞら 星空 별밤　ほしくず 星屑 작은 별들　ながれぼし 流星 유성

✔ 「流星」는 「りゅうせい」로도 「ながれぼし」로도 읽는다.

음 せい・しょう　**훈** 星

0757

小4 재 성

음독 じょうかく 城郭 성곽　じょうしゅ 城主 성주　じょうせき 城跡 성터　じょうへき 城壁 성벽
じょうもん 城門 성문　ちくじょう 築城 축성　らくじょう 落城 낙성

훈독 しろ 城 성　ねじろ 根城 아성, 근거지　やまじろ 山城 산성　しろあと 城跡 성터

✔ 「城跡」는 「じょうせき」로도 「しろあと」로도 읽는다.

음 じょう　**훈** 城

0762 보낼 송

음독
- そうきん 送金 송금
- そうしん 送信 송신
- そうでん 送電 송전
- そうべつ 送別 송별
- はっそう 発送 발송
- ほうそう 放送 방송
- ゆそう 輸送 수송

훈독
- おくる 送る 보내다
- みおくり 見送り 전송, 배웅

음 そう / 훈 送る

0763 부술 쇄

음독
- さいしん 砕身 쇄신
- さいせき 砕石 쇄석
- さいひょう 砕氷 쇄빙
- さいへん 砕片 쇄편, 파편
- ふんさい 粉砕 분쇄

훈독
- くだく 砕く 부수다, 깨뜨리다
- くだける 砕ける 부서지다, 깨지다

음 さい / 훈 砕く・砕ける

0764 머리 수

음독
- しゅい 首位 수위
- しゅこう 首肯 수긍
- しゅしょう 首相 수상
- しゅせき 首席 수석
- しゅと 首都 수도
- じしゅ 自首 자수
- ぶしゅ 部首 (한자의) 부수

훈독
- くび 首 목, 고개
- くびまき 首巻き 목도리
- くびわ 首輪 목걸이
- あしくび 足首 발목

음 しゅ / 훈 首

0765 사냥할 수

음독
- しゅりょう 狩猟 수렵, 사냥

훈독
- かる 狩る 사냥하다
- かりゅうど 狩人 사냥꾼
- しおひがり 潮干狩り 조개 캐기

음 しゅ / 훈 狩る

0766

帥 장수 수

음독 元帥(げんすい) 원수　総帥(そうすい) 총수　統帥(とうすい) 통수

음 すい

0767

盾 방패 순

음독 矛盾(むじゅん) 모순

훈독 盾(たて) 방패

음 じゅん　훈 盾(たて)

0768

拾 (小3) 주울 습·열 십

음독 拾得(しゅうとく) 습득　収拾(しゅうしゅう) 수습

훈독 拾(ひろ)う 줍다　拾(ひろ)い物(もの) 습득물　拾(ひろ)い読(よ)み 골라 읽음
命拾(いのちびろ)い 다행히 목숨을 구함

음 しゅう・じゅう　훈 拾(ひろ)う

0769

乗 (小3) 탈 승

음독 乗員(じょういん) 승무원　乗客(じょうきゃく) 승객　乗車(じょうしゃ) 승차　乗馬(じょうば) 승마
乗用車(じょうようしゃ) 승용차　便乗(びんじょう) 편승

훈독 乗(の)る (탈것에) 타다　乗(の)せる 태우다　乗(の)り物(もの) 탈것, 교통기관

음 じょう　훈 乗(の)る・乗(の)せる　乘

0770 柿 감 시

훈독 かき 柿 감

음 し　**훈** かき 柿

0771 施 베풀 시

음독 しこう 施行 시행　しこう 施工 시공　しさく 施策 시책　しせつ 施設 시설
せひ 施肥 시비, 거름을 줌

훈독 ほどこす 施す 베풀다

음 し・せ　**훈** ほどこす 施す

0772 是 옳을 시

음독 ぜせい 是正 시정　ぜぜひひ 是々非々 시시비비　ぜにん 是認 시인, 인정
ぜひ 是非 ① 시비, 잘잘못 ② 꼭, 반드시

음 ぜ

0773 食 (小2) 밥/먹을 식

음독 しょくしょう 食傷 식상　しょくじ 食事 식사　しょくよく 食欲 식욕　しょくりょう 食糧 식량
しょっき 食器 식기　がいしょく 外食 외식　きゅうしょく 給食 급식　だんじき 断食 단식
ちょうしょく 朝食 조식　ちゅうしょく 昼食 중식, 점심(밥)　なかしょく 中食 반조리 음식

훈독 たべる 食べる 먹다　くう 食う 먹다　くらう 食らう ① 먹다 ② 당하다
たべもの 食べ物 음식물　くいしんぼう 食いしん坊 먹보　ともぐい 共食い 서로 잡아먹음

음 しょく・じき　**훈** たべる 食べる・くう 食う・くらう 食らう

0774

씻을 식

음독 払拭 불식 (ふっしょく)

훈독 拭う 닦다 (ぬぐう)　手拭い 수건 (てぬぐい)　拭く 닦다 (ふく)

음 しょく　　**훈** 拭う・拭く

0775

小3 귀신 신

음독 神経 신경 (しんけい)　神秘 신비 (しんぴ)　神社 신사 (じんじゃ)　神話 신화 (しんわ)
祭神 제신 (さいじん)　精神 정신 (せいしん)

훈독 神 신 (かみ)　神業 신기(神技), 기막힌 재간 (かみわざ)　氏神 조상신 (うじがみ)
女神 여신 (めがみ)　神主 신관 (かんぬし)　神々しい 숭고하다 (こうごう)

특 神楽 제사지낼 때 연주하는 음악 (かぐら)　お神酒 신전에 올리는 술 (みき)

음 しん・じん　　**훈** 神・神・神

0776

小4 믿을 신

음독 信号 신호 (しんごう)　信条 신조 (しんじょう)　信念 신념 (しんねん)　信用 신용 (しんよう)
信頼 신뢰 (しんらい)　自信 자신 (じしん)　受信 수신 (じゅしん)　通信 통신 (つうしん)
発信 발신 (はっしん)　迷信 미신 (めいしん)

음 しん

0777 室

小2 집 실

음독
- しつない 室内 실내
- おうしつ 王室 왕실
- おんしつ 温室 온실
- きゃくしつ 客室 객실
- きょうしつ 教室 교실
- こうしつ 皇室 황실
- としょしつ 図書室 도서실
- ちかしつ 地下室 지하실
- びょうしつ 病室 병실
- わしつ 和室 일본식 방

훈독
- いわむろ 岩室 바위 동굴

음 しつ **훈** 室(むろ)

0778 甚

심할 심

음독
- じんだい 甚大 막대함

훈독
- 甚(はなは)だ 매우, 대단히
- 甚(はなは)だしい 매우 심하다

음 じん **훈** 甚だ・甚だしい

0779 哀

슬플 애

음독
- あいかん 哀歓 애환
- あいがん 哀願 애원
- あいせき 哀惜 애석
- あいとう 哀悼 애도
- ひあい 悲哀 비애

훈독
- 哀(あわ)れむ 동정하다

음 あい **훈** 哀(あわ)れむ

0780 約

小4 맺을 약

음독
- やくすう 約数 약수
- やくそく 約束 약속
- やくぶん 約分 약분
- きやく 規約 규약
- かいやく 解約 해약
- こうやく 公約 공약
- じょうやく 条約 조약
- せいやく 制約 제약
- せつやく 節約 절약
- よやく 予約 예약
- ようやく 要約 요약

음 やく

9획

0781

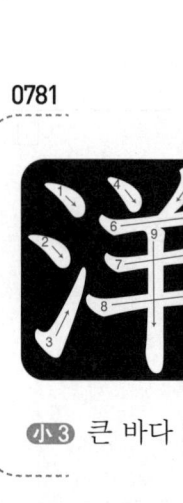

小3 큰 바다 양

음독	ようが 洋画 서양화	ようがさ 洋傘 양산	ようきゅう 洋弓 양궁	ようふく 洋服 서양 의복
	ようしき 洋式 서양식	ようしょく 洋食 서양 음식	ようま 洋間 서양식 방	
	かいよう 海洋 해양	たいへいよう 太平洋 태평양	とうよう 東洋 동양	

音 よう

0782

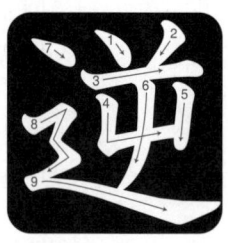

小5 거스릴 역

음독	ぎゃっこう 逆行 역행	ぎゃくせつ 逆接 역접	ぎゃくてん 逆転 역전	ぎゃくさん 逆算 역산
	ぎゃくりゅう 逆流 역류			

훈독 さか 逆 거꾸로임, 반대(쪽)　さか 逆らう 역행하다, 거스르다

音 ぎゃく・げき　　訓 さか さか 逆・逆らう

0783

전염병 역

음독	えきびょう 疫病 역병	めんえき 免疫 면역	けんえき 検疫 검역	ぼうえき 防疫 방역
	やくびょうがみ 疫病神 역병신			

音 えき・やく

0784

小3 갈 연

음독	けんきゅう 研究 연구	けんしゅう 研修 연수	けんま 研磨 연마

훈독 と 研ぐ 연마하다

音 けん　　訓 と 研ぐ

0785

小6 물들 염

음독: 染色体(せんしょくたい) 염색체 · 染料(せんりょう) 염료 · 汚染(おせん) 오염 · 感染(かんせん) 감염 · 伝染(でんせん) 전염 · 浸染(しんぜん) 침염

훈독: 染む(そむ) 물들다 · 染める(そめる) 물들이다 · 染まる(そまる) 물들다 · 染みる(しみる) 번지다 · 染め物(そめもの) 염색(물) · 染み(しみ) 얼룩

음: せん **훈**: 染む・染める・染まる・染みる・染み

0786

小6 비칠 영

음독: 映画(えいが) 영화 · 映像(えいぞう) 영상 · 上映(じょうえい) 상영 · 反映(はんえい) 반영 · 放映(ほうえい) 방영

훈독: 映る(うつる) 비치다 · 映す(うつす) 비추다 · 映える(はえる) 빛나다 · 夕映え(ゆうばえ) 저녁놀

특: 目映い(まばゆい) 눈부시다

음: えい **훈**: 映る・映す・映える

0787

小4 영화 영

음독: 栄華(えいが) 영화 · 栄光(えいこう) 영광 · 栄転(えいてん) 영전 · 栄養(えいよう) 영양 · 虚栄(きょえい) 허영 · 光栄(こうえい) 영광 · 繁栄(はんえい) 번영

훈독: 栄える(さかえる) 번영하다 · 栄える(はえる) 훌륭하다 · 見栄え(みばえ) 돋보임

특: 栄螺(さざえ) 소라 · 見栄(みえ) 겉치레

음: えい **훈**: 栄える・栄える

0788

小3 집 옥

음독: 屋外(おくがい) 옥외 · 屋上(おくじょう) 옥상 · 家屋(かおく) 가옥

훈독: 屋根(やね) 지붕 · 質屋(しちや) 전당포 · 問屋(とんや) 도매상 · 納屋(なや) 헛간, 곳간 · 花屋(はなや) 꽃집 · 部屋(へや) 방 · 宿屋(やどや) 여인숙 · 小屋(こや) 오두막

음: おく **훈**:

9획

0789

두려워할 외

- 음독: 畏敬 외경
- 훈독: 畏れる 경외하다

음 い　훈 畏れる

0790

小4 요긴할 요

- 음독: 要因 요인 / 要求 요구 / 要素 요소 / 要点 요점 / 重要 중요 / 需要 수요 / 必要 필요 / 不要 불필요
- 훈독: 要る 필요하다

음 よう　훈 要る

0791

小4 날랠 용

- 음독: 勇敢 용감 / 勇気 용기 / 勇士 용사 / 勇者 용자, 용사 / 勇姿 용자(씩씩한 모습) / 勇断 용단 / 武勇談 무용담
- 훈독: 勇む 용기가 솟아나다 / 勇ましい 용감하다

음 ゆう　훈 勇む・勇ましい

0792

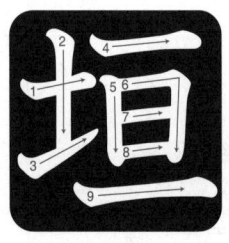

담 원

- 훈독: 垣 담 / 垣根 울타리 / 垣越し 담너머 / 石垣 돌담
- 특: 垣間見る 슬쩍 훔쳐보다

훈 垣

0793

원망할 원

음독 怨恨 원한

훈독 怨む 원망하다

音 えん・おん　訓 怨む

0794

小5 밥통 위

음독 胃潰瘍 위궤양　胃液 위액　胃薬 위약　胃酸 위산
胃腸 위장　胃袋 위, 밥통

音 い

0795

위엄 위

음독 威圧 위압　威嚇 위협　威厳 위엄　威信 위신
脅威 위협　権威 권위　示威 시위　猛威 맹위

훈독 威す 협박하다

音 い　訓 威す

0796

할 위

음독 為政者 위정자　行為 행위　人為 인위　作為 작위, 조작함

훈독 為 득이 되는 일　為す 행하다　為る 이루어지다

특 為替 환(換)

音 い　訓 為・為す・為る

0797

그윽할 유

음독 幽玄 유현　幽閉 유폐　幽霊 유령

음 ゆう

0798

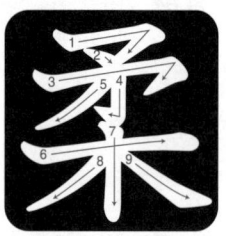

부드러울 유

柔らかい

軟らかい

음독 柔道 유도　柔軟 유연　柔弱 유약　柔和 유화

훈독 柔らか 부드러움　柔らかい 부드럽다　柔肌 부드러운 살결

*やわらかい

柔らかい 부드럽다 → 柔らかい布団 부드러운 이불

軟らかい 유연하다 → 軟らかい体 유연한 몸

음 じゅう・にゅう　**훈** 柔らか・柔らかい

0799

小1 소리 음

음독 音階 음계　音楽 음악　音響 음향　音声 음성
音読 음독　音便 음편　発音 발음

훈독 音 소리　音色 음색　音沙汰 소식　本音 본심

특 観音 관음, 관세음보살의 준말

음 おん・いん　**훈** 音・音

0804 昨

小4 어제 작

음독
- さっこん 昨今 요즘
- さくじつ 昨日 어제
- さくねん 昨年 작년
- さくばん 昨晩 어젯밤
- さくや 昨夜 어젯밤

훈독
- きのう 昨日 어제

✓ 「昨日」는 「きのう」로도 「さくじつ」로도 읽는다.

음 さく

0805 莊

씩씩할 장

음독
- そうごん 莊厳 장엄
- そうちょう 莊重 장중
- さんそう 山莊 산장
- べっそう 別莊 별장

음 そう・しょう

荘

0806 前

小2 앞 전

음독
- ぜんご 前後 전후
- ぜんしん 前進 전진
- ぜんれき 前歴 전력
- ぜんぺん 前編 전편
- ごぜん 午前 오전
- くうぜん 空前 공전
- もくぜん 目前 목전
- すんぜん 寸前 직전, 바로 전

훈독
- まえ 前 앞
- まえむき 前向き 앞을 향함, 적극적
- わけまえ 分け前 할당, 배당
- ごにんまえ 五人前 5인분
- なまえ 名前 이름
- あたりまえ 当たり前 당연함
- たてまえ 建前 원칙

음 ぜん **훈** まえ

0807 專

小6 오로지 전

음독
- せんぎょう 専業 전업
- せんせい 専制 전제
- せんぞく 専属 전속
- せんねん 専念 전념
- せんばい 専売 전매
- せんむ 専務 전무
- せんもん 専門 전문
- せんよう 専用 전용

훈독
- もっぱら 専ら 오로지, 한결같이

음 せん **훈** 専ら

専

0808

窃 훔칠 절

음독 窃取 절취 　窃盗 절도

음 せつ

窃 [竊]

0809

点 小2 점 점

음독 点火 점화　点字 점자　点数 점수　点線 점선
句読点 구두점　欠点 결점　弱点 약점　終点 종점
氷点 빙점　満点 만점

음 てん

点 [點]

0810

貞 곧을 정

음독 貞淑 정숙　貞節 정절　貞操 정조

음 てい

0811

浄 깨끗할 정

음독 浄化 정화　浄書 정서　浄水 정수　浄土 정토
清浄 청정　洗浄 세정, 세척　不浄 부정

음 じょう

0812 바로잡을 정

- 음독: ていせい 訂正 정정 / かいてい 改訂 개정 / こうてい 校訂 교정
- 音: てい

0813 정사 정 (小5)

- 음독: せいけん 政権 정권 / せいさく 政策 정책 / せいじ 政治 정치 / せいとう 政党 정당 / せいふ 政府 정부 / ぎょうせい 行政 행정 / こくせい 国政 국정 / ざいせい 財政 재정
- 훈독: まつりごと 政 나라를 다스림
- 音: せい・しょう   訓: まつりごと 政

0814 정자 정

- 음독: ていしゅ 亭主 남편 / りょうてい 料亭 요정, 요릿집
- 音: てい

0815 임금 제

- 음독: ていい 帝位 제위 / ていおう 帝王 제왕 / ていせい 帝政 제정 / じょてい 女帝 여제
- 특: みかど 帝 천황
- 音: てい

0816 祖

小5 할아비 조

음독
- そこく 祖国 조국
- そせん 祖先 조상
- そふ 祖父 조부
- そぼ 祖母 조모
- がんそ 元祖 원조
- きょうそ 教祖 교조
- せんぞ 先祖 선조

특
- じい お祖父さん 할아버지
- ばあ お祖母さん 할머니

음 そ

0817 柱

小3 기둥 주

음독
- えんちゅう 円柱 원주
- しちゅう 支柱 지주
- てっちゅう 鉄柱 철주
- でんちゅう 電柱 전(신)주, 전봇대

훈독
- ひばしら 火柱 불기둥
- しもばしら 霜柱 서릿발
- だいこくばしら 大黒柱 중심 기둥

음 ちゅう　**훈** 柱

0818 昼

小2 낮 주

음독
- ちゅうしょく 昼食 중식, 점심(밥)
- ちゅうや 昼夜 주야, 낮과 밤
- はくちゅう 白昼 백주, 대낮

훈독
- ひる 昼 낮
- ひるま 昼間 낮동안
- ひるやすみ 昼休み 점심 휴식 시간
- ひるさがり 昼下がり 오후 2시경
- まひる 真昼 대낮
- よるひる 夜昼 밤낮

음 ちゅう　**훈** 昼　晝

0819 奏

小6 아뢸 주

음독
- そうほう 奏法 (연)주법
- えんそう 演奏 연주
- がっそう 合奏 합주
- ぜんそう 前奏 전주

훈독
- かな 奏でる 연주하다

음 そう　**훈** 奏でる

0820

준걸 준

음독 俊才 준재, 수재　俊敏 준민

음 しゅん

0821

小3 무거울 중

음독 重視 중시　重大 중대　重病 중병　重量 중량
貴重 귀중　体重 체중　尊重 존중

훈독 重い 무겁다　重さ 무게　重たい 무겁다　重ねる 겹치다
重なる 겹쳐지다　重荷 무거운 짐　重ね着 껴입기　一重 한겹
二重まぶた 쌍꺼풀

음 じゅう・ちょう　　**훈** 重・重い・重ねる・重なる

0822

小3 가리킬 지

음독 指示 지시　指定 지정　指名 지명　指令 지령

훈독 指 손가락　指す 가리키다　指先 손끝　指図 지시
目指す 지향하다, 목표로 하다

음 し　　**훈** 指・指す

0823

小3 가질 지

음독 持参 지참　持続 지속　持論 지론　持病 지병
持久力 지구력　支持 지지　所持 소지　維持 유지

훈독 持つ 들다, 가지다　持ち物 소지품　金持ち 부자　気持ち 기분
持てる ① 가질 수 있다 ② 인기있다　持て成し 대접, 대우

음 じ　　**훈** 持つ

0824 津 — 나루 진

- 음독: 興味津々 흥미진진(함)
- 훈독: 津々浦々 방방곡곡 津波 해일
- 音: しん
- 訓: 津っ

0825 珍 — 보배 진

- 음독: 珍奇 진기 珍品 진품, 진귀한 물품
- 훈독: 珍しい 드물다, 희귀하다
- 音: ちん
- 訓: 珍しい

0826 茶 — 小2 차 차·차 다

- 음독: 茶色 갈색 茶畑 차밭 茶碗 찻종, 밥공기 茶道 다도
  緑茶 녹차 番茶 질 낮은 엽차 紅茶 홍차 抹茶 말차, 가루차
- 音: ちゃ·さ

0827 拶 — 맞닥뜨릴 찰

- 음독: 挨拶 인사
- 音: さつ

0828

울타리 책

- **음독**: 柵 목책
- **음**: さく

0829

小6 샘 천

- **음독**: 泉水 온천수　温泉 온천　源泉 원천　鉱泉 광천
- **훈독**: 泉 샘물
- **음**: せん　　**훈**: 泉

0830

小4 얕을 천

- **음독**: 浅海 천해　浅学 학식이 얕음　浅薄 천박　浅慮 얕은 생각
  深浅 깊고 얕음
- **훈독**: 浅い 얕다　浅黒い (피부가) 거무스름하다　浅瀬 여울
  浅ましい 비참하다, 비열하다　浅蜊 모시조개
- **음**: せん　　**훈**: 浅い　　淺

0831

小3 분초 초

- **음독**: 秒針 초침　秒速 초속　秒読み 초읽기
  一分一秒 일분일초　毎秒 매초
- **음**: びょう

0832

小1　풀 초

음독	そうあん 草案 초안　そうこう 草稿 초고　ざっそう 雑草 잡초　ぼくそう 牧草 목초
	やくそう 薬草 약초　やそう 野草 들풀　そうげん 草原 초원

훈독	くさ 草 풀　くさばな 草花 화초

특　ぞうり
草履 일본식 짚신

✓ 「草原」는 「そうげん」으로도 「くさはら」로도 읽는다.

| 음 そう | 훈 くさ
草 | 草 |

0833

재촉할 촉

음독	そくしん 促進 촉진　そくせい 促成 촉성　そくおん 促音 촉음　さいそく 催促 재촉

훈독	うなが 促す 재촉하다

| 음 そく | 훈 うなが
促す |

0834

小2　가을 추

음독	しゅうき 秋期 추기　しゅうき 秋季 추계　しゅうぶん 秋分 추분　しゅうしょう 秋宵 가을밤
	しょしゅう 初秋 초가을

훈독	あき 秋 가을　あきかぜ 秋風 가을 바람　あきさめ 秋雨 가을비　あきぞら 秋空 가을 하늘
	あきば 秋晴れ 맑게 갠 가을 날씨　あきまつ 秋祭り 가을 축제

특　さんま
秋刀魚 꽁치

| 음 しゅう | 훈 あき
秋 |

9획

0835

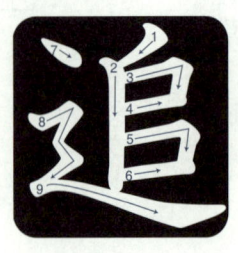

小3 쫓을/따를 추

음독
- ついか 追加 추가
- ついきゅう 追求 추구
- ついきゅう 追及 추적, 추궁
- ついきゅう 追究 추구
- つい し 追試 추가 시험
- ついじゅう 追従 추종
- ついそう 追想 추상, 회상
- ついほう 追放 추방

훈독
- お う 追う 따르다
- お い かぜ 追い風 순풍
- お い た 追い立てる 내쫓다
- お い ぬ 追い抜く 앞지르다
- おいわけ 追分 갈림길, 분기점

*ついきゅう

追求 원하는 것을 손에 넣으려 하는 것 → 永遠の平和を追求する 영원한 평화를 추구하다

追究 진리를 알고자 가장 깊이 있게 파고들어 가는 것 → 真理を追究する 진리를 추구하다

追及 사실을 밝히기 위해 조사하는 것 → 犯人を追及する 범인을 추궁하다

음 つい **훈** 追う

0836

小4 빌 축

음독
- しゅく が 祝賀 축하
- しゅく ぎ 祝儀 축의
- しゅく げん 祝言 축언
- しゅく じ 祝辞 축사
- しゅくじつ 祝日 축일
- しゅくでん 祝電 축전
- しゅくはい 祝杯 축배
- しゅくふく 祝福 축복

훈독
- いわ 祝う 축하하다
- いわ 祝い 축하

특 のりと 祝詞 축문

음 しゅく・しゅう **훈** 祝う

0837

小2 봄 춘

음독
- しゅん き 春季 춘계
- しゅんじゅう 春秋 춘추
- しゅんぶん 春分 춘분
- しょしゅん 初春 초봄
- せいしゅん 青春 청춘
- そうしゅん 早春 이른 봄
- りっしゅん 立春 입춘
- ばんしゅん 晩春 늦봄

훈독
- はる 春 봄
- はる ぎ 春着 봄옷
- はるさき 春先 초봄
- はるさめ 春雨 봄비

음 しゅん **훈** 春

0838

衷

속마음 충

음독 衷心(ちゅうしん) 충심, 진심　折衷(せっちゅう) 절충

음 ちゅう

0839

臭

냄새 취

음독 臭覚(しゅうかく) 후각　悪臭(あくしゅう) 악취　脱臭(だっしゅう) 탈취　無臭(むしゅう) 무취

훈독 臭(くさ)い (역한) 냄새가 나다　臭(にお)い 나쁜 냄새, 악취

음 しゅう　**훈** 臭い・臭い　臭

0840

則

小5　법칙 칙

음독 会則(かいそく) 회칙　規則(きそく) 규칙　教則本(きょうそくほん) 교(칙)본　原則(げんそく) 원칙
校則(こうそく) 교칙　鉄則(てっそく) 철칙　反則(はんそく) 반칙　法則(ほうそく) 법칙

음 そく

0841

勅

칙서 칙

음독 勅使(ちょくし) 칙사　勅命(ちょくめい) 칙명

음 ちょく

0842

침노할 침

음독
- しんがい 侵害 침해
- しんこう 侵攻 침공
- しんしょく 侵食 침식
- しんにゅう 侵入 침입

훈독
- おかす 侵す 침범하다, 침해하다

＊しんにゅう
- しんにゅう 侵入 다른 곳에 억지로 들어가는 것 → ふほうしんにゅう 不法侵入 불법침입
- しんにゅう 浸入 물이 들어오는 것 → だくりゅうがしんにゅうする 濁流が浸入する 탁류가 침입하다

음 しん　　**훈** 侵す

0843

小3　숯 탄

음독
- たんこう 炭鉱 탄광
- たんすいかぶつ 炭水化物 탄수화물
- たんそ 炭素 탄소
- こくたん 黒炭 흑탄
- せきたん 石炭 석탄
- むえんたん 無煙炭 무연탄
- もくたん 木炭 목탄

훈독
- すみ 炭 숯
- すみび 炭火 숯불
- すみやき 炭焼き 숯불구이

음 たん　　**훈** 炭

0844

게으를 태

음독
- たいだ 怠惰 몹시 게으름
- たいまん 怠慢 태만
- たいのう 怠納 체납

훈독
- おこたる 怠る 게을리하다
- なまける 怠ける 게으름 피우다

특 だるい 怠い 나른하다

음 たい　　**훈** 怠る・怠ける

0845

아이밸 태

음독
- たいきょう 胎教 태교
- たいじ 胎児 태아
- たいせい 胎生 태생
- たいどう 胎動 태동
- たいない 胎内 태내

음 たい

0846

小6 물러날 퇴

음독	たいいん 退院 퇴원	たいか 退化 퇴화	たいがく 退学 퇴학	たいきょ 退去 퇴거
	たいくつ 退屈 지루함	たいじ 退治 퇴치	たいじょう 退場 퇴장	いんたい 引退 은퇴
	こうたい 後退 후퇴	じたい 辞退 사퇴	そうたい 早退 조퇴	

훈독: しりぞく 退く 물러나다 / しりぞける 退ける 물리치다

특: 退かす 치우다 / 退く 물러나다, 비키다 / 退く 물러나다

음 たい　훈 退く・退ける

0847

小6 갈래 파

음독	はけん 派遣 파견	はせい 派生 파생	はで 派手 화려함	はばつ 派閥 파벌
	はへい 派兵 파병	いっぱ 一派 일파	とうは 党派 당파	とくはいん 特派員 특파원
	りっぱ 立派 훌륭함			

음 は

0848

小4 편할 편・똥오줌 변

| 음독 | びんじょう 便乗 편승 | べんぎ 便宜 편의 | べんり 便利 편리 | こうくうびん 航空便 항공편 |
| | たくはいびん 宅配便 택배편 | ふなびん 船便 배편 | ふべん 不便 불편 | ゆうびん 郵便 우편 |

훈독: たより 便り 편지, 소식

✓ 「便宜」는 「べんぎ」로도 「びんぎ」로도 읽는다.

음 べん・びん　훈 便り

0849

小6 허파 폐

| 음독 | はいえん 肺炎 폐렴 | はいかつりょう 肺活量 폐활량 | はいぞう 肺臓 폐, 폐장 |

음 はい

0850

세포 포

음독 胞子 포자　細胞 세포　同胞 동포

特 胞衣 포의

音 ほう

0851

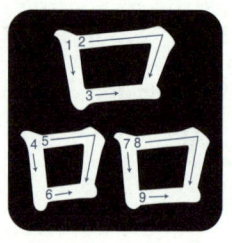

小3　물건 품

음독 品詞 품사　品質 품질　品名 품명　作品 작품
上品 상등품　食品 식품　新品 신품　部品 부품
物品 물품　薬品 약품

훈독 品 물건　品薄 품귀, 물건이 달림　品定 품평
品々 여러 가지 물건　品物 물품　手品 요술, 마술

音 ひん　　訓 品

0852

小2　바람 풍

음독 風雨 풍우　風習 풍습　風船 풍선　風力 풍력
風情 풍치　風呂 목욕(물), 목욕탕　台風 태풍

훈독 風 바람　風通し 통풍　風上 바람이 불어오는 쪽
風下 바람이 불어가는 쪽　風邪気 감기 기운　風車 풍차

特 風邪 감기

✔ 「風車」는 「かざぐるま」로도 「ふうしゃ」로도 읽는다.

音 ふう・ふ　　訓 風・風

0853 모질 학

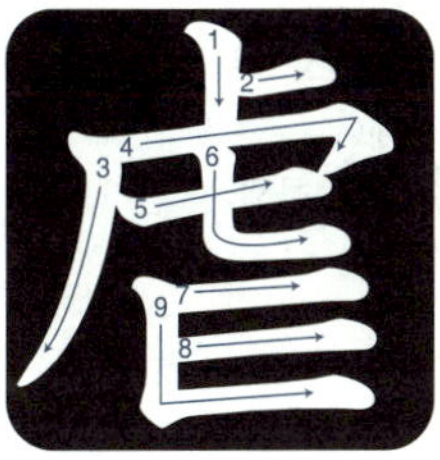

음독 虐殺 학살　虐待 학대　残虐 잔학　自虐 자학

훈독 虐げる 학대하다

- 음 ぎゃく
- 훈 虐げる

0854 한 한

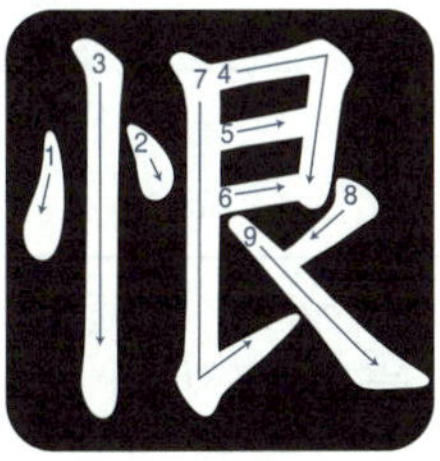

음독 恨事 한스러운 일　遺恨 원한　悔恨 회한　痛恨 통한

훈독 恨む 원망하다　恨めしい 원망스럽다
恨むらくは 원망스럽게도　恨みっこ 서로 원망함

- 음 こん
- 훈 恨む・恨めしい

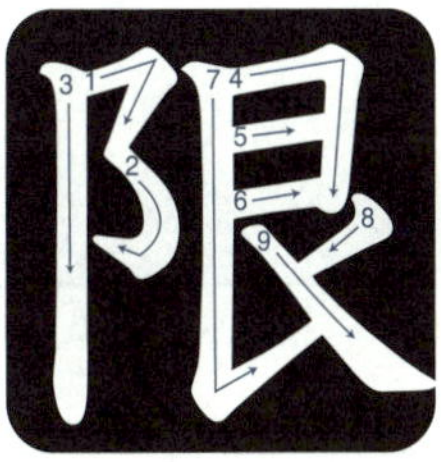

0855 小5 한할 한

음독 限界 한계　限外 한계 밖　限定 한정　限度 한도
制限 제한　門限 통금 시간　極限 극한, 한계점

훈독 限る 제한하다

- 음 げん
- 훈 限る

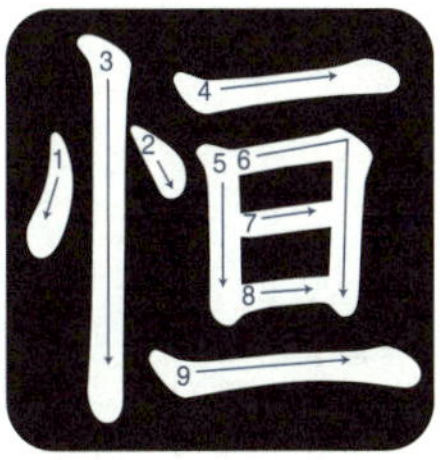

0856 항상 항

음독 恒温 항온, 상온　恒久 항구　恒常 항상　恒例 항례

- 음 こう

0857

小2 바다 해

음독
- かいがい 海外 해외
- かいがん 海岸 해안
- かいすいよく 海水浴 해수욕
- かいてい 海底 해저
- かいばつ 海抜 해발
- かいひん 海浜 바닷가
- きんかい 近海 근해
- こうかい 航海 항해

훈독
- うみ 海 바다
- うみべ 海辺 해변

특
- うなばら 海原 넓은 바다
- あま 海女 해녀
- のり 海苔 김
- うに 海胆 성게
- いるか 海豚 돌고래
- えび 海老 새우
- ひとで 海星 불가사리

음 かい　훈 うみ 海

0858

小4 향기 향

음독
- こうき 香気 향기
- こうしんりょう 香辛料 향신료
- こうすい 香水 향수
- こうでん 香典 부의(금)
- こうりょう 香料 향료

훈독
- か 香 향기, 냄새
- かおる 香る 향기가 나다
- かおり 香り 향기, 냄새

특
- ホンコン 香港 홍콩

음 こう・きょう　훈 か・かお 香・香る

0859

小6 가죽 혁

음독
- かくしん 革新 혁신
- かくめい 革命 혁명
- かいかく 改革 개혁
- ひかく 皮革 피혁
- へんかく 変革 변혁

훈독
- かわ 革 가죽
- かわぐつ 革靴 가죽 구두

특
- あらたまる 革まる (병이) 악화되다, 위독해지다

✓ 「皮かわ」는 동물의 가죽을 말하며, 「革かわ」는 가공한 가죽을 말한다.

음 かく　훈 かわ 革

0868

小6 붉을 홍

음독
- こうがん 紅顔 홍안
- こうちゃ 紅茶 홍차
- こうちょう 紅潮 홍조
- こうはく 紅白 홍백
- こうよう 紅葉 단풍
- しんく 深紅 진홍
- しんく 真紅 진홍

훈독
- べに 紅 연지
- くれない 紅 다홍
- べにばな 紅花 홍화
- くちべに 口紅 립스틱

특
- もみじ 紅葉 단풍
- ぐれん 紅蓮 홍련

✓ 「紅葉」은 「もみじ」로도 「こうよう」로도 읽는다.

음 こう・く **훈** 紅(べに)・紅(くれない)

0869

小2 살 활

음독
- かっき 活気 활기
- かっせん 活栓 밸브
- かっそく 活塞 피스톤
- かつぎょ 活魚 활어
- かつじ 活字 활자
- かつどう 活動 활동
- かっぱつ 活発 활발
- かつりょく 活力 활력
- せいかつ 生活 생활
- ふっかつ 復活 부활

훈독
- 活(い)きる 살다
- 活(い)かす 살리다

특
- 活(い)け魚(うお) 활어

음 かつ **훈** 活きる・活かす

0870

거칠 황

음독
- こうとう 荒唐 황당
- こうはい 荒廃 황폐
- こうや 荒野 황야

훈독
- 荒(あら)い 거칠다
- 荒(あら)くれ 난폭함
- 荒(あ)れる 거칠어지다
- 荒(あ)らす 망치다
- 荒海(あらうみ) 파도가 거친 바다
- 手荒(てあら) 난폭함
- 荒々(あらあら)しい 매우 난폭하다
- 荒行(あらぎょう) 고행, 모진 수행

특
- 荒屋(あばらや) 황폐한 집, 폐가

음 こう **훈** 荒い・荒れる・荒らす

0871

小6 임금 황

| 음독 | こうきょ 皇居 황거　こうしつ 皇室 황실　こうたいし 皇太子 황태자　こうてい 皇帝 황제 |

| 특 | てんのう 天皇 천황 |

| 음 | こう・おう |

0872

뉘우칠 회

| 음독 | かいこん 悔恨 회한　こうかい 後悔 후회 |

| 훈독 | く 悔いる 뉘우치다, 후회하다　く 悔やむ 뉘우치다　くや 悔しい 분하다 |

| 특 | ざんげ 懺悔 참회 |

| 음 | かい | 훈 | く 悔いる・く 悔やむ・くや 悔しい |

0873

小4 상수리나무 회

| 훈독 | とちぎけん 栃木県 도치기 현(지역명) |

| 훈 | とち 栃 |

0874

小5 두터울 후

| 음독 | こうい 厚意 후의　こうがん 厚顔 철면피　こうじょう 厚情 후정, 후의　おんこう 温厚 온후　じゅうこう 重厚 중후　のうこう 濃厚 농후 |

| 훈독 | あつ 厚い 두껍다, 두텁다　あつぎ 厚着 껴입음　てあつ 手厚い 극진하다　ぶあつ 分厚い 두껍다, 두툼하다　あつ 厚かましい 뻔뻔하다 |

厚い

暑い

熱い

＊あつい

厚い 두께가 두껍다 → 厚い辞典 두꺼운 사전

暑い 날씨가 덥다 → 今年の夏は特に暑い 올 여름은 특히 덥다

熱い 온도가 뜨겁다 → 熱い湯を注ぐ 뜨거운 물을 붓다

음 こう　　**훈** 厚い

0875

小2　뒤 후

음독
後遺症 후유증　後退 후퇴　後続 후속　後日 후일, 뒷날
後生 내세　前後 전후　以後 이후

훈독
後 후, 미래　後ろ 뒤쪽　後 뒤, 나중　後れる (시간에) 늦다
後ほど 나중에　後々 장래　後ろ向き 역행, 퇴보, 소극적 태도
後々 먼 훗날　後書き 후기　後始末 뒤처리

음 ご・こう　　**훈** 後・後ろ・後・後れる

0876

제후 후

음독 侯爵 후작　王侯 왕후　諸侯 제후

음 こう

0877

(일본한자)고개

훈독 峠 고개

훈 峠

0878

小3 (일본한자) 밭

훈독: 畑 밭, 畑作 밭농사, 田畑 논밭, 焼き畑 화전, 畑 밭, 畑仕事 밭일, 茶畑 차밭, 花畑 꽃밭, 麦畑 보리밭

훈: 畑・畑

0879

小2 집 가

음독: 家屋 가옥, 家族 가족, 家畜 가축, 家庭 가정, 画家 화가, 国家 국가, 作家 작가, 家来 부하

훈독: 家 집, 家柄 집안, 가문, 家出 가출, 家賃 집세, 家主 집주인, 大家 집주인

특: 家鴨 집오리

음: か・け   훈: 家・家

0880

小6 내릴 강・항복할 항

음독: 降雨 강우, 降下 강하, 降水量 강수량, 降参 항복, 굴복, 降伏 항복, 以降 이후, 下降 하강

훈독: 降りる (탈것 등에서) 내리다, 降ろす 내려놓다, 降る (비・눈 등이) 내리다, 小降り (비・눈 등이) 약하게 내림

✔ 탈것 등에서 바깥으로 나오거나, 위에서 아래로 옮기는 의미인 경우는 「降おりる」를 쓴다.

음: こう   훈: 降りる・降ろす・降る

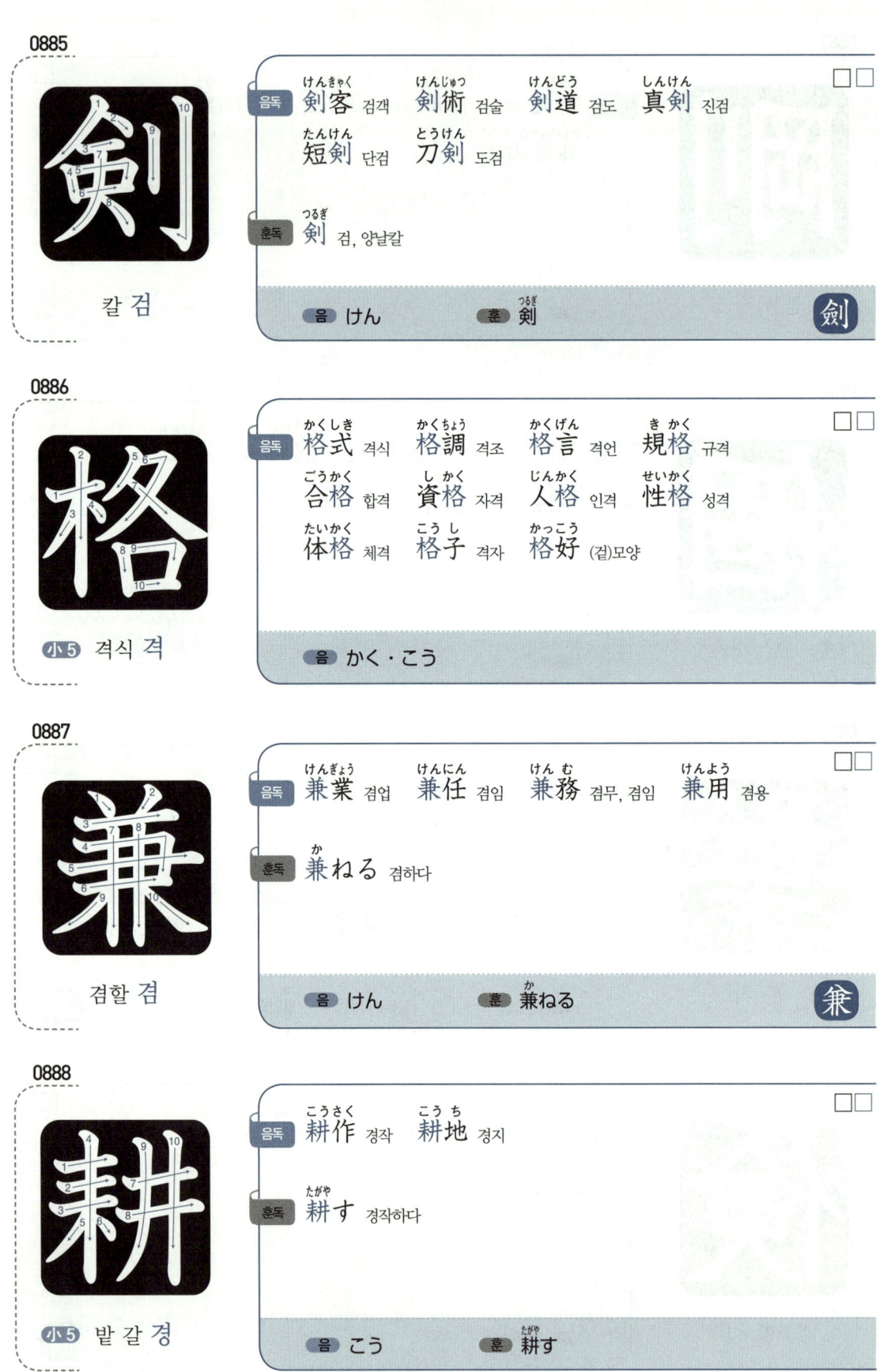

0889

庫

小3 곳집 고

음독
- ぶんこ 文庫 문고
- しゃこ 車庫 차고
- きんこ 金庫 금고
- しょこ 書庫 서고
- ざいこ 在庫 재고
- れいぞうこ 冷蔵庫 냉장고
- ちょぞうこ 貯蔵庫 저장고

훈독
- くら 庫 곳간, 창고

음 こ・く   **훈** 庫(くら)

0890

小2 높을 고

음독
- こうあつ 高圧 고압
- こうおん 高音 고음
- こうきゅう 高級 고급
- こうげん 高原 고원
- こうそう 高層 고층
- こうてい 高低 고저
- さいこう 最高 최고
- すうこう 崇高 숭고

훈독
- たかい 高い 높다
- たかまる 高まる 높아지다
- たかめる 高める 높이다
- たかが 高が 겨우
- たかぶる 高ぶる 흥분하다
- たかびしゃ 高飛車 고압적인 태도
- えんだか 円高 엔고
- いたけだか 居丈高 위압적인 태도
- ざんだか 残高 잔고

음 こう   **훈** 高い・高・高まる・高める

0891

小6 뼈 골

음독
- こっかく 骨格 골격
- こっかん 骨幹 골간
- こっせつ 骨折 골절
- こつずい 骨髄 골수
- こつつぼ 骨壷 납골 항아리
- きこつ 気骨 기골
- じんこつ 人骨 인골
- てっこつ 鉄骨 철골
- のうこつ 納骨 납골
- はっこつ 白骨 백골

훈독
- ほね 骨 뼈, 가시
- ほねぐみ 骨組み 뼈대
- ほねぶと 骨太 뼈대가 굵음
- ほねみ 骨身 몸, 전신
- ほねおる 骨折る 애쓰다, 힘쓰다
- せぼね 背骨 등뼈

음 こつ   **훈** 骨(ほね)

0892

공손할 恭

- **음독**: きょうが 恭賀 삼가 축하함 / きょうけい 恭敬 공경 / きょうじゅん 恭順 공순
- **훈독**: うやうや 恭しい 공손하다

音 きょう　　訓 恭しい

0893

두려울 恐

- **음독**: きょうこう 恐慌 공황 / きょうしゅく 恐縮 죄송하게 여김 / きょうふ 恐怖 공포 / きょうりゅう 恐竜 공룡
- **훈독**: おそれる 恐れる 무서워하다 / おそろしい 恐ろしい 무섭다 / おそれいる 恐れ入る 죄송해하다 / おそれながら 恐れながら 죄송합니다만 / おそるおそる 恐る恐る 쭈뼛쭈뼛 / おそらく 恐らく 필시

音 きょう　　訓 恐れる・恐ろしい

0894

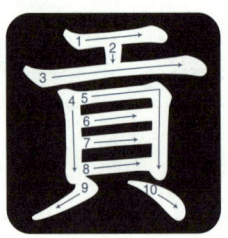

바칠 貢

- **음독**: こうけん 貢献 공헌 / ねんぐ 年貢 연공
- **훈독**: みつぐ 貢ぐ (공물로) 바치다, 헌상하다

音 こう・く　　訓 貢ぐ

0895

小1 학교 校

- **음독**: こうえつ 校閲 교열 / こうてい 校訂 교정(바로 잡음) / こうてい 校庭 교정(학교 운동장) / こうもん 校門 교문 / こうちょう 校長 교장 / がっこう 学校 학교 / てんこう 転校 전학 / ぼこう 母校 모교
- **특**: あぜくらづくり 校倉造り 옛 일본의 건축 양식

音 こう

0896 고을 군

小4

음독
- ぐんけん 郡県 군현
- ぐんしゅ 郡守 군수
- ぐんか 郡下 군내

훈독
- こおり 郡 군(옛 행정 단위)

음 ぐん　　훈 郡(こおり)

0897 집 궁

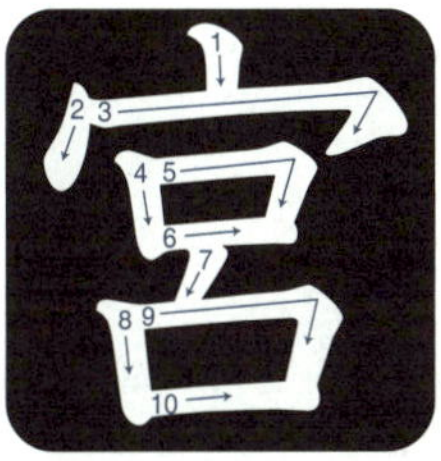

小3

음독
- くないちょう 宮内庁 궁내청
- きゅうちゅう 宮中 궁중
- おうきゅう 王宮 왕궁
- じんぐう 神宮 신궁

훈독
- みや 宮 궁
- みやけ 宮家 황족 집안

음 きゅう・ぐう・く　　훈 宮(みや)

0898 주먹 권

음독
- けんとう 拳闘 권투

훈독
- こぶし 拳 주먹

음 けん　　훈 拳(こぶし)

0899 귀신 귀

음독
- きじん 鬼神 귀신
- がき 餓鬼 아귀

훈독
- おに 鬼 도깨비
- おに 鬼ごっこ 술래잡기
- おにがわら 鬼瓦 귀신의 얼굴을 새긴 기와
- おにび 鬼火 도깨비불

✔ 「鬼神」는 「きじん」・「きしん」・「おにがみ」로 읽는다.

음 き　　훈 鬼(おに)

0900

小2 돌아갈 귀

음독
- き か 帰化 귀화
- き けつ 帰結 귀결
- き こう 帰港 귀항
- き こく 帰国 귀국
- き 帰する 돌아가다
- き せい 帰省 귀성
- き たく 帰宅 귀가
- ふっ き 復帰 복귀

훈독
- かえ 帰る 돌아가다
- かえ 帰す 돌려보내다
- かえ みち 帰り道 돌아가는 길
- さと がえ 里帰り 친정 나들이
- ひ がえ 日帰り 당일치기

음 き 훈 かえ る・かえ す 帰る・帰す

歸

0901

小3 뿌리 근

음독
- こん き 根気 끈기
- こん きょ 根拠 근거
- こん げん 根源 근원
- こん じょう 根性 근성
- こん ぽん 根本 근본
- きゅう こん 球根 알뿌리
- だい こん 大根 무

훈독
- ね 根 뿌리
- ね 根っから 근본적으로
- ね ほ は ほ 根掘り葉掘り 꼬치꼬치, 철저히
- ね もと 根本 ①뿌리, 밑부분 ②근본
- や ね 屋根 지붕
- かき ね 垣根 울타리

음 こん 훈 ね 根

0902

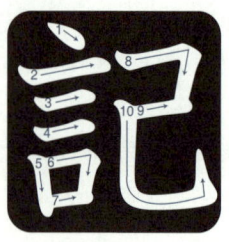

小2 기록할 기

음독
- き ごう 記号 기호
- き じ 記事 기사
- き じゅつ 記述 기술
- き 記する 적다
- き にゅう 記入 기입
- き ねん 記念 기념
- き ろく 記録 기록
- あん き 暗記 암기
- にっ き 日記 일기
- めい き 銘記 명기

훈독
- しる 記す 적다, 기록하다
- か しる 書き記す 적어두다, 기록하다

음 き 훈 しる 記す

0903

이미 기

음독
- き けつ 既決 기결
- き こん 既婚 기혼
- き せいさっ か 既成作家 기성 작가
- き そん 既存 기존
- き とくけん 既得権 기득권

훈독
- すで 既に 이미, 벌써

음 き 훈 すで 既に

旣

0904

小3 일어날 기

음독
- 起立 きりつ 기립
- 起床 きしょう 기상
- 起点 きてん 기점
- 起源 きげん 기원
- 縁起 えんぎ 운수, 재수
- 再起 さいき 재기
- 提起 ていき 제기
- 想起 そうき 상기
- 隆起 りゅうき 융기

훈독
- 起きる おきる 일어나다, 기상하다
- 起る おこる 일어나다, 발생하다
- 起こす おこす 일으키다
- 起つ たつ 일어서다
- 早起き はやおき 일찍 일어남

음 き **훈** 起きる・起る・起こす・起つ

0905

주릴 기

음독
- 飢餓 きが 기아
- 飢饉 ききん 기근

훈독
- 飢える うえる 굶주리다
- 飢え死に うえじに 굶어 죽음

음 き **훈** 飢える

0906

小6 들일 납

음독
- 納骨 のうこつ 납골
- 納税 のうぜい 납세
- 納入 のうにゅう 납입
- 納品 のうひん 납품
- 納涼 のうりょう 납량
- 納豆 なっとう 낫토(콩을 발효시킨 일본 음식)
- 納得 なっとく 납득
- 納屋 なや 곳간, 헛간
- 納戸 なんど 헛방
- 収納 しゅうのう 수납
- 出納 すいとう 출납

훈독
- 納める おさめる 납부하다
- 納まる おさまる 납입되다
- 聞き納め ききおさめ 듣는 마지막 기회

*おさめる
- 納める 납부하다 → 税金を納める 세금을 납부하다
- 収める 받아두다 → 利益を収める 이익을 거두다
- 修める 몸에 익히다 → 学業を修める 학업을 닦다
- 治める 평온한 상태로 하다 → 領地を治める 영지를 다스리다

음 のう・なっ・な・なん・とう **훈** 納める・納まる

0907 계집 낭

훈독
- 娘(むすめ) 딸
- 娘心(むすめごころ) 순진한 마음
- 娘婿(むすめむこ) 사위
- 愛娘(まなむすめ) 사랑하는 딸

훈 娘(むすめ)

0908 번뇌할 뇌

음독
- 悩殺(のうさつ) 뇌쇄
- 苦悩(くのう) 고뇌
- 煩悩(ぼんのう) 번뇌

훈독
- 悩(なや)む 괴로워하다
- 悩(なや)ます 괴롭히다
- 悩(なや)ましい 괴롭다

음 のう　**훈** 悩(なや)む・悩(なや)ます

0909 (小5) 능할 능

음독
- 能否(のうひ) 능력의 유무
- 能弁(のうべん) 능변
- 能無(のうな)し 무능함
- 能力(のうりょく) 능력
- 能率(のうりつ) 능률
- 可能(かのう) 가능
- 機能(きのう) 기능
- 芸能(げいのう) 예능
- 才能(さいのう) 재능
- 堪能(たんのう) 아주 능함
- 本能(ほんのう) 본능
- 有能(ゆうのう) 유능

특 能(あた)う 가능하다

✓ 「堪能」는 「たんのう」로도 「かんのう」로도 읽는다.

음 のう

0910 숨길 닉

음독
- 匿名(とくめい) 익명
- 隠匿(いんとく) 은닉
- 秘匿(ひとく) 감춤

특 匿(かくま)う 숨겨 주다, 은닉하다

음 とく

0911

당나라/당황할 **당**

음독	とう 唐 당나라	とうがらし 唐辛子 고추	とうし 唐詩 당나라 시	とうとつ 唐突 당돌
	とうなす 唐茄子 호박	とうぶつ 唐物 외래품		

훈독	から 唐 중국의 옛 이름	からかさ 唐傘 종이 우산	からかみ 唐紙 당지
	からくさもよう 唐草模様 당초 문양	からすき 唐鋤 쟁기	

음 とう	훈 から 唐	

0912

小6 무리 **당**

음독	とういん 党員 당원	とうしゅ 党首 당수	とうは 党派 당파	あくとう 悪党 악당
	けっとう 結党 결당	せいとう 政党 정당	やとう 野党 야당	よとう 与党 여당

음 とう	

0913

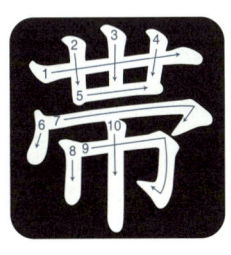

小4 띠 **대**

음독	たい 帯する 몸에 지니다	たいでん 帯電 대전(전기를 띰)	たいとう 帯刀 칼을 참
	たいぶんすう 帯分数 대분수	いったい 一帯 일대	がんたい 眼帯 안대	せたい 世帯 세대, 가정
	せいたい 声帯 성대	ちたい 地帯 지대	ねったいぎょ 熱帯魚 열대어	けいたいでんわ 携帯電話 휴대전화

훈독	お 帯びる ① (몸에) 달다, 차다 ② 어떤 성질·경향을 띠다	おび 帯 띠
	おび 帯グラフ 띠그래프	おびばんぐみ 帯番組 연속 프로	おびがみ 帯紙 띠지

✔ 「帯おびる」와 「帯おび」의 送おくり仮名がな에 주의할 것

음 たい	훈 お おび 帯びる・帯	

0914

길 **도**

음독	とじょう 途上 도상	とぜつ 途絶 두절	とたん 途端 바로 그 순간	とちゅう 途中 도중
	とほう 途方 수단	ようと 用途 용도	ちゅうと 中途 중도	いっと 一途 하나의 길(방법)

음 と	

10획

0915

넘어질 도

음독
- とうかい 倒壊 도괴
- とうさん 倒産 도산
- とうち 倒置 도치(뒤바꾸거나 뒤바뀜)
- てんとう 転倒 전도
- あっとう 圧倒 압도
- だとう 打倒 타도
- そっとう 卒倒 졸도
- めんどう 面倒 폐, 귀찮음

훈독
- たお 倒れる 넘어지다, 쓰러지다
- たお 倒す 넘어뜨리다

음 とう 훈 倒れる・倒す

0916

小4 무리 도

음독
- としょく 徒食 도식
- とほ 徒歩 도보
- とろう 徒労 헛수고
- ととう 徒党 도당, 무리
- ときょうそう 徒競走 달리기 시합
- しんと 信徒 신도
- せいと 生徒 생도
- ぼうと 暴徒 폭도

특
- ただ 徒 ① 보통, 예사 ② 그저, 오직
- つれづれ 徒然 무료함

음 と

0917

복숭아 도

음독
- おうとう 桜桃 앵두
- はくとう 白桃 백도

훈독
- もも 桃 복숭아
- ももいろ 桃色 분홍색

음 とう 훈 桃

0918

小3 섬 도

음독
- とうみん 島民 도민
- ことう 孤島 고도, 외딴 섬
- はんとう 半島 반도
- ほんとう 本島 본도
- れっとう 列島 열도
- むじんとう 無人島 무인도

훈독
- しま 島 섬
- しまぐに 島国 섬나라
- こじま 小島 작은 섬
- たからじま 宝島 보물섬

음 とう 훈 島

0919 胴 — 큰창자/몸통 동

음독 胴体 동체, 몸통

음 どう

0920 凍 — 얼 동

음독 凍結 동결　凍土 동토, 언 땅　凍死 동사　凍傷 동상

훈독 凍る 얼다　凍える 얼다　凍てる 얼어붙다　凍みる 얼다

음 とう　**훈** 凍る・凍える・凍てる・凍みる

0921 浪 — 물결 랑

음독 浪人 낭인　浪漫 낭만　浪費 낭비　流浪 유랑
　　　放浪 방랑　浪々 방랑(유랑)함

훈독 浪 파도　浪間 물결 이랑

음 ろう　**훈** 波

0922 朗 — 小6 밝을 랑

음독 朗唱 낭창　朗読 낭독　朗報 낭보

훈독 朗らか ① 명랑함 ② 날씨가 쾌청한 모양

음 ろう　**훈** 朗らか

0923

小3 나그네 려

음독	りょかん 旅館 여관	りょこう 旅行 여행	りょひ 旅費 여비	りょじょう 旅情 여정
훈독	たび 旅 여행	たびさき 旅先 여행지	たびじ 旅路 여로, 여행길	ふなたび 船旅 배 여행

음 りょ　　훈 旅

0924

그리워할 련

음독: れんあい 恋愛 연애　れんか 恋歌 연가　れんぼ 恋慕 연모　れんれん 恋々 연연

훈독: こう 恋う 그리워하다　こい 恋 사랑　こい 恋しい 그립다　こいびと 恋人 연인, 애인
こいかぜ 恋風 애달픈 연정　こいがたき 恋敵 연적　はつこい 初恋 첫사랑

음 れん　　훈 恋う・恋・恋しい

0925

小4 이을 련

음독: れんきゅう 連休 연휴　れんけつ 連結 연결　れんさ 連鎖 연쇄　れんそう 連想 연상
れんじつ 連日 연일, 매일　れんぞく 連続 연속　れんめい 連盟 연맹　れんぽう 連邦 연방
れんりつ 連立 연립　かんれん 関連 관련　こくれん 国連 국제 연합

훈독: つらなる 連なる 줄지어 서다　つらねる 連ねる 줄지어 세우다　つれる 連れる 동반하다

음 れん　　훈 連なる・連ねる・連れる

0926

매울 렬

음독: れっか 烈火 열화　れっし 烈士 열사　れっぷう 烈風 열풍, 강풍　れつれつ 烈々 열렬
げきれつ 激烈 격렬　そうれつ 壮烈 장렬　つうれつ 痛烈 통렬

음 れつ

0927 料

小4 헤아릴 **료**

음독
- りょうきん 料金 요금
- りょうり 料理 요리
- きゅうりょう 給料 급료
- ざいりょう 材料 재료
- しりょう 資料 자료
- しょくりょう 食料 식량
- ねんりょう 燃料 연료
- むりょう 無料 무료
- ゆうりょう 有料 유료

음 りょう

0928 竜

용 **룡**

음독
- りゅうぐう 竜宮 용궁
- りゅうじん 竜神 용왕
- りゅうとうだび 竜頭蛇尾 용두사미
- きょうりゅう 恐竜 공룡
- ひりゅう 飛竜 비룡

훈독
- たつ 竜 용
- たつまき 竜巻 회오리바람

음 りゅう **훈** たつ 龍

0929 涙

눈물 **루**

음독
- さいるい 催涙 최루
- かんるい 感涙 감격의 눈물
- けつるい 血涙 피눈물

훈독
- なみだ 涙 눈물
- なみだごえ 涙声 울먹이는 목소리
- なみだする 涙する 눈물 흘리다

음 るい **훈** なみだ 淚

0930 留

小5 머무를 **류**

음독
- りゅうい 留意 유의
- りゅうがく 留学 유학
- りゅうにん 留任 유임
- ざんりゅう 残留 잔류
- じょうりゅう 蒸留 증류
- ほりゅう 保留 보류
- るす 留守 부재중

훈독
- とめる 留める 고정시키다
- とまる 留まる 고정되다
- かきとめ 書留 등기 우편

음 りゅう・る **훈** 留める・留まる

10획

0931

小3 흐를 류

음독
- りゅういき 流域 유역
- りゅうこう 流行 유행
- りゅうつう 流通 유통
- りゅうひょう 流氷 유빙, 성에
- かいりゅう 海流 해류
- きゅうりゅう 急流 급류
- でんりゅう 電流 전류
- るふ 流布 유포

훈독
- なが 流れる 흐르다
- なが 流す 흐르게 하다
- なが ぼし 流れ星 유성, 별똥별

특
- さすら 流離う 유랑하다
- さすが 流石 과연, 역시
- はや 流行る 유행하다
- はやりことば 流行言葉 유행어

음 りゅう・る　훈 流れる・流す

0932

인륜 륜

음독
- りんり 倫理 윤리
- じんりん 人倫 인륜

음 りん

0933

小2 말 마

음독
- ばか 馬鹿 바보
- ばしゃ 馬車 마차
- ばりき 馬力 마력
- けいば 競馬 경마
- じょうば 乗馬 승마
- もくば 木馬 목마

훈독
- うま 馬 말
- うまごや 馬小屋 마구간
- たけうま 竹馬 죽마
- まご 馬子 마부

✓ 「竹馬」는 「たけうま」로도 「ちくば」로도 읽는다.

음 ば　훈 馬・馬

0934

小4 매화 매

음독
- ばいう 梅雨 장마
- ばいりん 梅林 매화나무 숲
- こうばい 紅梅 홍매
- にゅうばい 入梅 장마철에 접어듦
- しょうちくばい 松竹梅 송죽매

훈독
- うめ 梅 매실
- うめしゅ 梅酒 매실주
- うめぼ 梅干し 매실 장아찌
- あおうめ 青梅 푸른 매실

특
- つゆ 梅雨 장마
- つゆば 梅雨晴れ 장마후 맑은 날

✓ 「梅雨」는 「ばいう」로도 「つゆ」로도 읽는다.

음 ばい　훈 梅

0935 埋 묻을 매

음독
- まいせつ 埋設 매설
- まいそう 埋葬 매장(땅에 묻음)
- まいぞう 埋蔵 매장(묻혀 있음)
- まいぼつ 埋没 매몰

훈독
- う 埋める 묻다
- う 埋まる 묻히다
- う 埋もれる 묻히다
- うず 埋める (파)묻다
- う あ 埋め合わせる 벌충하다

음 まい　**훈** 埋める・埋まる・埋もれる

0936 脈 (小5) 줄기 맥

음독
- みゃくどう 脈動 맥동
- みゃくはく 脈拍 맥박
- みゃくみゃく 脈々 맥맥히
- さんみゃく 山脈 산맥
- じょうみゃく 静脈 정맥
- どうみゃく 動脈 동맥
- ぶんみゃく 文脈 문맥
- ようみゃく 葉脈 잎맥

음 みゃく

0937 眠 잘 면

음독
- えいみん 永眠 영면, 죽음
- とうみん 冬眠 동면
- すいみん 睡眠 수면
- ふみん 不眠 불면

훈독
- ねむ 眠い 졸리다, 자고 싶다
- ねむ 眠る 자다, 잠들다
- ねむ 眠たい 졸리다
- ねむけ 眠気 졸음

음 みん　**훈** 眠い・眠る

0938 勉 (小3) 힘쓸 면

음독
- べんがく 勉学 면학
- べんきょう 勉強 공부

훈독
- つと 勉める 힘쓰다, 노력하다

음 べん　**훈** 勉める

0939

冥 어두울 명

음독
- めいど 冥土 명토
- めいふく 冥福 명복
- みょうり 冥利 명리
- めいそう 冥想 명상
- めいおうせい 冥王星 명왕성

음 めい・みょう

0940

耗 소모할 모

음독
- しょうもう 消耗 소모

음 もう・こう

0941

畝 이랑 묘

훈독
- せ 畝 묘(30평)
- うね 畝 밭이랑 두둑

훈 せ・うね 畝・畝

0942

蚊 모기 문

훈독
- か 蚊 모기
- かや 蚊帳 모기장
- かとせんこう 蚊取り線香 모기향

훈 か 蚊

0943 紋 무늬 문

음독
- もんがら 紋柄 무늬 모양
- もんしょう 紋章 문장(어느 단체를 대표하는 무늬)
- もんよう 紋様 문양
- かもん 家紋 한 집안의 문장
- しもん 指紋 지문
- はもん 波紋 파문

음 もん

0944 敏 민첩할 민

음독
- びんかん 敏感 민감
- びんしょう 敏捷 민첩
- びんそく 敏速 민속
- びんわん 敏腕 민완
- えいびん 鋭敏 예민
- めいびん 明敏 명민
- きびん 機敏 기민
- かびん 過敏 과민

음 びん

0945 剝 벗길 박

음독
- さくはく 削剝 삭박
- はくせい 剝製 박제
- はくり 剝離 박리

훈독
- は 剝ぐ 벗기다
- は 剝がす 벗기다
- む 剝く 까다

✔ 이 한자는 「剝」 로도 쓰인다.

음 はく　훈 剝ぐ・剝く

0946 班 小6 나눌 반

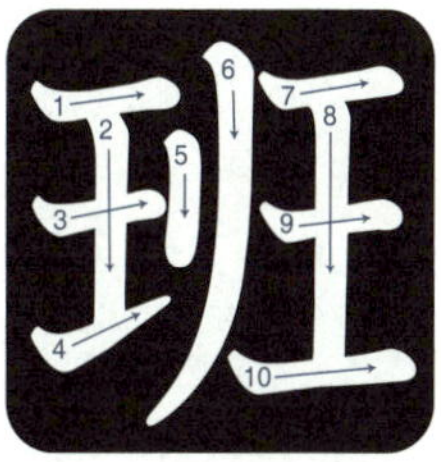

음독
- はんちょう 班長 반장
- はんべつ 班別 반별
- きゅうごはん 救護班 구호반

음 はん

0947 畔 — 밭두둑 반

음독 河畔(かはん) 강가, 강변　湖畔(こはん) 호반, 호숫가

음 はん

0948 般 — 일반 반

음독 一般(いっぱん) 일반　全般(ぜんぱん) 전반

음 はん

0949 紡 — 길쌈 방

음독 紡糸(ぼうし) 방사　紡織(ぼうしょく) 방직　紡錘(ぼうすい) 방추, 물레 가락　紡績(ぼうせき) 방적

훈독 紡(つむ)ぐ 실을 잣다

음 ぼう　**훈** 紡(つむ)ぐ

0950 倣 — 본뜰 방

음독 模倣(もほう) 모방

훈독 倣(なら)う 모방하다, 흉내내다

음 ほう　**훈** 倣(なら)う

0951

小3 곱 배

음독
- ばいか 倍加 배가
- ばいがく 倍額 배액
- ばいすう 倍数 배수
- ばい 倍する 배가 되다
- ばいりつ 倍率 배율
- ばいぞう 倍増 배증
- にばい 二倍 두배
- ひといちばい 人一倍 남보다 갑절

음 ばい

0952

小3 나눌/짝 배

음독
- はいかん 配管 배관
- はいきゅう 配給 배급
- はいたつ 配達 배달
- はいふ 配布 배포
- はいぶん 配分 배분
- はいりょ 配慮 배려
- しはい 支配 지배
- しんぱい 心配 근심, 걱정

훈독
- くば 配る 배분하다
- きくば 気配り 배려

음 はい　　**훈** 配る

0953

小6 배우 배

음독
- はいく 俳句 하이쿠
- はいゆう 俳優 배우

✔ はいく 俳句 : 일본 고유의 단시(短詩)

음 はい

0954

小3 병 병

음독
- びょういん 病院 병원
- びょうき 病気 병
- びょうしつ 病室 병실
- びょうじゃく 病弱 병약
- びょうにん 病人 환자
- かんびょう 看病 간병
- きゅうびょう 急病 급병
- じびょう 持病 지병
- しっぺい 疾病 질병
- じゅうびょう 重病 중병
- なんびょう 難病 난(치)병

훈독
- や 病む 병들다
- やまい 病 병
- や 病める 앓다
- やみつ 病み付き 병이 듦, 발병

음 びょう・へい　　**훈** 病む・病

0955 俸 녹봉

음독
- ほうきゅう 俸給 봉급
- ほうろく 俸禄 녹봉
- げんぽう 減俸 감봉
- ねんぽう 年俸 연봉

音 ほう

0956 峰 봉우리 봉

음독
- さいこうほう 最高峰 최고봉
- れいほう 霊峰 영봉, 신령스러운 산

훈독
- みね 峰 산봉우리

音 ほう　訓 みね 峰

0957 釜 가마솥 부

훈독
- かま 釜 가마솥
- かまめし 釜飯 솥밥
- ちゃがま 茶釜 차솥

音 ふ　訓 かま 釜

0958 浮 뜰 부

음독
- ふじょう 浮上 부상
- ふちん 浮沈 부침
- ふひょう 浮標 부표
- ふどうひょう 浮動票 부동표

훈독
- う く 浮く 뜨다
- う かれる 浮かれる 들뜨다
- う かぶ 浮かぶ 뜨다
- う かべる 浮かべる 띄우다
- う かす 浮かす 띄우다
- う き 浮き 튜브
- うきぎ 浮木 부목
- うきよえ 浮世絵 풍속화

톡
- うわ つく 浮つく 들뜨다
- うわき 浮気 바람기

音 ふ　訓 浮く・浮かれる・浮かぶ・浮かべる 浮

0959

쪼갤 부

음독 かいぼう 解剖 해부

음 ぼう

0960

小5 가루 분

음독 ふんさい 粉砕 분쇄 · ふんにゅう 粉乳 분유 · ふんまつ 粉末 분말 · かふん 花粉 꽃가루
じゅふん 受粉 수분, 가루받이 · せいふん 製粉 제분

훈독 こな 粉 가루 · こなごな 粉々 산산조각 · こなゆき 粉雪 가랑눈 · こむぎこ 小麦粉 밀가루
ひのこ 火の粉 불똥, 불티

음 ふん　　**훈** こな·こ 粉·粉

0961

어지러울 분

음독 ふんきゅう 紛糾 분규 · ふんしつ 紛失 분실 · ふんそう 紛争 분쟁 · ふんぷん 紛々 분분함

훈독 まぎれる 紛れる 혼동되다 · まぎらす 紛らす 혼동시키다 · まぎらわす 紛らわす 혼동시키다
まぎらわしい 紛らわしい 혼동하기 쉽다

음 ふん　　**훈** 紛れる·紛らす·紛らわす·紛らわしい

0962

小6 숨길 비

음독 ひきょう 秘境 비경 · ひさく 秘策 비책 · ひしょ 秘書 비서 · ひぞう 秘蔵 비장
ひみつ 秘密 비밀 · ひわ 秘話 비화 · ごくひ 極秘 극비 · しんぴ 神秘 신비

훈독 ひ 秘める 숨기다, 감추다

음 ひ　　**훈** 秘める

0963 물가 빈

- 음독: <ruby>海浜<rt>かいひん</rt></ruby> 해변, 바닷가
- 훈독: <ruby>浜<rt>はま</rt></ruby> 물가　<ruby>浜辺<rt>はまべ</rt></ruby> 바닷가　<ruby>砂浜<rt>すなはま</rt></ruby> 모래 해변

음 ひん　훈 <ruby>浜<rt>はま</rt></ruby>　濱

0964 부추길 사

- 음독: <ruby>教唆<rt>きょうさ</rt></ruby> 교사　<ruby>示唆<rt>しさ</rt></ruby> 시사
- 훈독: <ruby>唆す<rt>そそのか</rt></ruby> 부추기다

음 さ　훈 <ruby>唆す<rt>そそのか</rt></ruby>

0965 小5 스승 사

- 음독: <ruby>師弟<rt>してい</rt></ruby> 사제　<ruby>師範<rt>しはん</rt></ruby> 사범　<ruby>医師<rt>いし</rt></ruby> 의사　<ruby>恩師<rt>おんし</rt></ruby> 은사
  <ruby>技師<rt>ぎし</rt></ruby> 기사, 기술자　<ruby>教師<rt>きょうし</rt></ruby> 교사　<ruby>講師<rt>こうし</rt></ruby> 강사　<ruby>漁師<rt>りょうし</rt></ruby> 어부
- 특: <ruby>師走<rt>しわす</rt></ruby> 섣달, 12월

음 し

0966 小6 쏠 사

- 음독: <ruby>射撃<rt>しゃげき</rt></ruby> 사격　<ruby>射殺<rt>しゃさつ</rt></ruby> 사살　<ruby>射手<rt>しゃしゅ</rt></ruby> 사수, 궁수　<ruby>注射<rt>ちゅうしゃ</rt></ruby> 주사
  <ruby>発射<rt>はっしゃ</rt></ruby> 발사　<ruby>反射<rt>はんしゃ</rt></ruby> 반사　<ruby>放射能<rt>ほうしゃのう</rt></ruby> 방사능
- 훈독: <ruby>射る<rt>い</rt></ruby> 쏘다　<ruby>射手座<rt>いてざ</rt></ruby> 사수좌

음 しゃ　훈 <ruby>射る<rt>い</rt></ruby>

0967 殺

小5 죽일 살 · 빠를 쇄

음독
- さつい 殺意 살의
- さっき 殺気 살기
- さつじん 殺人 살인
- さっとう 殺到 쇄도
- さつばつ 殺伐 살벌
- さっぷうけい 殺風景 살풍경
- せっしょう 殺生 살생
- あんさつ 暗殺 암살
- ひっさつ 必殺 필살
- そうさい 相殺 상쇄

훈독
- ころす 殺す 죽이다
- みごろし 見殺し 남이 죽어가는 것을 못 본 체함

음 さつ・さい・せつ 훈 殺す

0968 挿

꽂을 삽

음독
- そうが 挿画 삽화
- そうにゅう 挿入 삽입
- そうわ 挿話 삽화, 에피소드

훈독
- さす 挿す 꽂다
- さしえ 挿絵 삽화
- さしき 挿し木 꺾꽂이
- さしぐし 挿し櫛 머리 장식용 빗

음 そう 훈 挿す

0969 桑

뽕나무 상

음독
- そうえん 桑園 상원, 뽕밭
- そうでん 桑田 상전, 뽕밭

훈독
- くわ 桑 뽕나무
- くわばたけ 桑畑 뽕밭

음 そう 훈 桑

0970 祥

상서 상

음독
- しょうずい 祥瑞 상서, 길조
- しょうつきめいにち 祥月命日 기일(忌日)

음 しょう

10획

0971 찾을 색 · 새끼줄 삭

음독
さくいん 索引 색인　さくぜん 索然 삭연, 삭막함　さくばく 索漠 삭막　けんさく 検索 검색
そうさく 捜索 수색　たんさく 探索 탐색　もさく 模索 모색　しさく 思索 사색

음 さく

0972 갈 서

음독
せいきょ 逝去 서거　きゅうせい 急逝 급서

훈독 ゆ 逝く 죽다

음 せい　훈 逝く

逝

0973 小2 글 서

음독
しょが 書画 서화　しょさい 書斎 서재　しょどう 書道 서예　しょめい 書名 서명
しょだな 書棚 서가　しょもつ 書物 서적, 책　がんしょ 願書 원서　じしょ 辞書 사전
としょ 図書 도서　とうしょ 投書 투서　どくしょ 読書 독서

훈독
か 書く 쓰다　かきとめ 書留 등기 우편　かきそこ 書き損なう 잘못쓰다
たてが 縦書き 세로쓰기　よこが 横書き 가로쓰기

특 ふみ 書 책

음 しょ　훈 か 書く

0974 천천할 서

음독
じょこう 徐行 서행　じょじょ 徐々に 서서히, 천천히

특 おもむろ 徐に 천천히

음 じょ

0975 席 — 자리 석 (小4)

음독
- 席順 せきじゅん 석순, 석차
- 席巻 せっけん 석권
- 客席 きゃくせき 객석
- 空席 くうせき 공석
- 欠席 けっせき 결석
- 座席 ざせき 좌석
- 出席 しゅっせき 출석
- 即席 そくせき 즉석
- 退席 たいせき 퇴석
- 着席 ちゃくせき 착석

음 せき

0976 扇 — 부채 선

음독
- 扇形 せんけい 선형, 부채 모양
- 扇状地 せんじょうち 선상지
- 扇情的 せんじょうてき 선정적
- 扇子 せんす 쥘부채(접었다 폈다 하는 부채)
- 扇動 せんどう 선동
- 扇風機 せんぷうき 선풍기

훈독
- 扇 おうぎ 쥘부채

특
- 団扇 うちわ 부채

음 せん **훈** 扇 おうぎ

0977 宵 — 밤 소

음독
- 春宵 しゅんしょう 봄밤

훈독
- 宵闇 よいやみ 땅거미

음 しょう **훈** 宵 よい

0978 素 — 본디/흴 소 (小5)

음독
- 素行 そこう 소행, 품행
- 素材 そざい 소재
- 素地 そじ 소지
- 素質 そしつ 소질
- 簡素 かんそ 간소
- 酸素 さんそ 산소
- 質素 しっそ 질소
- 要素 ようそ 요소
- 素足 すあし 맨발
- 素顔 すがお 민낯
- 素直 すなお 정직
- 素肌 すはだ 맨살

특
- 素人 しろうと 초보자

음 そ・す

10획

0979

小3 사라질 소

음독
- 消化不良 소화 불량
- 消火用水 소화 용수
- 消去 소거
- 消極的 소극적
- 消灯 소등
- 消毒 소독
- 消費 소비
- 消防 소방
- 解消 해소

훈독
- 消える ① 없어지다 ② (불이) 꺼지다
- 消す ① 없애다 ② 끄다
- 消印 소인

음 しょう　**훈** 消える・消す

0980

小4 웃음 소

음독
- 苦笑 쓴웃음
- 談笑 담소
- 微笑 미소

훈독
- 笑う 웃다
- 笑む 미소 짓다
- 笑い話 우스개 이야기
- 泣き笑い 울고 웃음
- 苦笑い 쓴웃음

특
- 笑顔 웃는 얼굴
- 笑窪 보조개
- 笑壺 함박웃음
- 可笑しい 우습다

음 しょう　**훈** 笑う・笑む

0981

小3 빠를 속

음독
- 速成 속성
- 速達 속달
- 速度 속도
- 速報 속보
- 速記 속기
- 加速 가속
- 急速 급속
- 時速 시속

훈독
- 速い 빠르다
- 速める 서두르다
- 速やかだ 신속하다

음 そく　**훈** 速い・速める・速やかだ

0982

小4 손자 손

음독
- 子孫 자손
- 子々孫々 자자손손, 자손대대

훈독
- 孫 손자
- 孫娘 손녀
- 孫子 손자와 아들
- 孫引き 재인용
- 孫の手 효자손

음 そん　**훈** 孫

0983 衰 쇠할 쇠

음독
- すいざん 衰残 쇠잔
- すいじゃく 衰弱 쇠약
- すいたい 衰退 쇠퇴
- すいぼう 衰亡 쇠망
- せいすい 盛衰 성쇠
- ろうすい 老衰 노쇠

훈독
- おとろえる 衰える 쇠퇴하다, 쇠약해지다

音 すい　訓 衰える

0984 殊 다를 수

음독
- しゅくん 殊勲 수훈
- しゅしょう 殊勝 특히 뛰어남
- とくしゅ 特殊 특수

훈독
- ことに 殊に 특별히, 특히
- ことさら 殊更 일부러

音 しゅ　訓 殊

0985 修 小5 닦을 수

음독
- しゅうがく 修学 수학(학문을 닦음)
- しゅうし 修士 석사
- しゅうせい 修正 수정
- しゅうりょう 修了 수료
- しゅぎょう 修行 수행
- かいしゅう 改修 개수, 수리
- けんしゅう 研修 연수
- ひっしゅう 必修 필수

훈독
- おさめる 修める 수양하다
- おさまる 修まる 품행이 바로잡히다

音 しゅう・しゅ　訓 修める・修まる

0986 袖 소매 수

음독
- しゅうしゅぼうかん 袖手傍観 수수방관

훈독
- そで 袖 소매
- そでなし 袖無し 민소매
- そでぐち 袖口 소맷부리
- ながそで 長袖 긴 소매

音 しゅう　訓 袖

0987

순수할 **粋**

- 음독: 粋人 풍류인　純粋 순수　抜粋 발췌
- 훈독: 粋 세련되고 멋있음

음 すい　　훈 粋

0988

찾을 **捜**

- 음독: 捜査 수사　捜索 수색
- 훈독: 捜す 찾다

＊さがす

捜す 보이지 않게 된 것을 찾다 → 犯人を捜す 범인을 찾다
探す 원하는 것을 찾다 → 本を探す 책을 찾다

음 そう　　훈 捜す

0989

따라죽을 **殉**

- 음독: 殉教 순교　殉死 순사　殉職 순직　殉ずる 목숨을 바치다

음 じゅん

0990

小6 순수할 **純**

- 음독: 純愛 순애　純金 순금　純情 순정　純真 순진　純粋 순수　純朴 순박　清純 청순　単純 단순　不純物 불순물

음 じゅん

0995

小4 책상 안

음독
- あんがい 案外 뜻밖
- あんけん 案件 안건
- あんない 案内 안내
- げんあん 原案 원안
- こうあん 考案 고안
- しあん 思案 사안
- ずあん 図案 도안
- ていあん 提案 제안
- とうあん 答案 답안
- めいあん 名案 명안
- あんのじょう 案の定 예상대로
- あんずるに 案ずるに 생각건대

특 かかし 案山子 허수아비

음 あん

0996

칠 애

음독
- あいさつ 挨拶 인사

음 あい

0997

小5 앵두 앵

음독
- おうか 桜花 벚꽃
- おうとう 桜桃 앵두

훈독
- さくら 桜 벚꽃
- さくらいろ 桜色 연분홍색
- やまざくら 山桜 산에 피는 벚꽃
- はざくら 葉桜 새잎이 날 무렵의 벚나무
- やえざくら 八重桜 겹벚나무

음 おう   훈 さくら

0998

小2 약할 약

음독
- じゃくしょう 弱小 약소
- じゃくてん 弱点 약점
- じゃくにくきょうしょく 弱肉強食 약육강식
- じゃくねん 弱年 약년
- じゃっかん 弱冠 약관
- きょうじゃく 強弱 강약
- びょうじゃく 病弱 병약
- ひんじゃく 貧弱 빈약

훈독
- よわい 弱い 약하다
- よわまる 弱まる 약해지다
- よわる 弱る 약해지다
- よわめる 弱める 약하게 하다
- よわき 弱気 무기력함
- よわね 弱音 약한 소리
- よわむし 弱虫 겁쟁이

음 じゃく   훈 弱い・弱る・弱まる・弱める

0999 俺 나 암

- 훈독: 俺(おれ) 나(남자)
- 훈: 俺(おれ)

1000 宴 잔치 연

- 음독: 宴会(えんかい) 연회 / 宴席(えんせき) 연(회)석 / 酒宴(しゅえん) 주연 / 祝宴(しゅくえん) 축(하)연
- 특: 宴(うたげ) 연회
- 음: えん

1001 悦 기쁠 열

- 음독: 悦楽(えつらく) 기뻐하며 즐김 / 喜悦(きえつ) 희열
- 음: えつ

1002 悟 깨달을 오

- 음독: 覚悟(かくご) 각오
- 훈독: 悟(さと)る 깨닫다
- 음: ご
- 훈: 悟(さと)る

10획

1003 娛 즐길 오

- 음독: 娛楽(ごらく) 오락
- 音: ご

1004 翁 늙은이 옹

- 음독: 老翁(ろうおう) 늙은 남자
- 音: おう

1005 浴 (小4) 목욕할 욕

- 음독: 浴室(よくしつ) 욕실　浴槽(よくそう) 욕조　海水浴(かいすいよく) 해수욕　森林浴(しんりんよく) 삼림욕　日光浴(にっこうよく) 일광욕　入浴(にゅうよく) 입욕
- 훈독: 浴びる(あびる) 뒤집어쓰다　浴びせる(あびせる) 들씌우다　水浴び(みずあび) 물을 끼얹음
- 특: 浴衣(ゆかた) 긴 무명 홑옷　湯浴み(ゆあみ) 입욕, 목욕
- 音: よく　訓: 浴びる・浴びせる

1006 辱 욕될 욕

- 음독: 屈辱(くつじょく) 굴욕　恥辱(ちじょく) 치욕　侮辱(ぶじょく) 모욕　汚辱(おじょく) 오욕　雪辱(せつじょく) 설욕
- 훈독: 辱める(はずかしめる) 모욕하다
- 특: 辱い(かたじけない) 송구스럽다
- 音: じょく　訓: 辱める

1007 容

小5 얼굴 용

음독
- ようい 容易 용이
- ようき 容器 용기
- ようぎしゃ 容疑者 용의자
- ようせき 容積 용적
- けいよう 形容 형용
- ないよう 内容 내용
- びよう 美容 미용

음 よう

1008 原

小2 언덕 원

음독
- げんあん 原案 원안
- げんいん 原因 원인
- げんこう 原稿 원고
- げんさく 原作 원작
- げんしょく 原色 원색
- げんそく 原則 원칙
- げんり 原理 원리
- げんりょう 原料 원료
- そうげん 草原 초원
- へいげん 平原 평원
- せつげん 雪原 설원
- こうげん 高原 고원

훈독
- はら 原 들판
- のはら 野原 들, 들판
- うなばら 海原 넓은 바다

특
- かわら 河原 강가 모래밭

음 げん   **훈** はら 原

1009 員

小3 인원 원

음독
- いんずう 員数 정원
- かいいん 会員 회원
- きょういん 教員 교원
- こうむいん 公務員 공무원
- しゃいん 社員 사원
- ぜんいん 全員 전원
- ていいん 定員 정원
- まんいん 満員 만원

음 いん

1010 院

小3 집 원

음독
- いんちょう 院長 원장
- いんない 院内 원내
- いいん 医院 의원
- じいん 寺院 사원, 절
- つういん 通院 통원
- びょういん 病院 병원
- にゅういん 入院 입원

음 いん

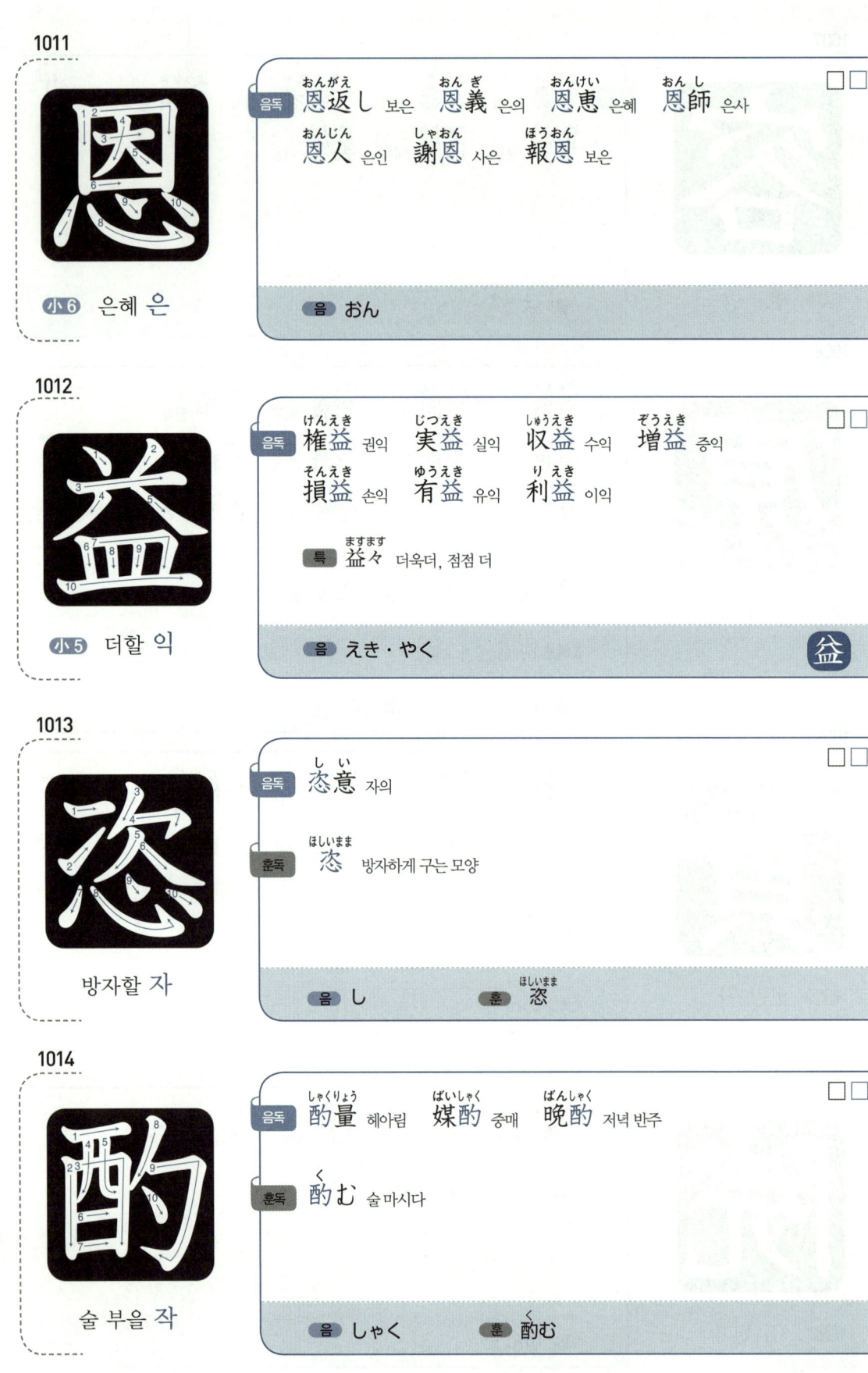

1015

小4 남을 잔

음독
- ざんがい 残骸 잔해
- ざんぎゃく 残虐 잔학
- ざんぎょう 残業 잔업
- ざんこく 残酷 잔혹
- ざんせつ 残雪 잔설
- ざんしょ 残暑 늦더위
- ざんだか 残高 잔고
- ざんねん 残念 유감스러움, 아쉬움

훈독
- のこる 残る 남다
- のこす 残す 남기다
- のこりもの 残り物 남은 물건

특
- なごり 名残 여운, 흔적

음 ざん **훈** 残る・残す

1016

사다리 잔

음독
- さんばし 桟橋 구름다리, 선창, 부두
- さんどう 桟道 벼랑길

특
- さじき 桟敷 높게 만든 관람석

음 さん

1017

小6 누에 잠

음독
- さんし 蚕糸 잠사
- さんしょく 蚕食 잠식
- さんぎょう 蚕業 (양)잠업
- ようさん 養蚕 양잠

훈독
- かいこ 蚕 누에

특
- こがい 蚕飼 양잠

음 さん **훈** 蚕

1018

小6 장수 장

음독
- しょうぎ 将棋 장기
- しょうぐん 将軍 장군
- しょうこう 将校 장교
- しょうへい 将兵 장병
- しょうらい 将来 장래
- しゅしょう 主将 주장
- だいしょう 大将 대장
- めいしょう 名将 명장

특
- はたまた 将又 또는, 아니면

음 しょう

1019 栽 심을 재

음독
- さいばい 栽培 재배
- ぼんさい 盆栽 분재
- せんざい 前栽 텃밭

음 さい

1020 財 재물 재 (小5)

음독
- ざいげん 財源 재원
- ざいさん 財産 재산
- ざいせい 財政 재정
- ざいばつ 財閥 재벌
- かざい 家財 가재
- しざい 私財 사재
- ぶんかざい 文化財 문화재
- さいふ 財布 지갑

음 ざい・さい

1021 宰 재상 재

음독
- さいしょう 宰相 재상
- しゅさい 主宰 주재

음 さい

1022 栓 마개 전

음독
- せん 栓 마개
- せんぬき 栓抜き 병따개
- しょうかせん 消火栓 소화전

음 せん

1023 展 (小6) 펼 전

음독
- てんかい 展開 전개
- てんじ 展示 전시
- てんぼう 展望 전망
- てんらんかい 展覧会 전람회
- てんぼうだい 展望台 전망대
- はってん 発展 발전

음 てん

1024 庭 (小3) 뜰 정

음독
- ていえん 庭園 정원
- こうてい 校庭 교정
- かてい 家庭 가정

훈독
- にわ 庭 마당
- なかにわ 中庭 중정, 안뜰

음 てい **훈** 庭 にわ

1025 除 (小6) 덜 제

음독
- じょがい 除外 제외
- じょきょ 除去 제거
- じょせつ 除雪 제설
- じょめい 除名 제명
- かいじょ 解除 해제
- そうじ 掃除 청소

훈독
- のぞく 除く 없애다
- とりのぞく 取り除く 치우다, 제거하다
- のぞける 除ける 해치우다
- のけもの 除け者 따돌림 받는 사람

음 じょ・じ **훈** 除く のぞく

1026 剤 약제 제

음독
- えきざい 液剤 물약
- さんざい 散剤 가루약
- じょうざい 錠剤 정제, 알약
- げざい 下剤 설사약
- せんざい 洗剤 세제
- かくせいざい 覚醒剤 각성제
- せいりょうざい 清涼剤 청량제
- ちょうざい 調剤 조제

음 ざい

劑

1027

조세 조

음독: 租税 조세

음: そ

1028

小5 지을 조

음독: 造花 조화　造船 조선　造作無い 손쉽다　改造 개조
創造 창조　無造作 손쉽게 하는 모양　構造 구조　製造 제조

훈독: 造る 만들다

음: ぞう　훈: 造る

1029

小6 좇을 종

음독: 従業員 종업원　従事 종사　従順 순종　従属 종속
従来 종래, 종전　主従 주종　追従 추종　服従 복종

훈독: 従う 따르다　従える 거느리다　従って 그러므로, 따라서

특: 従兄弟 사촌 형제　従姉妹 사촌 자매

음: じゅう・しょう・じゅ　훈: 従う・従える　従

1030

꺾을 좌

음독: 挫折 좌절　挫傷 좌상(타박상)

훈독: 挫く 삐다　挫ける 꺾이다

음: ざ　훈: 挫く

1031 座 (자리 좌) 小6

음독
- ざしき 座敷 다다미 방
- ざせき 座席 좌석
- ざだんかい 座談会 좌담회
- せいざ 星座 성좌, 별자리
- いちざ 一座 동석
- せいざ 正座 정좌
- こうざ 講座 강좌
- こうざ 口座 구좌
- どげざ 土下座 납작 엎드려 절함

훈독
- すわる 座る 앉다

특
- またぐら 股座 다리 가랑이
- あぐら 胡座 책상다리

音 ざ　**訓** 座る

1032 珠 (구슬 주)

음독
- しゅぎょく 珠玉 주옥
- しゅざん 珠算 주산
- しんじゅ 真珠 진주

音 しゅ

1033 株 (그루 주) 小6

훈독
- かぶ 株 ①그루, 포기 ②주식
- かぶか 株価 주가
- かぶしき 株式 주식
- かぶぬし 株主 주주
- ふるかぶ 古株 고참
- きりかぶ 切り株 그루터기

訓 株

1034 酒 (술 주) 小3

음독
- いんしゅ 飲酒 음주
- うめしゅ 梅酒 매실주
- きんしゅ 禁酒 금주
- ようしゅ 洋酒 양주

훈독
- さけ 酒 술
- さかば 酒場 술집
- さかけ 酒気 술기운
- さかや 酒屋 주류 판매업
- さかもり 酒盛り 술잔치
- あまざけ 甘酒 단술

音 しゅ　**訓** 酒・酒

1035

酎 진한 술 **주**

음독 しょうちゅう 焼酎 소주

音 ちゅう

1036

准 비준 **준**

음독 じゅん 准ずる 준하다　じゅんかんごし 准看護師 준간호사　ひじゅん 批准 비준

音 じゅん

1037

症 증세 **증**

음독 しょうこうぐん 症候群 증후군　しょうじょう 症状 증상　えんしょう 炎症 염증　けいしょう 軽症 경증
じゅうしょう 重症 중증　こういしょう 後遺症 후유증

音 しょう

1038

脂 기름 **지**

음독 しふん 脂粉 지분　しぼう 脂肪 지방　じゅし 樹脂 수지　だっし 脱脂 탈지　ゆし 油脂 유지

훈독 あぶら 脂 (동물의) 지방, 기름　あぶらあせ 脂汗 진땀, 비지땀

특 やに 脂 나무의 진, 수지

音 し　　訓 あぶら 脂

286

1039

小2 종이 지

음독
- し へい　紙幣 지폐
- し へん　紙片 종잇조각
- し めん　紙面 지면
- いん し　印紙 인지
- しき し　色紙 색지
- はく し　白紙 백지
- ひょう し　表紙 표지
- よう し　用紙 용지

훈독
- かみ　紙 종이
- かみくず　紙屑 휴지
- かみ ま　紙巻き 종이로 접은 담배(궐련)
- かみひと え　紙一重 근소한 차이
- お がみ　折り紙 종이접기
- て がみ　手紙 편지

특
- いかのぼり　紙鳶 연
- こ より　紙縒 종이 노끈

음 し　　**훈** 紙 (かみ)

1040

떨칠 진

음독
- しんどう　振動 진동
- しんぷく　振幅 진폭
- しんこう　振興 진흥

훈독
- ふ　振る 흔들다
- ふる　振う 휘두르다
- ふりかえ　振替 대체, (임시로) 바꿈

음 しん　　**훈** 振る・振う

1041

진칠 진

음독
- じんえい　陣営 진영
- じん ち　陣地 진지
- じんちゅう　陣中 진중
- じんとう　陣頭 진두
- じんつう　陣痛 진통
- てきじん　敵陣 적진
- ふ じん　布陣 포진
- たいじん　退陣 퇴진

음 じん

1042

小3 참 진

음독
- しんい 真意 진의
- しんくう 真空 진공
- しんじゅ 真珠 진주
- しんじつ 真実 진실
- しんそう 真相 진상
- しんり 真理 진리
- しゃしん 写真 사진
- じゅんしん 純真 순진

훈독
- まこと 真 진심
- まごころ 真心 진심
- まじめ 真面目 성실함
- まね 真似 흉내
- まひる 真昼 대낮
- まよなか 真夜中 한밤중
- まみず 真水 담수, 단물
- まみなみ 真南 정남향
- まっか 真っ赤 새빨감
- まっさお 真っ青 새파람
- まっさき 真っ先 맨앞
- まんなか 真ん中 한가운데

음 しん **훈** 真・真

1043

병 질

음독
- しっかん 疾患 질환
- しっぺい 疾病 질병
- しっそう 疾走 질주
- しっぷう 疾風 질풍

특
- と 疾うに 벌써, 이미
- と 疾く 빨리, 급히
- はやて 疾風 질풍

✔ 「疾風」는 「しっぷう」로도 「はやて」로도 읽는다.

음 しつ

1044

차례 질

음독
- ちつじょ 秩序 질서

음 ちつ

1045

나 짐

음독
- ちん 朕 짐(왕의 자칭)

음 ちん

1046 差 — 小4 다를 차

음독
- 差異 차이
- 差益 차익
- 差額 차액
- 差別 차별
- 誤差 오차
- 交差 교차
- 大差 대차
- 点差 점수 차이
- 落差 낙차

훈독
- 差す 비치다
- 日差し 햇살
- 差し支える 지장을 주다

음 さ 훈 差す

1047 借 — 小4 빌릴 차

음독
- 借金 빚
- 借地 차지
- 借家 차가
- 借用 차용
- 貸借 대차

훈독
- 借りる 빌리다
- 間借り 방을 빌림

음 しゃく 훈 借りる

1048 捉 — 잡을 착

음독
- 捕捉 포착

훈독
- 捉える 붙잡다

음 そく 훈 捉える

1049 倉 — 小4 곳집 창

음독
- 船倉 선창
- 穀倉地帯 곡창지대

훈독
- 倉 곳간, 창고
- 胸倉 멱살

✓ 「船倉」은 「せんそう」로도 「ふなぐら」로도 읽는다.

음 そう 훈 倉

1050 쓸쓸할 처

음독: 凄絶(せいぜつ) 처절　凄惨(せいさん) 처참　凄涼(せいりょう) 처량

훈독: 凄(すさ)まじい 어마어마하다　凄(すご)い 무섭다

음 せい　훈 凄まじい・凄い

1051 등마루 척

음독: 脊椎(せきつい) 척추　脊髄(せきずい) 척수

음 せき

1052 외짝 척

음독: 隻(せき) 척　一隻(いっせき)の船(ふね) 한 척의 배　隻眼(せきがん) 애꾸눈

음 せき

1053 칠 척

음독: 進捗(しんちょく) 진척

훈독: 捗(はかど)る 진척되다

✔ 이 한자는 「捗」로도 쓰인다.

음 ちょく　훈 捗る

1054

哲 밝을 철

음독 てつがく 哲学 철학   てつじん 哲人 철학자

음 てつ

1055

遞 갈릴 체

음독 ていげん 遞減 체감   ていしん 遞信 체신   ていぞう 遞増 체증

음 てい

1056

畜 짐승 축

음독 ちくさん 畜産 축산   ちくしゃ 畜舎 축사   ちくしょう 畜生 짐승   かちく 家畜 가축
ぼくちく 牧畜 목축

음 ちく

1057

逐 쫓을 축

음독 ちくいち 逐一 차례로, 낱낱이   ちくじ 逐次 차례차례로   ちくじつ 逐日 날마다
くちく 駆逐 구축

음 ちく

1058

小6 값 치

음독
- か ち　価値 가치
- すう ち　数値 수치
- へいきん ち　平均値 평균치

훈독
- あたい　値 값, 가치
- ね あ　値上げ 인상
- ね う　値打ち 값, 가치
- ね だん　値段 가격
- ね び　値引き 값을 깎음
- ね ふだ　値札 가격표
- う ね　売り値 파는 값
- たか ね　高値 고가
- はん ね　半値 반값
- やす ね　安値 염가, 헐값

음 ち　　훈 ね・あたい 値・値

1059

부끄러울 치

음독
- ち じょく　恥辱 치욕
- ち ぶ　恥部 치부
- は れん ち　破廉恥 파렴치
- む ち　無恥 부끄러움을 모름

훈독
- はじ　恥 부끄러움
- は　恥じる 부끄러워하다
- は　恥じらう 부끄러워하다
- は　恥ずかしい 부끄럽다

음 ち　　훈 恥・恥じる・恥じらう・恥ずかしい

1060

이를 치

음독
- ち し　致死 치사
- ち めいてき　致命的 치명적
- いっ ち　一致 일치
- がっ ち　合致 합치
- きょく ち　極致 극치
- ゆう ち　誘致 유치

훈독
- いた　致す 이르게 하다, 보내다

음 ち　　훈 致す

1061

小6 바늘 침

음독
- しん ろ　針路 침로
- し しん　指針 지침
- びょう しん　秒針 초침
- ちょう しん　長針 장침, 분침
- たん しん　短針 단침, 시침
- けん しん　検針 검침
- ひらい しん　避雷針 피뢰침

훈독
- はり　針 바늘, 침
- はりがね　針金 철사

＊しんろ

針路 배나 비행기가 나아가는 방향 → 針路を北東へ向ける 침로를 북동으로 향하다
進路 앞으로 나아갈 길 → 卒業後の進路を見いだす 졸업 후의 진로를 찾아내다

음 しん　　훈 はり 針

1062 浸 잠길 침

음독
- しんすい 浸水 침수
- しんしょく 浸食 침식
- しんとう 浸透 침투
- しんにゅう 浸入 침입

훈독
- ひた 浸す 담그다
- ひた 浸る 잠기다

음 しん　훈 浸す・浸る　浸

1063 称 일컬을 칭

음독
- しょうごう 称号 칭호
- しょうさん 称賛 칭찬
- こしょう 呼称 호칭
- かしょう 仮称 가칭
- いちにんしょう 一人称 1인칭
- たいしょう 対称 대칭

훈독
- たた 称える 기리다, 칭송하다
- 특 となえる 称える 칭하다, 일컫다

음 しょう　훈 称える　稱

1064 託 부탁할 탁

음독
- たくじしょ 託児所 탁아소
- たくそう 託送 탁송
- いたく 委託 위탁
- きょうたく 供託 공탁
- しょくたく 嘱託 촉탁
- しんたく 信託 신탁

- 특 かこつ 託つ 한탄하다, 푸념하다

음 たく

1065 泰 클 태

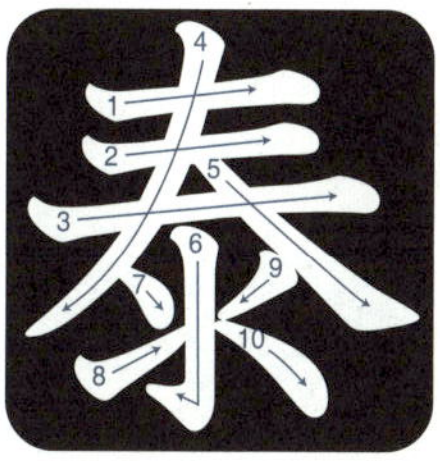

음독
- たいぜん 泰然 태연
- たいへい 泰平 태평

음 たい

1066

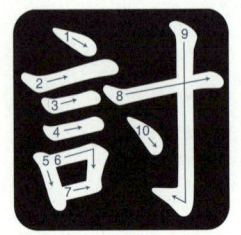

小6 칠 토

| 음독 | とうぎ 討議 토의　とうばつ 討伐 토벌　とうろん 討論 토론　けんとう 検討 검토 |

| 훈독 | う 討つ 토벌하다 |

음 とう　　**훈** 討つ

1067

小2 통할 통

| 음독 | つうか 通貨 통화　つうか 通過 통과　つうがく 通学 통학　つうこう 通行 통행
つうしん 通信 통신　きょうつう 共通 공통　こうつう 交通 교통　つうや 通夜 밤샘, 철야 |

| 훈독 | とお 通る 지나다　とお 通す 통과시키다　かよ 通う 다니다
とおみち 通り道 다니는 길, 지나는 길　かぜとお 風通し 통풍 |

음 つう・つ　　**훈** 通る・通す・通う　　通

1068

사무칠 투

| 음독 | とうし 透視 투시　とうしゃ 透写 투사　とうてつ 透徹 투철　とうめい 透明 투명
しんとう 浸透 침투 |

| 훈독 | す 透く 틈이 생기다　す 透かす 틈새를 내다　す 透ける 비쳐 보이다　すま 透き間 빈틈 |

음 とう　　**훈** 透く・透かす・透ける　　

1069

小4 특별할 특

| 음독 | とくい 特異 특이　とくぎ 特技 특기　とくしょく 特色 특색　とくちょう 特徴 특징
とくべつ 特別 특별　とっか 特価 특가　とっきゅう 特急 특급　とっきょ 特許 특허
とっけん 特権 특권　どくとく 独特 독특 |

음 とく

1070

小5 깨뜨릴 파

음독
- 破壊 파괴 (はかい)
- 破格 파격 (はかく)
- 破棄 파기 (はき)
- 破産 파산 (はさん)
- 破損 파손 (はそん)
- 撃破 격파 (げきは)
- 走破 주파 (そうは)
- 打破 타파 (だは)

훈독
- 破る 찢다, 부수다 (やぶる)
- 破れる 찢어지다, 부서지다 (やぶれる)
- 型破り 파격적임 (かたやぶり)

*やぶれる
- 破れる 부서지다, 망가지다 → 紙が破れる 종이가 찢어지다
- 敗れる 패배하다 → 試合に敗れる 시합에 지다

음 は　　훈 破る・破れる

1071

염불소리 패

훈독
- 唄 노래 (うた)

음 ばい　　훈 唄

1072

小6 대궐섬돌 폐

음독
- 陛下 폐하 (へいか)

음 へい

1073 개 포

- 음독: ほ 浦 물가, 바닷가
- 훈독: うら 浦 포구 / うらべ 浦辺 해변 / つつうらうら 津々浦々 방방곡곡

음 ほ　훈 うら 浦

1074 대포 포

- 음독:
  - ほうか 砲火 포화 / ほうがん 砲丸 포환 / ほうげき 砲撃 포격 / ほうだい 砲台 포대
  - じゅうほう 銃砲 총포 / てっぽう 鉄砲 총, 총포류 / はっぽう 発砲 발포 / むてっぽう 無鉄砲 무모함

음 ほう

1075 먹일 포

- 음독: ほにゅう 哺乳 포유 / ほいく 哺育 포육(새끼를 기름)

음 ほ

1076 잡을 포

- 음독:
  - ほかく 捕獲 포획 / ほげい 捕鯨 포경, 고래잡이 / ほそく 捕捉 포착 / ほばく 捕縛 포박
  - ほりょ 捕虜 포로
- 훈독:
  - とらえる 捕らえる (붙)잡다 / とらわれる 捕われる 붙잡히다 / とる 捕る 잡다, (열매 등을) 따다
  - つかまえる 捕まえる (붙)잡다 / つかまる 捕まる (붙)잡히다

음 ほ　훈 とらえる・とらわれる・とる・つかまえる・つかまる 捕らえる・捕われる・捕る・捕まえる・捕まる

1077 俵

小6 나누어 줄 표

음독
- ど ひょう　土俵 씨름판

훈독
- たわら　俵 섬, 가마니
- こめだわら　米俵 쌀가마니

| 음 | ひょう | 훈 | 俵 |

1078 被

입을 피

음독
- ひ がい　被害 피해
- ひ ぎしゃ　被疑者 피의자
- ひ こく　被告 피고
- ひ しゃたい　被写体 피사체
- ひ せんきょけん　被選挙権 피선거권
- ひ ばく　被爆 피폭
- ひ ふく　被服 피복, 의복

훈독
- こうむる　被る 입다, 받다

특
- かずく　被く 머리에 쓰다
- かぶせる　被せる 씌우다
- かぶる　被る 뒤집어쓰다

| 음 | ひ | 훈 | 被る |

1079 疲

피곤할 피

음독
- ひ へい　疲弊 피폐
- ひ ろう　疲労 피로

훈독
- つかれる　疲れる 지치다
- つからす　疲らす 지치게 하다

| 음 | ひ | 훈 | 疲れる・疲らす |

1080 荷

小3 멜 하

음독
- か たん　荷担 가담
- にゅう か　入荷 입하
- しゅっ か　出荷 출하

훈독
- に　荷 짐
- に ぐるま　荷車 짐수레
- に だい　荷台 짐받이
- に づくり　荷造り 짐을 꾸림
- に ぬし　荷主 짐 주인
- に もつ　荷物 짐

특
- いなり　稲荷 오곡신의 하나

| 음 | か | 훈 | 荷 |

1081

小2　여름 하

음독　夏期 (かき) 하기　夏至 (げし) 하지　初夏 (しょか) 초여름　盛夏 (せいか) 한여름
　　　立夏 (りっか) 입하

훈독　夏 (なつ) 여름　夏ばて (なつばて) 여름을 탐　夏服 (なつふく) 하복　夏祭り (なつまつり) 여름 축제
　　　夏向き (なつむき) 여름용　夏休み (なつやすみ) 여름 방학(휴가)　真夏 (まなつ) 한여름

음　か・げ　　훈　夏 (なつ)

1082

빠질 함

음독　陷没 (かんぼつ) 함몰　陷落 (かんらく) 함락

훈독　陷る (おちいる) 빠지다　陷れる (おとしいれる) 빠지게 하다

음　かん　　훈　陷る・陷れる　　陥

1083

小5　배 항

음독　航海 (こうかい) 항해　航空 (こうくう) 항공　航路 (こうろ) 항로　出航 (しゅっこう) 출항
　　　帰航 (きこう) 귀항　就航 (しゅうこう) 취항

음　こう

1084

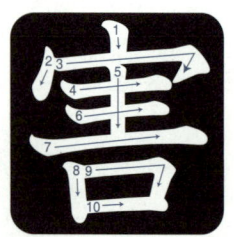

小4　해할 해

음독　害悪 (がいあく) 해악　害虫 (がいちゅう) 해충　害毒 (がいどく) 해독　公害 (こうがい) 공해
　　　災害 (さいがい) 재해　被害 (ひがい) 피해　冷害 (れいがい) 냉해

음　がい

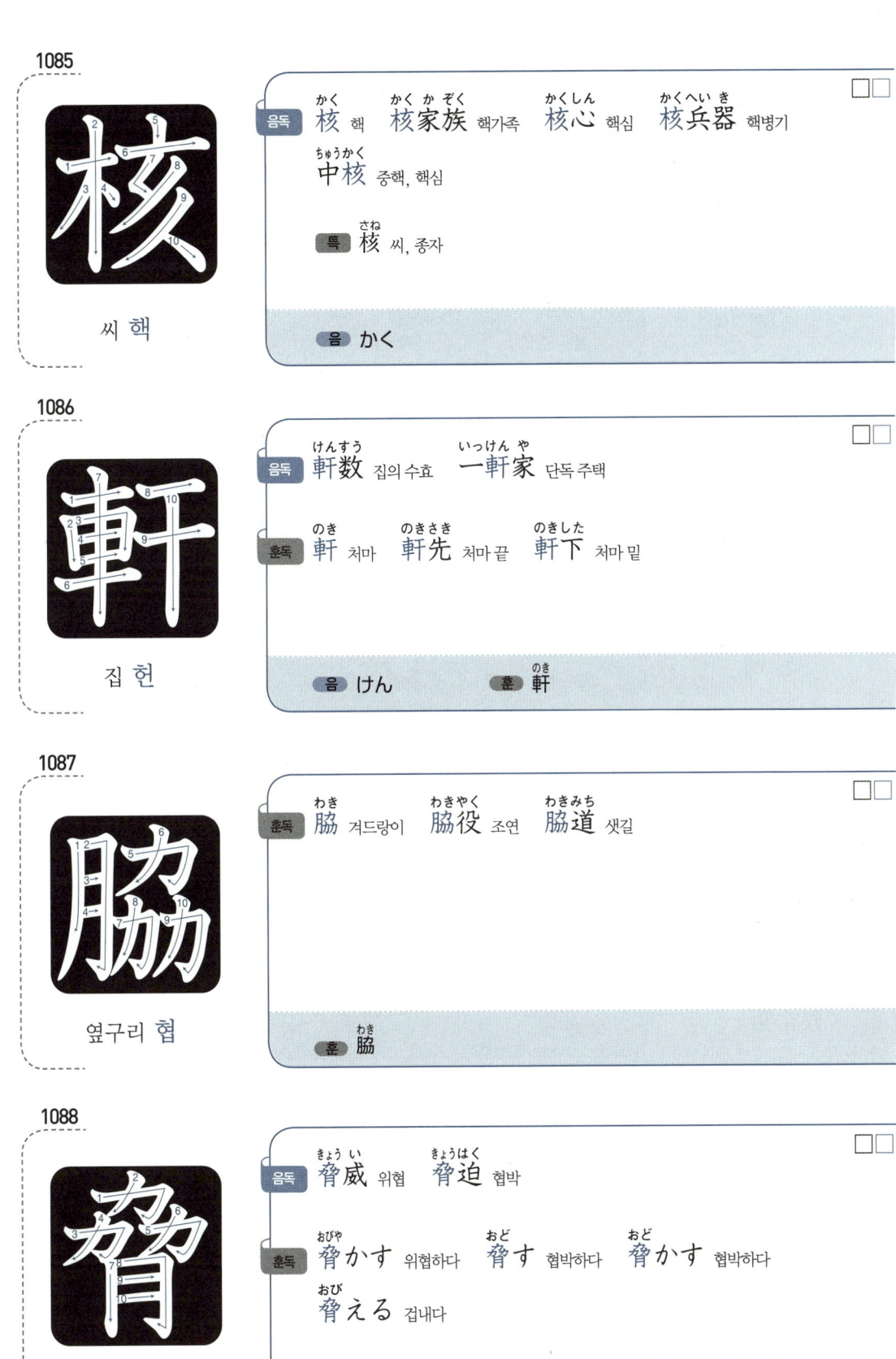

1089 도리 형

- 음독: 衣桁(いこう) 횃대
- 훈독: 桁(けた) 자릿수 / 桁外れ(けたはずれ) 표준과 차이가 남
- 音: こう
- 訓: 桁(けた)

1090 은혜 혜

- 음독: 恵沢(けいたく) 혜택 / 恩恵(おんけい) 은혜 / 互恵(ごけい) 호혜 / 知恵(ちえ) 지혜
- 훈독: 恵む(めぐむ) 은혜를 베풀다 / 恵まれる(めぐまれる) 운 좋게 타고나다
- 音: けい・え
- 訓: 恵む(めぐむ)

1091 빛날 화

- 음독: 華僑(かきょう) 화교 / 華甲(かこう) 환갑 / 華道(かどう) 꽃꽂이 / 華麗(かれい) 화려 / 栄華(えいが) 영화
- 특: 華(はな) 꽃 / 華やか(はなやか) 화려함 / 華やぐ(はなやぐ) 화려해지다 / 華々しい(はなばなしい) 화려하다
- 音: か・け

1092 小4 기후 후

- 음독: 候鳥(こうちょう) 철새 / 候補(こうほ) 후보 / 気候(きこう) 기후 / 兆候(ちょうこう) 조후, 조짐
- 훈독: 候う(そうろう) '있다'의 공손한 말, 있사옵니다
- 音: こう
- 訓: 候う(そうろう)

1093 訓

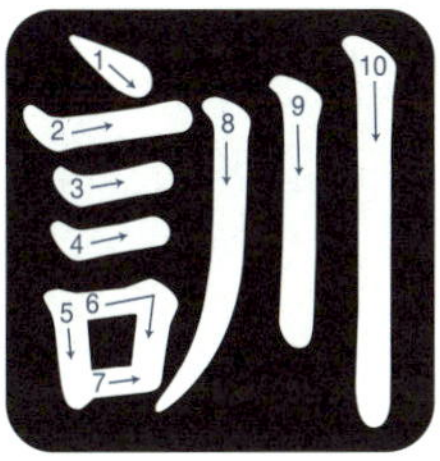

小4 가르칠 훈

- 음독: 訓育 훈육 / 訓示 훈시 / 訓読 훈독 / 訓練 훈련 / 教訓 교훈 / 字訓 훈독 / 音訓 음훈
- 음: くん

1094 胸

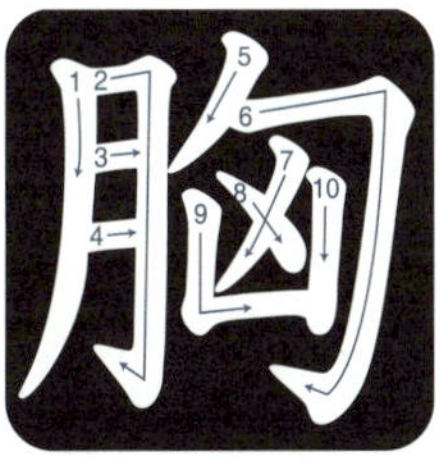

小6 가슴 흉

- 음독: 胸囲 가슴둘레 / 胸像 흉상 / 胸中 흉중 / 胸部 흉부 / 度胸 담력, 배짱
- 훈독: 胸 가슴 / 胸苦しい 가슴이 답답하다 / 胸毛 가슴털 / 胸元 (명치 부근의) 가슴 / 胸騒ぎ 가슴이 두근거림
- 음: きょう
- 훈: 胸・胸 (むね・むな)

1095 姫

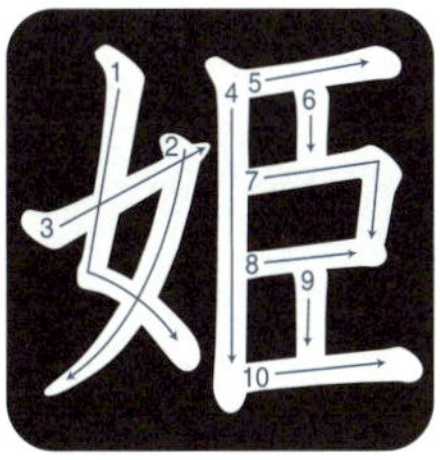

계집 희

- 훈독: 姫 귀인의 딸
- 훈: 姫 (ひめ)

1096 殻

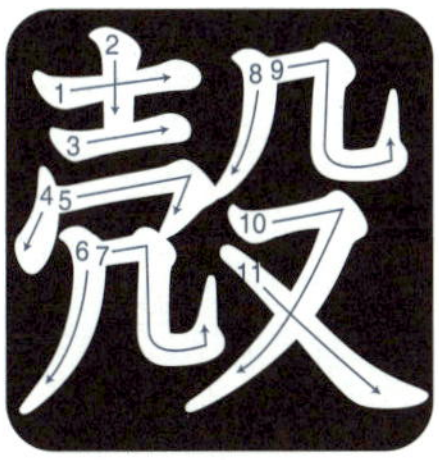

껍질 각

- 음독: 地殻変動 지각 변동 / 卵殻 알껍데기
- 훈독: 殻 껍질 / 貝殻 조개껍데기
- 음: かく
- 훈: 殻 (から)

1097

다리 각

음독	脚注 각주　脚本 각본　橋脚 교각　失脚 실각
	きゃくちゅう　きゃくほん　きょうきゃく　しっきゃく

훈독	脚 다리　雨脚 빗발, 빗줄기　船脚 배의 속도
	あし　あまあし　ふなあし

- 音 きゃく・きゃ　　訓 脚(あし)

1098

꾸짖을 갈

음독	喝采 갈채　一喝 일갈　恐喝 공갈
	かっさい　いっかつ　きょうかつ

- 音 かつ

1099

목마를 갈

음독	渇水 갈수　渇望 갈망　枯渇 고갈　飢渇 기갈
	かっすい　かつぼう　こかつ　きかつ

훈독	渇く 갈증나다
	かわ

＊かわく

渇く 목이 마르다 → 暑さで、喉が渇く 더위로 목이 마르다

乾く 수분이 없어지다 → 洗濯物がよく乾く 빨래가 잘 마르다

- 音 かつ　　訓 渇(かわ)く

渇く　乾く

1100

紺

감색/연보라 감

음독	紺 감색　紺青 감청색
	こん　こんじょう

- 音 こん

1101

勘 헤아릴 감

음독
- かんあん 勘案 감안
- かんぐ 勘繰る 억측하다
- かんじょう 勘定 셈, 계산
- かんちがい 勘違い 착각, 오해
- かんどう 勘当 의절
- かんべん 勘弁 용서함

음 かん

1102

小2 강할 강

음독
- きょうか 強化 강화
- きょうじゃく 強弱 강약
- きょうちょう 強調 강조
- きょうてき 強敵 강적
- ごういん 強引 강제, 억지
- ごうとう 強盗 강도
- さいきょう 最強 최강
- べんきょう 勉強 공부

훈독
- つよい 強い 강하다
- つよまる 強まる 강해지다
- つよめる 強める 강하게 하다
- しいる 強いる 강요하다
- つよき 強気 아귀 참
- むりじい 無理強い 억지로 하게 함

특
- こわい 強い 억세다
- したたか 強か 만만치 않음

음 きょう・ごう   **훈** 強い・強まる・強める・強いる

1103

小4 편안 강

음독
- けんこう 健康 건강
- しょうこうじょうたい 小康状態 소강상태

음 こう

1104

근거 거

훈독
- すえる 据える 설치하다
- すわる 据わる 안정되다
- すえおく 据え置く 설치해 두다

훈 据える・据わる

1105 軍셀 건 (健)

음독
- けんこう 健康 건강
- けんざい 健在 건재
- けんぜん 健全 건전
- けんとう 健闘 건투
- けんぼうしょう 健忘症 건망증
- きょうけん 強健 강건
- ほけん 保健 보건

훈독
- すこ 健やか 건강함

특 けなげ 健気 씩씩함

음 けん   훈 健やか

1106 마를/하늘 건 (乾)

음독
- かんき 乾季 건기
- かんしつ 乾湿 건습
- かんそう 乾燥 건조
- かんでんち 乾電池 건전지
- かんぱい 乾杯 건배
- かんぶつ 乾物 건물, 말린 것

훈독
- かわ 乾く 마르다, 건조하다
- かわ 乾かす 말리다

특 からぶき 乾拭き 마른 걸레질

음 かん・けん   훈 乾く・乾かす

1107 높이들/걸 게 (掲)

음독
- けいさい 掲載 게재
- けいじ 掲示 게시
- けいよう 掲揚 게양

훈독
- かか 掲げる (높이) 달다, 내걸다

음 けい   훈 掲げる   掲

1108 잠깐 경 (頃)

훈독
- ころ 頃 무렵
- ころあ 頃合い 적기
- ちかごろ 近頃 최근
- てごろ 手頃 걸맞음
- としごろ 年頃 적령기

훈 頃

1109 梗
줄기 경

음독 桔梗 길경(도라지)　梗塞 경색

음 こう・きょう

1110 経
小5 지날/글 경

음독 経営 경영　経験 경험　経済 경제　経由 경유
経歴 경력　経典 경전　神経 신경　読経 독경

훈독 経る 거치다, 지나다　経つ (시간이) 지나다

특 経緯 경위

음 けい・きょう　**훈** 経る・経つ　經

1111 械
小4 기계 계

음독 機械 기계

음 かい

1112 渓
시내 계

음독 渓谷 계곡　渓流 계류

음 けい　溪

1117 꿸 관

음독
- かんつう 貫通 관통
- かんてつ 貫徹 관철
- かんりゅう 貫流 관류
- かんろく 貫禄 관록
- しゅうしいっかん 終始一貫 시종일관

훈독
- つらぬ 貫く 꿰뚫다, 가로지르다

음 かん　　**훈** 貫く

1118 걸 괘

훈독
- か 掛かる 걸리다
- か 掛ける 걸다
- か はし 掛け橋 가교
- か ざん 掛け算 곱셈
- か ふとん 掛け布団 이불
- か ね 掛け値 에누리

훈 掛かる・掛ける

1119 小2 가르칠 교

음독
- きょういく 教育 교육
- きょういん 教員 교원
- きょうか 教科 교과
- きょうしつ 教室 교실
- しゅうきょう 宗教 종교
- せっきょう 説教 설교
- ふきょう 布教 포교
- ぶっきょう 仏教 불교

훈독
- おし 教える 가르치다
- おそ 教わる 배우다

음 きょう　　**훈** 教える・教わる

1120 거북 구

음독
- きかん 亀鑑 귀감, 본보기
- きれつ 亀裂 구열

훈독
- かめ 亀 거북이

음 き　　**훈** 亀

1121

小3 공 구

음독	きゅうぎ 球技 구기	きゅうけい 球形 구형	きゅうこん 球根 알뿌리	きゅうじょう 球場 구장
	き きゅう 気球 기구	きたはんきゅう 北半球 북반구	ち きゅう 地球 지구	や きゅう 野球 야구

훈독	たま 球 공

*たま

たま 玉 둥근 모양을 한 것 → たま あせ 玉の汗をかく 구슬땀을 흘리다

たま 球 공 모양을 한 것 → はや たま な 速い球を投げる 빠른 공을 던지다

たま 弾 쏘아서 날리는 것 → たいほう たま 大砲の弾 대포알

음 きゅう	훈 たま 球

1122

小5 구원할 구

음독	きゅうえん 救援 구원	きゅうきゅうしゃ 救急車 구급차	きゅうさい 救済 구제	きゅうじょ 救助 구조
	きゅうしゅつ 救出 구출	きゅうせいしゅ 救世主 구세주	きゅうなん 救難 구난	きゅうめい 救命 구명

훈독	すく 救う 구하다	すく 救いがたい 어쩔 수 없다

음 きゅう	훈 すく 救う

1123

두려워할 구

음독	き ぐ 危惧 위구

음 ぐ

1124 국화 국

음독 菊 국화　野菊 들국화

음 きく

1125 굴 굴

훈독 堀 수로　堀江 인공 하천

훈 堀

1126 팔 굴

음독 掘削 굴착　採掘 채굴　試掘 시굴　発掘 발굴

훈독 掘る 파다　掘り出し物 뜻밖에 싸게 산 물건

음 くつ　**훈** 掘る

1127 小5 법 규

음독 規格 규격　規則 규칙　規定 규정　規模 규모
規律 규율　法規 법규　定規 (재는) 자, 본보기

음 き

1128 버섯 균

- 음독
  - きんるい 菌類 균류
  - さっきん 殺菌 살균
  - めっきん 滅菌 멸균
  - さいきん 細菌 세균
  - ざっきん 雑菌 잡균
  - むきん 無菌 무균
- 음 きん

1129 小4 갑 기

- 훈독
  - さき 埼 곶
  - さいたまけん 埼玉県 사이타마 현(지명)
- 훈 さい・さき

1130 小5 부칠 기

- 음독
  - きこう 寄港 기항
  - きせい 寄生 기생
  - きぞう 寄贈 기증
  - きふ 寄附 기부
  - きよ 寄与 기여
- 훈독
  - よる 寄る 다가서다, 접근하다
  - よせる 寄せる 밀려오다, 다가오다
- 특 よせ 寄席 대중 연예 공연장
- 음 き
- 훈 寄る・寄せる

1131 小5 터 기

- 음독
  - きかん 基幹 기간
  - ききん 基金 기금
  - きそ 基礎 기초
  - きち 基地 기지
  - きちょう 基調 기조
  - きてん 基点 기점
  - きほん 基本 기본
- 훈독
  - もと 基 근원
  - もとい 基 토대, 기초
  - もとづく 基づく 근거하다
- 음 き
- 훈 基・基

1132 崎

小4 험할 기

훈독: 崎(さき) 갑, 곶

훈: 崎(さき)

1133 脳

小6 골/뇌수 뇌

음독: 脳天(のうてん) 정수리　脳波(のうは) 뇌파　脳卒中(のうそっちゅう) 뇌졸중　脳裏(のうり) 뇌리
頭脳(ずのう) 두뇌　大脳(だいのう) 대뇌　小脳(しょうのう) 소뇌　首脳(しゅのう) 수뇌, 정상

음: のう

1134 断

小5 끊을 단

음독: 断崖(だんがい) 낭떠러지　断固(だんこ) 단호히　断言(だんげん) 단언　断水(だんすい) 단수
断絶(だんぜつ) 단절　断定(だんてい) 단정　断面(だんめん) 단면　横断(おうだん) 횡단
決断(けつだん) 결단　独断(どくだん) 독단　判断(はんだん) 판단　油断(ゆだん) 방심, 부주의

훈독: 断(た)つ 끊다　断(ことわ)る 거절하다

*たつ

断(た)つ 이어져 있던 것을 끊는 것　→　水(みず)の補給源(ほきゅうげん)を断(た)つ 물의 보급원을 끊다
絶(た)つ 이어오던 것을 끝내다　→　交際(こうさい)を絶(た)つ 교제를 끊다

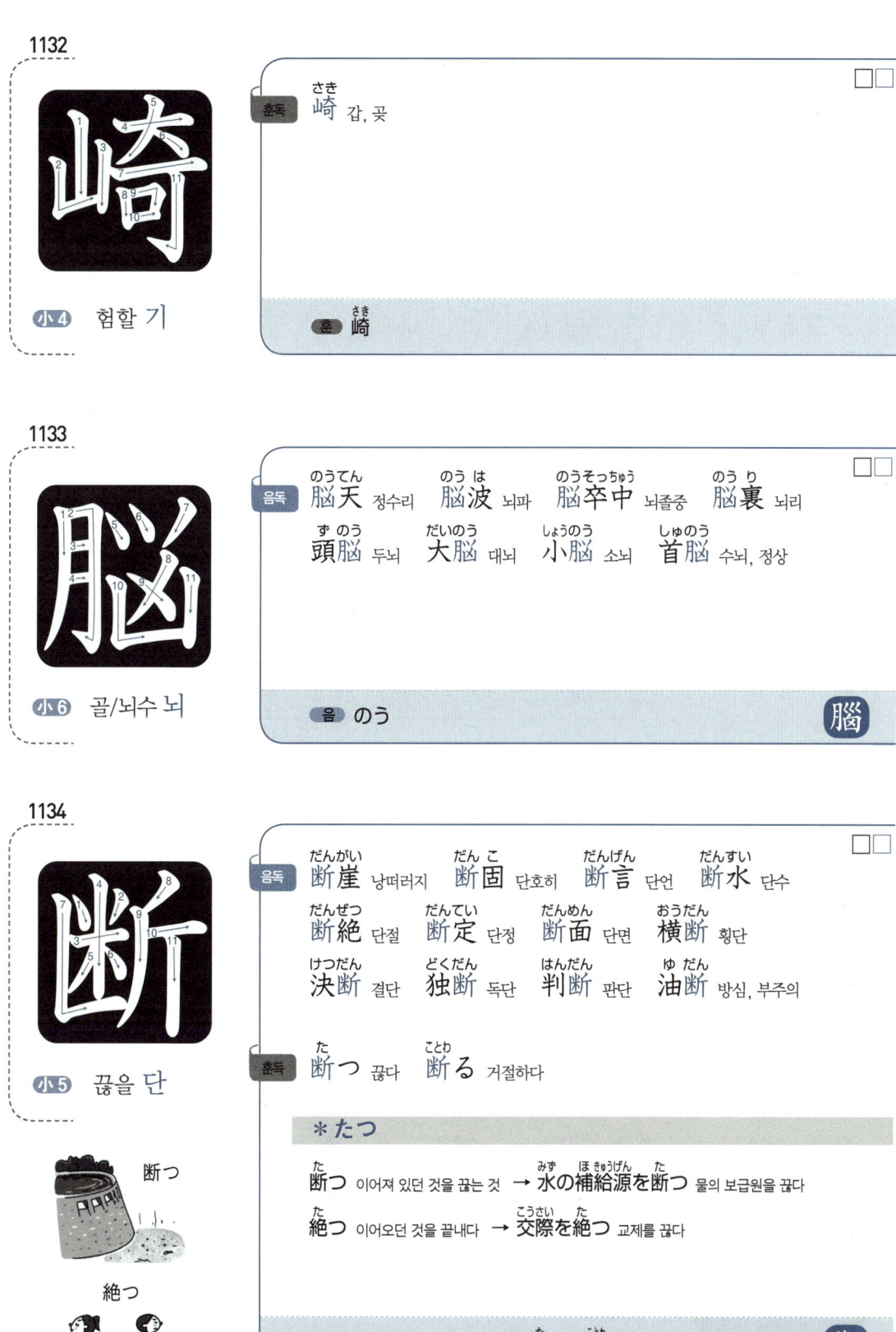

断つ

絶つ

음: だん　훈: 断(た)つ・断(ことわ)る

11획

1135

맑을 담

음독
- たんさい 淡彩 담채
- たんぱく 淡泊 담백
- たんたん 淡々 담담함
- たんすい 淡水 담수, 단물
- れいたん 冷淡 냉담
- のうたん 濃淡 농담

훈독
- あわい 淡い 연하다
- あわゆき 淡雪 금방 녹는 눈

음 たん　**훈** 淡い

1136

小5　집 당

음독
- ぎじどう 議事堂 의사당
- こうどう 講堂 강당
- しょくどう 食堂 식당
- せいせいどうどう 正々堂々 정정당당
- でんどう 殿堂 전당
- ほんどう 本堂 본당

음 どう

1137

자루 대

음독
- ふうたい 風袋 저울 그릇

훈독
- ふくろ 袋 주머니
- いぶくろ 胃袋 위
- てぶくろ 手袋 장갑
- ねぶくろ 寝袋 침낭

특 たび 足袋 일본식 버선

음 たい　**훈** 袋

1138

도둑 도

음독
- とうぞく 盗賊 도적
- とうちょう 盗聴 도청
- とうなん 盗難 도난
- とうへき 盗癖 도벽
- とうよう 盗用 도용
- かいとう 怪盗 괴도
- ごうとう 強盗 강도
- せっとう 窃盗 절도

훈독
- ぬすむ 盗む 훔치다
- ぬすびと 盗人 도둑

음 とう　**훈** 盗む

1139 都
小3 도읍 도

음독
- と かい 都会 도회, 도시
- と し 都市 도시
- と しん 都心 도심
- と どう ふ けん 都道府県 도도부현(일본 지방 공공 단체의 총칭)
- こ と 古都 고도, 옛 도읍
- しゅ と 首都 수도
- つ ごう 都合 형편, 사정
- つ ど 都度 ~때마다, 매번

훈독
- みやこ 都 수도

음 と・つ　훈 都

1140 悼
슬퍼할 도

음독
- あいとう 哀悼 애도
- ついとう 追悼 추도

훈독
- いた 悼む 애도하다

음 とう　훈 悼む

1141 陶
질그릇 도

음독
- とう き 陶器 도기
- とうげい 陶芸 도예
- とうこう 陶工 도공
- とう じ き 陶磁器 도자기
- とう ど 陶土 도토
- とう や 陶冶 도야
- とうすい 陶酔 도취

음 とう

1142 豚
돼지 돈

음독
- とんしゃ 豚舎 돼지우리

훈독
- ぶた 豚 돼지
- ぶたにく 豚肉 돼지고기

음 とん　훈 豚

11획

1143

小3 움직일 동

음독	どうき 動機 동기 · どうさ 動作 동작 · どうぶつ 動物 동물 · どうみゃく 動脈 동맥
	いどう 移動 이동 · かつどう 活動 활동 · かんどう 感動 감동 · こうどう 行動 행동
훈독	うご 動く 움직이다, 이동하다 · うご 動かす 움직이다

음 どう　　훈 動く・動かす

1144

小5 얻을 득

음독	とく 得 이득 · とくい 得意 득의 · とくしつ 得失 득실 · とくてん 得点 득점
	とくひょう 得票 득표 · しょとく 所得 소득 · なっとく 納得 납득 · えとく 会得 터득
	せっとく 説得 설득
훈독	え 得る 얻다 · う 得る 얻다 · えて 得手 특기

음 とく　　훈 得る・得る

1145

小5 간략할 략

음독	りゃくしょう 略称 약칭 · りゃくじ 略字 약자 · りゃくず 略図 약도 · りゃくれき 略歴 약력
	かんりゃく 簡略 간략 · けいりゃく 計略 계략 · さくりゃく 策略 책략 · しょうりゃく 省略 생략

음 りゃく

1146

서늘할 량

음독	りょうかん 涼感 양감, 시원한 느낌 · りょうふう 涼風 선들바람 · りょうみ 涼味 시원한 맛(느낌)
	こうりょう 荒涼 황량 · せいりょう 清涼 청량 · のうりょう 納涼 납량
훈독	すず 涼しい 선선하다 · すず 涼む 시원한 바람을 쐬다

음 りょう　　훈 涼しい・涼む

1147 猟 — 사냥 렵

음독
- りょうき 猟奇 엽기
- りょうき 猟期 수렵기, 사냥철
- りょうけん 猟犬 사냥개
- りょうし 猟師 사냥꾼
- りょうじゅう 猟銃 엽총
- しゅりょう 狩猟 수렵
- きんりょう 禁猟 금렵
- みつりょう 密猟 밀렵

음 りょう　獵

1148 鹿 — 사슴 록 (小4)

음독
- しんろく 神鹿 신사에서 키우는 사슴

훈독
- しか 鹿 사슴
- かごしまけん 鹿児島県 가고시마 현(지명)

음 ろく　훈 しか・か　鹿・鹿

1149 累 — 여러/자주 루

음독
- るいけい 累計 누계
- るいしん 累進 누진
- るいせき 累積 누적
- るいるい 累々 누누이, 여러 번

음 るい

1150 陸 — 뭍 륙 (小4)

음독
- りくぐん 陸軍 육군
- りくじょう 陸上 육상
- りくち 陸地 육지
- りくろ 陸路 육로
- じょうりく 上陸 상륙
- たいりく 大陸 대륙
- ちゃくりく 着陸 착륙
- りりく 離陸 이륙

훈독
- おかぼ 陸稲 밭벼

음 りく

11획

1151

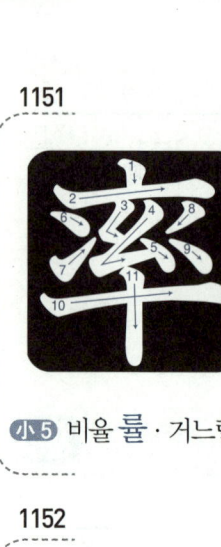

小5 비율 률·거느릴 솔

음독
そっせん 率先 솔선　そっちょく 率直 솔직　いんそつ 引率 인솔　けいそつ 軽率 경솔
かくりつ 確率 확률　こうりつ 効率 효율　のうりつ 能率 능률　ひりつ 比率 비율

훈독
ひき 率いる 거느리다, 인솔하다

音 りつ・そつ　　訓 率いる

1152

높을 륭

음독
りゅうき 隆起 융기　りゅうせい 隆盛 융성　りゅうりゅう 隆々 기세가 왕성함

音 りゅう

1153

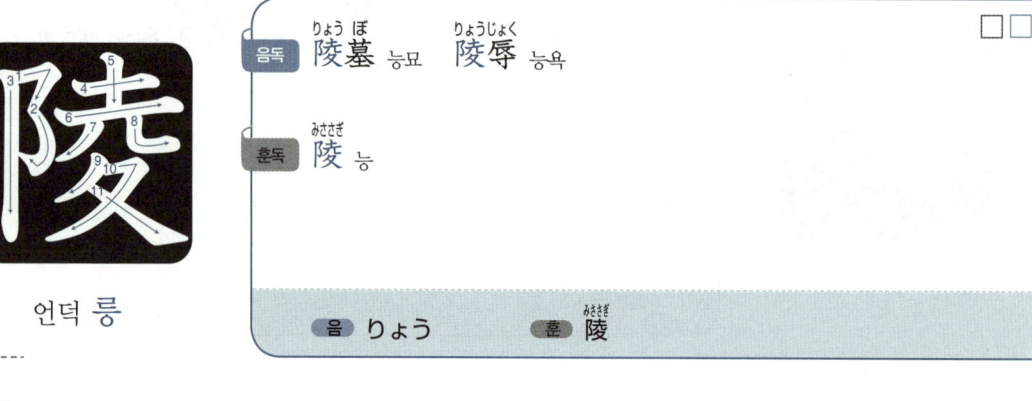

언덕 릉

음독
りょうぼ 陵墓 능묘　りょうじょく 陵辱 능욕

훈독
みささぎ 陵 능

音 りょう　　訓 陵

1154

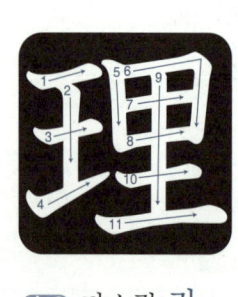

小2 다스릴 리

음독
りか 理科 이과　りかい 理解 이해　りくつ 理屈 ①이치, 도리 ②핑계
りそう 理想 이상　りゆう 理由 이유　しゅうり 修理 수리　すいり 推理 추리
せいり 整理 정리　ちり 地理 지리

특 ことわり 理 이치, 도리, 이유

音 り

1155 梨

小4 배 리

- 음독: 梨園(りえん) 배나무 정원
- 훈독: 梨(なし) 배

음 り　　훈 梨(なし)

1156 粒

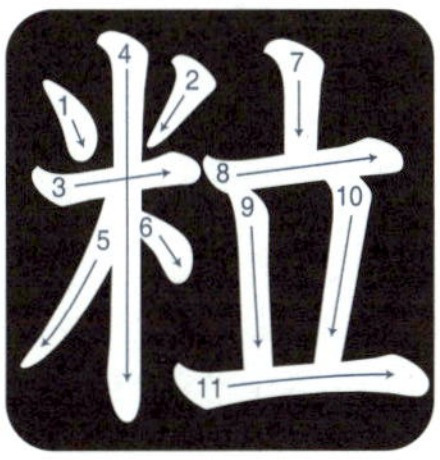

낟알 립

- 음독: 粒子(りゅうし) 입자
- 훈독: 粒(つぶ) 낱알　小粒(こつぶ) 작은 알갱이, 잔 알　飯粒(めしつぶ) 밥알

음 りゅう　　훈 粒(つぶ)

1157 麻

삼 마

- 음독: 麻酔(ますい) 마취　麻痺(まひ) 마비
- 훈독: 麻(あさ) 삼베　麻糸(あさいと) 삼실, 베실　麻布(あさぬの) 삼베
- 특: 麻疹(はしか) 홍역

✔ 「麻疹」는 「はしか」로도 「ましん」으로도 읽는다.

음 ま　　훈 麻(あさ)　　

1158 望

小4 바랄 망

- 음독: 望遠鏡(ぼうえんきょう) 망원경　望郷(ぼうきょう) 망향　望楼(ぼうろう) 망루　願望(がんぼう) 원망(원하고 바람)
  希望(きぼう) 희망　失望(しつぼう) 실망　志望(しぼう) 지망　絶望(ぜつぼう) 절망
- 훈독: 望(のぞ)む 바라다　望(もち) 보름달　望(のぞ)ましい 바람직하다

11획

望む
臨む

*のぞむ

望む 멀리 바라보다 / 바라다 → 遠くの山を望む 먼 산을 바라보다
→ 平和を望む 평화를 바라다
臨む 면하다, 그 장소로 나가다 → 海に臨む地域 바다에 면한 지역

音 ぼう・もう　　訓 望む・望

1159

사나울 맹

음독
猛威 맹위　猛犬 맹견　猛獣 맹수　猛暑 몹시 심한 더위
猛然 맹렬　猛毒 맹독　猛烈 맹렬

특 猛者 강자　猛る 흥분하다　猛々しい 용맹스럽다

音 もう

1160

고양이 묘

음독 猫額 면적이 매우 작음

훈독 猫 고양이　猫被り 본성을 숨김　猫舌 뜨거운 것을 못 먹음
猫背 새우등

音 びょう　　訓 猫　　猫

1161

그릴 묘

음독 描写 묘사　素描 소묘

훈독 描く 묘사하다

音 びょう　　訓 描く　　描

1162

小5 힘쓸 무

음독
義務 의무　業務 업무　勤務 근무　公務員 공무원
事務 사무　執務 집무　税務 세무　任務 임무

훈독
務める 소임을 맡다

음 む　　**훈** 務める

1163

小3 물을 문

음독
問診 문진　問題 문제　学問 학문　疑問 의문
質問 질문　訪問 방문

훈독
問う 묻다　根問い 캐물음　問屋 도매상

✓ 「問屋」는 「とんや」로도 「といや」로도 읽는다.

음 もん　　**훈** 問う・問・問

1164

小6 빽빽할 밀

음독
密室 밀실　密接 밀접　密着 밀착　密度 밀도
緊密 긴밀　厳密 엄밀　親密 친밀　秘密 비밀

특 密か 은밀함　密やか 조용하고 은밀함

음 みつ

1165

배 박

음독
船舶 선박

음 はく

1166 訪 — 찾을 방 (小6)

음독: ほうもん 訪問 방문 · たんぼう 探訪 탐방 · らいほう 来訪 내방 · れきほう 歴訪 역방

훈독: おとず 訪れる 방문하다, 찾아오다 · たず 訪ねる 방문하다

- 음: ほう
- 훈: 訪れる・訪ねる

1167 陪 — 모실 배

음독: ばいしんいん 陪審員 배심원 · ばいせき 陪席 배석

- 음: ばい

1168 排 — 밀칠 배

음독: はいき 排気 배기 · はいげき 排撃 배격 · はいしゅつ 排出 배출 · はいじょ 排除 배제 · はいせき 排斥 배척 · はいせつ 排泄 배설 · はいた 排他 배타 · はいらん 排卵 배란

- 음: はい

1169 培 — 북돋울 배

음독: ばいよう 培養 배양 · さいばい 栽培 재배

훈독: つちか 培う 배양하다

- 음: ばい
- 훈: 培う

1170

瓶 병 병

음독
- 瓶 びん 병 　花瓶 かびん 꽃병
- **특** 釣瓶 つるべ 두레박

음 びん

1171

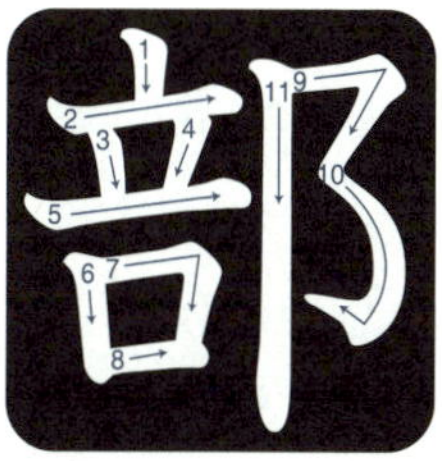

部 떼 부 　小3

음독
- 部下 ぶか 부하 　部署 ぶしょ 부서 　部品 ぶひん 부품 　部分 ぶぶん 부분
- 西部 せいぶ 서부 　全部 ぜんぶ 전부 　内部 ないぶ 내부 　本部 ほんぶ 본부
- **특** 部屋 へや 방

음 ぶ

1172

婦 며느리 부 　小5

음독
- 婦女 ふじょ 부녀 　婦人 ふじん 부인 　主婦 しゅふ 주부 　妊婦 にんぷ 임(신)부
- 夫婦 ふうふ 부부 　新婦 しんぷ 신부

음 ふ

1173

副 버금 부 　小4

음독
- 副会長 ふくかいちょう 부회장 　副業 ふくぎょう 부업 　副作用 ふくさよう 부작용 　副産物 ふくさんぶつ 부산물
- 副詞 ふくし 부사 　副賞 ふくしょう 부상 　副題 ふくだい 부제 　副都心 ふくとしん 부도심

음 ふく

1174 符 부호 부

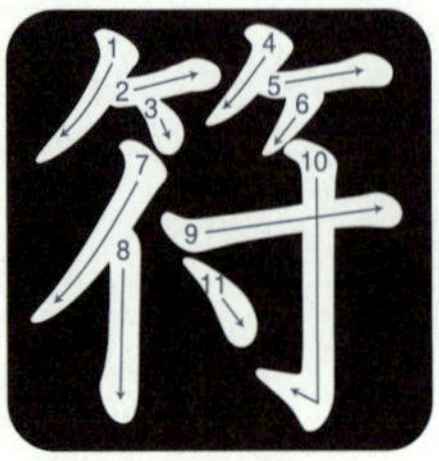

음독
- ふごう 符合 부합
- ふごう 符号 부호
- おんぷ 音符 음부, 음표
- きっぷ 切符 표(차표·입장권 등)

音 ふ

1175 崩 무너질 붕

음독
- ほうかい 崩壊 붕괴

훈독
- くず 崩れる 무너지다
- くず 崩す 무너뜨리다

音 ほう　訓 崩れる・崩す

1176 貧 가난할 빈 (小5)

음독
- ひんきゅう 貧窮 빈궁
- ひんけつ 貧血 빈혈
- ひんこん 貧困 빈곤
- ひんじゃく 貧弱 빈약
- ひんぷ 貧富 빈부
- びんぼう 貧乏 가난
- せいひん 清貧 청빈
- ごくひん 極貧 극빈

훈독
- まず 貧しい 가난하다

音 ひん・びん　訓 貧しい

1177 蛇 긴뱀 사

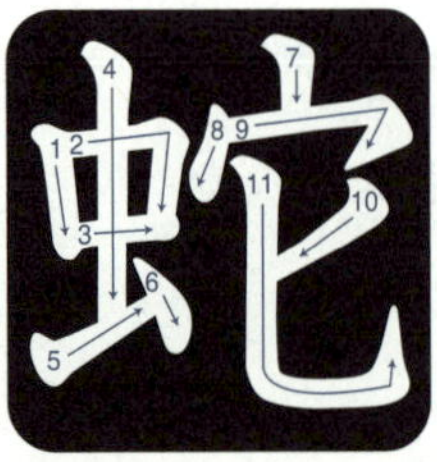

음독
- じゃぐち 蛇口 수도꼭지
- じゃばら 蛇腹 (사진기 등의) 주름상자
- だそく 蛇足 사족
- だいじゃ 大蛇 큰뱀, 구렁이
- ちょうだのれつ 長蛇の列 긴 행렬

훈독
- へび 蛇 뱀

音 じゃ・だ　訓 蛇

1178

小6 버릴 **사**

음독 四捨五入 반올림 　喜捨 희사 　取捨 취사

훈독 捨てる 버리다 　捨て子 버린아이 　捨て身 목숨을 걸다
使い捨て 1회용 　呼び捨て 경칭을 붙이지 않고 이름만 부름

음 しゃ 　　**훈** 捨てる

1179

비낄 **사**

음독 斜滑降 (스키에서) 사활강 　斜視 사시 　斜線 사선
斜辺 빗변 　斜面 경사면 　斜陽 사양 ① 석양 ② 쇠퇴, 몰락

훈독 斜め 비스듬함 　斜めならず 대단하다

음 しゃ 　　**훈** 斜め

1180

용서할 **사**

음독 赦免 사면 　恩赦 은사 　特赦 특사 　容赦 용서

음 しゃ

1181

小4 낳을 **산**

음독 産業 산업 　産物 산물 　産卵 산란 　国産 국산
遺産 유산 　財産 재산 　出産 출산 　生産 생산

훈독 産む 낳다 　産まれる 태어나다 　産屋 산실 　産着 배내옷

특 土産 토산품 (선물)

음 さん 　　**훈** 産む・産まれる・産

11획

1182

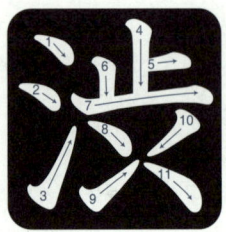

떫을 삽

음독
- じゅうたい 渋滞 정체
- じゅうめん 渋面 찌푸린 얼굴

훈독
- しぶい 渋い 떫다
- しぶる 渋る 원활하지 않다
- しぶかわ 渋皮 속껍질
- しぶちゃ 渋茶 맛이 떫은 차
- しぶみ 渋味 떫은 맛
- しぶしぶ 渋々 마지못해
- しぶいろ 渋色 적갈색

音 じゅう 　訓 渋・渋い・渋る　　渋

1183

小5 떳떳할 상

음독
- じょうしき 常識 상식
- じょうび 常備 상비
- じょうよう 常用 상용
- じょうれん 常連 단골 손님
- いじょう 異常 이상
- せいじょう 正常 정상
- にちじょう 日常 일상
- ひじょう 非常 ①비상 ②대단함, 심함

훈독
- つね 常 평소
- つねづね 常々 언제나
- つねひごろ 常日頃 평소, 일상
- とこ 常 항상
- とこなつ 常夏 상하(일 년 내내 여름 기후)

音 じょう　訓 常・常

1184

시원할 상

음독
- そうかい 爽快 상쾌

훈독
- さわやか 爽やか 산뜻함

音 そう　訓 爽や

1185

小3 장사 상

음독
- しょうか 商家 상가
- しょうしゃ 商社 상사
- しょうてん 商店 상점
- しょうばい 商売 장사
- しょうひん 商品 상품
- しょうにん 商人 상인
- ぼうえきしょう 貿易商 무역상

훈독
- あきなう 商う 장사하다
- あきない 商い 장사

音 しょう　訓 商う

1186

여러 서

음독 庶民 서민　庶務 서무

음 しょ

1187

아낄 석

음독 惜敗 석패, 분패　惜別 석별　哀惜 애석

훈독 惜しい 아깝다　惜しむ 아쉬워하다　惜しむらくは 아깝게도

음 せき　**훈** 惜しい・惜しむ

1188

풀 석

음독 釈然 석연　釈放 석방　解釈 해석　会釈 가벼운 인사, 목례　保釈 보석

특 釈迦 석가, 석가모니

음 しゃく　釋

1189

돌 선

음독 旋回 선회　旋盤 선반　旋風 선풍　旋律 선율　周旋 주선, 중개　螺旋 나선

음 せん

1190

小2　배 선

음독
せんいん 船員 선원　せんだん 船団 선단　せんちょう 船長 선장　きゃくせん 客船 객선
ぎょせん 漁船 어선　じょうせん 乗船 승선　ふうせん 風船 풍선

훈독
ふね 船 배　ゆぶね 湯船 욕조　ふなたび 船旅 배 여행　ふなちん 船賃 배삯
ふなで 船出 출항　ふなば 船場 선착장　ふなびん 船便 배편　ふなよ 船酔い 뱃멀미

음　せん　　훈　ふね・ふな

1191

小2　눈 설

음독
せつがい 雪害 눈피해　せつげん 雪原 설원　せつじょく 雪辱 설욕　こうせつりょう 降雪量 강설량
しんせつ 新雪 갓 내린 눈　せきせつ 積雪 적설　じょせつ 除雪 제설

훈독
ゆき 雪 눈　ゆきぐに 雪国 눈이 많이 오는 지방　ゆきだるま 雪達磨 눈사람
ゆきがっせん 雪合戦 눈싸움　ゆきど 雪解け 눈이 녹음　はつゆき 初雪 첫눈

특　なだれ 雪崩れ (눈)사태

음　せつ　　훈　 ゆき 雪

1192

小5　베풀 설

음독
せつえい 設営 설영　せつりつ 設立 설립　せっけい 設計 설계　せっち 設置 설치
せってい 設定 설정　けんせつ 建設 건설　しんせつ 新設 신설　まいせつ 埋設 매설

훈독
もうける 設ける 설치하다, 만들다

특　しつらえる 設える 설비하다

음　せつ　　훈　もうける 設ける

1193

건널 섭

음독
しょうりょう 渉猟 섭렵　しょうがい 渉外 섭외　かんしょう 干渉 간섭　こうしょう 交渉 교섭

음　しょう

1194

小6 성할 성

음독	せいか 盛夏 한여름 · せいそう 盛装 성장(옷을 차려 입음) · せいだい 盛大 성대
	ぜんせい 全盛 전성 · はんじょう 繁盛 번성 · りゅうせい 隆盛 융성
훈독	も盛る 쌓아올리다 · さか盛る 번창하다 · さか盛ん 번성함

- 음 せい・じょう
- 훈 盛る・盛る・盛ん

1195

小2 가늘 세

음독	さいきん 細菌 세균 · さいく 細工 세공 · さいしん 細心 세심 · さいぶ 細部 세부
	さいぼう 細胞 세포 · しょうさい 詳細 상세 · せんさい 繊細 섬세 · びさい 微細 미세
훈독	ほそ細い 가늘다 · ほそ細る 가늘어지다 · こま細かい 꼼꼼하다
	ほそみち 細道 좁은 길 · ほそなが細長い 가늘고 길다 · ほそ細める 가늘게 하다
	こころぼそ心細い 불안하다 · こまごま細々しい 자질구레하다

✓ 「細ほそい」와 「細こまかい」는 送おくりがな에 주의할 것

- 음 さい
- 훈 細い・細る・細かい

1196

小4 새집 소

음독	そうくつ 巣窟 소굴 · びょうそう 病巣 병소 · らんそう 卵巣 난소
훈독	す巣 둥지 · す巣くう 둥지를 틀다 · すだ巣立ち 보금자리를 떠나다
	すばこ巣箱 새집 · ふるす古巣 옛집 · あ す空き巣 빈 둥지, 빈 집

- 음 そう
- 훈 す巣

1197

쓸 소

음독	そうじ 掃除 청소 · そうとう 掃討 소탕
훈독	は掃く 쓸다

- 음 そう
- 훈 は掃く

1198 紹 — 이을 소

음독
- <ruby>紹介<rt>しょうかい</rt></ruby> 소개

음 しょう

1199 訟 — 송사할 송

음독
- <ruby>訴訟<rt>そしょう</rt></ruby> 소송

음 しょう

1200 羞 — 부끄러울 수

음독
- <ruby>羞恥<rt>しゅうち</rt></ruby> 수치

음 しゅう

1201 授 — 小5 줄 수

음독
- <ruby>授業<rt>じゅぎょう</rt></ruby> 수업
- <ruby>授賞<rt>じゅしょう</rt></ruby> 수상
- <ruby>授受<rt>じゅじゅ</rt></ruby> 수수, 주고 받음
- <ruby>授精<rt>じゅせい</rt></ruby> 수정
- <ruby>授与<rt>じゅよ</rt></ruby> 수여
- <ruby>授乳<rt>じゅにゅう</rt></ruby> 수유
- <ruby>教授<rt>きょうじゅ</rt></ruby> 교수
- <ruby>伝授<rt>でんじゅ</rt></ruby> 전수

훈독
- <ruby>授<rt>さず</rt></ruby>ける 수여하다
- <ruby>授<rt>さず</rt></ruby>かる (신불이나 윗사람이) 내려주시다

음 じゅ **훈** 授ける・授かる

1202 맑을 숙

음독
- しゅくじょ 淑女 숙녀
- 특 しと 淑やか 정숙함

음 しゅく

1203 엄숙할 숙

음독
- しゅくぜん 粛然 숙연
- しゅくせい 粛正 숙정
- しゅくせい 粛清 숙청
- げんしゅく 厳粛 엄숙
- せいしゅく 静粛 정숙

음 しゅく　粛

1204 (小3) 잘 숙

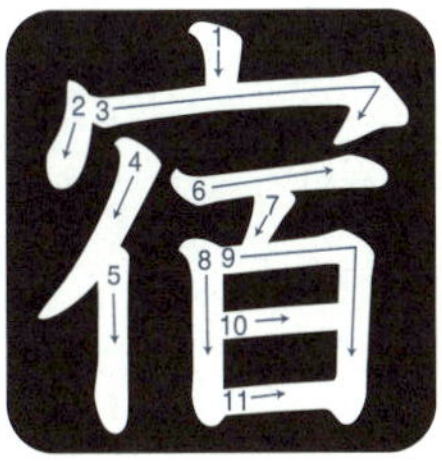

음독
- しゅくしゃ 宿舎 숙소
- しゅくだい 宿題 숙제
- しゅくはく 宿泊 숙박
- しゅくめい 宿命 숙명
- しゅくてき 宿敵 숙적
- がっしゅく 合宿 합숙
- げしゅく 下宿 하숙
- のじゅく 野宿 노숙

훈독
- やど 宿る 묵다
- やど 宿す 묵게 하다
- あまやど 雨宿り 비를 피함

음 しゅく　훈 宿る・宿す

1205 (小5) 재주 술

음독
- じゅつご 術語 (학)술어
- じゅっさく 術策 술책
- がくじゅつ 学術 학술
- ぎじゅつ 技術 기술
- しゅじゅつ 手術 수술
- せんじゅつ 戦術 전술
- びじゅつ 美術 미술
- ぶじゅつ 武術 무술

음 じゅつ　術

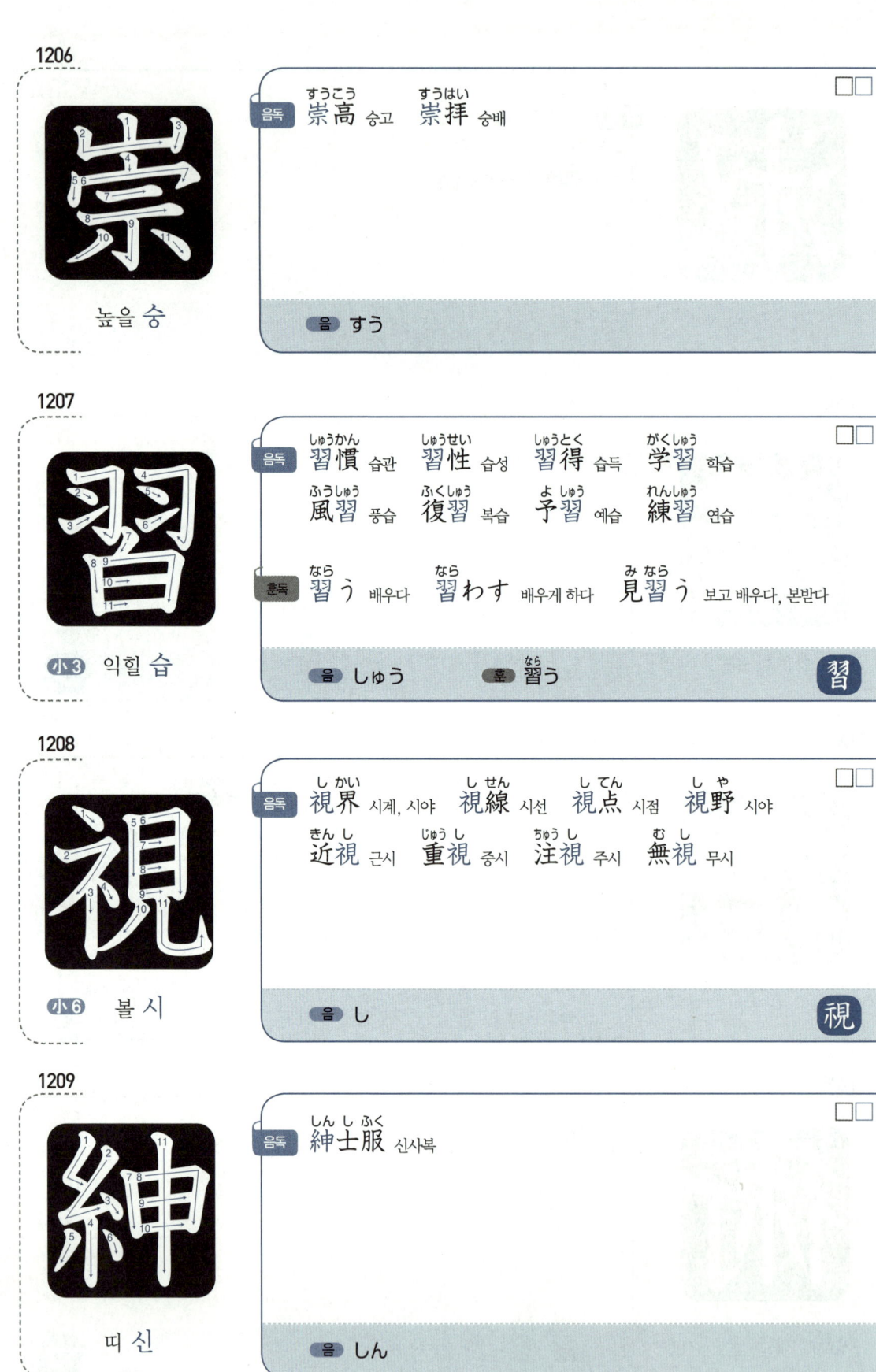

1210

小3 깊을 심

음독
- しんか 深化 심화
- しんおう 深奥 심오
- しんかい 深海 심해
- しんや 深夜 심야
- しんこく 深刻 심각
- しんこきゅう 深呼吸 심호흡
- すいしん 水深 수심

훈독
- ふかい 深い 깊다
- ふかまる 深まる 깊어지다
- ふかめる 深める 깊게 하다
- ふかいり 深入り 깊이 들어감
- つみぶかい 罪深い 죄가 많다

특
- みやま 深山 깊은 산
- みゆき 深雪 (깊이 쌓인) 눈

음 しん　**훈** 深い・深まる・深める

1211

小3 악할 악 · 미워할 오

음독
- あくい 悪意 악의
- あくごう 悪業 악업
- あくしゅう 悪習 악습
- あくたれる 悪たれる 짓궂게 굴다
- あくよう 悪用 악용
- おしん 悪心 메스꺼움
- けんあく 険悪 험악
- ざいあく 罪悪 죄악
- ぞうお 憎悪 증오
- けんお 嫌悪 혐오

훈독
- わるい 悪い 나쁘다
- わるぐち 悪口 험담
- いじわる 意地悪い 심술궂다
- わるびれる 悪びれる 주눅이 들다
- わるだくみ 悪巧み 흉계, 간계

특
- あしからず 悪しからず 언짢게 생각지 마시기를
- つわり 悪阻 입덧
- いたずら 悪戯 장난

음 あく・お　**훈** 悪い

1212

小5 눈 안

음독
- がんか 眼科 안과
- がんきゅう 眼球 안구
- がんけん 眼瞼 눈꺼풀
- がんちゅう 眼中 안중
- がんもく 眼目 안목
- きんがん 近眼 근시
- にくがん 肉眼 육안
- せんりがん 千里眼 천리안

훈독
- まなこ 眼 눈, 눈동자
- め 眼 눈
- ちまなこ 血眼 혈안

특
- めがね 眼鏡 안경
- まなざし 眼差し 눈빛, 시선

✓ 「眼鏡」는 「がんきょう」로도 「めがね」로도 읽는다.

음 がん・げん　**훈** 眼・眼

1213

涯 물가 애

음독	しょうがい 生涯 생애

음 がい

1214

崖 언덕 애

음독	だんがい 断崖 단애
훈독	がけ 崖 벼랑

음 がい　　훈 崖(がけ)

1215

液 (小5) 진액

음독	えきか 液化 액화　えきたい 液体 액체　えきじょう 液状 액상　いえき 胃液 위액 けつえき 血液 혈액　じゅえき 樹液 수액　しょうどくえき 消毒液 소독액　たいえき 体液 체액

음 えき

1216

野 (小2) 들 야

음독	やえい 野営 야영　やさい 野菜 야채　やきゅう 野球 야구　やせい 野生 야생 やちょう 野鳥 들새　やばん 野蛮 야만　さんや 山野 산과 들　ぶんや 分野 분야
훈독	の 野 들　のじ 野路 들길　のじゅく 野宿 노숙　のはら 野原 들판　のばな 野放し 방목
특	のら 野良 들

음 や　　훈 野(の)

1217

小2 물고기 **어**

음독
ぎょたく 魚拓 어탁　ぎょらい 魚雷 어뢰　ぎょりん 魚鱗 비늘　きんぎょ 金魚 금붕어
ちぎょ 稚魚 치어, 새끼 고기　にんぎょ 人魚 인어　ねったいぎょ 熱帯魚 열대어　もくぎょ 木魚 목탁

훈독
うお 魚 물고기, 생선　さかな 魚 물고기　うおつり 魚釣 낚시　とびうお 飛魚 날치

특 びく 魚籠 어롱

音 ぎょ　　訓 うお・さかな 魚・魚

1218

小6 번역할 **역**

음독
やくご 訳語 (번)역어　やくしゃ 訳者 역자　やくちゅう 訳注 역주　つうやく 通訳 통역
ほんやく 翻訳 번역　やくぶん 訳文 (번)역문

훈독
わけ 訳 까닭, 이유　いわけ 言い訳 변명

音 やく　　訓 わけ 訳　　 譯

1219

小6 지경 **역**

음독
おんいき 音域 음역　かいいき 海域 해역　くいき 区域 구역　せいいき 聖域 성역
ちいき 地域 지역　りゅういき 流域 유역　りょういき 領域 영역

音 いき

1220

연할 **연**

음독
なんか 軟化 연화　なんきん 軟禁 연금　なんこつ 軟骨 연골　なんしき 軟式 연식
なんじゃく 軟弱 연약　なんすい 軟水 연수, 단물　なんたいどうぶつ 軟体動物 연체 동물

훈독
やわらか 軟らか 유연함　やわらかい 軟らかい 부드럽다

音 なん　　訓 軟らか・軟らかい

11획

1221

捻 비틀 염

- 음독: ねんざ 捻挫 염좌 / ねんしゅつ 捻出 염출
- 훈독: ひね 捻る 삐다 / ねじ 捻る 비틀다

音 ねん　訓 捻る

1222

欲 하고자할 욕 (小6)

- 음독: よくぼう 欲望 욕망 / よっきゅう 欲求 욕구 / よくば 欲張る 욕심부리다
  しょくよく 食欲 식욕 / いよく 意欲 의욕 / むよく 無欲 욕심이 없음
- 훈독: ほっ 欲する 바라다 / ほ 欲しい 갖고 싶다 / ほ 欲しがる 갖고 싶어 하다

音 よく　訓 欲する・欲しい

1223

庸 떳떳할 용

- 음독: とうよう 登庸 등용 / ちゅうよう 中庸 중용 / ぼんよう 凡庸 범용, 평범함

音 よう

1224

郵 우편 우 (小6)

- 음독: ゆうそう 郵送 우송 / ゆうびんきょく 郵便局 우체국

音 ゆう

1225

偶 짝 우

음독 偶像 ぐうぞう 우상　偶数 ぐうすう 짝수　偶然 ぐうぜん 우연　偶発 ぐうはつ 우발
土偶 どぐう 토우, 흙 인형　木偶 もくぐう 나무 인형

특 偶に たま 어쩌다　偶々 たまたま 가끔

음 ぐう

1226

偽 거짓 위

음독 偽作 ぎさく 위작　偽証 ぎしょう 위증　偽善 ぎぜん 위선　偽装 ぎそう 위장
偽造 ぎぞう 위조　虚偽 きょぎ 허위　真偽 しんぎ 진위

훈독 偽る いつわる 속이다　偽 にせ 가짜　偽札 にせさつ 위조 지폐　偽物 にせもの 위조품
偽者 にせもの 가짜 인물, 엉터리

음 ぎ　**훈** 偽る・偽　僞

1227

尉 벼슬 위

음독 大尉 たいい 대위　中尉 ちゅうい 중위　少尉 しょうい 소위

음 い

1228

萎 시들 위

음독 萎縮 いしゅく 위축　衰萎 すいい 쇠위

훈독 萎える なえる 쇠잔해지다　萎れる しおれる 시들다

음 い　**훈** 萎える　萎

1229

멀 유

음독	ゆうきゅう 悠久 유구　ゆうぜん 悠然 유연(침착하고 여유가 있음)　ゆうちょう 悠長 유장, 침착함
	ゆうゆう じてき 悠々自適 유유자적　ゆうよう 悠揚 유양

음 ゆう

1230

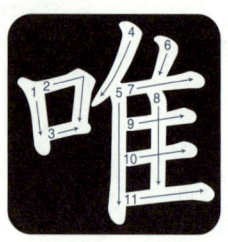

오직 유

음독	ゆいいつ 唯一 유일　ゆい が どくそん 唯我独尊 유아독존　い い だくだく 唯々諾々 유유낙낙

음 ゆい・い

1231

그늘 음

음독	いんえい 陰影 음영　いんき 陰気 음기, 음침함　いんけん 陰険 음험　いんしつ 陰湿 음습
	いんぼう 陰謀 음모　いんれき 陰暦 음력　すんいん 寸陰 촌음, 짧은 시간
훈독	かげ 陰 그늘　かげる 陰る 그늘지다　かげぼし 陰干し 그늘에서 말림　かげち 陰地 음지

*かげ

かげ 影 빛의 그림자 → でんしんばしら ほそ かげ 電信柱の細い影 전신주의 가느다란 그림자

かげ 陰 빛의 그늘 → き かげ やす 木の陰で休む 나무 그늘에서 쉬다

음 いん　훈 かげ・かげる 陰・陰る

1232

음란할 음

음독	いんこう 淫行 음행　いんらん 淫乱 음란
훈독	みだら 淫ら 음란함

✔ 이 한자는 「淫」 로도 쓰인다.

음 いん　훈 みだら 淫ら

1233

小6 다를 이

음독
- 異議 이의
- 異国 이국
- 異常 이상
- 異性 이성
- 異動 이동
- 異変 이변
- 異例 이례
- 異口同音 이구동성
- 奇異 기이
- 変異 변이
- 特異 특이
- 差異 차이

훈독
- 異なる 다르다

음 い　　훈 異 こと

1234

小5 옮길 이

 移動　 異動

음독
- 移管 이관
- 移植 이식
- 移送 이송
- 移住 이주
- 移動 이동
- 移民 이민
- 転移 전이
- 変移 변이

훈독
- 移る 이동하다
- 移す 옮기다
- 移り変わり 변천

*いどう

移動 장소를 바꾸는 것 → 牛の群れが移動を始めた 소떼가 이동을 시작했다

異動 지위나 역할을 바꾸는 것 → 人事異動が発表になる 인사이동이 발표되었다

음 い　　훈 移る・移す

1235

小6 다음날 익

음독
- 翌日 다음날
- 翌週 다음주
- 翌月 다음 달
- 翌晩 다음날 밤

음 よく　　

1236

편안할 일

음독
- 逸脱 일탈
- 逸話 일화
- 逸材 뛰어난 재능(인재)
- 逸品 일품

훈독
- 逸れる 빗나가다
- 逸らす 놓치다, 빗나가게 하다

음 いつ　　훈 逸れる・逸らす

1237

남을 잉

음독 剰員 남는 인원　剰余 잉여, 나머지　過剰 과잉

음 じょう

1238

小3　글 장

음독 印章 인장, 도장　憲章 헌장　文章 문장

음 しょう

1239

小5　베풀 장

음독 張本人 장본인　張力 장력　拡張 확장　緊張 긴장
出張 출장　主張 주장

훈독 張る 뻗다　張り切る 의욕이 충만하다　言い張る 우기다
欲張る 욕심 부리다

음 ちょう　**훈** 張る

1240

小3　장막 장

음독 帳面 장부　帳消し 상쇄　手帳 수첩　記帳 기장(장부에 적음)
土地台帳 토지 대장　通帳 통장　日記帳 일기장

훈독 帳 장막　蚊帳 모기장

음 ちょう

1241 재계할/집 재

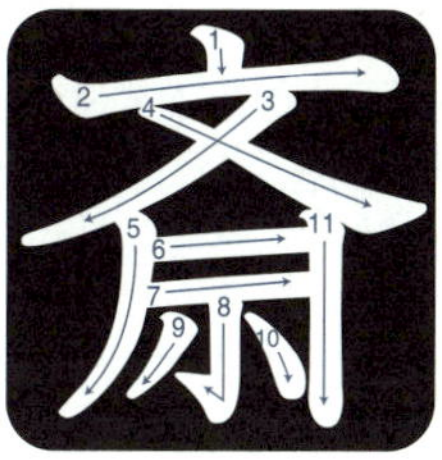

음독 斎戒 재계(심신을 깨끗이 함)　書斎 서재

음 さい

1242 小6 나타날 저

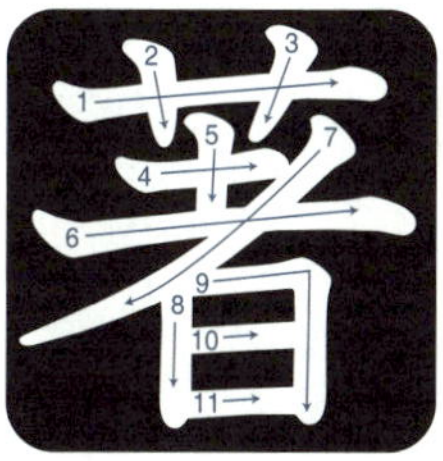

음독 著作権 저작권　著者 저자　著述 저술　著名 저명　名著 명저　共著 공저

훈독 著す 저술하다　著しい 현저하다, 두드러지다

음 ちょ　훈 著す・著しい

1243 고요할 적

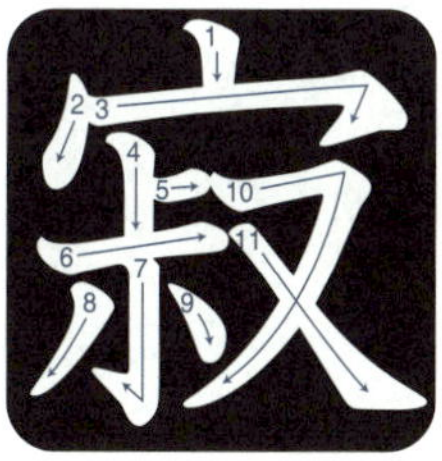

음독 寂寞 적막　寂然 적연, 적막　寂々 적적함　閑寂 한적　静寂 정적

훈독 寂しい 쓸쓸하다, 적막하다　寂れる 쓸쓸해지다

음 じゃく・せき　훈 寂しい・寂れる

1244 小3 피리 적

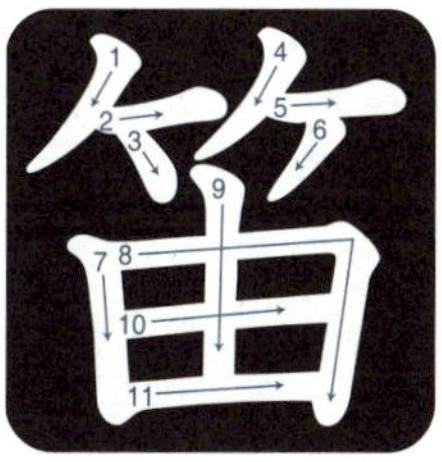

음독 警笛 경적　汽笛 기적, 고동

훈독 笛 피리　口笛 휘파람

음 てき　훈 笛

1245

小3 구를 전

음독
- てんかい 転回 회전
- てんこう 転校 전학
- てんてん 転々 전전
- てんとう 転倒 전도
- てんらく 転落 전락
- うんてん 運転 운전
- かいてん 回転 회전
- ぎゃくてん 逆転 역전

훈독
- ころがる 転がる 구르다, 넘어지다
- ころげる 転げる 구르다
- ころがす 転がす 굴리다, 넘어뜨리다
- ころぶ 転ぶ 구르다
- ころばす 転ばす 굴리다

특
- うたた 転た 사뭇, 매우
- うたたね 転た寝 선잠

음 てん　훈 転がる・転げる・転がす・転ぶ

1246

붙을 점

음독
- ねんえき 粘液 점액
- ねんちゃく 粘着 점착
- ねんど 粘土 점토
- ねんまく 粘膜 점막

훈독
- ねばる 粘る 달라붙다

음 ねん　훈 粘る

1247

小5 이을 접

음독
- せつがん 接岸 접안
- せっきん 接近 접근
- せっしょく 接触 접촉
- せっせん 接戦 접전
- かんせつ 間接 간접
- せってん 接点 접점
- ちょくせつ 直接 직접
- めんせつ 面接 면접

훈독
- つぐ 接ぐ 이어 붙이다
- つぎき 接ぎ木 접목, 접붙이기

음 せつ　훈 接ぐ

1248

小5 뜻 정

음독
- じょうけい 情景 정경
- じょうしょ 情緒 정서
- じょうねつ 情熱 정열
- じょうほう 情報 정보
- あいじょう 愛情 애정
- かんじょう 感情 감정
- じじょう 事情 사정
- しんじょう 心情 심정
- ひょうじょう 表情 표정
- ふぜい 風情 풍치
- ゆうじょう 友情 우정

훈독
- なさけ 情け 인정
- なさけぶかい 情け深い 인정이 많다
- なさけない 情けない 한심하다

음 じょう・せい　훈 情け

1249 停

小5 머무를 정

음독:
- ていがく 停学 정학
- ていし 停止 정지
- ていしゃ 停車 정차
- ていでん 停電 정전
- ていねん 停年 정년
- ていりゅうじょう 停留場 정류장
- バスてい バス停 버스 정거장

음 てい

1250 偵

염탐할 정

음독:
- ていさつ 偵察 정찰
- たんてい 探偵 탐정
- ないてい 内偵 내탐, 몰래 조사함

음 てい

1251 頂

小6 정수리 정

음독:
- ちょうかく 頂角 꼭지각
- ちょうじょう 頂上 정상
- ちょうてん 頂点 정점
- ぜっちょう 絶頂 절정
- さんちょう 山頂 산꼭대기
- とうちょう 登頂 등정

훈독:
- いただく 頂く '받다'·'먹다'의 겸사말
- いただき 頂 꼭대기, 정상
- いただける 頂ける 얻을 수 있다

음 ちょう　훈 頂く・頂

1252 済

小6 건널 제

음독:
- きゅうさい 救済 구제
- けいざい 経済 경제
- けっさい 決済 결제
- へんさい 返済 변제

훈독:
- すむ 済む 끝나다
- すます 済ます 끝내다
- ようずみ 用済み 용무가 끝남
- すまない 済まない 미안하다

특: くだら 百済 백제

음 さい　훈 済む・済ます

濟

1257 措 둘 조

음독 措置 조치, 조처

음 そ

1258 曹 무리 조

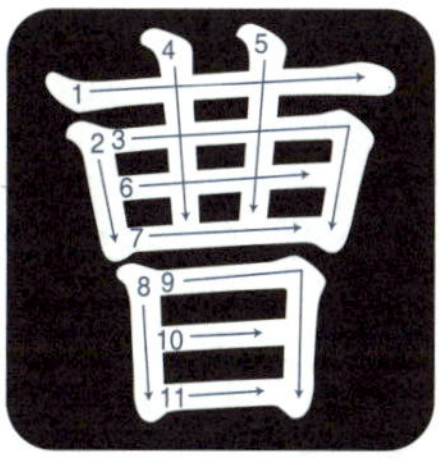

음독 法曹 법조(문)

음 そう

1259 眺 볼 조

음독 眺望 조망

훈독 眺める 조망하다

음 ちょう **훈** 眺める

1260 鳥 (小2) 새 조

음독 鳥瞰図 조감도 鳥類 조류 一石二鳥 일석이조
野鳥 들새 白鳥 백조

훈독 鳥 새 鳥籠 새장 鳥肌 닭살 小鳥 작은 새

특 鳥屋 새장

음 ちょう **훈** 鳥

1261

새길 **조**

음독
ちょうこく
彫刻 조각　　ちょうぞう
彫像 조(각)상

훈독
ほ
彫る 새기다, 조각하다

음 ちょう　**훈** 彫る

1262

小2　짤 **조**

음독
そかく
組閣 조각(내각을 조직함)　　そしき
組織 조직　　そせい
組成 조성

훈독
く
組む 조직하다　　くみ
組 조, 학급　　くみあい
組合 조합　　くみた
組み立てる 조립하다
くみがしら
組頭 조장　　くみちょう
組長 조장, (학급의) 반장

음 そ　**훈** 組む・組

1263

小3　겨레 **족**

음독
ぞくちょう
族長 족장　　いちぞく
一族 일족　　かぞく
家族 가족　　きぞく
貴族 귀족
しゅぞく
種族 종족　　しんぞく
親族 친족　　すいぞくかん
水族館 수족관　　みんぞく
民族 민족

음 ぞく

1264

小3　마칠 **종**

음독
しゅうえん
終焉 종언　　しゅうぎょうしき
終業式 종업식　　しゅうし
終始 시종　　しゅうてん
終点 종점
しゅうちゃくえき
終着駅 종착역　　しゅうまつ
終末 종말　　しゅうりょう
終了 종료　　さいしゅう
最終 최종

훈독
お
終える 끝내다　　お
終わる 끝나다

특 つい
終 최후

음 しゅう　**훈** 終える・終わる

1265

小2 주일 주

음독
週間(しゅうかん) 주간　週休二日制(しゅうきゅうふつかせい) 주5일제　週末(しゅうまつ) 주말
一週間(いっしゅうかん) 일주일　今週(こんしゅう) 이번 주　先週(せんしゅう) 지난주　毎週(まいしゅう) 매주
来週(らいしゅう) 다음 주

음 しゅう　週

1266

일찍 증

음독
曽祖父(そうそふ) 증조부　曽祖母(そうそぼ) 증조모　曽孫(そうそん) 증손

훈독
曽て(かつて) 일찌기

음 そう・そ　훈 曽(かつ)て　曾

1267

小3 나아갈 진

음독
進化(しんか) 진화　進学(しんがく) 진학　進級(しんきゅう) 진급　進行(しんこう) 진행
進展(しんてん) 진전　進歩(しんぽ) 진보　行進(こうしん) 행진　前進(ぜんしん) 전진
精進(しょうじん) 정진

훈독
進む(すすむ) 진행하다　進める(すすめる) 진행시키다

음 しん　훈 進(すす)む・進(すす)める　進

1268

베풀/묵을 진

음독
陳列(ちんれつ) 진열　陳述(ちんじゅつ) 진술　陳情書(ちんじょうしょ) 진정서

음 ちん

11획

1269 窒 — 막힐 질

음독
- ^{ちっそく}窒息 질식
- ^{ちっそ}窒素 질소

음 ちつ

1270 執 — 잡을 집

음독
- ^{しっとう}執刀 집도
- ^{しっぴつ}執筆 집필
- ^{しっけん}執権 집권
- ^{しっこう}執行 집행
- ^{しゅうちゃく}執着 집착
- ^{しゅうねん}執念 집념

훈독
- ^と執る 쥐다, 잡다

음 しつ・しゅう **훈** 執る

1271 斬 — 벨 참

음독
- ^{ざんさつ}斬殺 참살
- ^{ざんしゅ}斬首 참수
- ^{ざんしん}斬新 참신

훈독
- ^き斬る (사람을) 베다

음 ざん **훈** 斬る

1272 惨 — 참혹할 참

음독
- ^{さんか}惨禍 참화
- ^{さんげき}惨劇 참극
- ^{さんじ}惨事 참사
- ^{さんじょう}惨状 참상
- ^{さんたん}惨憺 참담
- ^{ざんぱい}惨敗 참패
- ^{ひさん}悲惨 비참

훈독
- ^{みじ}惨め 비참함, 참담함

특
- ^{むご}惨い 비참하다
- ^{むご}惨たらしい 참혹하다

음 さん・ざん **훈** 惨め

1273 부를 창
小4

음독: しょうか 唱歌 창가 / かしょう 歌唱 가창 / がっしょう 合唱 합창 / ていしょう 提唱 제창 / ふくしょう 復唱 복창

훈독: とな 唱える 외다, 외치다

음 しょう　훈 唱える

1274 창 창
小6

음독: そうがい 窓外 창밖 / しゃそう 車窓 차창 / どうそうかい 同窓会 동창회

훈독: まど 窓 창문 / まどぎわ 窓際 창가 / まどぐち 窓口 창구

음 そう　훈 窓

1275 나물 채
小4

음독: さいしょく 菜食 채식 / さんさい 山菜 산채, 산나물 / やさい 野菜 야채 / そうざい 総菜 반찬

훈독: な 菜 나물 / なづけ 菜漬け 채소 절임 / なのはな 菜の花 유채꽃

음 さい　훈 菜　

1276 채색 채

음독: さいしき 彩色 채색 / たさい 多彩 다채 / いさい 異彩 이채

훈독: いろど 彩る 색칠하다

음 さい　훈 彩る

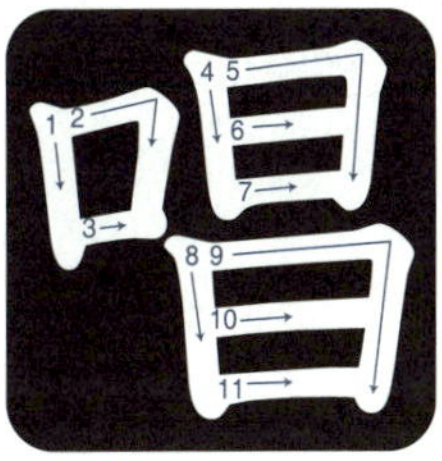

1277 採

小5 캘 채

음독
- さいくつ 採掘 채굴
- さいけつ 採決 채결
- さいしゅう 採集 채집
- さいてん 採点 채점
- さいよう 採用 채용
- さいろく 採録 채록

훈독
- と 採る 채집하다, 채용하다

음 さい　훈 採る

1278 責

小5 꾸짖을 책

음독
- せきにん 責任 책임
- せきむ 責務 책무
- じせき 自責 자책
- じゅうせき 重責 중책
- しょくせき 職責 직책

훈독
- せ 責める 꾸짖다, 나무라다
- せめた 責立てる 몹시 비난하다

음 せき　훈 責める

1279 戚

겨레 척

음독
- しんせき 親戚 친척

음 せき

1280 添

더할 첨

음독
- てんか 添加 첨가
- てんさく 添削 첨삭
- てんじょう 添乗 함께 타고 따라감
- てんぷ 添付 첨부

훈독
- そ 添える 첨부하다, 곁들이다
- そ 添う 따르다, 붙어다니다
- そ 添わせる 곁에 있게 하다
- くちぞえ 口添 조언

음 てん　훈 添える・添う

1281

음독 清音 せいおん 청음　清潔 せいけつ 청결　清算 せいさん 청산　清書 せいしょ 청서, 정서
清酒 せいしゅ 청주　清純 せいじゅん 청순　清流 せいりゅう 청류　清涼 せいりょう 청량

훈독 清い きよい 맑다　清まる きよまる 맑아지다　清める きよめる 맑게 하다
清らか きよらか 맑음

특 清水 しみず 맑은 샘물　清やか すがやか 시원시원함　清々しい すがすがしい 상쾌하다

＊せいさん

清算 せいさん 서로 빚지거나, 관계에 결말이 지어진 것
→ 過去の生活を清算する 과거의 생활을 청산하다
精算 せいさん 돈을 깨끗하게 남김없이 계산함
→ 乗り越し料金を精算する 지나쳐 내린 요금을 정산하다

음 せい・しょう　**훈** 清い・清まる・清める

小4　맑을 청

1282

잡을 체

음독 逮捕 たいほ 체포

음 たい

1283

小6　밀 추

음독 推挙 すいきょ 추천　推進 すいしん 추진　推測 すいそく 추측　推定 すいてい 추정
推量 すいりょう 추량　推理 すいり 추리　推論 すいろん 추론　類推 るいすい 유추

훈독 推す おす 추진시키다, 추천하다　推して おして 미루어, 짐작으로

음 すい　**훈** 推す

1284 취할 취 醉

음독
- すいかん 酔漢 취객
- すいたい 酔態 취태
- とうすい 陶酔 도취
- ますい 麻酔 마취
- しんすい 心酔 심취
- でいすい 泥酔 만취

훈독
- よ 酔う (술에) 취하다
- よばら 酔っ払う 만취하다

音 すい　훈 酔う

1285 곁 측 側

음독
- そくめん 側面 측면
- そっきん 側近 측근

훈독
- かわ 側 곁
- そとがわ 外側 외측
- うちがわ 内側 내측
- おもてがわ 表側 바깥쪽
- うらがわ 裏側 안쪽
- かたがわ 片側 한쪽 편
- はんたいがわ 反対側 반대쪽

특
- そば 側 곁, 옆
- はた 側 가장자리
- そば 側める 옆으로 밀어내다

音 そく　훈 側

1286 침 타 唾

음독
- だえき 唾液 타액
- だせん 唾腺 침샘

훈독
- つば 唾 침
- なまつば 生唾 군침

音 だ　훈 唾

1287 벗을 탈 脱

음독
- だつい 脱衣 탈의
- だっぴ 脱皮 탈피
- だつぼう 脱帽 탈모
- だっこく 脱穀 탈곡
- だっし 脱脂 탈지
- だつらく 脱落 탈락
- だつぜい 脱税 탈세
- いつだつ 逸脱 일탈
- きょだつ 虚脱 허탈
- りだつ 離脱 이탈

훈독
- ぬぐ 脱ぐ 벗다
- ぬげる 脱げる 벗겨지다

音 だつ　훈 脱ぐ・脱げる

1288

探 찾을 탐 (小6)

- 음독: たんきゅう 探求 탐구 / たんけん 探検 탐험 / たんさく 探索 탐색 / たんぼう 探訪 탐방
- 훈독: さぐる 探る 탐색하다 / さがす 探す 찾다 / てさぐり 手探り 암중모색 / さがしもの 探し物 찾는 물건 / たからさがし 宝探し 보물찾기
- 음: たん
- 훈: 探る・探す

1289

貪 탐할 탐

- 음독: どんよく 貪欲 탐욕
- 훈독: むさぼる 貪る 탐하다
- 음: どん
- 훈: 貪る

1290

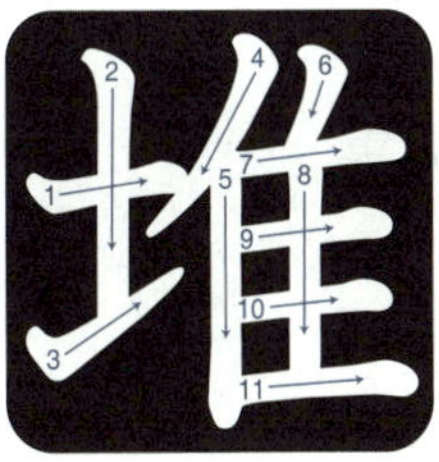

堆 언덕 퇴

- 음독: たいせき 堆積 퇴적 / たいひ 堆肥 퇴비
- 훈독: うずたかい 堆い 두두룩하게 높다
- 음: たい
- 훈: 堆い

1291

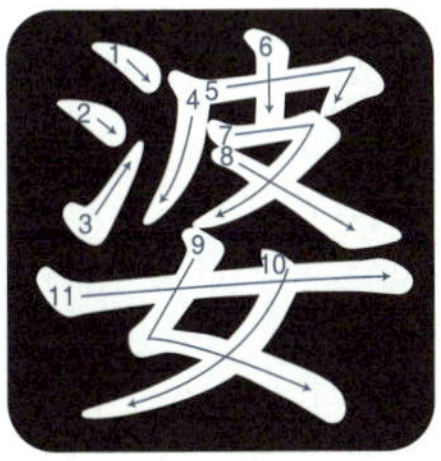

婆 할미 파

- 음독: ろうば 老婆 노파
- 음: ば

1292

팔 판

| 음독 | はんばい 販売 판매　はんろ 販路 판로 |

음 はん

1293

小4 패할 패

| 음독 | はいいん 敗因 패인　はいせん 敗戦 패전　はいたい 敗退 패퇴　はいぼく 敗北 패배
しっぱい 失敗 실패　しょうはい 勝敗 승패　せいはい 成敗 성패　れんぱい 連敗 연패 |
| 훈독 | やぶ 敗れる 지다, 패하다 |

음 はい　훈 敗れる

1294

치우칠 편

| 음독 | へんあい 偏愛 편애　へんきょう 偏狭 편협　へんけん 偏見 편견　へんざい 偏在 편재
へんしゅう 偏執 편집(편견을 고집함)　へんせいふう 偏西風 편서풍　へんちょう 偏重 편중 |
| 훈독 | かたよ 偏る 기울다, 치우치다　ひとえ 偏に 오직, 오로지 |

음 へん　훈 偏る・偏に

1295

小6 닫을 폐

| 음독 | へいかい 閉会 폐회　へいかん 閉館 폐관　へいこう 閉口 난처함, 질림　へいさ 閉鎖 폐쇄
へいまく 閉幕 폐막　へいもん 閉門 폐문　かいへい 開閉 개폐　みっぺい 密閉 밀폐 |
| 훈독 | と 閉じる 닫히다　と 閉ざす 닫다　し 閉める 닫다
し 閉まる 닫히다　と こ 閉じ籠る 틀어박히다 |

閉める

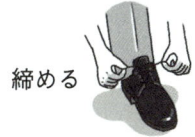
締める

> **＊しめる**
>
> 閉める 문을 닫다 → 窓を閉める 창문을 닫다
>
> 締める 느슨하지 않도록 매듭지다 → くつのひもを締める 구두 끈을 묶다
>
> 音 へい　　訓 閉じる・閉ざす・閉める・閉まる

1296

小4　표 표

음독
票決 표결　票数 표수　一票 한표　開票 개표
伝票 전표　投票 투표　得票 득표

音 ひょう

1297

小6　시골 향

음독
郷愁 향수　郷土 향토　郷里 향리, 고향　帰郷 귀향

音 きょう・ごう

1298

빌 허

음독
虚空 허공　虚栄 허영　虚偽 허위　虚構 허구
虚心 허심, 빈 마음　虚弱 허약　虚無 허무

훈독
虚しい 공허하다, 헛되다

특
虚ろ 공허, 텅 빔

音 きょ・こ　　訓 虚しい

11획

1299

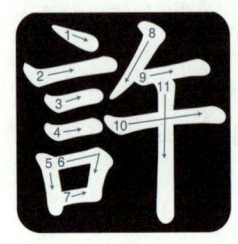

小5 허락할 허

| 음독 | きょか 許可 허가 | きょだく 許諾 허락 | きょよう 許容 허용 | とっきょ 特許 특허 | めんきょ 免許 면허 |

훈독 ゆる 許す 허가하다, 허락하다

특 もと 許 슬하

음 きょ　훈 許す

1300

小5 험할 험

음독 けんあく 険悪 험악 / けんしゅん 険峻 험준 / きけん 危険 위험 / ぼうけん 冒険 모험
いんけん 陰険 음험 / ほけん 保険 보험

훈독 けわ 険しい 험난하다

음 けん　훈 険しい

1301

小5 나타날 현

음독 げんに 現に 실제로 / げんきん 現金 현금 / げんざい 現在 현재 / げんじつ 現実 현실
げんじょう 現状 현상(현재의 상태) / げんしょう 現象 현상(나타나는 대상) / げんだい 現代 현대 / げんば 現場 현장
さいげん 再現 재현 / じつげん 実現 실현 / しゅつげん 出現 출현 / ひょうげん 表現 표현

훈독 あらわ 現れる 나타나다, 출현하다 / あらわ 現す 나타내다, 드러내다

특 うつつ 現 현실, 생시

음 げん　훈 現れる・現す

1302

뱃전 현

음독 さげん 左舷 좌현 / うげん 右舷 우현

훈독 ふなばた 舷 뱃전

음 げん　훈 舷

1303

반딧불 형

음독	けいこう 蛍光 형광　けいせつ こう 蛍雪の功 형설지공
훈독	ほたる 蛍 반디, 개똥벌레　ほたる び 蛍火 반딧불

음 けい　　훈 ほたる 蛍　　

1304

小5 섞을 혼

음독	こんけつ 混血 혼혈　こんごう 混合 혼합　こんざつ 混雑 혼잡　こんせん 混線 혼선 こんどう 混同 혼동　こんにゅう 混入 혼입　こんらん 混乱 혼란
훈독	ま 混じる 섞이다　ま 混ざる 섞이다　ま 混ぜる 섞다 ま あ 混ぜ合わせる 혼합하다, 한데 섞다

음 こん　　훈 混じる・混ざる・混ぜる

1305

혼인할 혼

음독	こんいん 婚姻 혼인　こんき 婚期 혼기　こんやく 婚約 약혼　こんれい 婚礼 혼례 きこん 既婚 기혼　みこん 未婚 미혼　けっこん 結婚 결혼　しんこん 新婚 신혼

음 こん

1306

小4 재물 화

음독	かもつ 貨物 화물　かしゃ 貨車 화(물)차　きんか 金貨 금화　ざっか 雑貨 잡화 つうか 通貨 통화　ひゃっかてん 百貨店 백화점

음 か

1307

근심 환

| 음독 | かんじゃ 患者 환자　かんぶ 患部 환부　きゅうかん 急患 급환　しっかん 疾患 질환, 병 |

| 훈독 | わずら 患う 앓다, 병이 나다 |

| 특 | くげん 苦患 고뇌 |

음 かん　훈 患う

1308

小2　누를 황

| 음독 | おうごん 黄金 황금　おうどいろ 黄土色 황토색　こうが 黄河 황하　らんおう 卵黄 (알의) 노른자위 |

| 훈독 | きいろ 黄色い 노랗다　きみ 黄身 노른자위　きみ 黄味 노란 빛깔　き 黄ばむ 노래지다　あさぎ 浅黄 옅은 노랑 |

| 특 | たそがれ 黄昏 황혼 |

✔ 「黄金」은 「おうごん」으로도 「こがね」로도 읽는다.

음 こう・おう　훈 き 黄　

1309

小2　검을 흑

| 음독 | こくびゃく 黒白 흑백　こくばん 黒板 칠판　こくてん 黒点 흑점　あんこく 暗黒 암흑　だいこくばしら 大黒柱 중심 기둥 |

| 훈독 | くろ 黒い 검다　くろしろ 黒白 흑백　くろじ 黒字 흑자　くろしお 黒潮 흑조, 쿠로시오 해류 |

| 특 | ほくろ 黒子 검정 사마귀, 점 |

음 こく　훈 くろ 黒・くろ 黒い

1310

흔적 흔

| 음독 | こん 痕跡 흔적　けっこん 血痕 혈흔　だんこん 弾痕 탄흔 |

| 훈독 | あと 痕 흔적　つめあと 爪痕 손톱자국 |

음 こん　훈 あと 痕

1311

小4 거리 가

음독 かいどう 街道 가도 がいとう 街頭 가두 かいろじゅ 街路樹 가로수 しがい 市街 시가, 거리
しょうてんがい 商店街 상점가

훈독 まち 街 거리 まちかど 街角 길모퉁이

음 かい・がい   훈 まち 街

1312

小4 깨달을 각

음독 かくご 覚悟 각오 かくせい 覚醒 각성 かんかく 感覚 감각 さっかく 錯覚 착각
しかく 視覚 시각 じかく 自覚 자각 ちかく 知覚 지각 みかく 味覚 미각

훈독 おぼえる 覚える 기억하다 さます 覚ます 잠을 깨우다 さめる 覚める 잠이 깨다

특 おぼつかない 覚束無い 미덥지 못하다, 불안하다

음 かく   훈 覚える・覚ます・覚める

1313

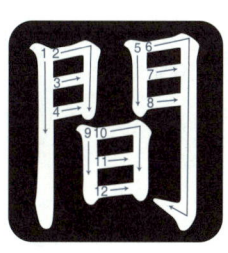

小2 사이 간

음독 かんかく 間隔 간격 かんせつ 間接 간접 きかん 期間 기간 じかん 時間 시간
せけん 世間 세간 ちゅうかん 中間 중간 にんげん 人間 인간

훈독 あいだ 間 사이 ま 間 사이 あいだがら 間柄 관계 まぐち 間口 폭 まちがう 間違う 틀리다
ひるま 昼間 주간, 낮 いま 居間 거실 てま 手間 수고 なかま 仲間 동료

✓ 「昼間」는 「ひるま」로도 「ちゅうかん」로도 읽는다.

음 かん・けん   훈 あいだ 間・ま 間

1314

칡 갈

음독 かっとう 葛藤 갈등

훈독 くず 葛 칡 くずこ 葛粉 갈분

✓ 이 한자는 「」로도 쓰인다.

음 かつ   훈 くず 葛

1315

감히/구태여 **敢**

음독
- かんこう 敢行 감행
- かんぜん 敢然 감연함
- かんとう 敢闘 감투
- かかん 果敢 과감
- ゆうかん 勇敢 용감

훈독
- あ 敢えて 감히, 굳이
- あ 敢えない 덧없다, 어이없다

음 かん

1316

견딜 **堪**

음독
- かんにん 堪忍 견딤

훈독
- た 堪える 견디다, 참다

음 かん・たん **훈** 堪える

1317

小5 덜 **減**

음독
- げんがく 減額 감액
- げんけい 減刑 감형
- げんしょう 減少 감소
- げんぜい 減税 감세
- ぞうげん 増減 증감
- かげん 加減 가감
- けいげん 軽減 경감
- さくげん 削減 삭감

훈독
- へ 減る 줄다, 적어지다
- へ 減らす 줄이다, 덜다

음 げん **훈** 減る・減らす

1318

小3 열 **개**

음독
- かいうん 開運 개운
- かいか 開化 개화
- かいし 開始 개시
- かいてん 開店 개점
- かいはつ 開発 개발
- かいへい 開閉 개폐
- こうかい 公開 공개
- てんかい 展開 전개

훈독
- ひら 開く 열리다
- ひら 開ける 열리다
- あ 開く 열리다
- あ 開ける 열다

음 かい **훈** 開く・開ける・開く・開ける

1319

상거할 거

음독 距離 거리

음 きょ

1320

小5 검사할 검

음독 検印 검인　検疫 검역　検閲 검열　検挙 검거
検査 검사　検定 검정　検討 검토　点検 점검

음 けん

1321

굳을 견

음독 堅固 견고　堅持 견지　堅実 견실　堅牢 견뢰, 견고

훈독 堅い 단단하다　堅気 올곧음, 고지식함

음 けん　　**훈** 堅い

1322

小4 맺을 결

음독 結果 결과　結局 결국　結構 ①구성 ②괜찮음 ③꽤, 제법
結成 결성　結末 결말　結論 결론　完結 완결
起承転結 기승전결　終結 종결　妥結 타결　団結 단결

훈독 結ぶ 매다, 묶다　結う 묶다　結わえる 매다　結納 약혼 예물

음 けつ　　**훈** 結ぶ・結う・結わえる

1323

小3 가벼울 경

음독
けいかい 軽快 경쾌 / けいげん 軽減 경감 / けいしょく 軽食 간단한 식사 / けいそつ 軽率 경솔
けいしょう 軽傷 경상 / けいべつ 軽蔑 경멸 / けいはく 軽薄 경박 / けいし 軽視 경시

훈독
かる 軽い 가볍다 / かろ 軽やか 가뿐함 / かるがる 軽々 가뿐히
きがる 気軽 가볍게 생각(행동)함 / てがる 手軽 간편함 / みがる 身軽 몸(놀림)이 가벼움

음 けい　훈 軽い・軽やか

1324

小6 공경 경

음독
けいあい 敬愛 경애 / けいご 敬語 경어 / けいえん 敬遠 경원 / けいい 敬意 경의
けいれい 敬礼 경례 / けいろう 敬老 경로 / そんけい 尊敬 존경 / しっけい 失敬 실례, 무례함

훈독
うやま 敬う 존경하다

음 けい　훈 敬う

1325

굳을 경

음독
こうか 硬貨 경화 / こうこつ 硬骨 경골 / こうしつ 硬質 경질 / こうすい 硬水 경수, 센물
こうちょく 硬直 경직 / こうど 硬度 경도 / こうひつ 硬筆 끝이 딱딱한 필기 용구 / きょうこう 強硬 강경

훈독
かた 硬い 단단하다

음 こう　훈 硬い

1326

小4 볕 경

음독
けいかん 景観 경관 / けいき 景気 경기 / けいひん 景品 경품 / ふうけい 風景 풍경
こうけい 光景 광경 / はいけい 背景 배경 / やけい 夜景 야경

특 けしき 景色 경치

음 けい

1327 階

小3 섬돌 계

음독
- かいか 階下 계단 아래
- かいきゅう 階級 계급
- かいそう 階層 계층
- かいだん 階段 계단
- だんかい 段階 단계
- ちかい 地階 지하층
- にかいだて 二階建て 이층 건물

특 きざはし 階 계단

음 かい

1328 雇

품팔 고

음독
- こよう 雇用 고용

훈독
- やとう 雇う 고용하다

음 こ　훈 雇う

1329 過

小5 지날 과

음독
- かこ 過去 과거
- かしつ 過失 과실
- かげき 過激 과격
- かてい 過程 과정
- かしん 過信 과신
- かだい 過大 과대
- かろう 過労 과로
- かはんすう 過半数 과반수
- つうか 通過 통과
- けいか 経過 경과
- ちょうか 超過 초과

훈독
- すぎる 過ぎる 지나다
- すごす 過ごす 지내다
- あやまつ 過つ 잘못하다
- みすごす 見過ごす 묵과하다

음 か　훈 過ぎる・過ごす・過つ　戻

1330 棺

널 관

음독
- かんおけ 棺桶 관

특 ひつぎ 棺 관

음 かん

1331

항목 관

음독 らっかん 落款 낙관(작가나 화가의 도장)

음 かん

1332

목맬 교

음독 こうさつ 絞殺 교살　こうしゅ 絞首 교수, 교살

훈독 しぼ 絞る (쥐어)짜다　し 絞める 조르다　し 絞まる 단단하게 죄이다

*しぼる

絞る

搾る

しぼ 絞る 비틀어서 짜내다 → 手ぬぐいを絞る 걸레를 짜다
しぼ 搾る 눌러서 짜내다 → 乳を搾る 젖을 짜내다

음 こう　**훈** 絞る・絞める・絞まる

1333

우리 권

음독 けんがい 圏外 권외, 범위 밖　けんない 圏内 권내

음 けん

1334

小6 귀할 귀

음독
- き きんぞく 貴金属 귀금속
- き ぞく 貴族 귀족
- き ちょうひん 貴重品 귀중품
- き ふ じん 貴婦人 귀부인
- こう き 高貴 고귀
- ふう き 富貴 부귀

훈독
- たっと 貴い 귀중하다
- たっと 貴ぶ 공경하다
- とうと 貴い 귀중하다
- とうと 貴ぶ 공경하다

* 尊い 공경할 만하다 → 師の尊い教えを守る 스승의 존귀한 가르침을 지키다
* 貴い 가치나 지위가 높다 → 貴い身分 높은 신분

음 き　**훈** 貴い・貴ぶ・貴い・貴ぶ

1335

小4 다할/극진할 극

음독
- きょくげん 極限 극한, 한계점
- きょくてん 極点 극점
- きょく ち 極地 극지(방)
- なんきょく 南極 남극
- ほっきょく 北極 북극
- でんきょく 電極 전극
- せっきょくてき 積極的 적극적
- ごっかん 極寒 극한
- ごくらく 極楽 극락

훈독
- きわ 極める 끝까지 가다
- きわ 極まる 다하다
- きわみ 極 끝, 극도

음 きょく・ごく　**훈** 極める・極まる・極

1336

小6 부지런할 근

음독
- きんぞく 勤続 근속
- きんべん 勤勉 근면
- きん む 勤務 근무
- きんろう 勤労 근로
- しゅっきん 出勤 출근
- つうきん 通勤 통근
- てんきん 転勤 전근
- ごんぎょう 勤行 근행

훈독
- つと 勤める 근무하다
- つと 勤まる 근무할 수 있다

음 きん・ごん　**훈** 勤める・勤まる　勤

1337

小6 힘줄 근

음독
- きんこつ 筋骨 근골
- きんにく 筋肉 근육
- きんりょく 筋力 근력
- てっきん 鉄筋 철근

훈독
- すじ 筋 힘줄

음 きん　**훈** 筋

1338

거문고 금

- 음독 きんせん 琴線 거문고 줄
- 훈독 こと 琴 거문고

音 きん　訓 こと

1339

小4 줄 급

- 음독 きゅうしょく 給食 급식　きゅうすい 給水 급수　きゅうりょう 給料 급료　きゅうゆ 給油 급유
  しきゅう 支給 지급　げっきゅう 月給 월급　はいきゅう 配給 배급

音 きゅう

1340

小3 기약할 기

- 음독 きかん 期間 기간　きたい 期待 기대　きげん 期限 기한　ぜんき 前期 전기
  にんき 任期 임기　しゅうき 周期 주기　ていきけん 定期券 정기(승차)권　さいご 最期 임종

音 き・ご

1341

몇 기

- 음독 きかがく 幾何学 기하학
- 훈독 いくえ 幾重 여러 겹　いくた 幾多 많음　いくど 幾度 몇 번　いくぶん 幾分 약간, 일부분

音 き　訓 いく

1342 棋 — 바둑 기

- **음독**: 棋士(きし) (바둑) 기사 / 将棋(しょうぎ) 장기
- 음: き

1343 欺 — 속일 기

- **음독**: 欺瞞(ぎまん) 기만 / 詐欺(さぎ) 사기
- **훈독**: 欺(あざむ)く 속이다, 기만하다
- 음: ぎ 훈: 欺(あざむ)く

1344 喫 — 먹을 끽

- **음독**: 喫煙(きつえん) 끽연, 흡연 / 喫茶店(きっさてん) 찻집
- 음: きつ (略字: 喫)

1345 短 — 小3 짧을 단

- **음독**: 短気(たんき) 급한 성미 / 短所(たんしょ) 단점 / 短歌(たんか) 단가 / 短文(たんぶん) 단문 / 短縮(たんしゅく) 단축 / 短時間(たんじかん) 단시간 / 短絡(たんらく) 단락 / 長短(ちょうたん) 장단
- **훈독**: 短(みじか)い 짧다 / 気短(きみじか) 성급함
- 음: たん 훈: 短(みじか)い

1346

小4 통달할 달

음독				
たつじん 達人 달인	たっせい 達成 달성	じょうたつ 上達 숙달	そくたつ 速達 속달
はったつ 発達 발달	はいたつ 配達 배달		

특 ともだち 友達 친구(들)

음 たつ

1347

小2 대답 답

음독				
とうあん 答案 답안	とうべん 答弁 답변	おうとう 応答 응답	かいとう 解答 해답
もんどう 問答 문답	へんとう 返答 대답	かいとう 回答 회답	

훈독 こた 答える 대답하다 くちごた 口答え 말대답, 말대꾸

*かいとう

かいとう 回答 질문이나 요구에 대한 대답 → とうきょく かいとう もと 当局に回答を求める 당국에 회답을 요구하다

かいとう 解答 문제를 풀고 나온 답 → しけんもんだい かいとうしゅう 試験問題の解答集 시험문제의 해답집

음 とう   훈 答える・答え

1348

小4 무리 대

음독				
たいちょう 隊長 대장	たいいん 隊員 대원	たいれつ 隊列 대열	ぶたい 部隊 부대
ぐんたい 軍隊 군대	へいたい 兵隊 군대	じえいたい 自衛隊 자위대	

음 たい

1349

小5 빌릴/꿜 대

음독			
たいしゃく 貸借 대차	たいよ 貸与 대여	ちんたい 賃貸 임대

훈독			
か 貸す 빌려주다	かしほん 貸本 책을 빌려 줌	かいえ 貸し家 셋집
か か 貸し借り 대차	か き 貸し切り 대절, 전세	

음 たい   훈 か 貸す

1350

건널 도

음독
と か
渡河 도하, 도강   と こう
渡航 도항   と らい
渡来 도래

훈독
わた
渡る 건너다   わた
渡す 건네다

음 と   **훈** 渡る・渡す

1351

小2 길 도

음독
どう ろ
道路 도로   どう ぐ
道具 도구   どう とく
道徳 도덕   どう じょう
道場 도장
き どう
軌道 궤도   てつ どう
鉄道 철도   ほ どう
歩道 보도, 인도   ほう どう
報道 보도
しん とう
神道 신도

훈독
みち
道 길   みちすじ
道筋 가는 길(과정)   みちばた
道端 길가   ちかみち
近道 지름길

음 どう・とう   **훈** 道

1352

마룻대 동

음독
とうりょう
棟梁 동량, 마룻대와 들보

훈독
むね
棟 용마루

음 とう   **훈** 棟

1353

小3 아이 동

음독
どう わ
童話 동화   どう がん
童顔 동안   じ どう
児童 아동   しん どう
神童 신동
あく どう
悪童 악동

훈독
わらべ
童 아이   わらべうた
童歌 동요

음 どう   **훈** 童

1354

역질 두

| 음독 | とうびょう
痘苗 천연두 백신의 원료 | とうそう
痘瘡 천연두 |

음 とう

1355

둔할 둔

| 음독 | どんかく
鈍角 둔각 | どんき
鈍器 둔기 | どんかん
鈍感 둔감 | どんじゅう
鈍重 둔중 |
| どんつう
鈍痛 둔통 |

| 훈독 | にぶ
鈍い 둔하다 | にぶ
鈍る 둔해지다 |

음 どん   **훈** 鈍い・鈍る

1356

小3 무리 등

음독	とうあつせん 等圧線 등압선	とうきゅう 等級 등급	とうこうせん 等高線 등고선
とうぶん 等分 등분	じょうとう 上等 상등	いっとう 一等 일등	びょうどう 平等 평등
たいとう 対等 대등	こうとう 高等 고등	きんとう 均等 균등	どうとう 同等 동등

| 훈독 | ひと
等しい 같다, 동등하다 |

음 とう   **훈** 等しい

1357

小3 오를 등

| 음독 | とうこう
登校 등교 | とうじょう
登場 등장 | とうろく
登録 등록 | とうばん
登板 등판 |
| とうちょう
登頂 등정 | とざん
登山 등산 |

| 훈독 | のぼ
登る 오르다 | やまのぼ
山登り 등산 |

음 とう・と   **훈** 登る

1358 落

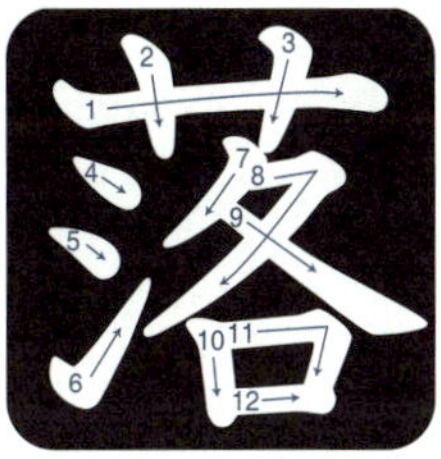

小3 떨어질 락

음독
- らくご 落語 만담
- らくだい 落第 낙제
- らっか 落下 낙하
- らくせん 落選 낙선
- だんらく 段落 단락
- しゅうらく 集落 촌락
- げらく 下落 하락
- だらく 堕落 타락

훈독
- お 落ちる 떨어지다
- お 落とす 떨어뜨리다
- お つ 落ち着き 차분함

음 らく　훈 落ちる・落とす

1359 絡

이을/얽을 락

음독
- れんらく 連絡 연락
- みゃくらく 脈絡 맥락

훈독
- から 絡む 얽히다, 휘감기다
- から 絡まる 얽히다
- から 絡める 얽다

음 らく　훈 絡む・絡まる・絡める

1360 嵐

남기 람

음독
- せいらん 晴嵐 청람(상쾌한 바람)

훈독
- すなあらし 沙嵐 모래폭풍
- やまあらし 山嵐 산바람

음 らん　훈 嵐

1361 廊

사랑채/행랑 랑

음독
- ろうか 廊下 복도

음 ろう

1362 量

小4 헤아릴 량

- 음독: りょうさん 量産 양산, 대량 생산 / そくりょう 測量 측량 / うりょう 雨量 우량 / ぶんりょう 分量 분량 / すうりょう 数量 수량 / こうすいりょう 降水量 강수량
- 훈독: はか 量る (무게를) 달다, (길이를) 재다

음 りょう | 훈 量る

1363 裂

찢어질 렬

- 음독: れっしょう 裂傷 열상 / ぶんれつ 分裂 분열 / はれつ 破裂 파열 / けつれつ 決裂 결렬
- 훈독: さ 裂く 찢다 / さ 裂ける 찢어지다

음 れつ | 훈 裂く・裂ける

1364 塁

보루 루

- 음독: るいへき 塁壁 성벽 / とうるい 盗塁 도루 / まんるい 満塁 만루 / いちるい 一塁 1루

음 るい　　塁

1365 硫

유황 류

- 음독: りゅうさん 硫酸 황산
- 특: いおう 硫黄 유황

음 りゅう

1366 痢 이질 리

음독: げり 下痢 설사

음: り

1367 晩 늦을 만 (小6)

음독: ばんねん 晩年 만년 · ばんしゅん 晩春 늦봄 · ばんしゅう 晩秋 늦가을 · こんばん 今晩 오늘 밤 · あさばん 朝晩 아침저녁 · ひとばん 一晩 하룻밤 · まいばん 毎晩 매일 밤

음: ばん

1368 湾 물굽이 만

음독: わんがん 湾岸 만의 연안 · わんない 湾内 만내, 만의 안쪽 · わんきょく 湾曲 만곡

음: わん 灣

1369 蛮 오랑캐 만

음독: ばんぞく 蛮族 (야)만족 · ばんせい 蛮声 거칠고 굵은 소리 · ばんゆう 蛮勇 만용 · やばん 野蛮 야만

음: ばん 蠻

1370 찰 만 (小4)

음독
- まんぞく 満足 만족
- まんてん 満点 만점
- まんいん 満員 만원
- まんかい 満開 만개
- えんまん 円満 원만
- ひまん 肥満 비만
- ふまん 不満 불만
- かんまん 干満 간만, 썰물과 밀물

훈독
- みしお 満ち潮 만조, 밀물
- み 満ちる 가득차다
- み 満たす 채우다

음 まん　훈 満ちる・満たす

1371 살 매 (小2)

음독
- ばいしゅう 買収 매수
- ばいばい 売買 매매
- こうばい 購買 구매

훈독
- か 買う 사다
- かいね 買値 매(입)가
- かいもの 買物 물건사기, 쇼핑

음 ばい　훈 買う

1372 중매 매

음독
- ばいかい 媒介 매개
- ばいしゃく 媒酌 중매
- ばいたい 媒体 매체
- しょくばい 触媒 촉매
- れいばい 霊媒 영매

음 ばい

1373 모을/뽑을 모

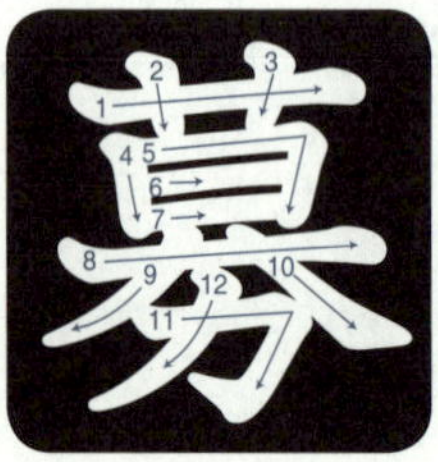

음독
- ぼきん 募金 모금
- ぼしゅう 募集 모집
- おうぼ 応募 응모
- こうぼ 公募 공모

훈독
- つの 募る 모으다, 모집하다

음 ぼ　훈 募る

1374

帽

모자 모

- 음독: 帽子(ぼうし) 모자　制帽(せいぼう) 제모(규정으로 정해진 모자)

음 ぼう

1375

貿

小5　무역할 무

- 음독: 貿易(ぼうえき) 무역

음 ぼう

1376

無

小4　없을 무

- 음독: 有名無実(ゆうめいむじつ) 무실　無罪(むざい) 무죄　無効(むこう) 무효　無駄(むだ) 헛됨　無愛想(ぶあいそう) 무뚝뚝함　無気味(ぶきみ) 불길함　無精(ぶしょう) 게으름　無事(ぶじ) 무사
- 훈독: 無(な)い 없다

음 む・ぶ　**훈** 無(な)い

1377

博

小4　넓을 박

- 음독: 博学(はくがく) 박학　博識(はくしき) 박식　博愛(はくあい) 박애　博物館(はくぶつかん) 박물관　博覧会(はくらんかい) 박람회　博徒(ばくと) 노름꾼　博士(はかせ) 박사

✔ 「博士」는 「はかせ」로도 「はくし」로도 읽는다.

음 はく・ばく

1378 飯 밥 반 (小4)

음독
- ご飯 (ごはん) 밥
- 赤飯 (せきはん) 팥밥
- 夕飯 (ゆうはん) 저녁밥

훈독
- 飯 (めし) 밥
- 飯粒 (めしつぶ) 밥알
- 昼飯 (ひるめし) 점심밥
- 朝飯前 (あさめしまえ) 식은 죽 먹기
- 握り飯 (にぎりめし) 주먹밥

음: はん 훈: 飯 (めし)

1379 斑 얼룩 반

음독
- 斑点 (はんてん) 반점

훈독
- 斑 (まだら) 얼룩
- 斑 (ぶち) 얼룩배기

음: はん 훈: 斑 (まだら)

1380 傍 곁 방

음독
- 傍観 (ぼうかん) 방관
- 傍聴 (ぼうちょう) 방청

훈독
- 傍ら (かたわら) 곁, 옆

음: ぼう 훈: 傍ら (かたわら)

1381 番 차례 번 (小2)

음독
- 番号 (ばんごう) 번호
- 番地 (ばんち) 번지
- 番組 (ばんぐみ) (방송) 프로
- 番人 (ばんにん) 파수꾼
- 順番 (じゅんばん) 순서
- 交番 (こうばん) 파출소

음: ばん

1382

담 병

음독 土塀 토담, 흙담
ど へい

음 へい

1383

小5 갚을/알릴 보

음독 報告 보고　報道 보도　報復 보복　情報 정보
ほうこく　ほうどう　ほうふく　じょうほう
速報 속보　警報 경보　誤報 오보　予報 예보
そくほう　けいほう　ごほう　よほう

훈독 報いる ① 갚다, 보답하다 ② 보복하다
むく

음 ほう　　**훈** 報いる
むく

1384

小6 기울 보

음독 補欠 보결, 보궐　補習 보습, 보충　補助 보조　補給 보급
ほけつ　ほしゅう　ほじょ　ほきゅう
補足 보충　候補 후보
ほそく　こうほ

훈독 補う 보충하다
おぎな

음 ほ　　**훈** 補う
おぎな

1385

넓을 보

음독 普及 보급　普請 (건축・토목) 공사　普通 보통　普遍 보편
ふきゅう　ふしん　ふつう　ふへん
普段 평소
ふだん

음 ふ

1386

小5 회복할 복 · 다시 부

음독
- ふくしゅう 復習 복습
- ふっかつ 復活 부활
- ふくげん 復元 복원
- ふっき 復帰 복귀
- ふっこう 復興 부흥
- おうふく 往復 왕복
- かいふく 回復 회복
- はんぷく 反復 반복

✔ 「復ふく」는 '반복'을 나타내며, 「複ふく」는 '두 가지 이상'이라는 의미이다.

음 ふく

1387

小6 막대 봉

음독
- ぼうだ 棒立ち 긴장해서 굳어 섬
- あいぼう 相棒 상대, 짝
- てつぼう 鉄棒 철봉
- ようじんぼう 用心棒 경호원
- かなぼう 金棒 쇠몽둥이

음 ぼう

1388

小4 부자 부

음독
- ふじさん 富士山 후지산
- ふきょう 富強 부강
- ふうき 富貴 부귀
- ほうふ 豊富 풍부
- こくふ 国富 국부
- ひんぷ 貧富 빈부

훈독
- と 富む 넉넉해지다
- とみ 富 부, 재산

음 ふ · ふう **훈** 富む · 富

1389

눈날릴 분

음독
- ふんいき 雰囲気 분위기

음 ふん

1390

棚 사다리 붕

- 훈독: 棚(たな) 선반, 書棚(しょだな) 책장, 大陸棚(たいりくだな) 대륙붕
- 훈: 棚(たな)

1391

備 小5 갖출 비

- 음독: 備考(びこう) 비고, 備品(びひん) 비품, 完備(かんび) 완비, 準備(じゅんび) 준비, 設備(せつび) 설비, 守備(しゅび) 수비, 整備(せいび) 정비, 予備(よび) 예비
- 훈독: 備(そな)える 갖추다, 備(そな)わる 갖추어지다
- 음: び
- 훈: 備える・備わる

1392

扉 사립문 비

- 음독: 門扉(もんぴ) 문짝, 대문
- 훈독: 扉(とびら) 문(짝)
- 음: ひ
- 훈: 扉(とびら)

1393

悲 小3 슬플 비

- 음독: 悲劇(ひげき) 비극, 悲鳴(ひめい) 비명, 悲運(ひうん) 비운, 悲願(ひがん) 비원, 悲観的(ひかんてき) 비관적, 悲痛(ひつう) 비통, 悲報(ひほう) 비보
- 훈독: 悲(かな)しい 슬프다, 悲(かな)しむ 슬퍼하다
- 음: ひ
- 훈: 悲しい・悲しむ

1398

小4 흩을 산

음독 さんぽ 散歩 산보, 산책　さんぶん 散文 산문　さんぷ 散布 산포　かいさん 解散 해산
しゅうさん 集散 집산　かくさん 拡散 확산

훈독 ち 散る 흩어지다　ち 散らす 흩뜨리다　ち 散らかす 흩뜨리다, 어지르다
ち 散らかる 흩어지다, 널브러지다

음 さん　**훈** 散る・散らす・散らかす・散らかる

1399

小1 수풀 삼

음독 しんりん 森林 삼림　しんげん 森厳 삼엄

훈독 もり 森 숲

음 しん　**훈** 森

1400

잃을 상

음독 そうしつ 喪失 상실

훈독 もしゅ 喪主 상주, 맏상제　もちゅう 喪中 상중　もふく 喪服 상복

음 そう　**훈** 喪

1401

小5 코끼리 상

음독 ぞうげ 象牙 상아　しょうけい 象形 상형　しょうちょう 象徴 상징　しょうけいもじ 象形文字 상형 문자
きしょう 気象 기상, 날씨　げんしょう 現象 현상　たいしょう 対象 대상　いんしょう 印象 인상

음 しょう・ぞう

1402 더울 서 (小3)

음독
- しょちゅう 暑中 한여름
- こくしょ 酷暑 혹서
- ざんしょ 残暑 늦더위

훈독
- あつい 暑い 덥다

음 しょ　훈 暑い

1403 사위 서

음독
- せい 婿 사위

훈독
- むこようし 婿養子 데릴사위
- むすめむこ 娘婿 사위

음 せい　훈 婿

1404 착할 선 (小6)

음독
- ぜんあく 善悪 선악
- ぜんい 善意 선의
- ぜんにん 善人 선인
- ぜんりょう 善良 선량
- ぜんごさく 善後策 선후책
- しんぜん 親善 친선
- かいぜん 改善 개선
- さいぜん 最善 최선

훈독
- よい 善い 좋다

✓ 「善ぜん」은 도덕적으로 올바른 것 「良りょう」는 다른 것보다 우수한 것

음 ぜん　훈 善い

1405 세금 세 (小5)

음독
- ぜいきん 税金 세금
- ぜいかん 税関 세관
- こくぜい 国税 국세
- だつぜい 脱税 탈세
- かぜい 課税 과세
- のうぜい 納税 납세
- ぞうぜい 増税 증세
- げんぜい 減税 감세
- しょうひぜい 消費税 소비세
- しょとくぜい 所得税 소득세
- かんぜい 関税 관세

음 ぜい

1406

小4 사를 소

음독 しょうしつ 焼失 소실　ねんしょう 燃焼 연소　ぜんしょう 全焼 전소

훈독 や 焼く ①태우다 ②굽다　や 焼ける ①(불)타다 ②구워지다　や にく 焼き肉 불고기
すみ や 炭焼き 숯불구이　ゆうや 夕焼け 저녁놀　たまご や 卵焼き 달걀 부침

음 しょう　**훈** や 焼く・や 焼ける

焼

1407

성길 소

음독 そ えん 疎遠 소원(친분이 멂)　そ がい 疎外 소외　そ つう 疎通 소통

훈독 うと 疎い 소원하다　うと 疎む 멀리하다　おろそ 疎か 소홀함

음 そ　**훈** うと 疎い・うと 疎む・おろそ 疎か

1408

호소할 소

음독 そ しょう 訴訟 소송　そ じょう 訴状 소(송)장　こく そ 告訴 고소　き そ 起訴 기소

훈독 うった 訴える 소송하다, 고소하다

음 そ　**훈** うった 訴える

1409

小5 붙일 속

음독 ぞくせい 属性 속성　きんぞく 金属 금속　しょぞく 所属 소속　せんぞく 専属 전속(오직 한곳에 속함)
はいぞく 配属 배속　てんぞく 転属 전속(소속을 바꿈)　じゅうぞく 従属 종속　ふ ぞく 付属 부속

음 ぞく

屬

1410 遂 — 드디어 수

음독
- すいこう 遂行 수행
- かんすい 完遂 완수
- みすい 未遂 미수

훈독
- と 遂げる 이루다, 달성하다
- つい 遂に 드디어, 마침내

음 すい　　훈 遂げる・遂に

1411 随 — 따를 수

음독
- ずいこう 随行 수행
- ずいじ 随時 수시
- ずいはん 随伴 수반
- ずいぶん 随分 몹시, 아주

음 ずい

1412 須 — 모름지기 수

음독
- ひっす 必須 필수

훈독
- すべから 須く 모름지기

음　　훈 須く

1413 痩 — 여윌 수

음독
- そうしん 痩身 수신(야윈 몸)

훈독
- や 痩せる 야위다
- やせじょたい 痩せ所帯 가난한 살림
- やせち 痩地 메마른 땅

특
- こ 痩ける 살이 빠지다

음 そう　　훈 痩せる

1414

돌 순

| 음독 | 循環 じゅんかん 순환 |

| 음 | じゅん |

1415

小4 순할 순

| 음독 | 順番 じゅんばん 순서　順調 じゅんちょう 순조　順位 じゅんい 순위　筆順 ひつじゅん 필순
道順 みちじゅん 가는 순서, 코스　柔順 じゅうじゅん 유순 |

| 음 | じゅん |

1416

젖을 습

| 음독 | 湿気 しっき 습기　湿潤 しつじゅん 습윤　湿疹 しっしん 습진　湿度 しつど 습도
湿布 しっぷ 찜질 |
| 훈독 | 湿る しめる 습기차다　湿す しめす 적시다, 축이다 |

✓ 「湿気」는 「しっき」로도 「しっけ」로도 읽는다.

| 음 | しつ | 훈 | 湿る・湿す | 濕 |

1417

小3 이길 승

| 음독 | 勝利 しょうり 승리　勝負 しょうぶ 승부　勝敗 しょうはい 승패　勝因 しょういん 승인
優勝 ゆうしょう 우승　決勝 けっしょう 결승　楽勝 らくしょう 낙승　必勝 ひっしょう 필승 |
| 훈독 | 勝つ かつ 이기다　勝る まさる 낫다　勝手 かって 제멋대로임 |

| 음 | しょう | 훈 | 勝つ・勝る | |

1418

불릴 식

음독 增殖 증식　繁殖 번식　生殖 생식　養殖 양식

훈독 殖える 늘다, 증가하다　殖やす 늘리다

음 しょく　　훈 殖える・殖やす

1419

小3　심을 식

음독 植物 식물　植林 식림　植樹 나무를 식음
植民地 식민지　移植 이식

훈독 植える 심다　植わる 심어지다　植木 정원수　田植え 모내기

음 しょく　　훈 植える・植わる

1420

찾을 심

음독 尋問 심문

훈독 尋ねる 묻다

*たずねる

尋ねる 모르는 것을 남에게 묻다 → 道を尋ねる 길을 묻다
訪ねる 만나러 가다 → 知人を訪ねる 지인을 방문하다

尋ねる
訪ねる

음 じん　　훈 尋ねる　　尋

1421

쥘 악

음독 握手 악수　握力 악력　掌握 장악　把握 파악

훈독 握る 쥐다, 잡다

음 あく　　훈 握る

1422

날릴 양

음독 揚水 양수　揚力 (부)양력　高揚 고양

훈독 揚げる 튀기다　揚がる 튀겨지다　揚げ物 튀김

음 よう　**훈** 揚げる・揚がる

1423

小3　볕 양

음독 陽気 명랑함　陽性 양성　陽光 햇빛　陽暦 양력
太陽 태양

음 よう

1424

거느릴 어

음독 御苦労 수고　御無沙汰 무소식　御用 용건　御飯 밥
御意 존의　制御 제어

훈독 御曹司 상속자　御中 귀중, 귀하

음 ぎょ・ご　**훈** 御

1425

小4　그럴 연

음독 自然 자연　当然 당연　必然 필연　全然 전혀
偶然 우연　断然 단연　天然 천연

음 ぜん・ねん

1430

小3 따뜻할 **온**

음독
- おんしつ 温室 온실
- おんだん 温暖 온난
- おんこう 温厚 온후
- おんたい 温帯 온대
- きおん 気温 기온
- たいおん 体温 체온
- ほおん 保温 보온

훈독
- あたたかい 温かい 따뜻하다
- あたたまる 温まる 따뜻해지다
- あたためる 温める 따뜻하게 하다

음 おん　　훈 温かい・温まる・温める

1431

소용돌이 **와**

음독
- かちゅう 渦中 와중
- せんか 戦渦 전쟁의 소용돌이

훈독
- うず 渦 소용돌이

음 か　　훈 渦

1432

팔뚝 **완**

음독
- わんしょう 腕章 완장
- わんりょく 腕力 완력
- わんぱく 腕白 개구쟁이
- しゅわん 手腕 수완
- びんわん 敏腕 민완

훈독
- うで 腕 팔, 기량
- うでまえ 腕前 솜씨
- ほそうで 細腕 연약한 힘
- みぎうで 右腕 가장 믿는 부하

음 わん　　훈 腕

1433

흔들 **요**

음독
- ようらん 揺籃 요람

훈독
- ゆれる 揺れる 흔들리다
- ゆる 揺る 흔들다
- ゆらぐ 揺らぐ 흔들리다
- ゆるぐ 揺るぐ 흔들리다
- ゆする 揺する 흔들다
- ゆさぶる 揺さぶる (뒤)흔들다
- ゆすぶる 揺すぶる 흔들다

음 よう　　훈 揺れる・揺る・揺らぐ・揺るぐ・揺する・揺さぶる・揺すぶる

1438

小3 옮길 운

음독
- うんこう 運行 운행
- うんどう 運動 운동
- うんてん 運転 운전
- うんめい 運命 운명
- うんそう 運送 운송
- うんが 運河 운하
- うんえい 運営 운영

훈독
- はこぶ 運ぶ 옮기다, 나르다
- もちはこび 持ち運び 운반

音 うん   訓 運ぶ

1439

수컷 웅

음독
- ゆうし 雄姿 웅장한 모습
- ゆうだい 雄大 웅대
- ゆうと 雄図 웅대한 계획
- ゆうひ 雄飛 웅비
- ゆうべん 雄弁 웅변
- えいゆう 英雄 영웅
- しゆう 雌雄 자웅, 암컷과 수컷

훈독
- お 雄 수컷
- おす 雄 수컷

音 ゆう   訓 雄・雄

1440

도울 원

음독
- えんぐん 援軍 원군
- えんご 援護 원호(도와주며 보살핌)
- えんじょ 援助 원조
- きゅうえん 救援 구원
- しえん 支援 지원
- おうえん 応援 응원
- せいえん 声援 성원

音 えん

1441

小4 미인 원

음독
- さいえん 才媛 재원

훈독
- ひめ 媛 여자

音 えん   訓 媛

389

1442

넘을 월

음독 えっきょう 越境 월경(국경·경계선을 넘음)　えっけん 越権 월권　えっとう 越冬 월동
えつねん 越年 해를 넘김　たくえつ 卓越 탁월　ちょうえつ 超越 초월

훈독 こ 越す 넘다, 넘기다　こ 越える 넘다, 넘어가다

＊こえる

こ 越える 건너뛰듯이 통과하다 → しょうがいぶつ 障害物をとびこ越える 장애물을 뛰어넘다
こ 超える 분량이나 범위를 넘다 → にんげん 人間ののうりょく能力をこ超える 인간의 능력을 넘다

음 えつ　**훈** 越す・越える

越える　超える

1443

클 위

음독 いぎょう 偉業 위업　いじん 偉人 위인　いだい 偉大 위대　いよう 偉容 위용

훈독 えら 偉い 훌륭하다, 위대하다

음 い　**훈** 偉い

1444

깨우칠 유

음독 ひゆ 比喩 비유　いんゆ 隠喩 은유

음 ゆ

1445

넉넉할 유

음독 ゆうふく 裕福 유복　ふゆう 富裕 부유　よゆう 余裕 여유

음 ゆう

1446 遊

小3 놀 유

음독
- ゆうえい 遊泳 유영
- ゆうぐ 遊具 놀이기구
- ゆうぼく 遊牧 유목
- ゆうえんち 遊園地 유원지
- がいゆう 外遊 외유
- しゅうゆう 周遊 주유(여러 곳을 여행함)
- ふゆう 浮遊 부유, 떠돎

훈독
- あそぶ 遊ぶ 놀다
- みずあそび 水遊び 물놀이

音 ゆう・ゆ   訓 遊ぶ

1447 猶

오히려 유

음독
- ゆうよ 猶予 유예

音 ゆう

1448 愉

즐거울 유

음독
- ゆかい 愉快 유쾌

音 ゆ

1449 飲

小3 마실 음

음독
- いんしゅ 飲酒 음주
- いんりょうすい 飲料水 음료수
- いんしょくてん 飲食店 음식점
- いんよう 飲用 음용, 마심

훈독
- のむ 飲む 마시다
- のみもの 飲み物 음료, 마실 것
- のみみず 飲み水 식수

音 いん   訓 飲む

12획

1454 装

小6 꾸밀 장

- 음독: そうち 装置 장치 / そうび 装備 장비 / いしょう 衣装 의상 / ふくそう 服装 복장 / へんそう 変装 변장 / ほうそうし 包装紙 포장지
- 훈독: よそお 装う 치장하다

음 そう・しょう　훈 装う

1455 粧

단장할 장

- 음독: けしょうひん 化粧品 화장품

음 しょう

1456 場

小2 마당 장

- 음독: かいじょう 会場 회장, 모임 장소 / にゅうじょう 入場 입장 / こうじょう 工場 공장 / とうじょう 登場 등장
- 훈독: ばあい 場合 경우 / ばしょ 場所 장소 / たちば 立場 입장 / ひろば 広場 광장

음 じょう　훈 場

1457 掌

손바닥 장

- 음독: しょうちゅう 掌中 장중, 수중 / しょうあく 掌握 장악

음 しょう

1458 葬 장사지낼 장

음독
- そうぎしゃ 葬儀社 장의사
- そうさい 葬祭 장례와 제사
- そうしき 葬式 장례식
- そうれつ 葬列 장례 행렬

훈독
- ほうむ 葬る 매장하다

음 そう / 훈 葬る

1459 裁 옷 마를 재 (小6)

음독
- さいだん 裁断 재단
- さいばん 裁判 재판
- けっさい 決裁 결재
- どくさいしゃ 独裁者 독재자
- ちゅうさい 仲裁 중재
- ていさい 体裁 면목, 체면
- ようさい 洋裁 양재, 양복의 재봉

훈독
- た 裁つ 재단하다
- さば 裁く 심판하다, 판가름하다

음 さい / 훈 裁つ・裁く

1460 貯 쌓을 저 (小5)

음독
- ちょきん 貯金 저금
- ちょちく 貯蓄 저축
- ちょぞうこ 貯蔵庫 저장고

훈독
- たくわ 貯える 비축하다

음 ちょ / 훈 貯える

1461 絶 끊을 절 (小5)

음독
- ぜったい 絶対 절대
- ぜつぼう 絶望 절망
- ぜっさん 絶賛 절찬
- ぜっこう 絶交 절교
- ぜったいぜつめい 絶体絶命 절체절명
- ぜっちょう 絶頂 절정
- きぜつ 気絶 기절

훈독
- た 絶える 끊어지다
- た 絶やす 끊어지게 하다
- た 絶つ 끊다

음 ぜつ / 훈 絶える・絶やす・絶つ

1462

맑을 정

| 음독 | 結晶 けっしょう 결정　水晶 すいしょう 수정 |

音 しょう

1463

小5 한도/길 정

| 음독 | 程度 ていど 정도　音程 おんてい 음정　過程 かてい 과정　規程 きてい 규정
工程 こうてい 공정　行程 こうてい 행정　日程 にってい 일정 |
| 훈독 | 程 ほど 정도　程よい ほどよい 알맞다 |

音 てい　**訓** 程 ほど

1464

小5 끌 제

| 음독 | 提案 ていあん 제안　提供 ていきょう 제공　提携 ていけい 제휴　提言 ていげん 제언
提出 ていしゅつ 제출　提唱 ていしょう 제창　提訴 ていそ 제소　前提 ぜんてい 전제 |
| 훈독 | 提げる さげる ①(손에) 들다 ②차다, 달다　手提げ てさげ 손에 듦 |
| 특 | 提灯 ちょうちん 초롱 |

＊さげる

下げる さげる 낮게하다 → 頭を下げる あたまをさげる 고개를 숙이다

提げる さげる 늘어뜨리듯이 들다 → かばんを提げる さげる 가방을 들다

音 てい　**訓** 提げる さげる

下げる

提げる

1465

堤 둑 제

- 음독: ていぼう 堤防 제방, 둑 / ぼうはてい 防波堤 방파제
- 훈독: つつみ 堤 둑, 제방

음 てい / 훈 つつみ 堤

1466

朝 小2 아침 조

- 음독: ちょうれい 朝礼 조례 / ちょうしょく 朝食 조식 / ちょうかん 朝刊 조간 / そうちょう 早朝 조조
- 훈독: あさ 朝 아침 / あさがお 朝顔 나팔꽃 / あさひ 朝日 아침 해 / まいあさ 毎朝 매일 아침
- 특: けさ 今朝 오늘 아침

음 ちょう / 훈 あさ 朝

1467

詔 조서 조

- 음독: しょうしょ 詔書 조서 / しょうちょく 詔勅 조칙
- 훈독: みことのり 詔 조서, 조칙

음 しょう / 훈 みことのり 詔

1468

尊 小6 높을 존

- 음독: そんけい 尊敬 존경 / そんげん 尊厳 존엄 / そんだい 尊大 존대 / そんちょう 尊重 존중
- 훈독: たっとい 尊い 귀중하다 / とうとい 尊い 귀중하다 / たっとぶ 尊ぶ 공경하다 / とうとぶ 尊ぶ 공경하다

음 そん / 훈 尊い・尊い・尊ぶ・尊ぶ 尊

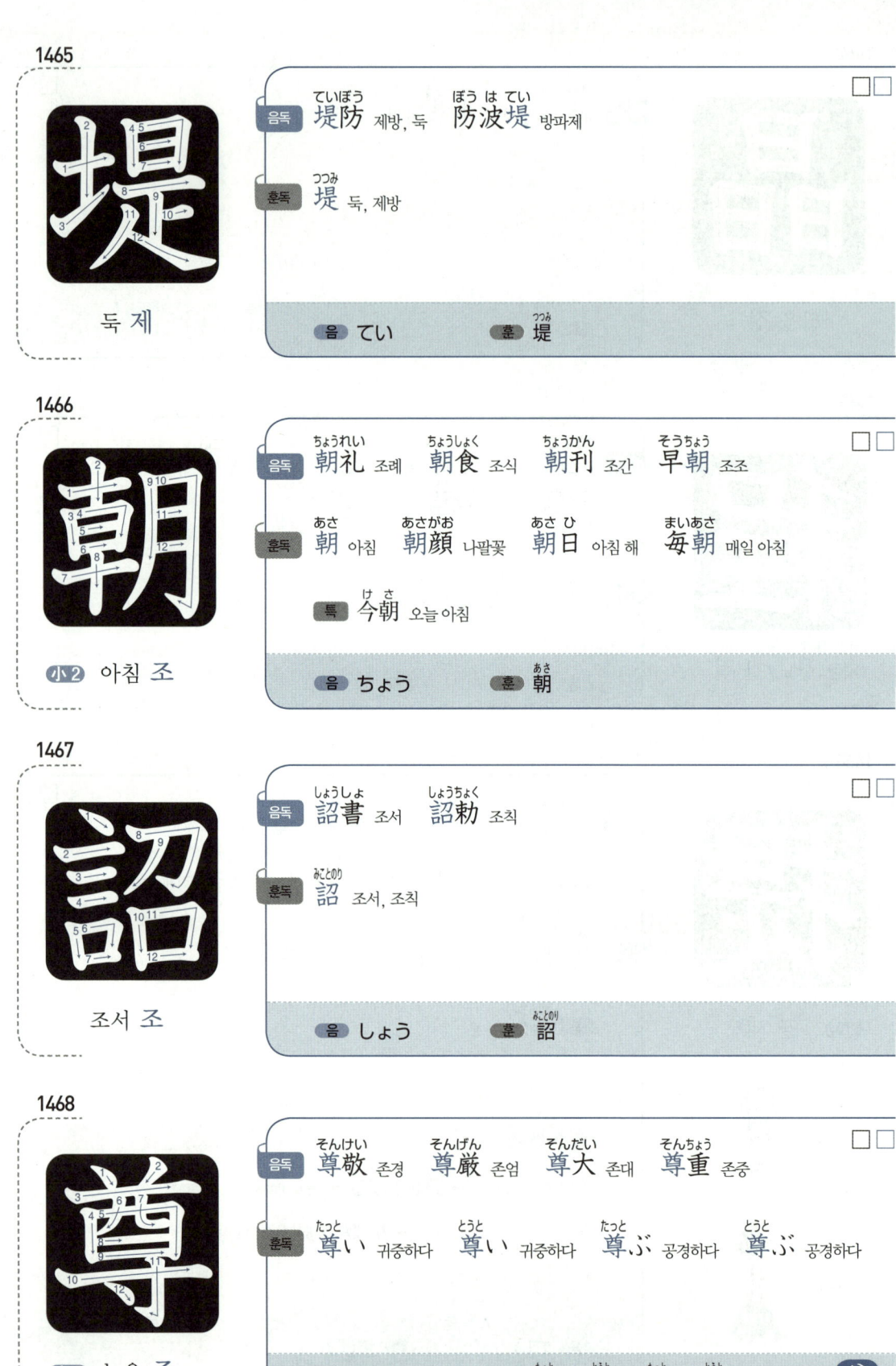

1469 衆
小6 무리 중

음독 かんしゅう 観衆 관중　ぐんしゅう 群衆 군중　たいしゅう 大衆 대중　がっしゅうこく 合衆国 합중국

음 しゅう・しゅ

1470 証
小5 증거 증

음독 しょうげん 証言 증언　しょうけん 証券 증권　しょうめい 証明 증명　しょうもん 証文 증문, 증서
しょうにん 証人 증인　しょうしょ 証書 증서　けんしょう 検証 검증

훈독 あかし 証 증거, 증명, 증표

음 しょう　**훈** あかし 証　證

1471 遅
더딜/늦을 지

음독 ちえん 遅延 지연

훈독 おくれる 遅れる 늦다　おくらす 遅らす 늦추다　おそい 遅い 느리다

음 ち　**훈** 遅れる・遅らす・遅い　遅

1472 診
진찰할 진

음독 しんさつ 診察 진찰　しんだん 診断 진단　しんりょう 診療 진료　しょしん 初診 초진

훈독 みる 診る 진찰하다

음 しん　**훈** みる 診る

1473

小3 모을 집

음독
しゅうごう 集合 집합　しゅうきん 集金 수금　しゅうだん 集団 집단　しゅうちゅう 集中 집중
ぜんしゅう 全集 전집　さいしゅう 採集 채집　しゅうしゅう 収集 수집　へんしゅう 編集 편집

훈독
あつまる 集まる 모이다　あつめる 集める 모으다　つどう 集う 모여들다

음 しゅう　**훈** 集まる・集める・集う

1474

小3 붙을 착

음독
ちゃくち 着地 착지　ちゃくもく 着目 착목, 착안　ていちゃく 定着 정착　みっちゃく 密着 밀착
あいちゃく 愛着 애착　おうちゃく 横着 뻔뻔스러움

훈독
きる 着る 입다　きせる 着せる 입히다　つく 着く 도착하다　つける 着ける 착용하다
きもの 着物 옷　うわぎ 上着 상의　きごこち 着心地 착용감　おちつく 落ち着く 안정되다

음 ちゃく・じゃく　**훈** 着る・着せる・着く・着ける

1475

小6 비롯할 창

음독
そうさく 創作 창작　そうぞう 創造 창조　そうかん 創刊 창간　そうぎょう 創業 창업
そうししゃ 創始者 창시자　そうい 創意 창의　どくそう 独創 독창

음 そう

1476

小6 꾀 책

음독
さくどう 策動 책동　さくりゃく 策略 책략　かくさく 画策 획책　さんさく 散策 산책

음 さく

1477 畳 거듭 첩

- 음독: 畳語(じょうご) 첩어
- 훈독: 畳む(たたむ) 개다, 접다 / 畳(たたみ) 다다미
- 음: じょう
- 훈: 畳む・畳

1478 貼 붙을 첩

- 음독: 貼付(ちょうふ) 첩부
- 훈독: 貼る(はる) 바르다
- 음: ちょう
- 훈: 貼る

1479 晴 갤 청 (小2)

- 음독: 晴雨(せいう) 청우 / 晴天(せいてん) 맑은 하늘(날씨) / 晴朗(せいろう) 청랑 / 快晴(かいせい) 쾌청
- 훈독: 晴れる(はれる) 날씨가 개다 / 晴らす(はらす) 개게 하다 / 秋晴れ(あきばれ) 맑게 갠 가을 날씨 / 見晴らし(みはらし) 전망 / 気晴らし(きばらし) 기분 전환
- 음: せい
- 훈: 晴れる・晴らす

1480 替 바꿀 체

- 음독: 交替(こうたい) 교체 / 代替(だいたい) 대체(다른 것으로 바꿈)
- 훈독: 替える(かえる) 바꾸다 / 替わる(かわる) 바뀌다 / 振替(ふりかえ) 대체, (임시로) 바꿈
- 특: 為替(かわせ) 환(換)
- 음: たい
- 훈: 替える・替わる

1481 뛰어넘을 초

음독
- ちょうえつ 超越 초월
- ちょうおんぱ 超音波 초음파
- ちょうか 超過 초과
- ちょうじん 超人 초인
- ちょうぜん 超然 초연

훈독
- こえる 超える 넘다, 넘어가다
- こす 超す 넘다, 넘기다

音 ちょう　　訓 超える・超す

1482 초 초

음독
- さくさん 酢酸 초산

훈독
- す 酢 식초

音 さく　　訓 酢

1483 탈 초

음독
- しょうてん 焦点 초점
- しょうしん 焦心 초심, 초사
- しょうそう 焦燥 초조

훈독
- こげる 焦げる 타다
- こがす 焦がす 태우다
- こがれる 焦がれる 그을다
- あせる 焦る 안달하다

音 しょう　　訓 焦げる・焦がす・焦がれる・焦る

1484 화약 초

음독
- しょうえん 硝煙 초연, 화약의 연기
- しょうさん 硝酸 질산

音 しょう

1485

무덤 총

| 훈독 | 塚(つか) 무덤 |

훈 塚(つか)

1486

小4 가장 최

음독	最初(さいしょ) 최초　最大(さいだい) 최대　最中(さいちゅう) 한창인 때　最近(さいきん) 최근 最高(さいこう) 최고　最悪(さいあく) 최악　最後(さいご) 최후　最期(さいご) 임종
훈독	最(もっと)も 가장, 제일
특	最寄(もよ)り 가장 가까움, 근처

음 さい　훈 最(もっと)も

1487

몽치 추

| 음독 | 脊椎(せきつい) 척추　椎骨(ついこつ) 추골 |
| 훈독 | 椎茸(しいたけ) 표고버섯 |

음 つい　훈 椎(しい)

1488

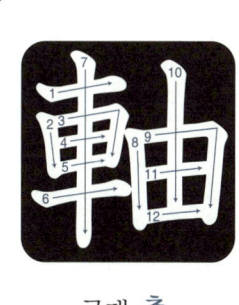

굴대 축

| 음독 | 車軸(しゃじく) 차축, 차의 굴대　枢軸(すうじく) 구축　中軸(ちゅうじく) 중축
横軸(よこじく) 가로축　縦軸(たてじく) 세로축 |

음 じく

1489 就

小6 나아갈 취

음독
- しゅうしょく 就職 취직
- しゅうにん 就任 취임
- しゅうがく 就学 취학
- しゅうこう 就航 취항
- きょしゅう 去就 거취
- じょうじゅ 成就 성취

훈독
- つ(く) 就く 취임하다, 취업하다
- つ(ける) 就ける 종사시키다

음 しゅう・じゅ　**훈** 就く・就ける

1490 測

小5 헤아릴 측

음독
- そくてい 測定 측정
- そくりょう 測量 측량
- そっこうじょ 測候所 측후소
- よそく 予測 예측
- かんそく 観測 관측
- すいそく 推測 추측

훈독
- はか(る) 測る 재다, 가늠하다

음 そく　**훈** 測る

1491 歯

小3 이 치

음독
- しか 歯科 치과
- にゅうし 乳歯 유치
- えいきゅうし 永久歯 영구치

훈독
- は 歯 치아
- はぐるま 歯車 톱니바퀴
- はぐき 歯茎 잇몸
- はがた 歯形 잇자국
- むしば 虫歯 충치
- はどめ 歯止め 브레이크, 제동
- いれば 入れ歯 틀니

음 し　**훈** は 歯　齒

1492 惰

게으를 타

음독
- だせい 惰性 타성
- だりょく 惰力 타력

음 だ

1493 堕 떨어질 타

- **음독**: だらく 堕落 타락
- **음**: だ

1494 弾 탄알 탄

- **음독**: だんがん 弾丸 탄환 / だんこん 弾痕 탄흔 / だんせい 弾性 탄성 / だんりょく 弾力 탄력 / だんあつ 弾圧 탄압 / だんがい 弾劾 탄핵 / ばくだん 爆弾 폭탄
- **훈독**: ひく 弾く 연주하다 / はずむ 弾む 튀다 / たま 弾 총알 / はじく 弾く 튀기다
- **음**: だん
- **훈**: 弾く・弾む・弾・弾く

1495 搭 탈 탑

- **음독**: とうさい 搭載 탑재 / とうじょう 搭乗 탑승
- **음**: とう

1496 塔 탑 탑

- **음독**: きんじとう 金字塔 금자탑 / てっとう 鉄塔 철탑 / せきとう 石塔 석탑
- **음**: とう

1497

小3 끓을 탕

| 음독 | ねっとう 熱湯 열탕 | せんとう 銭湯 대중 목욕탕 | きゅうとう 給湯 급탕 |

| 훈독 | ゆ 湯 목욕물 | ゆみず 湯水 더운물 | ゆげ 湯気 김, 수증기 | ゆのみ 湯飲み 찻잔 |

음 とう **훈** 湯

1498

小5 거느릴 통

| 음독 | とういつ 統一 통일 | とうけい 統計 통계 | とうごう 統合 통합 | とうち 統治 통치 |
| けっとう 血統 혈통 | でんとう 伝統 전통 | だいとうりょう 大統領 대통령 |

| 훈독 | す 統べる 통합하다, 통치하다 |

음 とう **훈** 統べる

1499

小6 아플 통

| 음독 | つうかい 痛快 통쾌 | つうせつ 痛切 통절 | つうかん 痛感 통감 | ふくつう 腹痛 복통 |
| くつう 苦痛 고통 | ずつう 頭痛 두통 |

| 훈독 | いた 痛い 아프다 | いた 痛む 아프다 | いた 痛める 다치다 |
| いた 痛ましい 가엾다, 애처롭다 |

음 つう **훈** 痛い・痛む・痛める

1500

통 통

| 음독 | えんとう 円筒 원통 | ふうとう 封筒 봉투 |

| 훈독 | つつ 筒 통 |

음 とう **훈** つつ 筒

1501

遍

두루 편

음독 へんざい 遍在 편재　へんれき 遍歴 편력

음 へん

1502

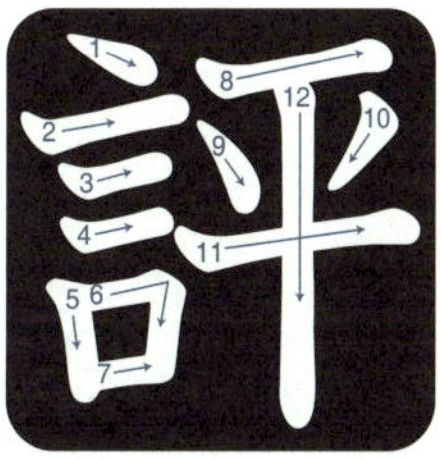

評

小5 평할 평

음독 ひょうか 評価 평가　ひょうばん 評判 평판　ひょうろん 評論 평론　ひひょう 批評 비평
げばひょう 下馬評 세평, 항간의 평판

음 ひょう

1503

廃

폐할/버릴 폐

음독 はいかん 廃刊 폐간　はいき 廃棄 폐기　はいし 廃止 폐지　はいひん 廃品 폐품

훈독 すたれる 廃れる 쓸모없게 되다　すたる 廃る 손상되다

음 はい　**훈** 廃れる・廃る

1504

幅

폭 폭

음독 ぜんぷく 全幅 전폭　しんぷく 振幅 진폭

훈독 はば 幅 폭　おおはば 大幅 대폭　みちはば 道幅 길 폭

음 ふく　**훈** 幅

1505

小3 붓 필

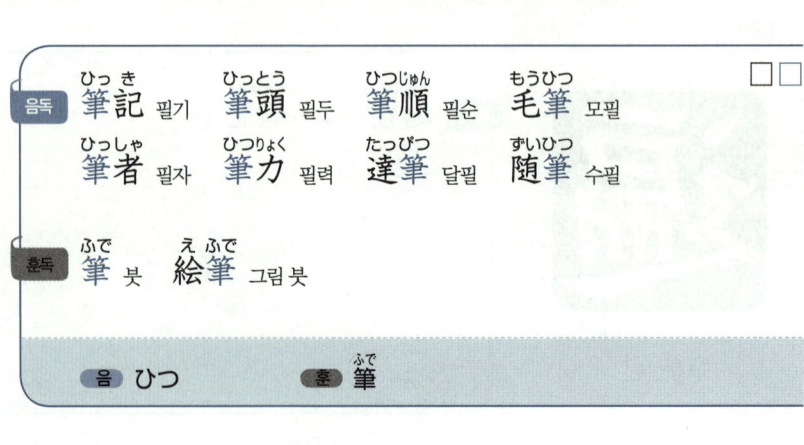

음독
- ひっき 筆記 필기
- ひっとう 筆頭 필두
- ひつじゅん 筆順 필순
- もうひつ 毛筆 모필
- ひっしゃ 筆者 필자
- ひつりょく 筆力 필력
- たっぴつ 達筆 달필
- ずいひつ 随筆 수필

훈독
- ふで 筆 붓
- えふで 絵筆 그림 붓

음 ひつ   훈 筆

1506

小4 하례할 하

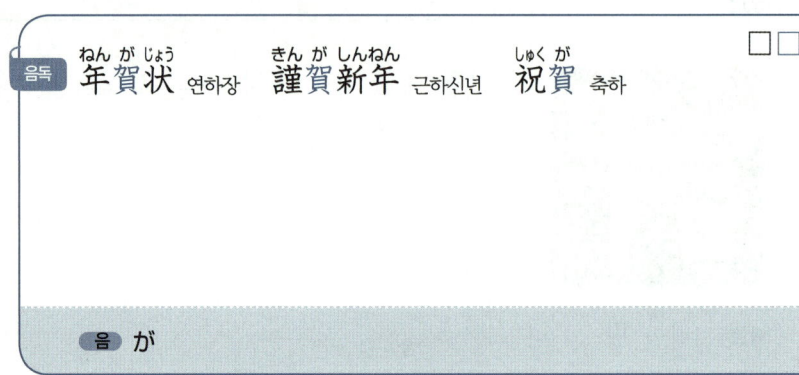

음독
- ねんがじょう 年賀状 연하장
- きんがしんねん 謹賀新年 근하신년
- しゅくが 祝賀 축하

음 が

1507

小3 찰 한

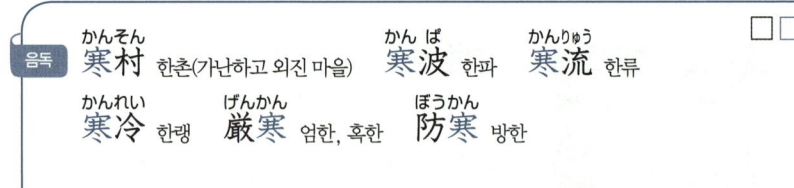

음독
- かんそん 寒村 한촌(가난하고 외진 마을)
- かんぱ 寒波 한파
- かんりゅう 寒流 한류
- かんれい 寒冷 한랭
- げんかん 厳寒 엄한, 혹한
- ぼうかん 防寒 방한

훈독
- さむい 寒い 춥다
- さむけ 寒気 한기
- さむぞら 寒空 추운 겨울 하늘(날씨)

음 かん   훈 寒い   寒

1508

한가할 한

음독
- かんさん 閑散 한산
- かんしょく 閑職 한직
- かんじゃく 閑寂 한적

음 かん

1509

小6 벨 할

음독
- 割愛 (かつあい) 할애
- 割腹 (かっぷく) 할복
- 分割 (ぶんかつ) 분할

훈독
- 割る (わる) 쪼개다, 깨다
- 割れる (われる) 깨지다
- 割く (さく) 할애하다
- 割合 (わりあい) 비율
- 割引 (わりびき) 할인
- 学割 (がくわり) 학생 할인
- 役割 (やくわり) 역할
- 割り算 (わりざん) 나눗셈
- 割り当て (わりあて) 할당, 배당

음 かつ
훈 割る・割れる・割く

1510

小3 항구 항

음독
- 港湾 (こうわん) 항만
- 空港 (くうこう) 공항
- 漁港 (ぎょこう) 어항
- 出港 (しゅっこう) 출항
- 帰港 (きこう) 귀항
- 入港 (にゅうこう) 입항
- 開港 (かいこう) 개항

훈독
- 港 (みなと) 항구
- 港町 (みなとまち) 항구 도시

음 こう
훈 港

1511

항목 항

음독
- 項目 (こうもく) 항목
- 事項 (じこう) 사항
- 条項 (じょうこう) 조항

음 こう

1512

小3 호수 호

음독
- 湖水 (こすい) 호수
- 湖底 (こてい) 호수 바닥
- 湖岸 (こがん) 호숫가
- 湖面 (こめん) 호면
- 湖畔 (こはん) 호반, 호숫가
- 火口湖 (かこうこ) 화구호

훈독
- 湖 (みずうみ) 호수

음 こ
훈 湖

1517

絵

小2 그림 회

음독
- え ず　絵図 그림
- え ほん　絵本 그림책
- え まきもの　絵巻物 이야기·전설 등을 그린 두루마리 그림
- かい が　絵画 회화
- あぶら え　油絵 유화

음 かい・え　　繪

1518

暁

새벽 효

음독
- ぎょうせい　暁星 효성, 샛별

훈독
- あかつき　暁 새벽
- あかつきがた　暁方 새벽녘

음 ぎょう　　**훈** 暁 あかつき　　曉

1519

喉

목구멍 후

음독
- こうとう　喉頭 후두
- いんこう　咽喉 인후

훈독
- のど　喉 목구멍

음 こう　　**훈** 喉 のど

1520

揮

小6 휘두를 휘

음독
- き はつゆ　揮発油 휘발유
- し き　指揮 지휘
- はっき　発揮 발휘

음 き

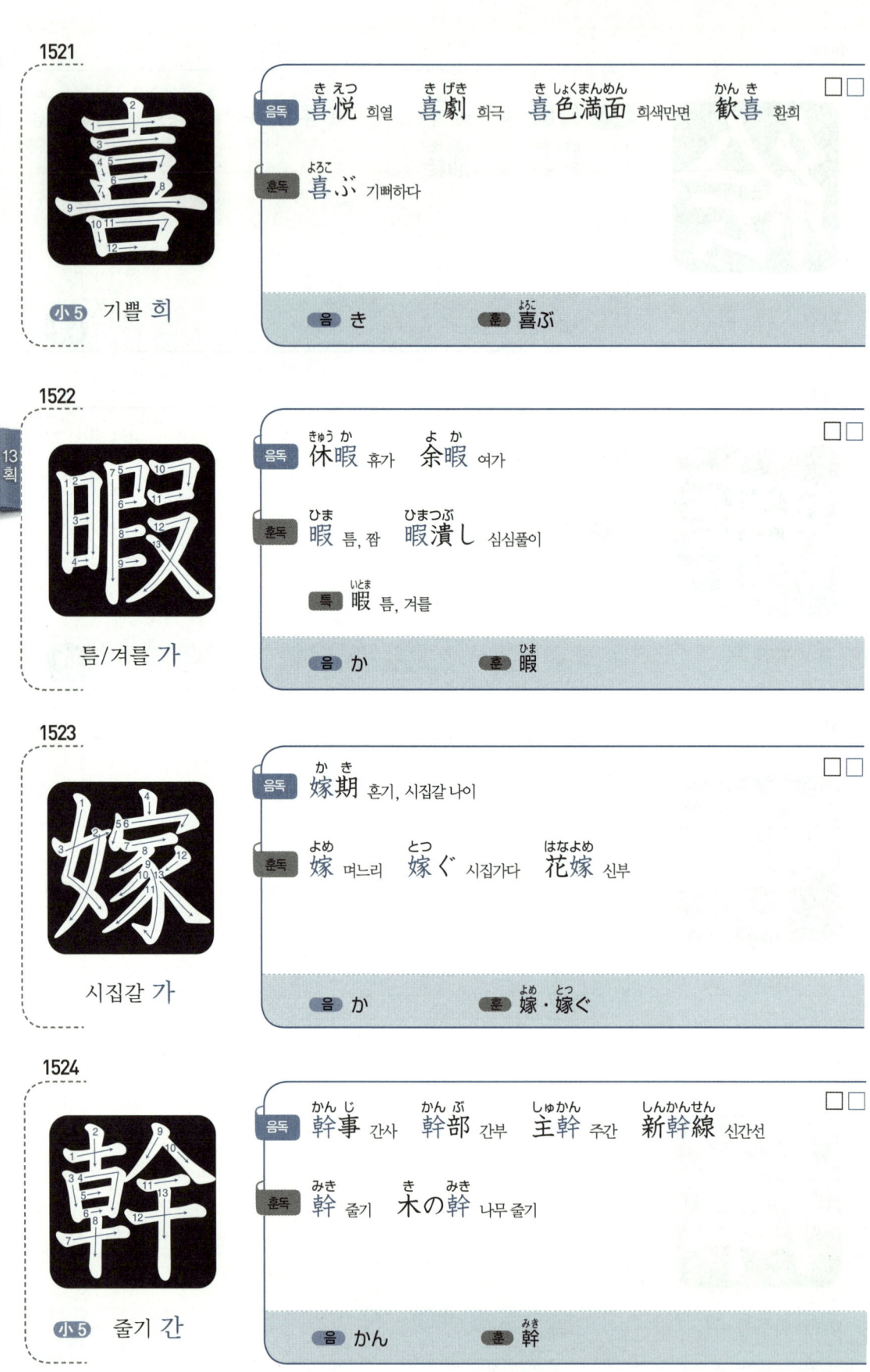

1525

갈색 **갈**

음독: かっしょく 褐色 갈색　かったん 褐炭 갈탄

음 かつ

1526

小3 느낄 **감**

음독: かんどう 感動 감동　かんしん 感心 감탄, 감동　かんそう 感想 감상　かんかく 感覚 감각
かんじょう 感情 감정　かんせん 感染 감염　よかん 予感 예감　どうかん 同感 동감
はんかん 反感 반감　ちょっかん 直感 직감　せきにんかん 責任感 책임감
かん 感ずる 느끼다　かん 感じる 느끼다

음 かん

1527

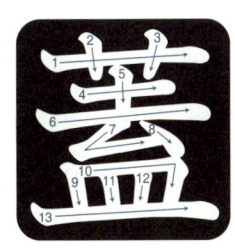

덮을 **개**

음독: がいぜんせい 蓋然性 개연성

훈독: ふた 蓋 뚜껑　まぶた 目蓋 눈꺼풀

음 がい　　훈 ふた 蓋

1528

슬퍼할 **개**

음독: がいたん 慨嘆 개탄　かんがい 感慨 감개　ふんがい 憤慨 분개

음 がい

13획

1529 裾 옷자락 거

훈독
- すそ 裾 옷자락, 기슭
- やますそ 山裾 산기슭
- すその 裾野 산기슭의 들판

훈 裾

1530 傑 뛰어날 걸

음독
- けっさく 傑作 걸작
- けっしゅつ 傑出 걸출
- けつぶつ 傑物 걸물
- じんけつ 人傑 인걸
- かいけつ 怪傑 괴걸

음 けつ

1531 隔 사이뜰 격

음독
- かくげつ 隔月 격월
- かくじつ 隔日 격일
- かくしゅう 隔週 격주
- かくせい 隔世 격세
- かくり 隔離 격리
- かんかく 間隔 간격
- けんかく 懸隔 현격

훈독
- へだたる 隔たる 멀어지다, 떨어지다
- へだてる 隔てる 사이에 두다

음 かく　　**훈** 隔たる・隔てる

1532 遣 보낼 견

음독
- はけん 派遣 파견

훈독
- つかう 遣う 고용하다
- つかわす 遣わす 파견하다
- ことばづかい 言葉遣い 말씨, 말투
- かなづかい 仮名遣い 가나 표기법

음 けん　　**훈** 遣う・遣わす

1533 絹

小6 비단 견

- 음독: 人絹 (じんけん) 인(조)견
- 훈독: 絹 (きぬ) 비단 / 絹糸 (きぬいと) 명주실 / 絹織物 (きぬおりもの) 견직물 / 絹の道 (きぬのみち) 비단길
- ✓ 「絹糸」는 「きぬいと」로도 「けんし」로도 읽는다.

음 けん　훈 絹 (きぬ)

1534 傾

기울 경

- 음독: 傾向 (けいこう) 경향 / 傾斜 (けいしゃ) 경사 / 傾聴 (けいちょう) 경청
- 훈독: 傾く (かたむく) 기울다 / 傾ける (かたむける) 기울이다

음 けい　훈 傾く・傾ける

1535 継

이을 계

- 음독: 継承 (けいしょう) 계승 / 継走 (けいそう) 계주 / 継続 (けいぞく) 계속
- 훈독: 継ぐ (つぐ) 잇다, 계승하다

음 けい　훈 継ぐ　〔繼〕

1536 鼓

북 고

- 음독: 鼓手 (こしゅ) 고수, 북잡이 / 鼓笛 (こてき) 고적, 북과 피리 / 鼓動 (こどう) 고동 / 鼓膜 (こまく) 고막 / 鼓吹 (こすい) 고취 / 鼓舞 (こぶ) 고무 / 太鼓 (たいこ) 북
- 훈독: 鼓 (つづみ) 타악기

음 こ　훈 鼓 (つづみ)

13획

1537 誇 자랑할 과

음독 こじ 誇示 과시 / こだい 誇大 과대 / こちょう 誇張 과장

훈독 ほこる 誇る 자랑하다 / ほこらしい 誇らしい 자랑스럽다

음 こ **훈** 誇る

1538 寬 너그러울 관

음독 かんだい 寬大 관대 / かんよう 寬容 관용

특 くつろぐ 寬ぐ 편안하게 하다

음 かん 寬

1539 鉱 쇳돌 광

음독 こうざん 鉱山 광산 / こうせき 鉱石 광석 / こうふ 鉱夫 광부 / こうみゃく 鉱脈 광맥 / こうぶつ 鉱物 광물 / こうせん 鉱泉 광천 / こうぎょう 鉱業 광업 / たんこう 炭鉱 탄광

小5

음 こう 鑛

1540 塊 흙덩이 괴

음독 きんかい 金塊 금괴

훈독 かたまり 塊 덩어리

음 かい **훈** 塊

1541

較

비교할/견줄 교

음독 較差 교차　比較 비교

음 かく・こう

1542

溝

도랑 구

음독 排水溝 배수구　海溝 해구

훈독 溝 도랑

음 こう　**훈** 溝

1543

群

小4 무리 군

음독 群集 군집　群衆 군중　群像 군상　群島 군도
群生 군생　魚群 어군　一群 일군, 한 무리　抜群 발군

훈독 群れる 군집하다, 떼를 짓다　群 무리　群雲 떼구름

음 ぐん　**훈** 群れる・群

1544

窟

굴 굴

음독 洞窟 동굴　巣窟 소굴

음 くつ

1545

勧 권할 권

- 음독: かんこく 勧告 권고 / かんゆう 勧誘 권유 / かんぜん 勧善 권선 / かんしょう 勧奨 권장
- 훈독: すすめる 勧める 권하다

음 かん　훈 勧める

1546

隙 틈 극

- 음독: かんげき 間隙 간극
- 훈독: すき 隙 틈 / すきま 隙間 틈새기

✔ 이 한자는 「隙」로도 쓰인다.

음 げき　훈 隙

1547

僅 겨우 근

- 음독: きんさ 僅差 근차 / きんしょう 僅少 근소
- 훈독: わずか 僅か 근소함

✔ 이 한자는 「僅」로도 쓰인다.

음 きん　훈 僅か

1548

禁 小5 금할 금

- 음독: きんし 禁止 금지 / きんえん 禁煙 금연 / きんき 禁忌 금기 / きんりょう 禁漁 금어 / かいきん 解禁 해금 / きんよく 禁欲 금욕 / げんきん 厳禁 엄금 / なんきん 軟禁 연금

음 きん

1549

바둑 기

음독 ご 碁 바둑　ごいし 碁石 바둑돌　ごばん 碁盤 바둑판

음 ご

1550

버릴 기

음독 き きゃく 棄却 기각　きけん 棄権 기권　ほうき 放棄 포기　とうき 投棄 투기

음 き

1551

小6 따뜻할 난

음독 だんりゅう 暖流 난류　だんしょく 暖色 난색　だん ろ 暖炉 난로　おんだん か 温暖化 온난화
だんぼう 暖房 난방

훈독 あたた 暖かい 따뜻하다　あたた 暖まる 따뜻해지다　あたた 暖める 데우다

＊あたたかい

あたた 暖かい 기후가 따뜻하다 → あたた 暖かい はる 春 따뜻한 봄
あたた 温かい 온도나 감정을 말한다 → あたた 温かい かてい そだ 家庭に育つ 따뜻한 가정에서 자라다
　　　　　　　　　　　　　　　→ あたた 温かいお ゆ はい 湯に入る 따뜻한 물에 목욕하다

음 だん　　**훈** あたた 暖かい・あたた 暖まる・あたた 暖める

暖かい

温かい

1552

小3 농사 농

음독	のうか 農家 농가	のうぎょう 農業 농업	のうじょう 農場 농장	のうりん 農林 농림
	のうそん 農村 농촌	のうみん 農民 농민	のうさくぶつ 農作物 농작물	のうこう 農耕 농경

音 のう

1553

뛸 도

음독 ちょうやく 跳躍 도약

훈독 は 跳ねる 뛰다, 뛰어오르다 と 跳ぶ 뛰다, 뛰어넘다

音 ちょう　　**訓** 跳ねる・跳ぶ

1554

칠할 도

음독 とそう 塗装 도장(칠을 함)　とふ 塗布 도포　とりょう 塗料 칠감　とたん 塗炭 도탄

훈독 ぬ 塗る 칠하다, 바르다

특 ぬし 塗師 칠장이

音 と　　**訓** 塗る

1555

감독할 독

음독 とくそく 督促 독촉　とくれい 督励 독려　かんとく 監督 감독　そうとく 総督 총독

특 キリストきょう 基督教 기독교

音 とく

1556

조아릴 **돈**

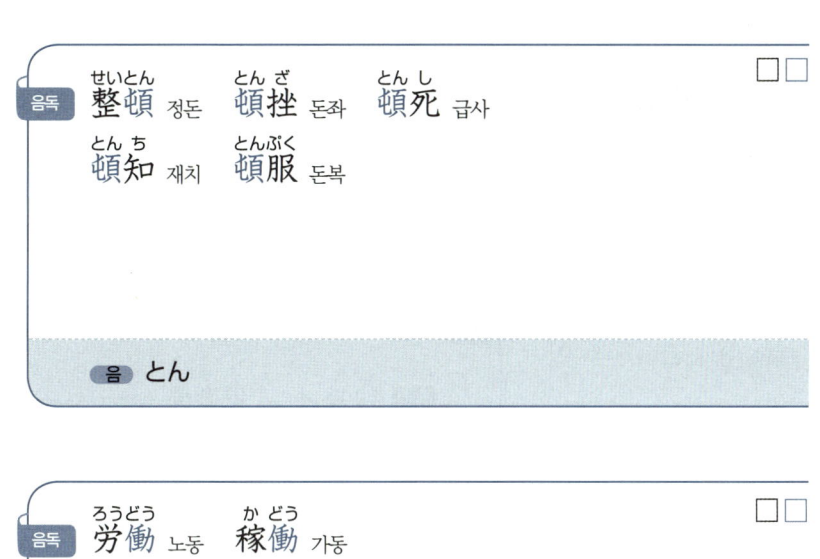

음독	せいとん 整頓 정돈	とんざ 頓挫 돈좌	とんし 頓死 급사
	とんち 頓知 재치	とんぷく 頓服 돈복	

음 とん

1557

小4 일할 **동**

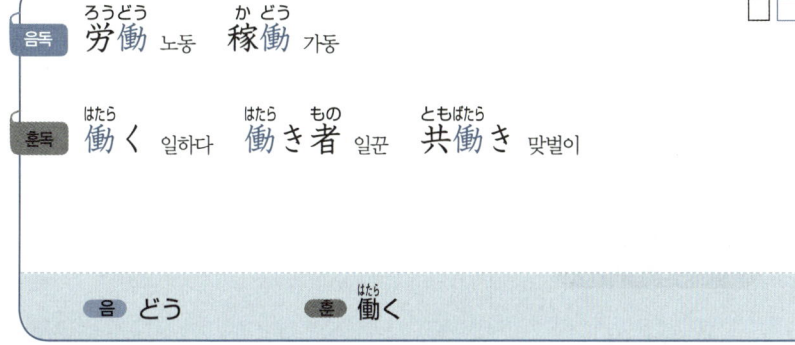

음독	ろうどう 労働 노동	かどう 稼働 가동
훈독	はたら 働く 일하다	はたら もの 働き者 일꾼	ともばたら 共働き 맞벌이

음 どう　　　**훈** はたら 働く

1558

벗을 **라**

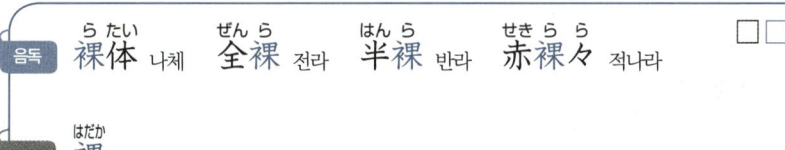

음독	らたい 裸体 나체	ぜんら 全裸 전라	はんら 半裸 반라	せきらら 赤裸々 적나라

훈독	はだか 裸 알몸
특	はだし 裸足 맨발

음 ら　　　**훈** はだか 裸

1559

쇠젖 **락**

음독	らくのう 酪農 낙농

음 らく

1560

小2 즐길 락 · 노래 악

음독
- がっき 楽器 악기
- らくえん 楽園 낙원
- がくや 楽屋 분장실
- らくてん 楽天 낙천
- きらく 気楽 속 편함
- かいらく 快楽 쾌락
- くらく 苦楽 고락
- こうらくち 行楽地 행락지
- おんがく 音楽 음악
- きがく 器楽 기악

훈독
- たの 楽しい 즐겁다
- たの 楽しむ 즐기다
- たの 楽しみ 즐거움

특
- こま 独楽 팽이
- クラブ 倶楽部 클럽

음 がく・らく　훈 楽しい・楽しむ　樂

1561

청렴할 렴

음독
- れんか 廉価 염가
- れんばい 廉売 염매, 염가 판매
- れんち 廉恥 염치
- ていれん 低廉 저렴
- せいれん 清廉 청렴

음 れん　廉

1562

방울 령

음독
- ぎんれい 銀鈴 은방울
- ふうりん 風鈴 풍령, 풍경
- よびりん 呼び鈴 초인종

훈독
- すず 鈴 방울
- すずむし 鈴虫 방울벌레

✔ 이 한자는 「鈴」로도 쓰인다.

음 れい・りん　훈 鈴　鈴

1563

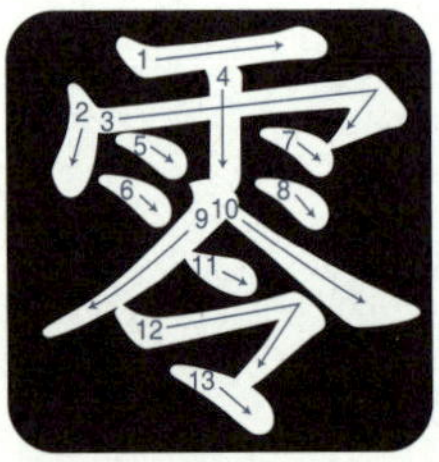

떨어질/영 령

음독
- れいらく 零落 영락, 몰락함
- れいさい 零細 영세
- れいか 零下 영하
- れいじ 零時 영시, 자정

음 れい　零

1568

우레 뢰

음독
- らいう 雷雨 뇌우
- らいうん 雷雲 적란운
- らいどう 雷同 뇌동
- らいかん 雷管 뇌관
- ぎょらい 魚雷 어뢰
- じらい 地雷 지뢰
- らくらい 落雷 낙뢰

훈독
- かみなり 雷 천둥, 우레

특 いかずち 雷 천둥, 우레

음 らい　훈 雷

1569

다락 루

음독
- ろうかく 楼閣 누각
- ろうもん 楼門 누문
- まてんろう 摩天楼 마천루
- しょうろう 鐘楼 종루
- ぼうろう 望楼 망루

음 ろう

1570

두려워할 률

음독
- りつぜん 慄然 율연(두려워 오싹해짐)

음 りつ

1571

小6　속 리

음독
- りめん 裏面 이면
- のうり 脳裏 뇌리
- ひょうり 表裏 표리
- いろり 囲炉裏 일본 전통 실내 화로

훈독
- うら 裏 뒤
- うらぐち 裏口 뒷문
- うらおもて 裏表 안팎
- うらがわ 裏側 뒤쪽
- うらじ 裏地 안감
- うらごえ 裏声 가성
- うらぎる 裏切る 배신하다
- うらづけ 裏付け 뒷받침

✔ 「表裏」는 음독으로 「ひょうり」로, 「裏表」는 훈독으로 「うらおもて」로 읽는다.

음 り　훈 うら 裏

1572

漠 넓을 막

음독 漠然(ばくぜん) 막연 漠々(ばくばく) 막막함 広漠(こうばく) 광막 砂漠(さばく) 사막
索漠(さくばく) 삭막

음 ばく

1573

幕 小6 장막 막

음독 幕間(まくあい) 막간 開幕(かいまく) 개막 暗幕(あんまく) 암막 閉幕(へいまく) 폐막

음 まく・ばく

1574

盟 小6 맹세 맹

음독 盟約(めいやく) 맹약 加盟(かめい) 가맹 連盟(れんめい) 연맹

음 めい

1575

滅 꺼질/멸할 멸

음독 滅菌(めっきん) 멸균 滅亡(めつぼう) 멸망 滅法(めっぽう) 대단히, 매우
滅多(めった) 함부로 함, 분별이 없음 壊滅(かいめつ) 괴멸, 궤멸

훈독 滅(ほろ)びる 망하다 滅(ほろ)ぼす 망하게 하다

특 滅入(めい)る 우울해지다 滅茶(めちゃ) 터무니없음 滅茶苦茶(めちゃくちゃ) 엉망진창

음 めつ **훈** 滅びる・滅ぼす

1576

화목할 목

음독
- しんぼく 親睦 친목
- わぼく 和睦 화목

훈독
- むつ 睦む 의좋게 지내다

음 ぼく　훈 睦む

1577

小5　꿈 몽

음독
- むちゅう 夢中 열중함
- むそう 夢想 몽상
- むげん 夢幻 몽환
- むゆうびょう 夢遊病 몽유병
- あくむ 悪夢 악몽

훈독
- ゆめみ 夢見る 꿈꾸다
- ゆめものがたり 夢物語 꿈 이야기
- はつゆめ 初夢 새해 첫 꿈
- まさゆめ 正夢 사실과 일치하는 꿈

음 む　훈 ゆめ 夢

1578

小5　무덤 묘

음독
- ぼち 墓地 묘지
- ぼさん 墓参 성묘
- ぼぜん 墓前 무덤 앞
- ぼせき 墓石 묘석
- ぼひょう 墓標 묘비

훈독
- はか 墓 묘
- はかば 墓場 묘지
- はかまい 墓参り 성묘

음 ぼ　훈 はか 墓

1579

작을 미

음독
- びおん 微温 미온, 미지근함
- びさい 微細 미세
- びしてき 微視的 미시적
- びしょう 微笑 미소
- びせいぶつ 微生物 미생물
- びりょう 微量 미량
- びりゅうし 微粒子 미립자
- びみょう 微妙 미묘

특
- ほほえ 微笑ましい 흐뭇하다
- ほほえ 微笑む 미소 짓다
- そよかぜ 微風 미풍, 산들바람
- かす 微か 희미함

음 び 微

1580 頒 나눌 반

음독 頒布 (はんぷ) 반포, 배포

음 はん

1581 搬 옮길 반

음독 搬出 (はんしゅつ) 반출 搬送 (はんそう) 반송, 운송 搬入 (はんにゅう) 반입

음 はん

1582 鉢 바리때 발

음독 鉢 (はち) 바리때, 화분 鉢物 (はちもの) 화분에 심은 초목 鉢植え (はちうえ) 화분에 심음
植木鉢 (うえきばち) 화분 火鉢 (ひばち) 화로

음 はち・はつ

1583 煩 번거로울 번

음독 煩雑 (はんざつ) 번잡 煩悶 (はんもん) 번민 煩悩 (ぼんのう) 번뇌

훈독 煩う (わずらう) 괴로워하다 煩わす (わずらわす) 괴롭히다 煩わしい (わずらわしい) 번거롭다, 귀찮다

음 はん・ぼん **훈** 煩う (わずらう)・煩わす (わずらわす)

1588

小4 말씀 사

음독
じしょ　　　　　　じしょく　　　　　じたい　　　　　じひょう
辞書 사전　辞職 사직　辞退 사퇴　辞表 사표
しゃじ　　　　　　　　　　　しきじ　　　　　　しゅうじ　　　　　とうじ
謝辞 감사·사과의 말　式辞 식사　修辞 수사　答辞 답사

훈독
や
辞める 사직하다, 그만두다

음 じ　　　훈 辞める　　

1589

이을 사

음독
しし　　　　　　　　　　　　　　こうし
嗣子 사자(대를 이을 자식)　後嗣 후사

음 し

1590

小6 다칠 상

음독
しょうがい　　　　しょうしん　　　　ふしょう　　　　がいしょう
傷害 상해　傷心 상심　負傷 부상　外傷 외상
じゅうしょう　　　けいしょう　　　　かんしょう
重傷 중상　軽傷 경상　感傷 감상

훈독
きず　　　　　　　いた　　　　　　　　　　いた　　　　　　　　　　　　きずあと
傷 상처　傷む 망가지다　傷める 망가뜨리다　傷跡 상처 자국, 흉터
きずぐち　　　　　　　ふるきず　　　　　　　　　　き　　きず
傷口 상처, 흠집　古傷 오래된 상처　切り傷 베인 상처

특
やけど
火傷 화상

음 しょう　　훈 傷・傷む・傷める

1591

小3 생각 상

음독
そうぞう　　　　かんそう　　　　よそう　　　　くうそう
想像 상상　感想 감상　予想 예상　空想 공상
しそう　　　　　　りそう　　　　　かいそう　　　　あいそ
思想 사상　理想 이상　回想 회상　愛想 상냥함

음 そう・そ

1592 자세할 상

- 음독: 詳細 しょうさい 상세, 詳説 しょうせつ 상설
- 훈독: 詳しい くわしい ① 자세하다, 상세하다 ② 잘 알고 있다
  - 特: 詳らか つまびらか 자세함
- 음: しょう / 훈: 詳しい くわしい

1593 막힐 색

- 음독: 閉塞 へいそく 폐색, 要塞 ようさい 요새
- 훈독: 塞ぐ ふさぐ 막다, 塞がる ふさがる 막히다
- 음: そく・さい / 훈: 塞ぐ ふさぐ

1594 小6 마을 서

- 음독: 署長 しょちょう 서장, 署名 しょめい 서명, 警察署 けいさつしょ 경찰서, 部署 ぶしょ 부서, 消防署 しょうぼうしょ 소방서, 税務署 ぜいむしょ 세무서
- 음: しょ

署

1595 부러워할 선

- 음독: 羨望 せんぼう 선망
- 훈독: 羨む うらやむ 선망하다, 羨ましい うらやましい 부럽다
- 음: せん / 훈: 羨む・羨ましい うらやむ・うらやましい

1596 腺 샘 선

음독 かんせん 汗腺 한선, 땀샘 　るいせん 涙腺 누선, 눈물샘

음 せん

1597 禅 선 선

음독 ぜんじょう 禅譲 선양(왕위를 물려 줌) 　ぜんしゅう 禅宗 선종(불교의 한 종파)

음 ぜん　　禪

1598 摂 다스릴/잡을 섭

음독 せっしゅ 摂取 섭취 　せっしょう 摂政 섭정 　せっせい 摂生 섭생 　せつり 摂理 섭리

음 せつ　　攝

1599 聖 성인 성 (小6)

음독 せいか 聖火 성화 　せいか 聖歌 성가 　せいじゃ 聖者 성자 　せいしょ 聖書 성서
　　　せいじん 聖人 성인 　せいぼ 聖母 성모 　しんせい 神聖 신성

특 ひじり 聖 성인

음 せい　　聖

1600 誠 정성 성 (小6)

음독
- せいい 誠意 성의
- せいじつ 誠実 성실
- せいしん 誠心 성심
- ちゅうせい 忠誠 충성

훈독
- まこと 誠に 참으로, 정말로

음 せい　훈 誠

1601 歳 해 세

음독
- さいげつ 歳月 세월
- さいじき 歳時記 세시기
- さいしゅつ 歳出 세출
- さいにゅう 歳入 세입
- せいぼ 歳暮 연말
- ばんざい 万歳 만세

특
- ちとせ 千歳 천세, 천년, 긴 세월

음 さい・せい　歳

1602 勢 형세 세 (小5)

음독
- せいりょく 勢力 세력
- しせい 姿勢 자세
- うんせい 運勢 운세
- ゆうせい 優勢 우세
- けいせい 形勢 형세
- おおぜい 大勢 여러, 많은 (사람)
- こくせい 国勢 국세

훈독
- いきお 勢い 기세, 힘

음 せい　훈 勢い

1603 塑 흙 빚을 소

음독
- そぞう 塑像 소상
- かそせい 可塑性 가소성

음 そ

1604

小4　이을 속

음독	ぞっこう 続行 속행	ぞくしゅつ 続出 속출	ぞくへん 続編 속편	れんぞく 連続 연속
	きんぞく 勤続 근속	じぞく 持続 지속	せつぞく 接続 접속	だんぞく 断続 단속

훈독　つづく 続く 계속되다　つづける 続ける 계속하다　つづきもの 続き物 연재물, 연속물

음 ぞく　　훈 続く・続ける

續

1605

小5　덜 손

음독	そんがい 損害 손해	そんしつ 損失 손실	そんえき 損益 손익	そんとく 損得 손득
	そんしょう 損傷 손상	はそん 破損 파손	まるぞん 丸損 완전 손해	

훈독　そこなう 損なう 파손하다, 부수다　そこねる 損ねる 파손하다　みそこなう 見損なう 잘못 보다

음 そん　　훈 損なう・損ねる

1606

갚을 수

음독　おうしゅう 応酬 응수　ほうしゅう 報酬 보수

음 しゅう

1607

근심 수

음독　しゅうしょう 愁傷 몹시 슬퍼함　あいしゅう 哀愁 애수　きょうしゅう 郷愁 향수

훈독　うれえる 愁える 상심하다, 걱정하다　うれい 愁い 근심, 걱정

음 しゅう　　훈 愁える・愁い

1608

小2 셈 수

음독
すうじ 数字 숫자　すうち 数値 수치, 값　さんすう 算数 산수　しょうすう 少数 소수
ぶんすう 分数 분수　にんずう 人数 인원수　てんすう 点数 점수　たすう 多数 다수
すきや 数寄屋 다실

훈독
かず 数 수　かぞえる 数える (수를) 세다　かずおお 数多い 수많다　かぞえどし 数え年 세는 나이

특
あまた 数多 많음, 허다함　じゅず 数珠 염주

음 すう・す　　훈 数・数える

1609

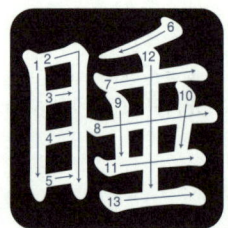

졸음 수

음독
すいま 睡魔 심한 졸음　すいみん 睡眠 수면, 잠　じゅくすい 熟睡 숙면

특
まどろむ 微睡む 깜박 졸다

음 すい

1610

중 승

음독
そうい 僧衣 승의, 승려복　そうへい 僧兵 승병　そうりょ 僧侶 승려, 중

음 そう

1611

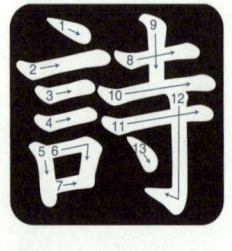

小3 시 시

음독
しじん 詩人 시인　ししゅう 詩集 시집　さくし 作詩 작시　かんし 漢詩 한(문)시
ていけいし 定型詩 정형시

음 し

1612 試 — 시험 시 (小4)

음독
- 試験 しけん 시험
- 試合 しあい 시합
- 試作 しさく 시작, 시험 제작(물)
- 試写会 ししゃかい 시사회
- 試練 しれん 시련
- 入試 にゅうし 입시
- 追試 ついし 추가 시험
- 模試 もし 모의 시험

훈독
- 試みる こころみる 시도해 보다, 시험해 보다
- 試す ためす 시험해 보다

음 し **훈** 試みる・試す

1613 飾 — 꾸밀 식

음독
- 装飾 そうしょく 장식, 꾸밈
- 修飾 しゅうしょく 수식
- 服飾 ふくしょく 복식

훈독
- 飾る かざる 꾸미다, 치장하다
- 飾り物 かざりもの 장식(품)

음 しょく **훈** 飾る

1614 慎 — 삼갈 신

음독
- 慎重 しんちょう 신중
- 謹慎 きんしん 근신

훈독
- 慎む つつしむ 삼가다, 조심하다
- 慎ましい つつましい 조심스럽다

음 しん **훈** 慎む

1615 新 — 새 신 (小2)

음독
- 新年 しんねん 신년
- 新聞 しんぶん 신문
- 新米 しんまい 햅쌀
- 新築 しんちく 신축
- 新旧 しんきゅう 신구
- 新任 しんにん 신임
- 新刊 しんかん 신간
- 新入 しんにゅう 신입
- 更新 こうしん 갱신
- 革新 かくしん 혁신
- 維新 いしん 유신
- 最新 さいしん 최신

훈독
- 新しい あたらしい 새롭다
- 新たに あらたに 새롭게
- 新湯 あらゆ 새 목욕물
- 新妻 にいづま 새댁

음 しん **훈** 新しい・新た・新

1616

콩팥 신

음독: 腎 신장　肝腎 중요

음 じん

1617

맑을 아

음독: 雅号 아호　雅趣 운치　雅量 아량　優雅 우아

음 が

1618

小3 어두울 암

음독: 暗記 암기　暗号 암호　暗示 암시　暗黒 암흑
暗算 암산　暗唱 암송　暗雲 암운, 먹구름　暗澹 암담
暗証番号 비밀번호　暗殺 암살　明暗 명암

훈독: 暗い 어둡다　暗む 침침해지다, 아찔해지다　暗闇 어둠

음 あん　훈 暗い

1619

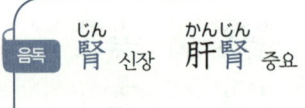
小4 사랑 애

음독: 愛情 애정　愛犬 애견　愛読 애독　愛着 애착
愛用 애용　愛想 붙임성, 상냥함　愛惜 애석　愛玩 애완
友愛 우애　親愛 친애　博愛 박애

특: 愛しい 사랑스럽다　愛でる 귀여워하다　可愛い 귀엽다
恩愛 은애

음 あい

1620

小3 업 업

음독
- 業績 업적
- 職業 직업
- 卒業 졸업
- 作業 작업
- 工業 공업
- 学業 학업
- 自業自得 자업자득
- 授業 수업

훈독
- 業 ①짓, 소행 ②일, 직업
- 早業 재주
- 특 生業 생업

음 ぎょう・ごう **훈** 業

1621

납 연

음독
- 鉛筆 연필
- 鉛分 납 성분

훈독
- 鉛 납

음 えん **훈** 鉛

1622

연기 연

음독
- 煙突 굴뚝
- 煙幕 연막
- 禁煙 금연
- 喫煙 흡연

훈독
- 煙る 연기가 나다
- 煙 연기
- 煙い (연기가) 냅다
- 특 煙草 담배

음 えん **훈** 煙る・煙・煙い

1623

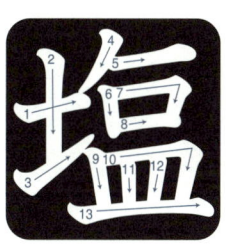

小4 소금 염

음독
- 塩分 염분
- 塩素 염소
- 塩蔵 염장
- 塩害 염해
- 食塩 식염
- 岩塩 암염, 돌소금
- 製塩 제염

훈독
- 塩 소금
- 塩水 소금물
- 塩加減 간, 음식의 짠 정도
- 塩焼き 소금구이
- 塩気 소금기
- 특 塩っぱい 짜다
- 塩梅 간(맞추기)

음 えん **훈** 塩

1624 預

小6 맡길/미리 예

- 음독: よ
  - 預金 예금
  - 預託 예탁
  - 預言 예언
- 훈독: 預ける 맡기다 / 預かる 맡다, 보관하다

음 よ 훈 預ける・預かる

1625 誉

기릴/명예 예

- 음독: よ
  - 名誉 명예
  - 栄誉 영예
- 훈독: 誉れ 명예

음 よ 훈 誉れ 譽

1626 詣

이를 예

- 음독: けい
  - 参詣 참예
  - 造詣 조예
- 훈독: 詣でる 참배하다

음 けい 훈 詣でる

1627 傲

거만할 오

- 음독: ごう
  - 傲慢 오만
- 훈독: 傲る 오만하다

음 ごう 훈 傲る

436

1628

완고할 완

| 음독 | がんこ 頑固 완고　がんきょう 頑強 완강　がんけん 頑健 강건　がんじょう 頑丈 튼튼함
がんば 頑張る 노력하다 |

음 がん

1629

허리 요

| 음독 | ようつう 腰痛 요통　ようつい 腰椎 요추 |
| 훈독 | こし 腰 허리　こしぼね 腰骨 허리뼈　こしか 腰掛ける 걸터앉다　こしよわ 腰弱 배짱이 없음
つよごし 強腰 강경함　やなぎごし 柳腰 날씬한 허리 |

음 よう　　**훈** こし 腰

1630

녹을 용

| 음독 | ようえき 溶液 용액　ようかい 溶解 용해　ようがん 溶岩 용암　ようこうろ 溶鉱炉 용광로
ようせつ 溶接 용접　ようばい 溶媒 용매 |
| 훈독 | と 溶ける 녹다　と 溶かす 녹이다　と 溶く (액체에) 풀다 |

*とける

溶ける 굳었던 것이 액체상태가 되다 → さとう みず と 砂糖が水に溶ける 설탕이 물에 녹다
解ける 느슨하게 풀어지다 → ひも と 紐が解ける 끈이 풀어지다

溶ける　解ける

음 よう　　**훈** と 溶ける・溶かす・溶く

1631

어리석을 우

| 음독 | ぐきょ 愚挙 어리석은 행동(계획)　ぐさく 愚作 우작　ぐちょく 愚直 우직
ぐち 愚痴 어리석음, 푸념　ぐどん 愚鈍 우둔　ぐろん 愚論 우론　ぐもん 愚問 우문
ぐず 愚図 꾸물거림　ぐろう 愚弄 우롱　ぐまい 愚昧 우매 |
| 훈독 | おろ 愚か 미련함, 어리석음　おろ 愚かしい 어리석다 |

음 ぐ　　**훈** おろ 愚か

1632

염려할 **우**

| 훈독 | おそれ 虞 우려, 염려 |

| 훈 | おそれ 虞 |

1633

小6 근원 **원**

| 음독 | げんりゅう 源流 원류 / げんせん 源泉 원천 / きげん 起源 기원 / でんげん 電源 전원 / ごげん 語源 어원 / すいげん 水源 수원 / しげん 資源 자원 / ざいげん 財源 재원 |

| 훈독 | みなもと 源 근원 |

| 음 | げん | 훈 | みなもと 源 |

1634

小2 동산 **원**

| 음독 | えんげい 園芸 원예 / えんじ 園児 원아 / でんえん 田園 전원 / らくえん 楽園 낙원 / がくえん 学園 학원 / ていえん 庭園 정원 / どうぶつえん 動物園 동물원 / ようちえん 幼稚園 유치원 |

| 훈독 | その 園 정원, 뜰 / そのう 園生 정원 / はなぞの 花園 화원 |

| 음 | えん | 훈 | その 園 |

1635

小2 멀 **원**

| 음독 | えんかく 遠隔 원격 / えんそく 遠足 소풍 / えんきん 遠近 원근 / えんえい 遠泳 장거리 수영 / えんりょ 遠慮 삼감, 사양함 / えいえん 永遠 영원 / けいえん 敬遠 경원 / ぼうえんきょう 望遠鏡 망원경 |

| 훈독 | とおい 遠い 멀다 / とおからず 遠からず 머지않아서 / とおざかる 遠ざかる 멀어지다 / とおで 遠出 멀리 나감 / とおのく 遠退く 멀어지다 |

| 특 | おちこち 遠近 여기저기 |

| 음 | えん・おん | 훈 | とおい 遠い |

1636

원숭이 **원**

음독 えんじん 猿人 원인, 원시 인류　けんえん 犬猿 견원　るいじんえん 類人猿 유인원

훈독 さる 猿 원숭이　さるまね 猿真似 무턱대고 흉내 냄　さるぢえ 猿知恵 잔꾀

특 ましら 猿 원숭이

음 えん　**훈** 猿

1637

어긋날 **위**

음독 いけん 違憲 위헌　いはん 違反 위반　いほう 違法 위법　いやく 違約 위약
いわかん 違和感 위화감

훈독 ちがう 違う (서로) 다르다　ちがえる 違える 위반하다

음 い　**훈** 違う・違える

1638

小3　뜻 **의**

음독 いけん 意見 의견　いみ 意味 의미　いがい 意外 의외, 뜻밖　いと 意図 의도
いくじ 意気地 의지　いよく 意欲 의욕　いじ 意地 고집　いじわる 意地悪 심술궂음
ようい 用意 용의　ちゅうい 注意 주의　とくい 得意 득의　けつい 決意 결의

음 い

1639

小5　옳을 **의**

음독 ぎむ 義務 의무　ぎり 義理 의리　こうぎ 講義 강의　いぎ 意義 의의, 의미, 뜻, 가치
せいぎ 正義 정의　じんぎ 仁義 인의　みんしゅしゅぎ 民主主義 민주주의　ていぎ 定義 정의

음 ぎ

1640

빠질 **익**

음독 溺愛(できあい) 익애 溺死(できし) 익사

훈독 溺(おぼ)れる 빠지다

✔ 이 한자는 「溺」로도 쓰인다.

음 でき 훈 溺(おぼ)れる

1641

小6 품삯 **임**

음독 賃金(ちんぎん) 임금 賃貸(ちんたい) 임대 運賃(うんちん) 운임 家賃(やちん) 집세

음 ちん

1642

사랑 **자**

음독 慈愛(じあい) 자애 慈善(じぜん) 자선 慈悲(じひ) 자비

훈독 慈(いつく)しむ 사랑하다

음 じ 훈 慈(いつく)しむ

1643

小5 재물 **자**

음독 資源(しげん) 자원 資金(しきん) 자금 資産(しさん) 자산 資格(しかく) 자격
資料(しりょう) 자료 資本(しほん) 자본 投資(とうし) 투자 融資(ゆうし) 융자

음 し

1644

장려할 장

음독 しょうがくきん 奨学金 장학금　しょうれい 奨励 장려

음 しょう　

1645

小6 창자 장

음독 いちょう 胃腸 위장　だいちょう 大腸 대장　しょうちょう 小腸 소장　もうちょう 盲腸 맹장
じゅうにしちょう 十二指腸 십이지장　ちょくちょう 直腸 직장

음 ちょう

1646

실을 재

음독 せきさい 積載 적재　とうさい 搭載 탑재　きさい 記載 기재　てんさい 転載 전재
れんさい 連載 연재　けいさい 掲載 게재

훈독 の 載せる ① 위에 놓다 ② 글 등을 싣다　の 載る ① 위에 놓이다 ② 글 등이 실리다

＊のる

の 載る 실리다, 얹히다 → ざっし 雑誌に の 載る 잡지에 싣다
の 乗る 올라타다 / 상대에 맞추다 → でんしゃ 電車に の 乗る 전철에 타다 / そうだん 相談に の 乗る 상담에 응하다

載る

乗る

음 さい　**훈** の 載せる・の 載る

1647

도둑 적

음독 かいぞく 海賊 해적　さんぞく 山賊 산적　ぎぞく 義賊 의적　とうぞく 盗賊 도적

음 ぞく

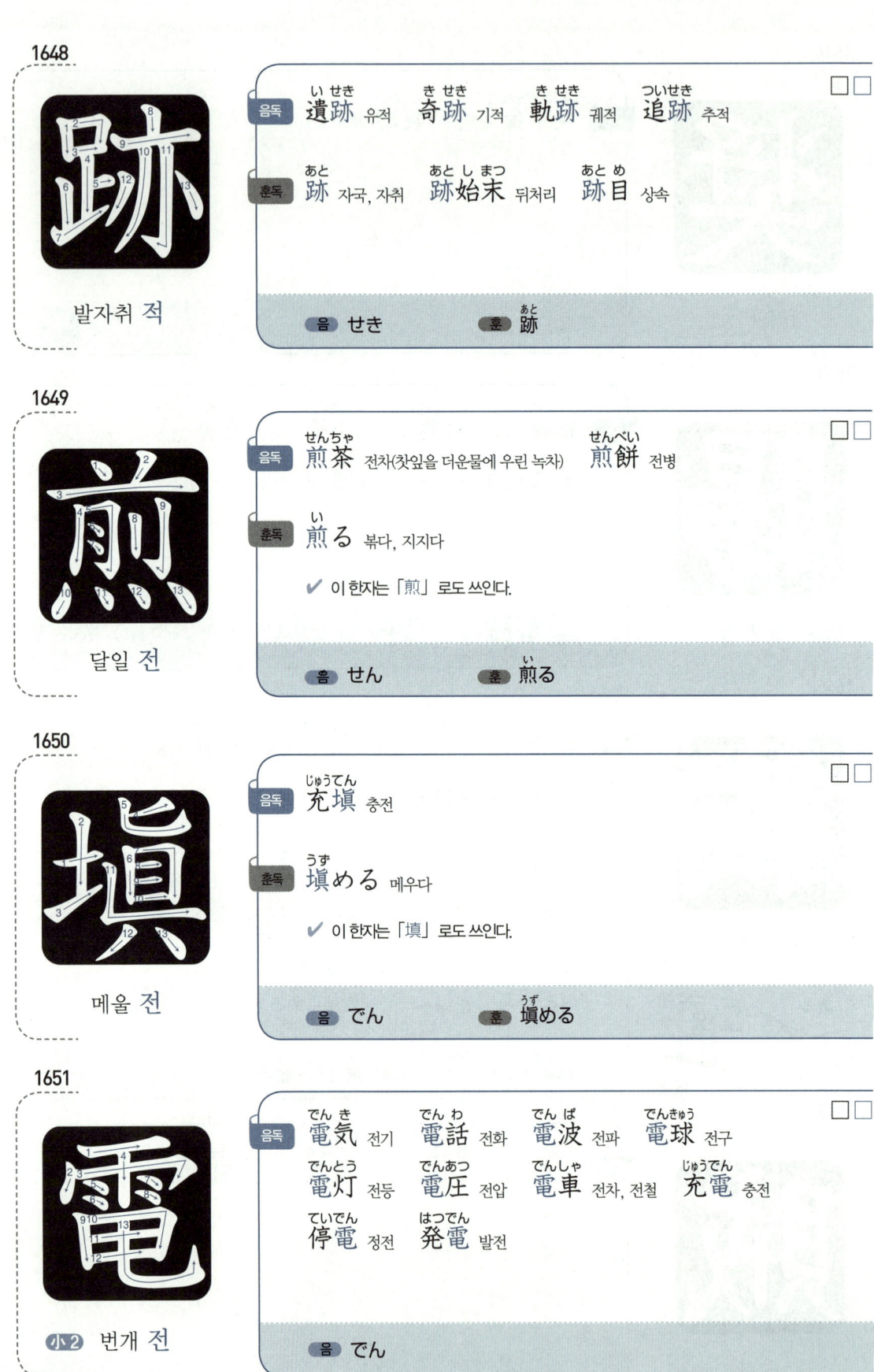

1652

설명할 전

| 음독 | せんかた 詮方 방법, 수단　せんぎ 詮議 전의　せんさく 詮索 탐색　しょせん 所詮 어차피 |

✓ 이 한자는 「詮」로도 쓰인다.

음 せん

1653

小4 싸움 전

음독	せんそう 戦争 전쟁　せんりょく 戦力 전력　せんし 戦死 전사　せんりゃく 戦略 전략
	くせん 苦戦 고전　はいせん 敗戦 패전　ろんせん 論戦 논쟁　さくせん 作戦 작전
훈독	いくさ 戦 전쟁, 싸움　たたか 戦う 싸우다　　【특】おのの 戦く 부들부들 떨다

＊たたかう

たたか 戦う 이기기 위해서 경쟁하다 → こうはく わ たたか 紅白に分かれて戦う 홍백으로 나뉘어서 싸우다

たたか 闘う 주로 어려움 등에 맞서서 소수로 싸우다 → びょうき たたか 病気と闘う 병과 싸우다

음 せん　**훈** 戦・戦う

1654

전각 전

| 음독 | でんどう 殿堂 전당　でんか 殿下 전하　しんでん 神殿 신전 |
| 훈독 | との 殿 '주군'의 높임말　とのがた 殿方 남자분 |

음 でん・てん　**훈** との どの 殿・殿

1655

小4 마디 절

음독	せつやく 節約 절약　せつぶん 節分 입춘 전날　せっく 節句 (일본의) 다섯 명절
	せっかい 節介 공연한 참견　せちりょうり お節料理 설날 음식　きせつ 季節 계절
	かんせつ 関節 관절　ちょうせつ 調節 조절　しせつ 使節 사절
훈독	ふし 節 마디, 옹이　ふしあな 節穴 옹이구멍　ふしめ 節目 단락, 고비

음 せつ・せち　**훈** ふし 節

1656

배 정

음독
- ていこ 艇庫 보트 창고
- ていしん 艇身 보트의 길이
- かんてい 艦艇 함정, 군함
- しゅうてい 舟艇 주정, 소형 배

음 てい

1657

小4 비칠 조

음독
- しょうめい 照明 조명
- しょうかい 照会 조회
- しょうごう 照合 조합, 대조함
- たいしょうてき 対照的 대조적
- さんしょう 参照 참조
- にっしょう 日照 일조

훈독
- て 照る 비치다
- て 照らす 비추다
- て 照れる 수줍어하다
- て 照れ屋 수줍음을 잘 타는 사람
- て 照り焼き 양념구이
- ひで 日照り 햇볕이 내리쬠

음 しょう **훈** 照る・照らす・照れる

1658

종기 종

음독
- にくしゅ 肉腫 육종
- しゅよう 腫瘍 종양

훈독
- は 腫れる 붓다
- は 腫らす 붓게 하다

음 しゅ **훈** 腫れる・腫らす

1659

小5 허물 죄

음독
- ざいあく 罪悪 죄악
- ざいにん 罪人 죄인
- はんざい 犯罪 범죄
- しゃざい 謝罪 사죄
- むざい 無罪 무죄
- ゆうざい 有罪 유죄
- じゅうざい 重罪 중죄

훈독
- つみ 罪 죄
- つみぶか 罪深い 죄가 많다

음 ざい **훈** 罪

1660 小5 준할 준

음독 準備 준비 / 準決勝 준결승 / 基準 기준 / 照準 조준 / 準拠 준거 / 水準 수준

특 準える 견주다

음 じゅん

1661 小6 찔 증

음독 蒸気 증기 / 蒸発 증발 / 蒸留水 증류수 / 水蒸気 수증기

훈독 蒸す 찌다 / 蒸れる 뜸들다 / 蒸らす 뜸들이다 / 蒸し暑い 무덥다

특 蒸ける 푹 쪄지다 / 蒸かす 찌다 / 蒸籠 나무 찜통

음 じょう **훈** 蒸す・蒸れる・蒸らす

蒸

1662 미워할 질

음독 嫉視 질시 / 嫉妬 질투

훈독 妬む 시샘하다

음 しつ **훈** 妬む

1663 짤 착

음독 搾取 착취 / 搾乳 착유

훈독 搾る ① 짜(내)다 ② (금품을) 착취하다

음 さく **훈** 搾る

1664 債 빚 채

음독
- さいけんしゃ 債権者 채권자
- さいけん 債券 채권
- さいむ 債務 채무
- こくさい 国債 국채
- こうさい 公債 공채
- しゃさい 社債 사채
- ふさい 負債 부채

음 さい

1665 践 밟을 천

음독
- じっせん 実践 실천

음 せん

踐

1666 鉄 <small>小3</small> 쇠 철

음독
- てつどう 鉄道 철도
- てっきん 鉄筋 철근
- てっきょう 鉄橋 철교
- てっぱん 鉄板 철판
- てっちゅう 鉄柱 철주, 쇠기둥
- てっそく 鉄則 철칙
- てつぼう 鉄棒 철봉
- ちかてつ 地下鉄 지하철
- してつ 私鉄 사철, 민간(민영) 철도

특
- くろがね 鉄 쇠, 철
- かなぼう 鉄棒 쇠방망이
- かなしぶ 鉄渋 쇳물
- かなてこ 鉄梃 쇠지렛대

음 てつ

鐵

1667 滞 막힐 체

음독
- たいのう 滞納 체납
- たいりゅう 滞留 체류
- たいざい 滞在 체재
- えんたい 延滞 연체
- じゅうたい 渋滞 정체
- ちたい 遅滞 지체
- ていたい 停滞 정체
- ちんたい 沈滞 침체

훈독
- とどこお 滞る ① 밀리다 ② 막히다, 정체되다

음 たい   훈 滞る

滯

1668

닿을 촉

음독 触手 しょくしゅ 촉수 | 触診 しょくしん 촉진 | 触媒 しょくばい 촉매 | 触発 しょくはつ 촉발
触覚 しょっかく 촉각 | 触感 しょっかん 촉감 | 接触 せっしょく 접촉 | 感触 かんしょく 감촉

훈독 触れる ふれる 닿다, 접촉하다 | 触る さわる 닿다, 만지다

음 しょく **훈** 触れる・触る

1669

재촉할 최

음독 催促 さいそく 재촉 | 催眠術 さいみんじゅつ 최면술 | 催涙 さいるい 최루 | 催告 さいこく 촉구
主催 しゅさい 주최 | 開催 かいさい 개최

훈독 催す もよおす ① 불러일으키다, 자아내다 ② 개최하다

음 さい **훈** 催す

1670

모을 축

음독 蓄財 ちくざい 축재 | 蓄積 ちくせき 축적 | 蓄電池 ちくでんち 축전지 | 貯蓄 ちょちく 저축
備蓄 びちく 비축 | 含蓄 がんちく 함축

훈독 蓄える たくわえる 비축하다

음 ちく **훈** 蓄える

1671

어릴 치

음독 稚魚 ちぎょ 치어 | 稚児 ちご 젖먹이 | 稚気 ちき 치기 | 稚拙 ちせつ 치졸
幼稚 ようち 유치

음 ち

1672

小4 둘 치

음독	ちかん 置換 치환	いち 位置 위치	ほうち 放置 방치	はいち 配置 배치
	そうち 装置 장치	せっち 設置 설치	そち 措置 조치	しょち 処置 처치

| 훈독 | お 置く 두다, 놓다 | おきもの 置物 장식품 | まえお 前置き 서론 |

음 ち 　　훈 お 置く

1673

어리석을 치

| 음독 | ちかん 痴漢 치한 | ちほう 痴呆 치매 | おんち 音痴 음치 |

| 특 | し 痴れる 정신을 잃다 | しごと 痴れ言 허튼소리 |

음 ち

1674

잘 침

| 음독 | しんぐ 寝具 침구 | しんしつ 寝室 침실 | しゅうしん 就寝 취침 |

훈독	ね 寝る 자다	ね 寝かす 재우다	ねあせ 寝汗 (잠자면서 흘리는) 식은땀
	ねぐせ 寝癖 잠버릇	ねごこち 寝心地 잠자리의 기분	ねごと 寝言 잠꼬대	ねどこ 寝床 침상
	ねぼう 寝坊 늦잠	ねま 寝間 침실	ねまき 寝巻き 잠옷

음 しん 　　훈 寝る・寝かす

1675

탄식할 탄

| 음독 | たんがん 嘆願 탄원 | たんせい 嘆声 탄성 | たんそく 嘆息 탄식 | がいたん 慨嘆 개탄 |
| | ひたん 悲嘆 비탄 | かんたん 感嘆 감탄 | | |

| 훈독 | なげ 嘆く 한탄하다 | なげ 嘆かわしい 한탄스럽다 |

음 たん 　　훈 嘆く・嘆かわしい

1676 飽 — 배부를 포

- 음독: 飽食(ほうしょく) 포식 / 飽和(ほうわ) 포화
- 훈독: 飽(あ)きる 싫증나다 / 飽(あ)かす 싫증나게 하다 / 飽(あ)くまで 끝까지, 철저히

음 ほう **훈** 飽きる・飽かす

1677 豊 — 풍년 풍 (小5)

- 음독: 豊作(ほうさく) 풍작 / 豊富(ほうふ) 풍부 / 豊年(ほうねん) 풍년 / 豊漁(ほうりょう) 풍어
- 훈독: 豊(ゆた)か 풍요로움

음 ほう **훈** 豊か

1678 漢 — 한수/한나라 한 (小3)

- 음독: 漢語(かんご) 한어 / 漢詩(かんし) 한(문)시 / 漢字(かんじ) 한자 / 漢方薬(かんぽうやく) 한방약 / 漢和(かんわ) 중국어와 일본어 / 悪漢(あっかん) 악한 / 門外漢(もんがいかん) 문외한

음 かん

1679 該 — 갖출/마땅 해

- 음독: 該博(がいはく) 해박 / 該当(がいとう) 해당

음 がい

1680

본보기 해

음독 かいしょ 楷書 해서(체)

음 かい

1681

小5 풀 해

음독
- かいけつ 解決 해결
- かいさん 解散 해산
- かいせつ 解説 해설
- かいたい 解体 해체
- かいとう 解答 해답
- げねつ 解熱 해열
- りかい 理解 이해
- ぶんかい 分解 분해

훈독
- と 解く 풀다
- と 解かす (머리를) 빗다
- と 解ける 풀리다
- う と 打ち解ける 녹다

특
- ほど 解く 풀다
- ほど 解ける 풀리다
- ほぐ 解す 풀다
- ほぐ 解れる 풀리다
- ほつ 解れる (매듭이) 풀리다

음 かい・げ　　**훈** 解く・解かす・解ける

1682

드릴 헌

음독
- けんか 献花 헌화
- けんきん 献金 헌금
- けんけつ 献血 헌혈
- けんじょう 献上 헌상
- けんしん 献身 헌신
- こんだて 献立 식단, 메뉴
- こうけん 貢献 공헌
- ぶんけん 文献 문헌
- いっこん 一献 간단한 술자리

음 けん・こん　　

1683

싫어할 혐

음독
- けんお 嫌悪 혐오
- けんぎ 嫌疑 혐의

훈독
- きら 嫌う 싫어하다
- いや 嫌 싫음
- いやけ 嫌気 싫증
- いやみ 嫌味 불쾌감

음 けん・げん　　**훈** 嫌う・嫌

1684 話 — 말씀 화 (小2)

음독
- 話術 (わじゅつ) 화술
- 話題 (わだい) 화제
- 会話 (かいわ) 회화
- 神話 (しんわ) 신화
- 童話 (どうわ) 동화
- 通話 (つうわ) 통화
- 電話 (でんわ) 전화

훈독
- 話す (はなす) 이야기하다
- 話 (はなし) 이야기
- 昔話 (むかしばなし) 옛날이야기

음 わ　　**훈** 話す・話

1685 靴 — 신 화

훈독
- 靴 (くつ) 구두
- 靴下 (くつした) 양말
- 長靴 (ながぐつ) 장화

음 か　　**훈** 靴

1686 禍 — 재앙 화

음독
- 禍根 (かこん) 화근
- 禍福 (かふく) 화복
- 舌禍 (ぜっか) 설화, 구설수
- 輪禍 (りんか) 교통사고

특
- 禍事 (まがごと) 재난, 재앙
- 禍々しい (まがまがしい) 불길하다

음 か

1687 滑 — 미끄러울 활

음독
- 滑空 (かっくう) 활공
- 滑降 (かっこう) 활강
- 滑走 (かっそう) 활주
- 円滑 (えんかつ) 원활
- 潤滑 (じゅんかつ) 윤활

훈독
- 滑る (すべる) 미끄러지다
- 滑らか (なめらか) 미끄러움

특
- 滑稽 (こっけい) 익살

음 かつ　　**훈** 滑る・滑らか

1688 賄 뇌물 회

음독 わいろ 賄賂 뇌물　ぞうわい 贈賄 뇌물을 줌　しゅうわい 収賄 뇌물을 받음

훈독 まかな 賄う 대주다, 조달하다

음 わい　훈 賄う

1689 嗅 맡을 후

음독 きゅうかく 嗅覚 후각

훈독 か 嗅ぐ 냄새맡다

음 きゅう　훈 嗅ぐ

1690 毀 헐 훼

음독 きしょう 毀傷 훼상　きそん 毀損 훼손

훈독 こわ 毀す 부수다, 고장을 내다　こぼ 毀れる 망가지다　こぼ 毀つ 깨뜨리다

음 き　훈 毀す・毀つ

1691 彙 무리 휘

음독 ごい 語彙 어휘

음 い

1692

이끌 휴

음독
携行 휴행, 휴대　携帯 휴대　提携 제휴　連携 연휴, 제휴

훈독
携える 휴대하다　携わる 관계하다, 관여하다

- 음 けい
- 훈 携える・携わる

1693

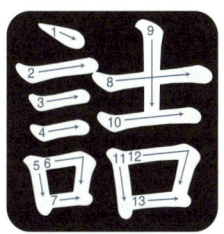

꾸짖을 힐

음독
詰問 힐문　詰責 힐책

훈독
詰める 담다, 채우다　詰まる 막히다　詰む 막히다　缶詰 통조림

특
詰る 힐문하다, 따지다

- 음 きつ
- 훈 詰める・詰まる・詰む

1694

小2　노래 가

음독
歌手 가수　歌舞伎 가부키　校歌 교가　短歌 단가
唱歌 창가

훈독
歌 노래　歌う 노래하다　子守歌 자장가　鼻歌 콧노래　歌声 노랫소리

- 음 か
- 훈 歌・歌う

1695

小6　집 각

음독
閣議 각의, 내각 회의　閣僚 각료　閣下 각하　内閣 내각
入閣 입각　組閣 조각(내각을 구성함)

- 음 かく

1700 穀

小6 곡식 곡

음독
- 穀倉 (こくそう) 곡창
- 穀類 (こくるい) 곡류
- 雑穀 (ざっこく) 잡곡
- 穀物 (こくもつ) 곡물
- 米穀 (べいこく) 쌀
- 五穀 (ごこく) 오곡

음 こく 〔穀〕

1701 寡

적을 과

음독
- 寡占 (かせん) 과점
- 寡黙 (かもく) 과묵
- 寡婦 (かふ) 과부, 미망인

음 か

1702 関

小4 관계할 관

음독
- 関係 (かんけい) 관계
- 関心 (かんしん) 관심
- 関節 (かんせつ) 관절
- 関西 (かんさい) 관서(지방)
- 関与 (かんよ) 관여
- 関連 (かんれん) 관련
- 機関 (きかん) 기관
- 難関 (なんかん) 난관

훈독
- 関所 (せきしょ) 관문
- 関の山 (せきのやま) 고작

음 かん **훈** 関(せき) 〔關〕

1703 管

小4 대롱/주관할 관

음독
- 管理 (かんり) 관리
- 管制 (かんせい) 관제
- 管楽器 (かんがっき) 관악기
- 気管 (きかん) 기관
- 水道管 (すいどうかん) 수도관
- 血管 (けっかん) 혈관
- 鉄管 (てっかん) 철관
- 所管 (しょかん) 소관

훈독
- 管 (くだ) 관, 대롱

특
- 只管 (ひたすら) 오직, 오로지
- 煙管 (きせる) 담뱃대

음 かん **훈** 管(くだ)

1704

小5 익숙할 관

음독
かんしゅう 慣習 관습　かんれい 慣例 관례　かんようく 慣用句 관용구　しゅうかん 習慣 습관

훈독
な 慣れる 익숙해지다　な 慣らす 순응시키다　なら 慣わし 풍습, 관습
か な 飼い慣らす (사육해서) 길들이다　ふな 不慣れ 익숙하지 못함

음 かん　**훈** 慣れる・慣らす

1705

몰 구

음독
くし 駆使 구사　くじょ 駆除 구제　くちく 駆逐 구축　くちゅう 駆虫 구충
せんくしゃ 先駆者 선구자

훈독
か 駆ける 달리다　か 駆る 쫓다, 몰다　か あし 駆け足 달음박질

음 く　**훈** 駆ける・駆る　　驅

1706

小5 얽을 구

음독
こうせい 構成 구성　こうず 構図 구도　こうそう 構想 구상　こうぞう 構造 구조
こうない 構内 구내　きこう 機構 기구　けっこう 結構 ① 구성 ② 괜찮음 ③ 꽤, 제법

훈독
かま 構える 차리다, 갖추다　かま 構う 상관하다　こころがま 心構え 각오

음 こう　**훈** 構える・構う

1707

小4 기 기

음독
きしゅ 旗手 기수　はんき 半旗 반기　こっき 国旗 국기　ちょうき 弔旗 조기

훈독
はた 旗 깃발　はたいろ 旗色 형세

음 き　**훈** はた 旗

1708

편안 녕

- **음독**
  - ねいじつ 寧日 평온한 날
  - あんねい 安寧 안녕
  - ていねい 丁寧 공손함
- **특**
  - むし 寧ろ 오히려, 차라리

음 ねい

1709

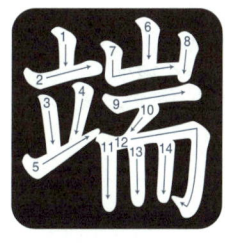
끝 단

- **음독**
  - たんせい 端正 단정
  - たんぜん 端然 단연
  - たんてき 端的 단적
  - たんご 端午 단오
  - たんしょ 端緒 단서
  - せんたん 先端 첨단
  - きょくたん 極端 극단
- **훈독**
  - はし 端 끝, 가장자리
  - は 端 끝
  - はた 端 가장자리
  - はやく 端役 단역
  - はすう 端数 우수리
  - いっぱし 一端 어엿함
  - ちゅうとはんぱ 中途半端 어중간함

음 たん　　**훈** はし・は・はた 端・端・端

1710

小4　큰 덕

- **음독**
  - とくよう 徳用 덕용(쓰기 좋고 값이 쌈)
  - とくり 徳利 술병
  - どうとく 道徳 도덕
  - あくとく 悪徳 악덕
  - びとく 美徳 미덕
  - じんとく 人徳 인덕
  - くどく 功徳 공덕

음 とく

1711

벼 도

- **음독**
  - すいとう 水稲 수도
  - りくとう 陸稲 밭벼
- **훈독**
  - いね 稲 벼
  - いねがり 稲刈り 벼 베기
  - いなずま 稲妻 번개
  - いなびかり 稲光 번개
  - いなさく 稲作 벼농사
  - いなほ 稲穂 벼 이삭
  - いなりずし 稲荷鮨 유부초밥
- **특**
  - いもちびょう 稲熱病 도열병
  - わせ 早稲 올벼

음 とう　　**훈** いね・いな 稲・稲

1712

小2 읽을 독

음독
- どくしょ 読書 독서
- どくしゃ 読者 독자
- ごどく 誤読 오독
- あいどく 愛読 애독
- じゅくどく 熟読 숙독
- ふくどくほん 副読本 부독본
- とくほん 読本 독본
- くとうてん 句読点 구두점

훈독
- よむ 読む 읽다
- くんよみ 訓読 훈독

특
- どきょう 読経 독경

음 どく・とく・とう **훈** 読む

1713

小5 구리 동

음독
- どう 銅 구리
- どうぞう 銅像 동상
- どうか 銅貨 동화, 동전
- どうけん 銅剣 동검
- どうこう 銅鉱 동광, 구리 광산
- どうせん 銅銭 동전
- どうせん 銅線 동선
- どうばん 銅板 동판
- せいどう 青銅 청동
- ふんどう 分銅 저울추

특
- あか 銅 구리
- どら 銅鑼 징

음 どう

1714

매울 랄

음독
- らっきょう 辣韮 염교
- しんらつ 辛辣 신랄

음 らつ

1715

小5 지날 력

음독
- れきし 歴史 역사
- れきにん 歴任 역임
- れきほう 歴訪 역방
- れきだい 歴代 역대
- がくれき 学歴 학력
- りゃくれき 略歴 약력
- けいれき 経歴 경력

음 れき

1716 曆 — 책력 력

음독
- 暦法 (れきほう) 역법
- 新暦 (しんれき) 신력
- 旧暦 (きゅうれき) 구력
- 還暦 (かんれき) 환갑
- 西暦 (せいれき) 서력
- 陽暦 (ようれき) 양력
- 陰暦 (いんれき) 음력

훈독
- 暦 (こよみ) 달력

음 れき | 훈 暦 (こよみ)

14획

1717 練 — 小3 익힐 련

음독
- 練習 (れんしゅう) 연습
- 訓練 (くんれん) 훈련
- 熟練 (じゅくれん) 숙련
- 洗練 (せんれん) 세련
- 試練 (しれん) 시련
- 鍛練 (たんれん) 단련

훈독
- 練る (ねる) (수양·경험 등을) 쌓다, 연마하다

음 れん | 훈 練る (ねる)

1718 領 — 小5 거느릴 령

음독
- 領海 (りょうかい) 영해
- 領地 (りょうち) 영지
- 領主 (りょうしゅ) 영주
- 領土 (りょうど) 영토
- 占領 (せんりょう) 점령
- 首領 (しゅりょう) 수령
- 要領 (ようりょう) 요령
- 大統領 (だいとうりょう) 대통령

음 りょう

1719 緑 — 小3 푸를 록

음독
- 緑茶 (りょくちゃ) 녹차
- 緑地 (りょくち) 녹지
- 緑化 (りょくか) 녹화
- 緑青 (ろくしょう) 녹청
- 常緑樹 (じょうりょくじゅ) 상록수
- 新緑 (しんりょく) 신록

훈독
- 緑 (みどり) 녹색, 초록

음 りょく・ろく | 훈 緑 (みどり)

1720 僚
동료 료

- 음독: 閣僚 かくりょう 각료 · 幕僚 ばくりょう 막료 · 官僚 かんりょう 관료 · 同僚 どうりょう 동료
- 음: りょう

1721 漏
샐 루

- 음독: 漏洩 ろうえい 누설 · 漏水 ろうすい 누수 · 漏電 ろうでん 누전 · 漏斗 ろうと 깔때기
- 훈독: 漏る も る (물 등이) 새다 · 漏れる も れる 새다, 누설되다 · 漏らす も らす 새게 하다, 누설하다
- 음: ろう
- 훈: 漏る・漏れる・漏らす

1722 瑠
유리 류

- 음독: 瑠璃 る り 유리
- 음: る

1723 膜
꺼풀/막 막

- 음독: 鼓膜 こまく 고막 · 粘膜 ねんまく 점막 · 腹膜 ふくまく 복막 · 被膜 ひまく 피막
- 음: まく

1724

거만할 만

음독
まんせい 慢性 만성 たいまん 怠慢 태만 かんまん 緩慢 완만 がまん 我慢 참음, 견딤
じまん 自慢 자랑

音 まん

1725

흩어질 만

음독
まんぜん 漫然 만연 まんゆう 漫遊 만유 まんが 漫画 만화 まんだん 漫談 만담
さんまん 散漫 산만 ほうまん 放漫 방만

특 そぞ 漫ろ 어쩐지 そぞごと 漫ろ言 부질없는 말, 농담

音 まん

1726

그물 망

음독
もうまく 網膜 망막 もうら 網羅 망라 てつじょうもう 鉄条網 철조망

훈독
あみ 網 그물 あみだな 網棚 그물 선반 あみど 網戸 방충문 あみめ 網目 그물코

특 あじろ 網代 어살

音 もう   訓 あみ 網

1727

小5 솜 면

음독
めんか 綿花 면화 めんみつ 綿密 면밀 めんおりもの 綿織物 면직물 かいめん 海綿 해면
もめん 木綿 목면

훈독
わた 綿 솜 わたぐも 綿雲 솜구름 わたげ 綿毛 솜털 わたいれ 綿入れ (이불 등에) 솜을 둠
まわた 真綿 풀솜

특 ゆう 木綿 섬유 실

音 めん   訓 わた 綿

1728 蔑 업신여길 멸

음독 軽蔑(けいべつ) 경멸　蔑視(べっし) 멸시

훈독 蔑(さげす)む 깔보다

✓ 이 한자는「蔑」로도 쓰인다.

음 べつ　　훈 蔑(さげす)む

1729 銘 새길 명

음독 銘柄(めいがら) 상표　銘記(めいき) 명기, 명심　銘文(めいぶん) 명문　銘肝(めいかん) 명간, 명심
感銘(かんめい) 감명

음 めい

1730 鳴 小2 울 명

음독 悲鳴(ひめい) 비명

훈독 鳴(な)く (짐승 등이) 울다　鳴(な)る 소리가 나다, 울리다　鳴(な)らす 소리를 내다
鳴神(なるかみ) 천둥, 벼락

음 めい　　훈 鳴(な)く・鳴(な)る・鳴(な)らす

1731 慕 그릴 모

음독 慕情(ぼじょう) 모정　思慕(しぼ) 사모　恋慕(れんぼ) 연모

훈독 慕(した)う 그리워하다　慕(した)わしい 그립다

음 ぼ　　훈 慕(した)う

1732

小6 본뜰 모

음독	も けい 模型 모형	も よう 模様 모양	も ぞうひん 模造品 모조품	も ぞうし 模造紙 모조지
	も はん 模範 모범	も さく 模索 모색	き ぼ 規模 규모	

음 も・ぼ

1733

얼굴 모

음독	ようぼう 容貌 용모	びぼう 美貌 미모

음 ぼう

1734

小6 저물 모

음독	ぼ しょく 暮色 모색	ぼ しゅん 暮春 늦봄	ぼ しゅう 暮秋 늦가을	せい ぼ 歳暮 연말
훈독	く 暮れる (해가) 저물다	く 暮す 생활하다	く 暮し 살림, 생활	
	ひ ぐ 日暮れ 해질 무렵	ゆう ぐ 夕暮れ 해질 녘	あ く 明け暮れ 나날(의 생활)	

음 ぼ　훈 暮れる・暮す

1735

먹 묵

음독	ぼくじゅう 墨汁 먹물	ぼっこん 墨痕 묵흔	はくぼく 白墨 분필
훈독	すみ 墨 먹	すみえ 墨絵 묵화	い ずみ 入れ墨 문신	くつずみ 靴墨 구두약

음 ぼく　훈 すみ 墨

1736

小2 들을 문

聞く

聴く

| 음독 | しんぶん
新聞 신문　けんぶん
見聞 견문　でんぶん
伝聞 전문　ぜんだいみもん
前代未聞 전대미문 |

훈독
き
聞く 듣다　き
聞こえる (소리가) 들리다
き
聞かせる 들려주다　き て
聞き手 듣는 사람
き おぼ
聞き覚える 전에 들어서 알다

＊きく

き
聞く 음이나 소리를 듣다 → はな こえ き
話し声を聞く 이야기 소리를 듣다
き
聴く 특히 머리나 마음으로 느끼면서 듣다 → おんがく き
音楽を聴く 음악을 듣다

음 ぶん・もん　　훈 聞く・聞こえる

1737

꿀 밀

| 음독 | みつげつ
蜜月 밀월　みつばち
蜜蜂 밀봉 |

음 みつ

1738

터럭 발

| 음독 | とうはつ
頭髪 두발　きんぱつ
金髪 금발　ぎんぱつ
銀髪 은발　さんぱつ
散髪 산발 |
|　| りはつ
理髪 이발　もうはつ
毛髪 모발　き き いっぱつ
危機一髪 위기일발 |

훈독
かみ
髪 머리카락

특 しらが
白髪 백발

✓ 「白髪」는 「しらが」로도 「はくはつ」로도 읽는다.

음 はつ　　훈 かみ
髪

1739

문벌 벌

음독
- ばつぞく 閥族 벌족, 가문
- がくばつ 学閥 학벌
- ざいばつ 財閥 재벌
- はばつ 派閥 파벌

음 ばつ

1740

벌할 벌

음독
- ばっきん 罰金 벌금
- ばっそく 罰則 벌칙
- ばちあたり 罰当たり 벌을 받음
- ちょうばつ 懲罰 징벌
- たいばつ 体罰 체벌
- けいばつ 刑罰 형벌
- げんばつ 厳罰 엄벌
- てんばつ 天罰 천벌

음 ばつ・ばち

1741

小5 겹칠 복

음독
- ふくすう 複数 복수
- ふくざつ 複雑 복잡
- ふくしゃ 複写 복사
- ふくがん 複眼 겹눈
- ふくせい 複製 복제
- ふくせん 複線 복선
- ふくごう 複合 복합
- じゅうふく 重複 중복

✔ 「重複」는 「じゅうふく」로도 「ちょうふく」로도 읽는다.

음 ふく

1742

종 복

음독
- ぼく 僕 나(남자)
- げぼく 下僕 하인
- こうぼく 公僕 공복, 공무원

특 しもべ 僕 하인, 종

음 ぼく

1743

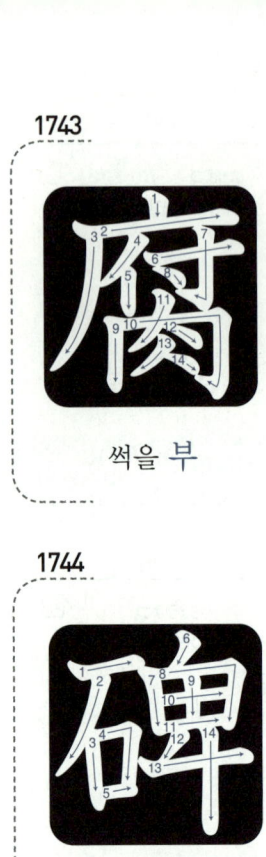

썩을 부

음독 腐食 ふしょく 부식 腐敗 ふはい 부패 腐葉土 ふようど 부엽토 陳腐 ちんぷ 진부
　　　豆腐 とうふ 두부

훈독 腐る くさる 썩다, 상하다 腐れる くされる 썩다 腐らす くさらす 썩게 하다

음 ふ　　**훈** 腐る・腐れる・腐らす

1744

비석 비

음독 碑文 ひぶん 비문 石碑 せきひ 비석

음 ひ

1745

小3 코 비

음독 鼻腔 びこう 비강 鼻炎 びえん 비염 鼻音 びおん 비음 耳鼻科 じびか 이비인후과

훈독 鼻 はな 코 鼻水 はなみず 콧물 鼻血 はなぢ 코피 鼻歌 はなうた 콧노래
　　　鼻先 はなさき 코끝, 코앞 鼻声 はなごえ 콧소리 鼻筋 はなすじ 콧날

음 び　　**훈** 鼻 はな

1746

小2 셈 산

음독 算数 さんすう 산수 計算 けいさん 계산 予算 よさん 예산 暗算 あんざん 암산
　　　精算 せいさん 정산 誤算 ごさん 오산 足し算 たしざん 덧셈 掛け算 かけざん 곱셈
　　　割り算 わりざん 나눗셈 引き算 ひきざん 뺄셈

특 算盤 そろばん 주판

음 さん

1747

酸 小5 실 산

음독
- さんせい 酸性 산성
- さんそ 酸素 산소
- さんみ 酸味 신맛
- さんか 酸化 산화
- さんぱい 酸敗 산패
- えんさん 塩酸 염산
- たんさん 炭酸 탄산
- いさん 胃酸 위산
- しんさん 辛酸 신산

훈독
- す 酸い 시다
- す 酸っぱい 시큼하다

음 さん 　 훈 酸い

1748

像 小5 모양 상

음독
- えいぞう 映像 영상
- がぞう 画像 화상
- そうぞう 想像 상상
- げんぞう 現像 현상
- じつぞう 実像 실상
- どうぞう 銅像 동상
- りつぞう 立像 입상
- じがぞう 自画像 자화상

음 ぞう

1749

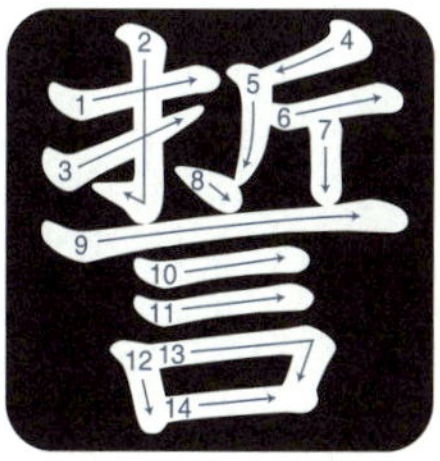

誓 맹세할 서

음독
- せいもん 誓文 서(약)문
- せいやく 誓約 서약

훈독
- ちか 誓う 맹세하다

음 せい 　 훈 誓う

1750

緒 실마리 서

음독
- しょ 緒 실마리, 처음
- しょげん 緒言 서언
- しょろん 緒論 서론
- しょせん 緒戦 서전(최초의 전투·시합)
- いっしょ 一緒 함께
- じょうちょ 情緒 정서
- たんしょ 端緒 단서
- ゆいしょ 由緒 유서
- ないしょ 内緒 비밀

훈독
- お 緒 줄, 끈, 실
- たま お 玉の緒 옥을 꿴 끈

음 しょ・ちょ 　 훈 緒 　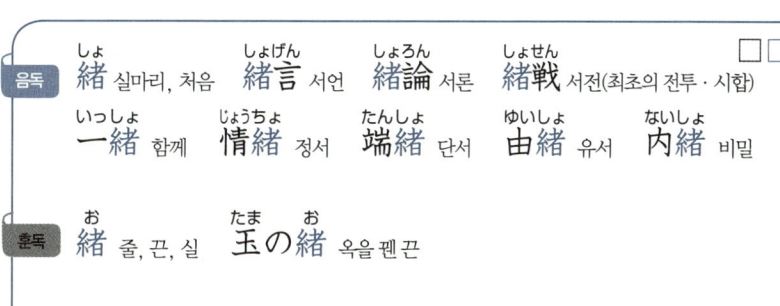

1751 説

小4 말씀 설·달랠 세

- 음독
  - せつめい 説明 설명
  - せっきょう 説教 설교
  - でんせつ 伝説 전설
  - かせつ 仮説 가설
  - しゃせつ 社説 사설
  - しょうせつ 小説 소설
  - えんぜつ 演説 연설
  - ゆうぜい 遊説 유세
- 훈독
  - と 説く 설명하다, 설득하다
  - とふ 説き伏せる 설득하다

| 음 | せつ・ぜい | 훈 | 説く |

1752 遡

거스를 소

- 음독
  - そきゅう 遡及 소급
- 훈독
  - さかのぼ 遡る 거슬러 올라가다

✓ 이 한자는 「遡」로도 쓰인다.

| 음 | そ | 훈 | 遡る |

1753 遜

겸손할 손

- 음독
  - そんしょく 遜色 손색
  - けんそん 謙遜 겸손
- 훈독
  - へりくだ 遜る 겸양하다

✓ 이 한자는 「遜」로도 쓰인다.

| 음 | そん | 훈 | 遜る |

1754 需

쓰일/쓸 수

- 음독
  - じゅよう 需要 수요
  - じゅきゅう 需給 수급
  - ひつじゅ 必需 필수
  - がいじゅ 外需 외수
  - ないじゅ 内需 내수
  - ぐんじゅ 軍需 군수

| 음 | じゅ |

1755

글방 **숙**

| 음독 | じゅく 塾 사설 학교, 기숙사 　 じゅくせい 塾生 숙생 　 し じゅく 私塾 사숙, 사설 교육 기관 |

음 じゅく

1756

小3 모양 **양**

| 음독 | ようす 様子 상황, 형편 　 ようしき 様式 양식 　 ようたい 様態 양태 　 ようそう 様相 양상 |
| | もよう 模様 모양 　 たようか 多様化 다양화 　 どうよう 同様 같음, 다름없음 |

| 훈독 | さま 様 모양 　 かみさま 神様 신 　 おうさま 王様 왕 |

음 よう　훈 様(さま)　様

1757

헐 **양**

| 음독 | かいよう 潰瘍 궤양 |

음 よう

1758

小4 고기잡을 **어**

음독	ぎょぎょう 漁業 어업 　 ぎょそん 漁村 어촌 　 りょうし 漁師 어부 　 ぎょかく 漁獲 어획
	たいりょう 大漁 대어 　 ふりょう 不漁 흉어 　 きんりょう 禁漁 금어 　 ほうりょう 豊漁 풍어
	しゅつりょう 出漁 출어

| 특 | いさりび 漁火 어화, 고기잡이 배의 등불 |

음 ぎょ・りょう

1759

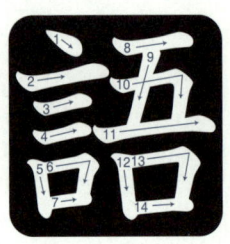

小2 말씀 어

음독
- ご がく 語学 어학
- こく ご 国語 국어
- えい ご 英語 영어
- しゅ ご 主語 주어
- きょうつう ご 共通語 공통어
- に ほん ご 日本語 일본어
- ご び 語尾 어미
- げん ご 言語 언어
- わ ご 和語 일본 고유어
- ぞく ご 俗語 속어

훈독
- かた 語る 이야기하다
- かた 語らう 말을 주고받다
- かた て 語り手 말하는 사람
- ものがたり 物語 이야기

음 ご   **훈** 語る・語らう

1760

小3 역 역

음독
- えきちょう 駅長 역장
- えきまえ 駅前 역전
- えきしゃ 駅舎 역사
- えきべん 駅弁 역에서 파는 도시락
- しゅうちゃくえき 終着駅 종착역
- かくえきていしゃ 各駅停車 역마다 정차하는 열차

음 えき

1761

小5 펼 연

음독
- えん ぎ 演技 연기
- えんそう 演奏 연주
- えんぜつ 演説 연설
- えんげき 演劇 연극
- しゅえん 主演 주연
- こうえん 公演 공연
- こうえん 講演 강연
- じつえん 実演 실연

음 えん

1762

小6 그르칠 오

음독
- ご かい 誤解 오해
- ご さ 誤差 오차
- ご さん 誤算 오산
- ご よう 誤用 오용
- ご ほう 誤報 오보
- さく ご 錯誤 착오
- せい ご 正誤 정오(잘못된 글자를 바로잡음)

훈독
- あやま 誤る 실수하다, 틀리다

음 ご   **훈** 誤る

1767 維
벼리 유

음독: 維持 유지　維新 유신

음: い

1768 隠
숨을 은

음독: 隠居 은거　隠語 은어　隠匿 은닉

훈독: 隠す 숨기다, 감추다　隠れる 숨다

음: いん　훈: 隠す・隠れる

1769 銀
小3 은 은

음독: 銀貨 은화　銀河系 은하계　銀髪 은발　銀行 은행　水銀 수은

음: ぎん

1770 疑
小6 의심할 의

음독: 疑似 의사, 유사　疑問 의문　疑心 의심　疑惑 의혹　容疑 용의, 혐의

훈독: 疑う 의심하다

음: ぎ　훈: 疑う

1775 障 小6 막을 장

- 음독
  - しょうがい 障害 장해
  - しょうじ 障子 장지문
  - ほしょう 保障 보장
  - こしょう 故障 고장
  - ししょう 支障 지장
- 훈독
  - さわる 障る 방해가 되다
  - さしさわり 差し障り 지장, 장애

音 しょう　訓 障る

1776 摘 딸 적

- 음독
  - てきしゅつ 摘出 적출
  - てきはつ 摘発 적발
  - してき 指摘 지적
- 훈독
  - つむ 摘む ① 따다, 뜯다 ② 골라내다

音 てき　訓 摘む

1777 適 小5 맞을 적

- 음독
  - てきとう 適当 적당
  - てきおう 適応 적응
  - てきせつ 適切 적절
  - てきど 適度 적도
  - てきざいてきしょ 適材適所 적재적소
  - かいてき 快適 쾌적
  - さいてき 最適 최적

音 てき

1778 滴 물방울 적

- 음독
  - てきか 滴下 적하
  - うてき 雨滴 빗방울
  - すいてき 水滴 물방울
  - てんてき 点滴 점적
- 훈독
  - しずく 滴 물방울
  - したたる 滴る 방울져 떨어지다

音 てき　訓 滴・滴る

1779

嫡 정실 적

음독: 嫡子(ちゃくし) 적자　嫡室(ちゃくしつ) 적실, 본처

音 ちゃく

1780

錢 (小6) 돈 전

음독: 銭湯(せんとう) 대중 목욕탕　金銭(きんせん) 금전　つり銭(せん) 거스름돈

훈독: 銭(ぜに) 돈　小銭(こぜに) 잔돈

音 せん　訓 銭(ぜに)　錢

1781

箋 찌지 전

음독: 付箋(ふせん) 부전　便箋(びんせん) 편선

音 せん

1782

漸 점점 점

음독: 漸減(ぜんげん) 점감, 점점 줄어듦　漸次(ぜんじ) 점차　漸進(ぜんしん) 점진　漸増(ぜんぞう) 점증

音 ぜん

1783

小4 고요할 정

음독
- せい し　静止 정지
- せいよう　静養 정양, 요양
- せいぶつ　静物 정물
- せいでん き　静電気 정전기
- じょうみゃく　静脈 정맥
- れいせい　冷静 냉정
- あんせい　安静 안정

훈독
- しず　静かだ 조용하다
- しず　静まる 조용해지다
- しず　静める 조용하게 하다
- しず　静けさ 조용함

음 せい・じょう　**훈** 静かだ・静まる・静める

1784

小5 정할 정

음독
- せいしん　精神 정신
- せいみつ　精密 정밀
- せいえい　精鋭 정예
- せいどく　精読 정독
- せいさん　精算 정산
- しょうじん　精進 정진
- ぶ しょう　無精 게으름

특 精げる 정미하다 (しら)

음 せい・しょう

1785

小5 즈음 제

음독
- さいげん　際限 제한
- こくさい　国際 국제
- こうさい　交際 교제
- じっさい　実際 실제
- ぶんざい　分際 분수, 처지

훈독
- きわ　際 가장자리, 때, 경우
- きわ だ　際立つ 두드러지다
- まどぎわ　窓際 창가

음 さい　**훈** 際

1786

小5 지을 제

음독
- せいひん　製品 제품
- せい ず　製図 제도
- せいさく　製作 제작
- せいぞう　製造 제조
- て せい　手製 수제
- とくせい　特製 특제
- さくせい　作製 제작
- ふくせい　複製 복제

＊せいさく

製作 물건을 만드는 것 → 電気の器具を製作する 전기기구를 제작하다

制作 예술품 등의 작품을 만드는 것 → 工芸品を制作して展示する 공예품을 제작해서 전시하다

음 せい

476

1787

만날 조

| 음독 | そうぐう
遭遇 조우 　 そうなん
遭難 조난 |
| 훈독 | あ
遭う 만나다 |

음 そう　　훈 遭う　　遭

14획

1788

小4　씨 종

| 음독 | しゅるい
種類 종류　 しゅぞく
種族 종족　 しゅし
種子 종자, 씨앗　 しゅとう
種痘 종두
しゅじゅ
種々 여러 가지　 じんしゅ
人種 인종　 しょくしゅ
職種 직종　 ひんしゅ
品種 품종 |
| 훈독 | たね
種 씨앗　 ひだね
火種 불씨 |

음 しゅ　　훈 種

1789

小5　더할 증

| 음독 | ぞうか
増加 증가　 ぞうぜい
増税 증세　 ぞうえき
増益 증익　 ぞうげん
増減 증감
ぞうすい
増水 증수　 ばいぞう
倍増 배증　 きゅうぞう
急増 급증　 げきぞう
激増 격증 |
| 훈독 | ま
増す 늘다　 ふ
増える 늘어나다　 ふ
増やす 늘리다
ひま
日増しに 날이 갈수록 |

*ふえる

ふ
増える 수나 양이 더해져서 많아지다 → にんずう ふ
人数が増える 인원수가 늘다

ふ
殖える 생물이나 재산이 불어나다 → ちょきん ふ
貯金が殖える 저금이 불어나다

増える

殖える

음 ぞう　　훈 増す・増える・増やす　　増

1790

미울 증

| 음독 | 憎悪 증오　愛憎 애증 |
| 훈독 | 憎む 미워하다　憎い 밉다　憎らしい 얄밉다
憎しみ 미움, 증오 |

음 ぞう　**훈** 憎む・憎い・憎らしい・憎しみ

1791

小6 기록할 지

| 음독 | 誌面 (잡지의) 지면　雑誌 잡지　日誌 일지
週刊誌 주간지　月刊誌 월간지　機関誌 기관지 |

음 し

1792

담글 지

| 훈독 | 漬ける 담그다, 절이다　漬かる 익다, 맛이 들다　漬物 채소 절임 |

훈 漬ける・漬かる

1793

부를 징

| 음독 | 徴収 징수　徴税 징세　徴発 징발　徴兵 징병
徴用 징용　象徴 상징　特徴 특징 |

음 ちょう

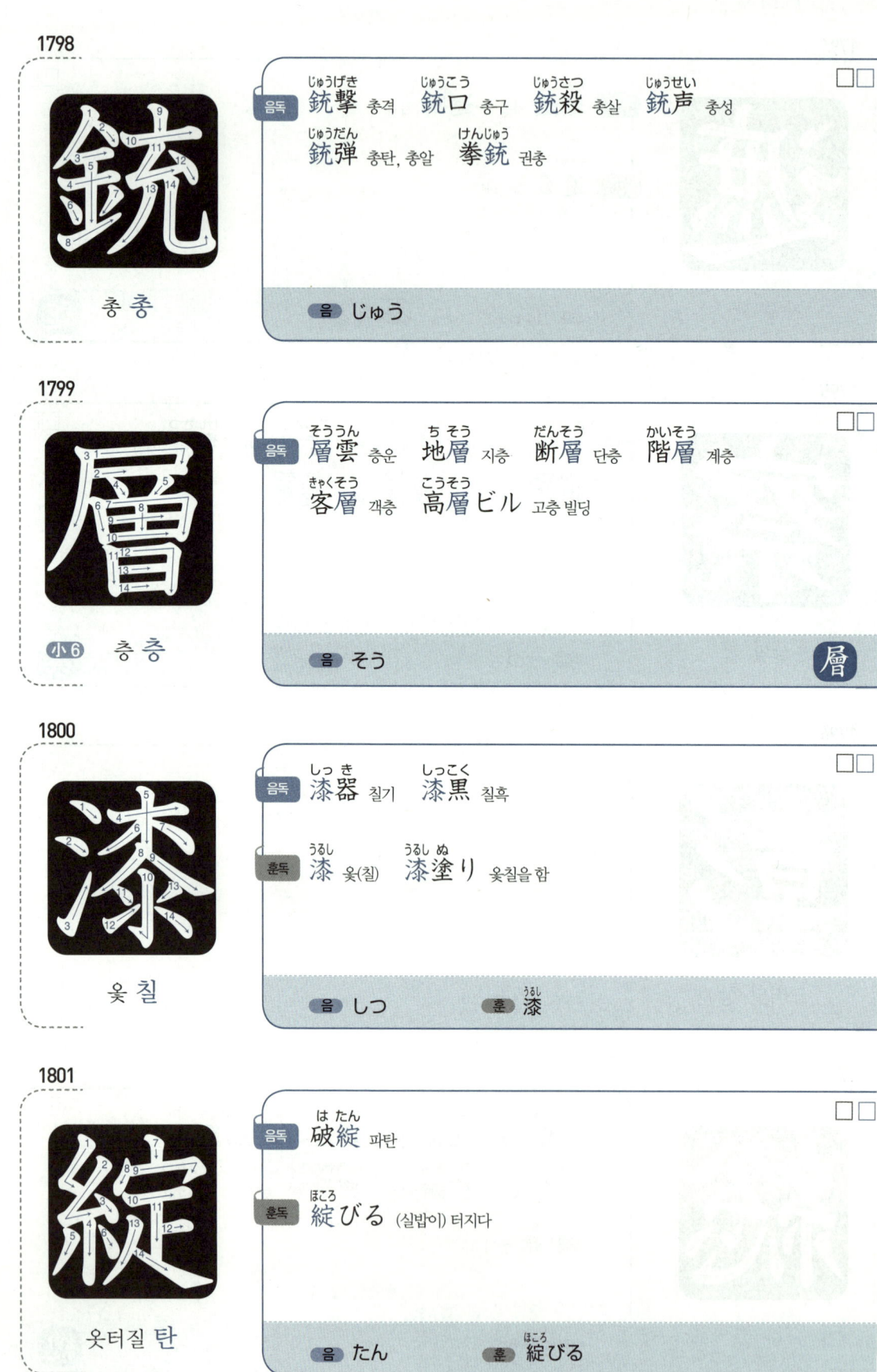

1802

빼앗을 **탈**

음독	だっかい 奪回 탈회 / だっかん 奪還 탈환 / だっしゅ 奪取 탈취 / ごうだつ 強奪 강탈 / りゃくだつ 略奪 약탈 / そうだつ 争奪 쟁탈
훈독	うば 奪う 빼앗다

- 음 だつ
- 훈 うば 奪う

1803

小5　모습 **태**

음독	たいせい 態勢 태세 / たいど 態度 태도 / じったい 実態 실태 / じょうたい 状態 상태 / じたい 事態 사태

- 음 たい

1804

짐실을 **태**

음독	だちん 駄賃 짐삯 / だば 駄馬 짐 나르는 말 / だがし 駄菓子 싸구려 과자 / ださく 駄作 졸작 / だぼら 駄法螺 허풍 / だじゃれ 駄洒落 시시한 익살 / だぶん 駄文 졸문 / だめ 駄目 소용없음 / だだ 駄々 응석, 억지 / むだ 無駄 헛됨 / げた 下駄 나막신

- 음 だ・た

1805

떠다닐 **표**

음독	ひょうちゃく 漂着 표착 / ひょうはく 漂泊 표박 / ひょうりゅう 漂流 표류 / ひょうはく 漂白 표백
훈독	ただよ 漂う 떠다니다

- 음 ひょう
- 훈 ただよ 漂う

1806

호걸 **호**

음독	ごうう 豪雨 호우, 폭우	ごうか 豪華 호화	ごうかい 豪快 호쾌	ごうけつ 豪傑 호걸
	ごうせつ 豪雪 폭설	ごうしゃ 豪奢 호사	ぶんごう 文豪 문호	

음 ごう

1807

심할 **혹**

음독	こくし 酷使 혹사	こくひょう 酷評 혹평	こくじ 酷似 흡사	こくしょ 酷暑 혹서
	こっかん 酷寒 혹한	ざんこく 残酷 잔혹	れいこく 冷酷 냉혹	かこく 過酷 과혹

음 こく

1808

넋 **혼**

음독	とうこん 闘魂 투혼	せいこん 精魂 심혈	れいこん 霊魂 영혼
훈독	たま 魂 혼, 영혼	たましい 魂 영혼	たまげる 魂消る 몹시 놀라다	きもだま 肝魂 담력, 배짱

음 こん　**훈** 魂 たましい

1809

삭힐 **효**

음독	こうそ 酵素 효소	はっこう 醗酵 발효	こうぼ 酵母 효모

음 こう

1810 稼 — 심을 가

음독 かどう 稼働 가동

훈독 かせぐ 稼ぐ 돈을 벌다 · ともかせぎ 共稼ぎ 맞벌이

- 음 か
- 훈 稼ぐ

1811 監 — 볼 감

음독 かんきん 監禁 감금 · かんごく 監獄 감옥 · かんさ 監査 감사 · かんさつ 監察 감찰
かんし 監視 감시 · かんとく 監督 감독

- 음 かん

1812 擊 — 칠 격

음독 げきたい 撃退 격퇴 · げきちん 撃沈 격침 · げきつい 撃墜 격추 · げきは 撃破 격파
こうげき 攻撃 공격 · ばくげき 爆撃 폭격 · もくげき 目撃 목격

훈독 うつ 撃つ 치다, (총으로) 쏘다 · うちあい 撃ち合い 서로 쏨

- 음 げき
- 훈 撃つ
- 撃

1813 潔 — 小5 깨끗할 결

음독 けっぱく 潔白 결백 · けっぺき 潔癖 결벽 · けっさい 潔斎 목욕재계 · こうけつ 高潔 고결
じゅんけつ 純潔 순결 · せいけつ 清潔 청결 · ふけつ 不潔 불결

훈독 いさぎよい 潔い 깨끗하다, 결백하다

- 음 けつ
- 훈 潔い
- 潔

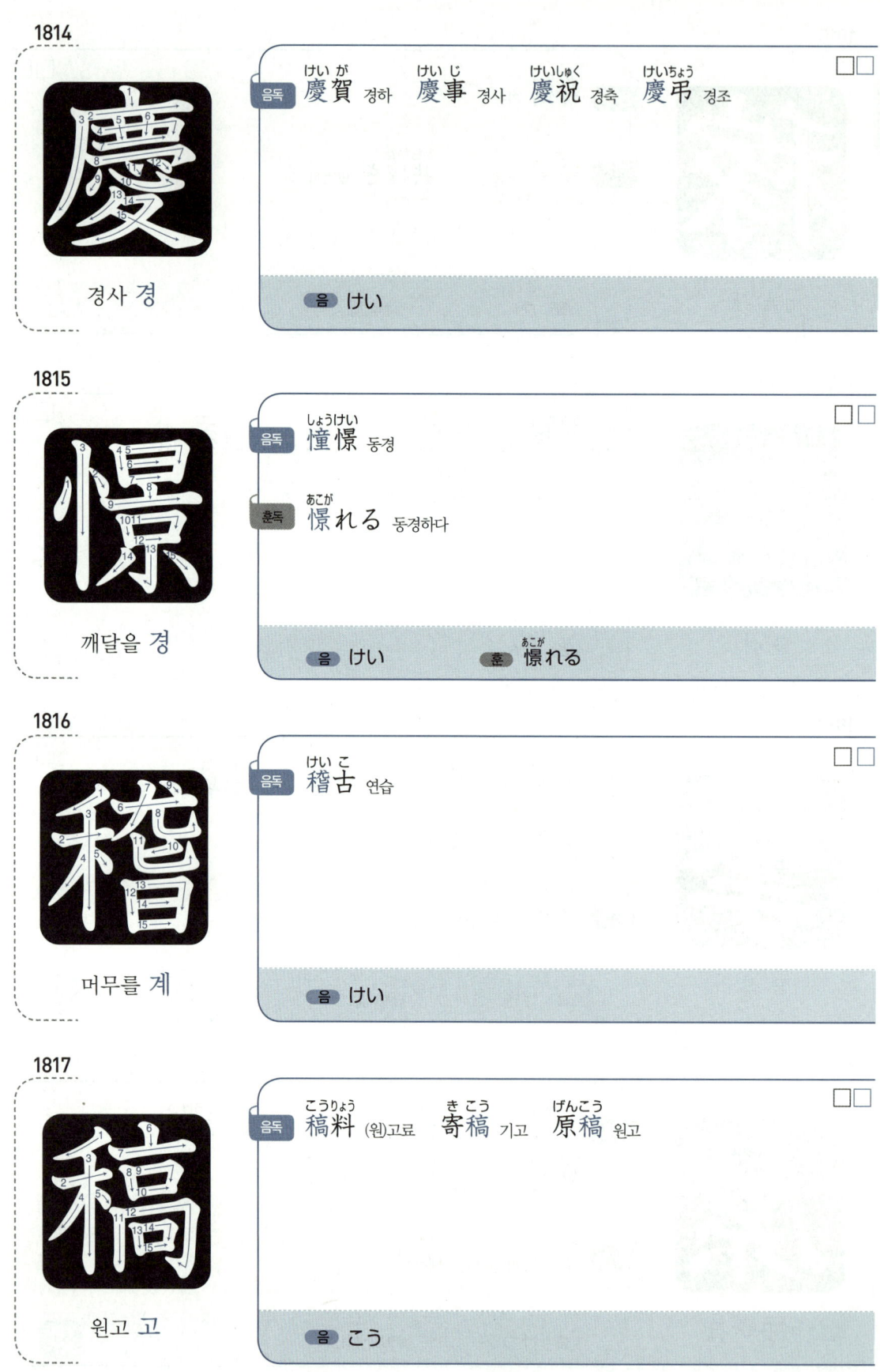

1818

小4 공부할/과정 과

음독
- 課目 과목
- 課題 과제
- 課税 과세
- 課徴金 과징금
- 課外活動 과외 활동
- 放課後 방과후
- 賦課 부과
- 日課 일과

음 か

1819

망아지 구

훈독
- 駒 망아지

음 く　**훈** 駒

1820

다할/궁할 궁

음독
- 窮極 궁극
- 窮屈 답답함, 궁핍함
- 窮地 궁지
- 窮乏 궁핍
- 困窮 곤궁
- 貧窮 빈궁

훈독
- 窮める 끝까지 가다
- 窮まる 다하다

음 きゅう　**훈** 窮める・窮まる

1821

小6 권세 권

음독
- 権限 권한
- 権利 권리
- 権力 권력
- 権益 권익
- 人権 인권
- 参政権 참정권

음 けん・ごん

1822

무너질 궤

음독 かいよう 潰瘍 궤양

훈독 つぶす 潰す 부수다　つぶれる 潰れる 부서지다

음 かい　**훈** 潰す・潰れる

1823

小6 심할 극

음독 げきだん 劇団 극단　げきが 劇画 극화　げきてき 劇的 극적　えんげき 演劇 연극
ひげき 悲劇 비극　じだいげき 時代劇 시대극　きげき 喜劇 희극

음 げき

1824

경기 기

음독 きない 畿内 왕성 부근의 지역(京都 근방 지방의 총칭)

음 き

1825

小4 그릇 기

음독 きよう 器用 솜씨가 좋음　きぐ 器具 기구　きぶつ 器物 기물　きかん 器官 기관
きかい 器械 기계　ぶき 武器 무기　がっき 楽器 악기　ようき 容器 용기　しょっき 食器 식기

훈독 うつわ 器 그릇, 용기

*きかい

きかい 機械 동력에 의해 움직이는 것이나 규모가 큰 것 → きかいぶんめい 機械文明 기계 문명
きかい 器械 사람의 힘에 의해 움직이거나 규모가 작은 것 → いりょうきかい 医療器械 의료 기계

음 き　**훈** うつわ 器

1826

긴할 긴

음독	きんしゅく 緊縮 긴축	きんちょう 緊張 긴장	きんみつ 緊密 긴밀	きんきゅう 緊急 긴급
	きんぱく 緊迫 긴박			

음 きん

1827

小3 말씀 담

음독	だんわ 談話 담화	だんぱん 談判 담판	だんごう 談合 담합	そうだん 相談 상담
	ざつだん 雑談 잡담	かいだん 会談 회담	よだん 余談 여담	たいだん 対談 대담

음 だん

1828

밟을 답

음독	とうさ 踏査 답사	とうしゅう 踏襲 답습	とうは 踏破 답파	みとう 未踏 미답

훈독	ふ 踏む 밟다	ふ 踏まえる 밟아 누르다	ふ ば 踏ん張る 힘껏 버티다
	ふ き 踏み切り 건널목		

음 とう　훈 踏む・踏まえる

1829

小5 인도할 도

음독	どうにゅう 導入 도입	しどう 指導 지도	せんどう 先導 선도	ゆうどう 誘導 유도

훈독	みちび 導く 안내하다, 인도하다
특	しるべ 導 길잡이, 안내

음 どう　훈 導く

15획

1830 憧 그리워할 동

- 음독: どうけい 憧憬 동경
- 훈독: あこが 憧れる 동경하다
- 음: しょう 훈: 憧れる

1831 諾 허락할 락(낙)

- 음독: きょだく 許諾 허락 / じゅだく 受諾 수락 / しょうだく 承諾 승낙
- 음: だく

1832 慮 생각할 려

- 음독: しりょ 思慮 사려 / こうりょ 考慮 고려 / えんりょ 遠慮 삼감, 사양함 / はいりょ 配慮 배려
- 음: りょ

1833 霊 신령 령

- 음독: れいえん 霊園 묘지 / れいこん 霊魂 영혼 / れいぜん 霊前 영전 / れいかん 霊感 영감 / れいちょうるい 霊長類 영장류 / ゆうれい 幽霊 유령 / いれい 慰霊 위령
- 훈독: たま 霊 혼, 영혼
- 음: れい・りょう 훈: 霊

1834 論

小6 논할 론

음독
- ろんぶん 論文 논문
- ろんそう 論争 논쟁
- ろんり 論理 논리
- ろんし 論旨 논지
- けつろん 結論 결론
- ぎろん 議論 의론
- とうろん 討論 토론
- よろん 世論 여론

✔ 「世論」은 「よろん」・「せろん」・「せいろん」으로 읽는다.

음 ろん

1835 寮

동관 료

음독
- りょう 寮 기숙사
- がくりょう 学寮 학교 기숙사

음 りょう

1836 輪

小4 바퀴 륜

음독
- りんどく 輪読 윤독
- りんしょう 輪唱 돌림 노래
- りんさく 輪作 돌려짓기
- りんかく 輪郭 윤곽
- しゃりん 車輪 차륜, 수레바퀴
- ねんりん 年輪 연륜
- りんぶ 輪舞 윤무

훈독
- わ 輪 ① 원형, 고리 ② 수레바퀴
- くびわ 首輪 목걸이
- ゆびわ 指輪 반지

음 りん　**훈** わ 輪

1837 履

밟을 리

음독
- りこう 履行 이행
- りしゅう 履修 이수
- りれき 履歴 이력

훈독
- は 履く 신다
- はきもの 履物 신발

음 り　**훈** は 履く

1838 璃 유리 리

음독
- る り 瑠璃 유리
- は り 玻璃 파리

음 り

1839 摩 문지를 마

음독
- ま さつ 摩擦 마찰
- ま てんろう 摩天楼 마천루
- ま めつ 摩滅 마멸
- ま もう 摩耗 마모

음 ま

1840 魅 매혹할 매

음독
- み りょう 魅了 매료
- み りょく 魅力 매력
- み わく 魅惑 매혹

음 み

1841 罵 욕할 매

음독
- あく ば 悪罵 악매
- ど ば 怒罵 성내어 욕함
- ば とう 罵倒 매도
- ば せい 罵声 욕하는 소리

훈독
- ののし 罵る 욕설을 퍼붓다

음 ば　훈 ののし 罵る

1842

춤출 무

음독 舞曲(ぶきょく) 춤곡　舞台(ぶたい) 무대　舞踊(ぶよう) 무용　群舞(ぐんぶ) 군무

훈독 舞う(まう) 춤추다　舞(まい) 무용, 춤

음 ぶ　훈 舞(ま)う・舞(まい)

1843

잠잠할 묵

음독 黙殺(もくさつ) 묵살　黙視(もくし) 묵시　黙想(もくそう) 묵상　黙認(もくにん) 묵인
黙秘(もくひ) 묵비　黙々(もくもく) 묵묵　黙礼(もくれい) 묵례　沈黙(ちんもく) 침묵

훈독 黙る(だまる) 말하지 않다

특 黙り(だんまり) 잠자코 있음, 침묵

음 もく　훈 黙(だま)る　默

1844

칠 박

음독 撲殺(ぼくさつ) 박살　撲滅(ぼくめつ) 박멸

음 ぼく

1845

소반 반

음독 盤石(ばんじゃく) 반석　円盤(えんばん) 원반　地盤(じばん) 지반

음 ばん

15회

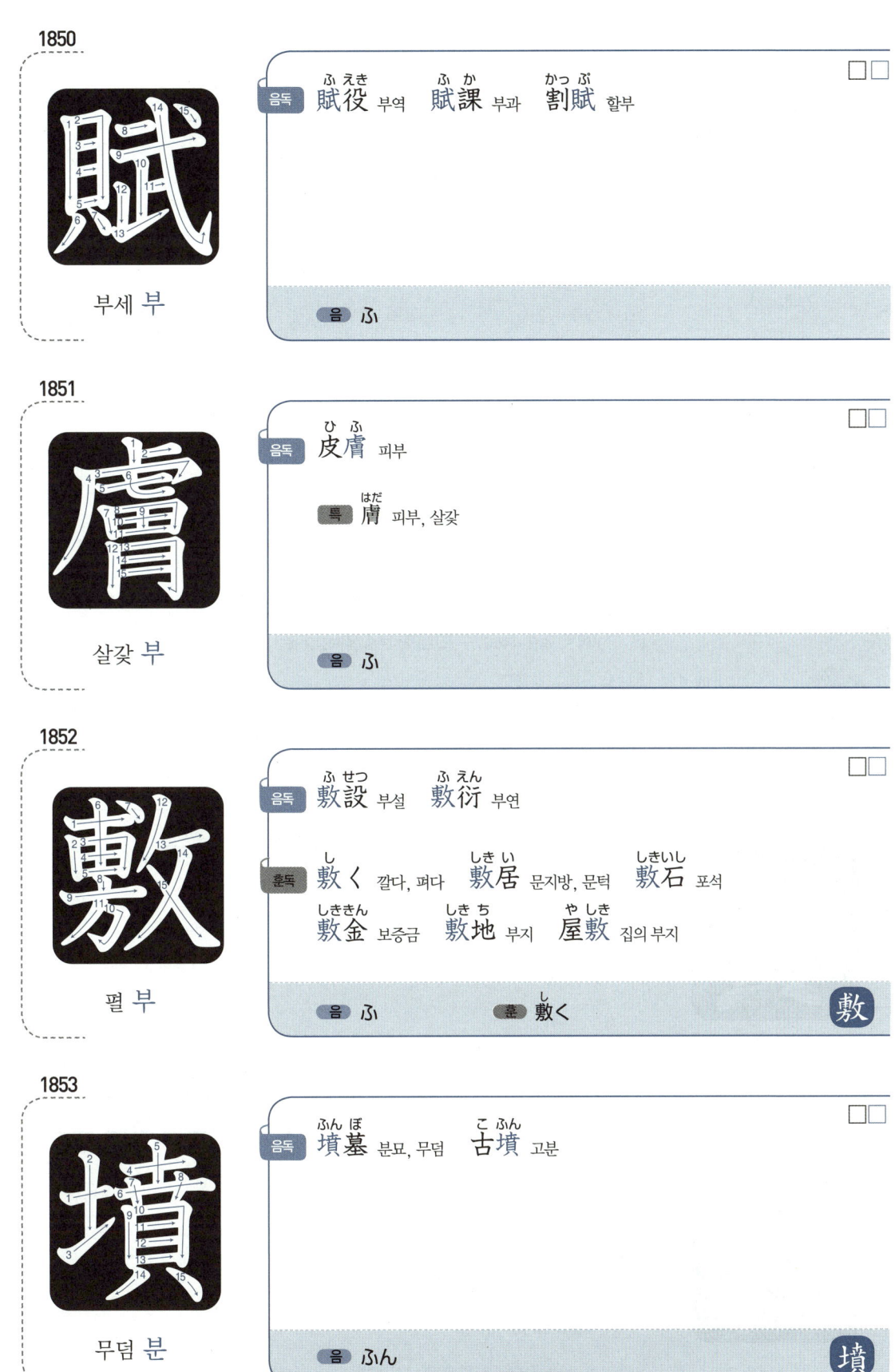

1854 憤 분할 분

음독
- ふんがい 憤慨 분개
- ふんし 憤死 분사
- ふんぜん 憤然 분연
- ふんぬ 憤怒 분노

훈독
- いきどお 憤る 분개하다

음 ふん　　훈 いきどお 憤る

1855 噴 뿜을 분

음독
- ふんか 噴火 분화
- ふんしゃ 噴射 분사
- ふんしゅつ 噴出 분출
- ふんすい 噴水 분수

훈독
- ふ 噴く 뿜다, 솟아나다

*ふく
- ふ 噴く 기세좋게 밖으로 내보냄 → すいどうかん 水道管から みず 水が ふ 噴く 수도관에서 물이 뿜다
- ふ 吹く 숨을 내쉬다 → くちぶえ 口笛を ふ 吹く 휘파람을 불다

음 ふん　　훈 ふ 噴く

1856 賓 손 빈

음독
- ひんきゃく 賓客 빈객, 손님
- きひん 貴賓 귀빈
- こくひん 国賓 국빈
- しゅひん 主賓 주빈
- らいひん 来賓 내빈
- げいひん 迎賓 영빈

음 ひん

1857 賜 줄 사

음독
- しはい 賜杯 (하)사배

훈독
- たまわ 賜る '받다'의 겸사말, 주시다, 하사하다
- 특 たまもの 賜物 하사품

음 し　　훈 たまわ 賜る

1858

小3 상자 상

훈독: 箱(はこ) 상자 · 箱庭(はこにわ) 모형 정원 · 筆箱(ふでばこ) 필통 · 巣箱(すばこ) 새집 · 薬箱(くすりばこ) 약 상자, 약통 · 貯金箱(ちょきんばこ) 저금통 · 本箱(ほんばこ) 책장

훈: 箱(はこ)

1859

小5 상줄 상

음독: 賞品(しょうひん) 상품 · 賞金(しょうきん) 상금 · 賞味期限(しょうみきげん) 유통기한 · 賞賛(しょうさん) 칭찬 · 賞状(しょうじょう) 상장 · 入賞(にゅうしょう) 입상 · 受賞(じゅしょう) 수상 · 副賞(ふくしょう) 부상

음: しょう

1860

小4 개펄 석

훈독: 潟(かた) 개펄, 간석지 · 干潟(ひがた) 간석지

훈: 潟(かた)

1861

小4 가릴 선

음독: 選手(せんしゅ) 선수 · 選出(せんしゅつ) 선출 · 選挙(せんきょ) 선거 · 落選(らくせん) 낙선 · 当選(とうせん) 당선 · 入選(にゅうせん) 입선 · 予選(よせん) 예선 · 人選(じんせん) 인선

훈독: 選(えら)ぶ 선출하다, 뽑다

음: せん   훈: 選(えら)ぶ

15획

1862 線

小2 줄 선

- 음독
  - せんろ 線路 선로
  - ちょくせん 直線 직선
  - てんせん 点線 점선
  - こうせん 光線 광선
  - でんせん 電線 전선
  - しせん 視線 시선
  - ちへいせん 地平線 지평선

음 せん

1863 誰

누구 수

- 훈독
  - だれ 誰 누구

훈 だれ 誰

1864 穂

이삭 수

- 음독
  - すいじょう 穂状 이삭 모양
- 훈독
  - ほ 穂 이삭
  - ほなみ 穂波 이삭 물결
  - いなほ 稲穂 벼이삭

음 すい 훈 ほ 穂

1865 熟

小6 익을 숙

- 음독
  - じゅくご 熟語 숙어
  - じゅくち 熟知 숙지
  - じゅくどく 熟読 숙독
  - じゅくれん 熟練 숙련
  - みじゅく 未熟 미숙
  - えんじゅく 円熟 원숙
  - そうじゅく 早熟 조숙
  - せいじゅく 成熟 성숙
- 훈독
  - う 熟れる (과일 등이) 익다, 여물다

음 じゅく 훈 う 熟れる

1866 膝 무릎 슬

- 음독: しつがいこつ 膝蓋骨 슬개골
- 훈독: ひざもと 膝元 슬하
- 음: しつ　훈: ひざ 膝

1867 縄 노끈 승 (小4)

- 음독: じょうさく 縄索 새끼줄, 밧줄 / じょうもん 縄文 새끼줄 무늬
- 훈독: なわ 縄 새끼줄 / なわとび 縄跳び 줄넘기 / なわばり 縄張り 세력권
- 음: じょう　훈: なわ 縄　[繩]

1868 審 살필 심

- 음독: しんぎ 審議 심의 / しんさ 審査 심사 / しんぱん 審判 심판 / しんびがん 審美眼 심미안
- しんり 審理 심리 / さいしん 再審 재심 / ふしん 不審 의심스러움, 수상함
- 음: しん

1869 餓 주릴 아

- 음독: がき 餓鬼 아귀 / がし 餓死 아사 / きが 飢餓 기아, 굶주림
- 음: が　[餓]

1870 謁

뵐 알

음독: えっけん 謁見 알현 / はいえつ 拝謁 배알

음: えつ

1871 養

小4 기를 양

음독: よういく 養育 양육 / ようし 養子 양자 / ようろう 養老 양로 / ようしょく 養殖 양식 / きょうよう 教養 교양 / ばいよう 培養 배양

훈독: やしな 養う 기르다, 양육하다

음: よう 훈: 養う

1872 億

小4 억 억

음독: おくまんちょうじゃ 億万長者 억만장자 / いちおく 一億 일억

음: おく

1873 縁

인연 연

음독: えんがわ 縁側 (툇)마루 / えんぎ 縁起 재수, 운수 / えんこ 縁故 연고, 관계, 연줄

훈독: ふち 縁 가장자리, 테두리 / がくぶち 額縁 액자

특: いんねん 因縁 인연

음: えん 훈: 縁

1882

遺

小6 남길 유

음독
- い ぞく 遺族 유족
- い たい 遺体 유체
- い さん 遺産 유산
- い しょ 遺書 유서
- い でん 遺伝 유전
- い しつぶつ 遺失物 유실물
- ゆいごん 遺言 유언

음 い・ゆい

1883

潤

불을 윤

음독
- じゅんかつ 潤滑 윤활
- じゅんたく 潤沢 윤택
- じゅんしょく 潤色 윤색

훈독
- うるお 潤う 축축해지다
- うるお 潤す 축축하게 하다
- うる 潤む 축축해지다

음 じゅん **훈** 潤う・潤す・潤む

1884

儀

거동 의

음독
- ぎ しき 儀式 의식
- ぎ れい 儀礼 의례
- しゅうぎ 祝儀 축의

음 ぎ

1885

餌

미끼 이

훈독
- え・えさ 餌 = 餌 먹이, 사료
- え じき 餌食 먹잇감

✔ 이 한자는 「餌」로도 쓰인다.

음 じ **훈** 餌・餌

15획

1886 잠길 잠

- 음독: せんこう 潜行 잠행 / せんすい 潜水 잠수 / せんぼうきょう 潜望鏡 잠망경 / せんざい 潜在 잠재 / せんぷく 潜伏 잠복
- 훈독: ひそ 潜む 숨다, 잠복하다 / もぐ 潜る 잠수하다

음 せん   훈 潜む・潜る   潜

1887 잠깐 잠

- 음독: ざんじ 暫時 잠시, 잠깐 / ざんてい 暫定 잠정

음 ざん

1888 小6 감출 장

- 음독: ぞうしょ 蔵書 장서 / しゅうぞう 収蔵 수장
- 훈독: くら 蔵 곳간, 창고

음 ぞう   훈 蔵   藏

1889 젓가락 저

- 훈독: はし 箸 젓가락 / ひばし 火箸 화저 / わりばし 割箸 나무젓가락

✔ 이 한자는 「箸」로도 쓰인다.

훈 箸

1890

小6 대적할 적

음독
- てきい 敵意 적의
- てきたい 敵対 적대
- てきぐん 敵軍 적군
- てきこく 敵国 적국
- きょうてき 強敵 강적
- しゅくてき 宿敵 숙적

훈독
- かたき 敵 원수
- かたきやく 敵役 악역

음 てき　　**훈** かたき敵

1891

小6 모두 제

음독
- しょくん 諸君 제군
- しょこく 諸国 제국
- しょとう 諸島 제도, 여러 섬들

음 しょ

1892

小3 고를 조

음독
- ちょうわ 調和 조화
- ちょうし 調子 상태, 컨디션
- ちょうさ 調査 조사
- ちょうり 調理 조리
- ちょうせつ 調節 조절
- ちょうごう 調合 조합
- くちょう 口調 말투
- こうちょう 好調 호조, 순조로움

훈독
- しらべる 調べる 조사하다
- ととのう 調う 갖추어지다
- ととのえる 調える 갖추다, 준비하다
- したしらべ 下調べ 예비 조사, 예습

調える

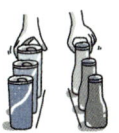
整える

*ととのえる

- 調える 필요한 것을 갖추다 → 必需品を調える 필수품을 갖추다
- 整える 흐트러지지 않게 정리하다 → 隊列を整える 대열을 가지런히 하다

음 ちょう　　**훈** 調べる・調う・調える

1893

구유 조

음독 すいそう 水槽 수조, 물통

음 そう

1894

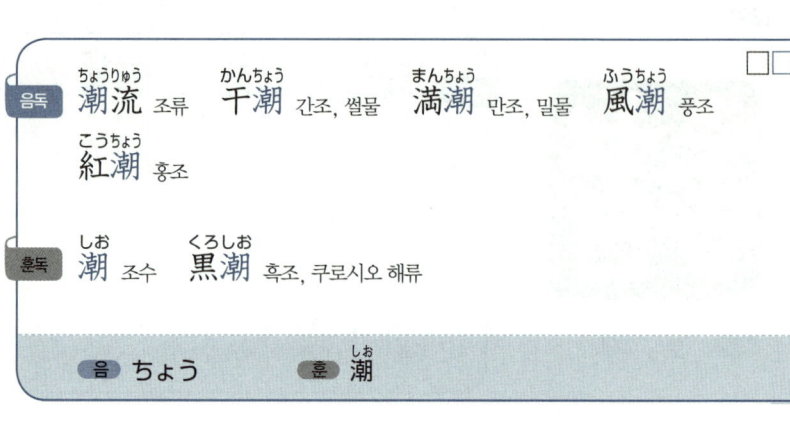

小6 밀물/조수 조

음독 ちょうりゅう 潮流 조류　かんちょう 干潮 간조, 썰물　まんちょう 満潮 만조, 밀물　ふうちょう 風潮 풍조
こうちょう 紅潮 홍조

훈독 しお 潮 조수　くろしお 黒潮 흑조, 쿠로시오 해류

음 ちょう　**훈** しお 潮

1895

비웃을 조

음독 ちょうろう 嘲弄 조롱　ちょうしょう 嘲笑 조소(비웃음)

훈독 あざけ 嘲る 비웃다

✔ 이 한자는 「嘲」로도 쓰인다.

음 ちょう　**훈** あざけ 嘲る

1896

자취 종

음독 しっそう 失踪 실종

음 そう

1901

우레 진

음독
- しんどう 震動 진동
- しんげん 震源 진원
- しんさい 震災 진재
- しんど 震度 진도
- じしん 地震 지진
- たいしん 耐震 내진
- よしん 余震 여진

훈독
- ふるう 震う 흔들리다
- ふるえる 震える ① 흔들리다 ② (추위·두려움 등으로) 떨리다

음 しん 훈 振う・振える

1902

小5 바탕 질

음독
- しつぎ 質疑 질의
- しっそ 質素 질소
- しつもん 質問 질문
- ししつ 資質 자질
- ざいしつ 材質 재질
- ひんしつ 品質 품질
- せいしつ 性質 성질
- ひとじち 人質 인질
- げんち 言質 언질
- しちや 質屋 전당포

음 しつ・しち・ち

1903

맑을 징

음독
- せいちょう 清澄 맑고 깨끗함

훈독
- すむ 澄む 맑다, 맑아지다
- すます 澄ます 맑게 하다

음 ちょう 훈 澄む・澄ます

1904

小5 도울 찬

음독
- さんせい 賛成 찬성
- さんい 賛意 찬의
- さんじ 賛辞 찬사
- さんぴ 賛否 찬부, 찬성 여부
- さんどう 賛同 찬동
- ぜっさん 絶賛 절찬
- じがじさん 自画自賛 자화자찬

음 さん

1905

옮길 천

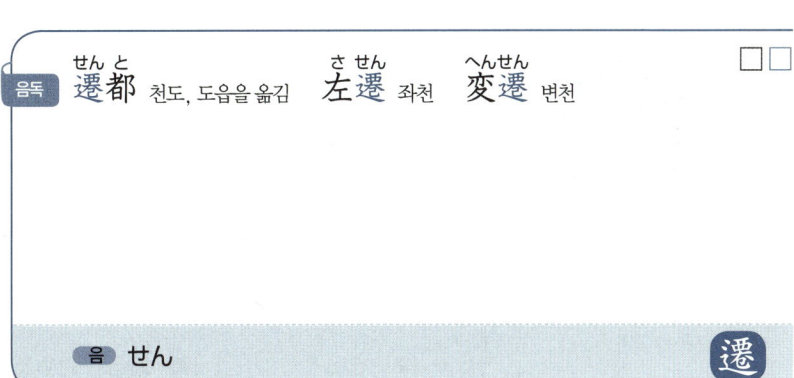

음독
せんと 遷都 천도, 도읍을 옮김　さ せん 左遷 좌천　へんせん 変遷 변천

음 せん

1906

거둘 철

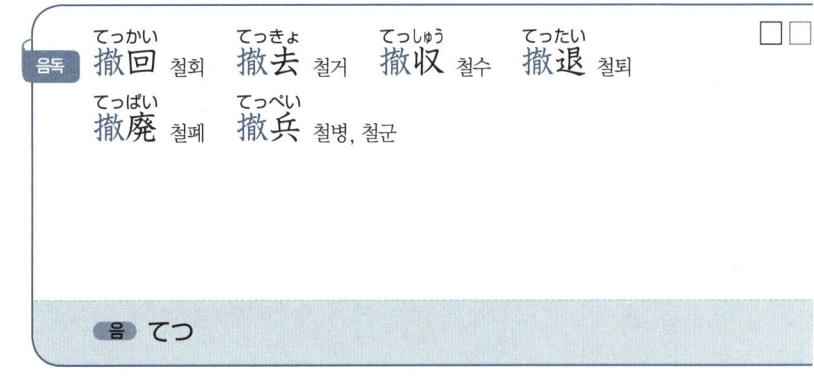

음독
てっかい 撤回 철회　てっきょ 撤去 철거　てっしゅう 撤収 철수　てったい 撤退 철퇴
てっぱい 撤廃 철폐　てっぺい 撤兵 철병, 철군

음 てつ

1907

통할 철

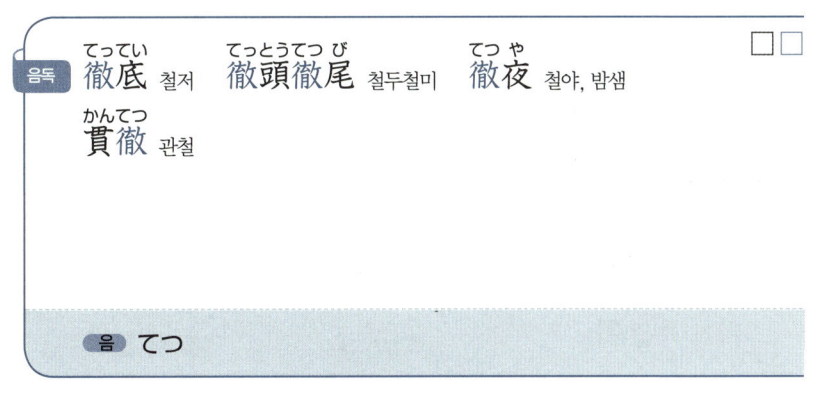

음독
てってい 徹底 철저　てっとうてつび 徹頭徹尾 철두철미　てつや 徹夜 철야, 밤샘
かんてつ 貫徹 관철

음 てつ

1908

청할 청

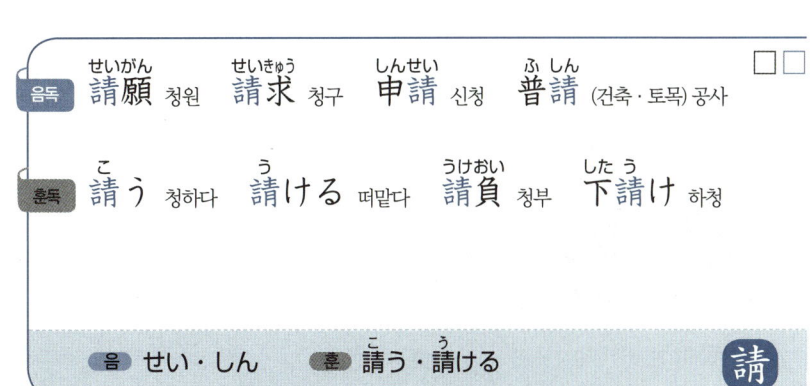

음독 せいがん 請願 청원　せいきゅう 請求 청구　しんせい 申請 신청　ふしん 普請 (건축·토목) 공사

훈독 こ 請う 청하다　う 請ける 떠맡다　うけおい 請負 청부　したう 下請け 하청

음 せい・しん　**훈** 請う・請ける

1909 締 맺을 체

- 음독: ていけつ 締結 체결
- 훈독: しまる 締る 죄이다 / しめる 締める 죄다, 잠그다
- 音 てい 訓 締る・締める

1910 嘱 부탁할 촉

- 음독: しょくたく 嘱託 촉탁 / しょくぼう 嘱望 촉망
- 音 しょく
- 囑

1911 撮 사진 찍을 촬

- 음독: さつえい 撮影 촬영
- 훈독: とる 撮る (사진을) 찍다
- 音 さつ 訓 撮る

1912 墜 떨어질 추

- 음독: ついし 墜死 추락사 / ついらく 墜落 추락 / しっつい 失墜 실추 / げきつい 撃墜 격추
- 音 つい
- 隊

1913

찌를 충

음독 しょうげき 衝撃 충격　しょうどう 衝動 충동　しょうとつ 衝突 충돌　かんしょう 緩衝 완충
せっしょう 折衝 절충

음 しょう

1914

뜻 취

음독 しゅこう 趣向 취향　しゅみ 趣味 취미　しゅし 趣旨 취지　きょうしゅ 興趣 흥취

훈독 おもむき 趣 멋, 풍격, 느낌, 분위기

음 しゅ　훈 おもむき 趣

1915

小6 낳을 탄

음독 たんじょう 誕生 탄생　たんじょうび 誕生日 생일

음 たん

1916

마칠 파

음독 ひめん 罷免 파면

음 ひ

1917

編

小5 엮을 편

음독
- へんしゅう 編集 편집
- へんせい 編成 편성
- へんきょく 編曲 편곡
- へんにゅう 編入 편입
- ちょうへん 長編 장편
- こうへん 後編 후편
- ぞくへん 続編 속편

훈독
- あ 編む 엮다, 뜨다
- あもの 編み物 편물, 뜨개질

음 へん　훈 編む

1918

蔽

덮을 폐

음독
- いんぺい 隠蔽 은폐

✓ 이 한자는 「蔽」로도 쓰인다.

음 へい

1919

弊

폐단/해질 폐

음독
- へいがい 弊害 폐해
- へいしゃ 弊社 폐사
- あくへい 悪弊 악폐
- ひへい 疲弊 피폐

음 へい

1920

幣

화폐 폐

음독
- かへい 貨幣 화폐
- しへい 紙幣 지폐

음 へい

1921

기릴 포

음독 褒章 포장, 훈장　褒賞 포상　褒美 (포)상

훈독 褒める 칭찬하다

음 ほう　　**훈** 褒める

1922

펼/가게 포

음독 舗装 포장　舗道 포장 도로　店舗 점포, 가게

특 老舗 유서 깊은 상점

음 ほ

1923

小5 사나울 폭

음독 暴力 폭력　暴行 폭행　暴言 폭언　暴走 폭주
暴風 폭풍　暴飲 폭음　暴食 폭식　乱暴 난폭

훈독 暴く 폭로하다　暴れる 난폭하다

음 ぼう・ばく　　**훈** 暴く・暴れる

1924

小4 표할 표

음독 標準 표준　標本 표본　標語 표어　標高 표고, 해발 고도
標札 표찰, 문패　標示 표시　標識 표지　目標 목표

음 ひょう

1925

確 小5 굳을 확

음독
- かくじつ 確実 확실
- かくてい 確定 확정
- かくにん 確認 확인
- かくほ 確保 확보
- かくりつ 確立 확립
- せいかく 正確 정확
- めいかく 明確 명확

훈독
- たし 確かめる 확인하다
- たし 確か 확실함

音 かく   **訓** 確かめる・確か

1926

歓 기쁠 환

음독
- かんき 歓喜 환희
- かんげい 歓迎 환영
- かんこ 歓呼 환호
- かんしん 歓心 환심

音 かん

1927

横 小3 가로 횡

음독
- おうだん 横断 횡단
- おうちゃく 横着 뻔뻔스러움
- じゅうおう 縦横 종횡
- せんおう 専横 전횡, 횡포

훈독
- よこ 横 가로
- よこちょう 横町 옆길, 골목
- よこが 横書き 가로쓰기
- よこがお 横顔 옆얼굴
- よこぎ 横切る 가로지르다, 횡단하다

音 おう   **訓** 横

1928

공훈

음독
- くんこう 勲功 공훈
- くんしょう 勲章 훈장
- ぶくん 武勲 무훈, 무공

훈독
- いさお 勲 공훈

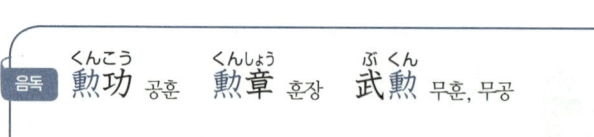

1933 鋼

小6 강철 강

음독
- こうてつ 鋼鉄 강철
- こうざい 鋼材 강재
- せいこう 製鋼 제강
- てっこう 鉄鋼 철강
- そこう 粗鋼 조강

훈독
- はがね 鋼 강철

음 こう **훈** 鋼(はがね)

1934 憩

쉴 게

음독
- きゅうけい 休憩 휴게

훈독
- いこい 憩い 쉼, 휴식
- いこう 憩う 쉬다

음 けい **훈** 憩い・憩う

1935 激

小6 격할 격

음독
- げきせん 激戦 격전
- げきぞう 激増 격증
- げきつう 激痛 격통
- げきりゅう 激流 격류
- げきどう 激動 격동
- かげき 過激 과격
- かんげき 感激 감격
- きゅうげき 急激 급격

훈독
- はげしい 激しい 심하다

음 げき **훈** 激しい

1936 錮

막을 고

음독
- きんこ 禁錮 금고(방안에 가두어 둠)

음 こ

1937 館

小3 집 관

- 음독: 館内 관내 / 館長 관장 / 旅館 여관 / 新館 신관 / 本館 본관 / 図書館 도서관 / 映画館 영화관
- 音: かん

1938 壊

무너질 괴 (16획)

- 음독: 壊死 괴사 / 壊滅 괴멸, 궤멸 / 破壊 파괴 / 崩壊 붕괴 / 倒壊 도괴 / 損壊 파손, 파괴
- 훈독: 壊す 부수다 / 壊れる 부서지다
- 音: かい・え
- 訓: 壊す・壊れる

1939 橋

小3 다리 교

- 음독: 橋脚 교각 / 鉄橋 철교 / 歩道橋 보도교, 육교
- 훈독: 橋 다리 / 石橋 돌다리 / つり橋 현수교
- 音: きょう
- 訓: 橋

1940 錦

비단 금

- 훈독: 錦 비단 / 錦鯉 비단잉어
- 音: きん
- 訓: 錦

1941 機 틀 기 (小4)

음독
- きかい 機械 기계
- きかい 機会 기회
- きのう 機能 기능
- どうき 動機 동기
- きき 危機 위기
- たいき 待機 대기

훈독
- はた 機 베틀
- はたおり 機織り 베 짜기

音 き　訓 機

1942 濃 짙을 농

음독
- のうこう 濃厚 농후
- のうしゅく 濃縮 농축
- のうたん 濃淡 농담
- のうど 濃度 농도

훈독
- こい 濃い 짙다, 진하다

音 のう　訓 濃い

1943 壇 단 단

음독
- だんじょう 壇上 단상
- どたんば 土壇場 막판
- ぶつだん 仏壇 불단

音 たん・だん　壇

1944 曇 흐릴 담

음독
- どんてん 曇天 흐린 하늘(날씨)

훈독
- くもる 曇る (날씨가) 흐리다

音 どん　訓 曇る

1949 錬
쇠불릴/단련할 련

- 음독: 錬金術(れんきんじゅつ) 연금술 / 錬磨(れんま) 연마 / 精錬(せいれん) 정련 / 鍛錬(たんれん) 단련
- 훈독: 錬(ね)る 단련하다

音 れん　訓 錬(ね)る

1950 隷
종 례

- 음독: 隷属(れいぞく) 예속 / 奴隷(どれい) 노예

音 れい

1951 録
小4 기록할 록

- 음독: 録音(ろくおん) 녹음 / 録画(ろくが) 녹화 / 記録(きろく) 기록 / 収録(しゅうろく) 수록 / 登録(とうろく) 등록 / 付録(ふろく) 부록 / 目録(もくろく) 목록 / 住所録(じゅうしょろく) 주소록

音 ろく

1952 頼
의뢰할 뢰

- 음독: 依頼(いらい) 의뢰 / 信頼(しんらい) 신뢰
- 훈독: 頼(たの)む 부탁하다 / 頼(たの)もしい 믿음직하다 / 頼(たよ)る 의지하다

音 らい　訓 頼(たの)む・頼(たの)もしい・頼(たよ)る

1957 얽을 박

음독
- そくばく 束縛 속박
- ほばく 捕縛 포박

훈독
- しば 縛る 묶다, 얽매다

음 ばく　**훈** 縛る

1958 엷을 박

음독
- はくひょう 薄氷 박빙
- はくじゃく 薄弱 박약
- はくり 薄利 박리
- はっきゅう 薄給 박봉
- はくじょう 薄情 박정
- けいはく 軽薄 경박

훈독
- うす 薄い 얇다, 연하다
- うす 薄める 엷게 하다
- うす 薄まる 엷어지다
- うす 薄らぐ 덜해지다
- うす 薄れる 엷어지다
- うすで 薄手 얇음, 알팍함

음 はく　**훈** 薄い・薄める・薄まる・薄らぐ・薄れる

1959 번성할 번

음독
- はんえい 繁栄 번영
- はんか 繁華 번화
- はんじょう 繁盛 번성
- はんしょく 繁殖 번식

훈독
- しげ 繁る 우거지다, 무성해지다

음 はん　**훈** 繁る

1960 벽 벽

음독
- へきが 壁画 벽화
- へきめん 壁面 벽면
- じょうへき 城壁 성벽

훈독
- かべ 壁 벽
- かべがみ 壁紙 벽지

음 へき　**훈** 壁

1961

縫 꿰맬 봉

- 음독: ほうごう 縫合 봉합 / ほうせい 縫製 봉제 / さいほう 裁縫 재봉
- 훈독: ぬう 縫う 꿰매다
- 音 ほう / 訓 縫う

1962

奮 (小6) 떨칠 분

- 음독: ふんき 奮起 분기, 분발 / ふんせん 奮戦 분전 / ふんぱつ 奮発 분발
- 훈독: ふるう 奮う 용기를 내다 / ふるいたつ 奮い立つ 분발하다
- 音 ふん / 訓 奮う

16획

1963

膳 반찬 선

- 음독: ぜんだて 膳立て 상 차리기 / しょくぜん 食膳 밥상 / はいぜん 配膳 밥상차림
  いちぜんめし 一膳飯 한 공기
- 音 ぜん

1964

醒 깰 성

- 음독: かくせい 覚醒 각성
- 훈독: さめる 醒める 깨닫다 / さます 醒ます 깨우치다
- 音 せい / 訓 醒める

1969

薬 小3 약 약

음독
- やっきょく 薬局 약국
- やくひん 薬品 약품
- しんやく 新薬 신약
- どくやく 毒薬 독약
- かやく 火薬 화약
- のうやく 農薬 농약

훈독
- くすり 薬 약
- くすりゆび 薬指 약지
- めぐすり 目薬 안약

음 やく　훈 くすり 薬

1970

嬢 아가씨 양

음독
- あんないじょう 案内嬢 안내양
- おじょうさん お嬢さん 아가씨

음 じょう 嬢

1971

壌 흙덩이 양

음독
- どじょう 土壌 토양

음 じょう 壌

1972

憶 생각할 억

음독
- おくそく 憶測 억측
- きおく 記憶 기억
- ついおく 追憶 추억

음 おく

1981 融 녹을 융

음독
- ゆうかい 融解 융해
- ゆうごう 融合 융합
- ゆうてん 融点 융점
- ゆうわ 融和 융화
- ゆうし 融資 융자
- ゆうずう 融通 융통

음 ゆう

1982 凝 엉길 응

음독
- ぎょうけつ 凝結 응결
- ぎょうこ 凝固 응고
- ぎょうしゅう 凝集 응집
- ぎょうしゅく 凝縮 응축
- ぎょうし 凝視 응시

훈독
- こる 凝る 엉기다
- こらす 凝らす 엉기게 하다

음 ぎょう **훈** 凝る・凝らす

1983 諮 물을 자

음독
- しもん 諮問 자문

훈독
- はかる 諮る 자문하다, 상의하다

음 し **훈** 諮る

1984 積 小4 쌓을 적

음독
- せきせつ 積雪 적설
- せっきょくてき 積極的 적극적
- めんせき 面積 면적
- たいせき 体積 체적, 부피
- ようせき 容積 용적

훈독
- つむ 積む 쌓다
- つもる 積もる 쌓이다
- つみき 積み木 재목을 쌓음

음 せき **훈** 積む・積もる

1985 整 — 小3 가지런할 정

음독
- せいり 整理 정리
- せいれつ 整列 정렬
- せいび 整備 정비
- せいすう 整数 정수
- せいち 整地 (건축·경작을 위한) 정지
- ちょうせい 調整 조정

훈독
- ととのえる 整える 정돈하다
- ととのう 整う 정돈되다

음 せい　　훈 整える・整う

1986 錠 — 덩이 정

음독
- じょうざい 錠剤 정제, 알약

음 じょう

1987 操 — 小6 잡을 조

음독
- そうさ 操作 조작
- そうじゅう 操縦 조종
- せっそう 節操 절개와 지조
- たいそう 体操 체조

훈독
- みさお 操 지조
- あやつる 操る 다루다, 조종하다
- あやつりにんぎょう 操り人形 꼭두각시

음 そう　　훈 操・操る

1988 縦 — 小6 세로 종

음독
- じゅうだん 縦断 종단
- じゅうれつ 縦列 종렬
- じゅうそう 縦走 종주
- じゅうおう 縦横 종횡
- そうじゅう 操縦 조종

훈독
- たて 縦 세로
- たてがき 縦書き 세로쓰기

음 じゅう　　훈 縦

1989

錯 어긋날 착

- 음독: さっかく 錯覚 착각 / さくらん 錯乱 착란 / さくご 錯誤 착오
- 음: さく

1990

薦 천거할 천

- 음독: すいせん 推薦 추천
- 훈독: すすめる 薦める 추천하다
- 음: せん
- 훈: すすめる 薦める

1991

諦 살필 체

- 음독: ていし 諦視 체시
- 훈독: あきらめる 諦める 단념하다
- 음: てい
- 훈: あきらめる 諦める

1992 小5

築 쌓을 축

- 음독: ちくぞう 築造 축조 / かいちく 改築 개축 / けんちく 建築 건축 / こうちく 構築 구축 / しゅうちく 修築 수축 / ぞうちく 増築 증축 / しんちく 新築 신축
- 훈독: きずく 築く 쌓다
- 특: つきやま 築山 정원에 산처럼 만든 곳
- 음: ちく
- 훈: きずく 築く

1993

밸 치

음독
こうち 巧緻 교치　せいち 精緻 정치　ちみつ 緻密 치밀

음 ち

1994

小2 친할 친

음독
しんゆう 親友 친우, 친구　しんせつ 親切 친절　しんぞく 親族 친족　しんぜん 親善 친선
しんみつ 親密 친밀　にくしん 肉親 육친

훈독
おや 親 부모　した 親しい 친하다　した 親しむ 친하게 지내다
おやこ 親子 부모자식　おやゆび 親指 엄지　おやこうこう 親孝行 효도　ちちおや 父親 부친

음 しん　　**훈** 親・親しい・親しむ

1995

흐릴 탁

음독
だくおん 濁音 탁음　だくせい 濁世 말세　だくてん 濁点 탁점　だくりゅう 濁流 탁류
おだく 汚濁 더럽고 흐림　こんだく 混濁 혼탁

훈독
にご 濁る 흐려지다　にご 濁す 흐리게 하다

음 だく　　**훈** 濁る・濁す

1996

부풀 팽

음독
ぼうだい 膨大 팽대　ぼうちょう 膨張 팽창

훈독
ふく 膨らむ 부풀다, 불룩해지다　ふく 膨れる 불룩해지다

음 ぼう　　**훈** 膨らむ・膨れる

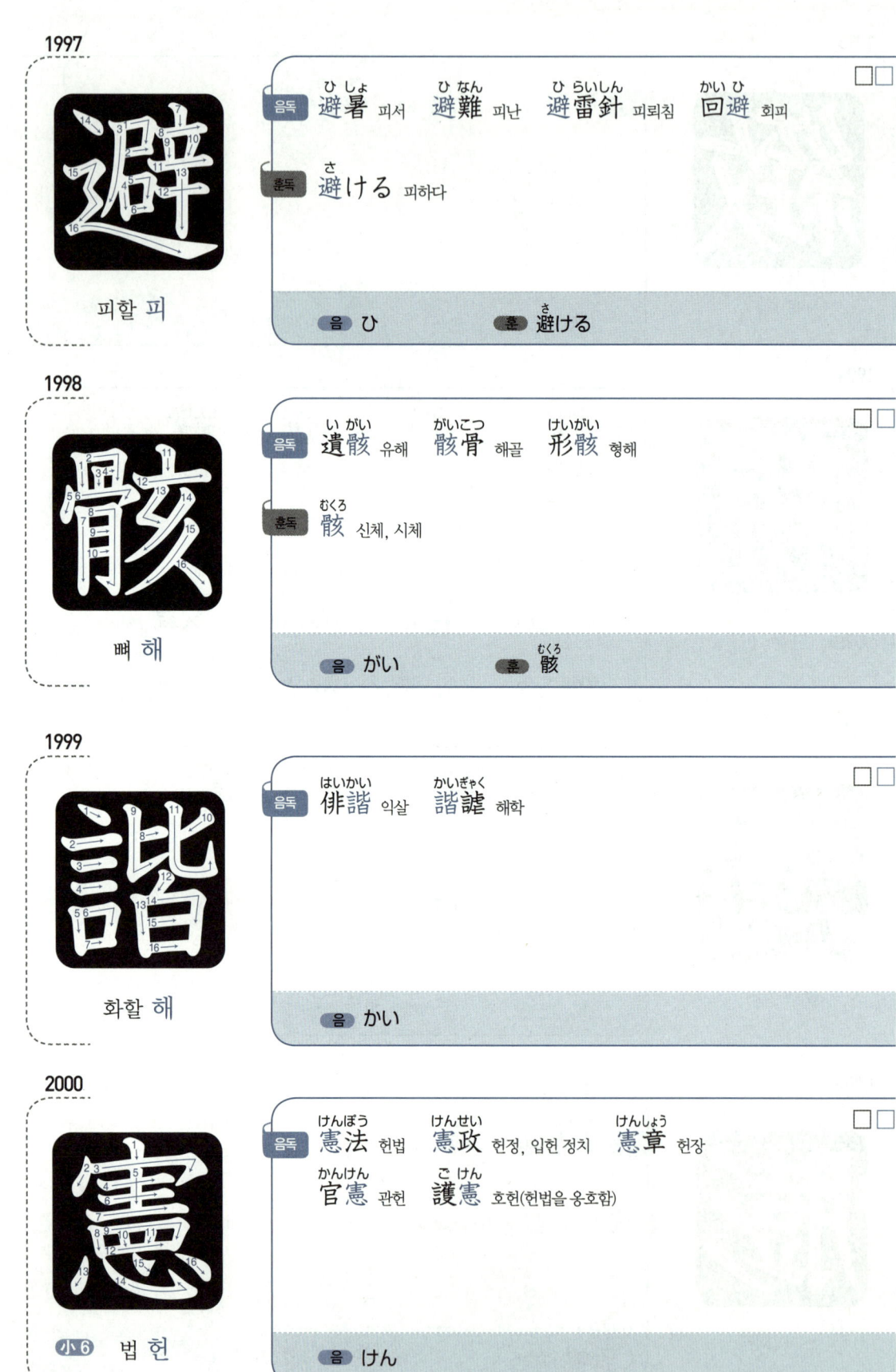

2005 懐 품을 회

음독
- 懐中(かいちゅう) 회중
- 懐疑(かいぎ) 회의
- 述懐(じゅっかい) 술회

훈독
- 懐(ふところ) 마음속
- 懐かしい(なつかしい) 그립다
- 懐かしむ(なつかしむ) 그리워하다
- 懐く(なつく) 따르다
- 懐ける(なつける) 따르게 하다

음 かい **훈** 懐・懐かしい・懐かしむ・懐く・懐ける

2006 獲 얻을 획

음독
- 獲得(かくとく) 획득
- 漁獲(ぎょかく) 어획
- 捕獲(ほかく) 포획

훈독
- 獲る(える) (사냥에서) 획득하다
- 獲物(えもの) 사냥감

음 かく **훈** 獲る

2007 薫 향풀 훈

음독
- 薫風(くんぷう) 훈풍
- 薫製(くんせい) 훈제
- 薫陶(くんとう) 훈도

훈독
- 薫る(かおる) 향기가 나다

음 くん **훈** 薫る

2008 興 (小5) 일 흥

음독
- 興味(きょうみ) 흥미
- 興行(こうぎょう) 흥행
- 即興(そっきょう) 즉흥
- 余興(よきょう) 여흥
- 復興(ふっこう) 부흥

훈독
- 興る(おこる) (세력이) 일어나다
- 興す(おこす) 일으키다

음 こう・きょう **훈** 興る・興す

2009

懇 간절할 간

음독
- こんい 懇意 친하게 지냄
- こんがん 懇願 간원, 간청
- こんしん 懇親 친목
- こんせつ 懇切 간절
- こんだんかい 懇談会 간담회

훈독
- ねんご 懇ろ 공손함

音 こん　訓 懇ろ

2010

講 〈小5〉 욀 강

음독
- こうえん 講演 강연
- こうぎ 講義 강의
- こうし 講師 강사
- こうしゅう 講習 강습
- こうひょう 講評 강평
- こうどう 講堂 강당
- じゅこう 受講 수강
- かいこう 開講 개강

音 こう

2011

鍵 자물쇠 건

음독
- けんばん 鍵盤 건반

훈독
- かぎ 鍵 자물쇠
- かぎあな 鍵穴 열쇠구멍

音 けん　訓 鍵

2012

謙 겸손할 겸

음독
- けんきょ 謙虚 겸허
- けんじょう 謙譲 겸양
- けんそん 謙遜 겸손

音 けん

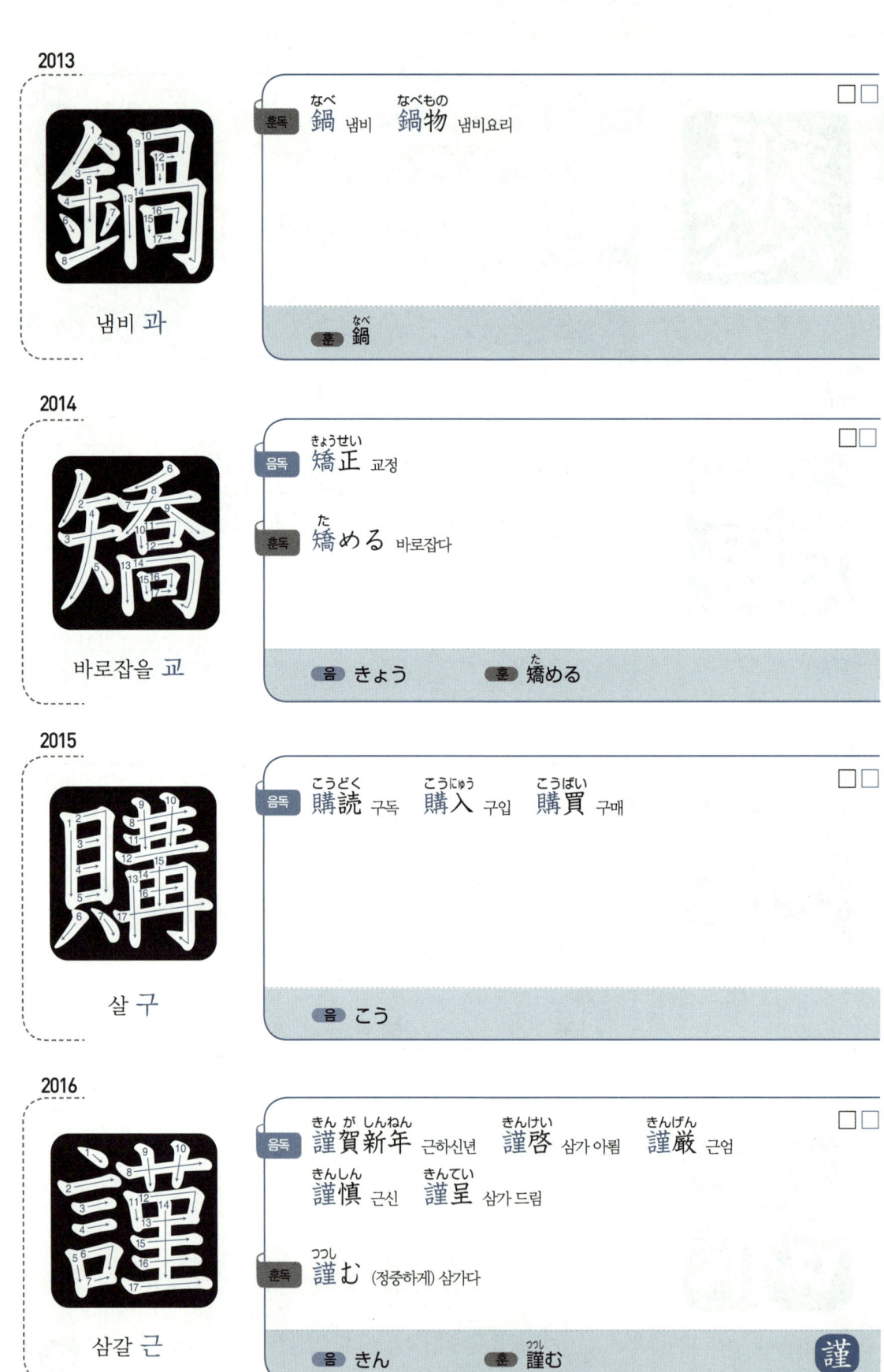

2017

鍛 쇠불릴 단

- 음독: たんれん 鍛錬 단련
- 훈독: きた 鍛える 단련하다

음 たん 훈 鍛える

2018

戴 일 대

- 음독: たいかんしき 戴冠式 대관식
- 훈독: いただ 戴く (머리에) 이다

음 たい 훈 戴く

2019

瞳 눈동자 동

- 음독: どうこう 瞳孔 동공
- 훈독: ひとみ 瞳 눈동자

음 どう 훈 瞳

2020

謄 베낄 등

- 음독: とうしゃ 謄写 등사 とうほん 謄本 등본

음 とう

17획

2021 覧

小6 볼 람

음독: 一覧 일람 / 回覧 회람 / 観覧者 관람자 / 遊覧船 유람선

음 らん

2022 齢

나이 령

음독: 妙齢 묘령 / 高齢 고령 / 年齢 연령

음 れい

2023 瞭

밝을 료

음독: 明瞭 명료

음 りょう

2024 療

병 고칠 료

음독: 療法 요법 / 療養 요양 / 治療 치료 / 医療 의료

음 りょう

2025

수수께끼 미

- 훈독: 謎 (なぞ) 수수께끼
  - ✔ 이 한자는 「謎」로도 쓰인다.

- 훈: 謎 (なぞ)

2026

자주 빈

- 음독: 頻出 (ひんしゅつ) 빈출　頻度 (ひんど) 빈도　頻発 (ひんぱつ) 빈발　頻繁 (ひんぱん) 빈번

- 음: ひん　頻

2027

小5 **사례할 사**

- 음독: 謝罪 (しゃざい) 사죄　謝礼 (しゃれい) 사례　謝恩 (しゃおん) 사은　謝意 (しゃい) 사의
  感謝 (かんしゃ) 감사　月謝 (げっしゃ) 월사금　面会謝絶 (めんかいしゃぜつ) 면회사절

- 훈독: 謝る (あやまる) 사과하다

- 음: しゃ　　훈: 謝る (あやまる)

2028

갚을 상

- 음독: 償還 (しょうかん) 상환　償却 (しょうきゃく) 상각　弁償 (べんしょう) 변상　賠償 (ばいしょう) 배상
  報償 (ほうしょう) 보상(빚을 갚거나 노력에 대한 대가 지불)　補償 (ほしょう) 보상(손해를 갚음)

- 훈독: 償う (つぐなう) 갚다, 배상하다

- 음: しょう　　훈: 償う (つぐなう)

2029 서리 상

- 음독: そうがい 霜害 상해, 서리 피해 / せいそう 星霜 성상, 세월
- 훈독: しも 霜 서리 / しもばしら 霜柱 서릿발 / はつしも 初霜 첫서리
- 음: そう
- 훈: しも 霜

2030 고울 선

- 음독: せんぎょ 鮮魚 선어, (신선한) 생선 / せんけつ 鮮血 선혈 / せんめい 鮮明 선명 / しんせん 新鮮 신선
- 훈독: あざやか 鮮やか 선명함
- 음: せん
- 훈: あざやか 鮮やか

2031 가늘 섬

- 음독: せんい 繊維 섬유 / せんさい 繊細 섬세
- 음: せん
- 纖

2032 숨을 암

- 훈독: やみ 闇 어둠 / やみよ 闇夜 어두운 밤 / やみじ 闇路 어두운 밤길
- 훈: やみ 闇

2033 曖 가릴 애

음독
- 曖昧 (あいまい) 애매

음: あい

2034 臆 가슴 억

음독
- 臆測 (おくそく) 억측
- 臆病 (おくびょう) 겁이 많음

음: おく

2035 嚴 엄할 엄 (小6)

음독
- 厳守 (げんしゅ) 엄수
- 厳禁 (げんきん) 엄금
- 厳重 (げんじゅう) 엄중
- 厳格 (げんかく) 엄격
- 厳密 (げんみつ) 엄밀
- 厳選 (げんせん) 엄선
- 厳正 (げんせい) 엄정
- 尊厳 (そんげん) 존엄

훈독
- 厳か (おごそか) 엄숙함
- 厳しい (きびしい) 엄격하다

음: げん・ごん 훈: 厳か・厳しい

嚴

2036 優 넉넉할 우 (小6)

음독
- 優勝 (ゆうしょう) 우승
- 優位 (ゆうい) 우위
- 優勢 (ゆうせい) 우세
- 優美 (ゆうび) 우아하고 아름다움
- 優越 (ゆうえつ) 우월
- 優先 (ゆうせん) 우선
- 俳優 (はいゆう) 배우
- 女優 (じょゆう) 여배우

훈독
- 優しい (やさしい) 온화하다
- 優れる (すぐれる) 우수하다

음: ゆう 훈: 優しい・優れる

2037
擬
비길 의

- 음독: ぎせいご 擬声語 의성어 / ぎたいご 擬態語 의태어
- 음: ぎ

2038
翼
날개 익

- 음독: うよく 右翼 우익 / さよく 左翼 좌익 / いちよく 一翼 일익, 한쪽 부분
- 훈독: つばさ 翼 날개
- 음: よく
- 훈: つばさ 翼

2039
爵
벼슬 작

- 음독: しゃくい 爵位 작위 / こうしゃく 公爵 공작 / はくしゃく 伯爵 백작 / だんしゃく 男爵 남작
- 음: しゃく

2040
績
小5 길쌈 적

- 음독: せいせき 成績 성적 / せんせき 戦績 전적 / ぎょうせき 業績 업적 / こうせき 功績 공적 / じっせき 実績 실적
- 음: せき

2041 燥 — 마를 조

- **음독**: 乾燥(かんそう) 건조
- **음**: そう

2042 擦 — 문지를 찰

- **음독**: 擦過傷(さっかしょう) 찰과상 · 摩擦(まさつ) 마찰
- **훈독**: 擦(す)る 문지르다 · 擦(す)れる 스치다, 맞닿다
- **음**: さつ
- **훈**: 擦る・擦れる

2043 聴 — 들을 청

- **음독**: 聴覚(ちょうかく) 청각 · 聴講(ちょうこう) 청강 · 聴取(ちょうしゅ) 청취 · 聴力(ちょうりょく) 청력
- **훈독**: 聴(き)く 듣다
- **음**: ちょう
- **훈**: 聴く

2044 礁 — 암초 초

- **음독**: 珊瑚礁(さんごしょう) 산호초 · 暗礁(あんしょう) 암초 · 環礁(かんしょう) 환초 · 座礁(ざしょう) 좌초
- **음**: しょう

17획

2045 추할 추

음독
- しゅうあく 醜悪 추악
- しゅうたい 醜態 추태
- しゅうぶん 醜聞 추문

훈독
- みにく 醜い 추하다

음 しゅう　　**훈** 醜い

2046 줄일 축 (小6)

음독
- しゅくしょう 縮小 축소
- しゅくしゃく 縮尺 축척
- しゅく ず 縮図 축도
- あっしゅく 圧縮 압축
- たんしゅく 短縮 단축
- ぐんしゅく 軍縮 군축, 군비 축소

훈독
- ちぢ 縮む 줄다
- ちぢ 縮まる 줄어들다
- ちぢ 縮める 줄이다
- ちぢ 縮れる 주름지다
- ちぢ 縮らす 곱슬곱슬하게 하다
- ちぢ げ 縮れ毛 곱슬머리

음 しゅく　　**훈** 縮む・縮まる・縮める・縮れる・縮らす

2047 씻을 탁

음독
- せんたく 洗濯 세탁

음 たく

濯

2048 다스릴 할

음독
- とうかつ 統轄 통괄
- かんかつ 管轄 관할
- ちょっかつ 直轄 직할

음 かつ

2049

嚇 성낼 혁

음독 いかく 威嚇 위협

음 かく

2050

環 고리 환

음독 かんきょう 環境 환경 かんしょう 環礁 환초 かんじょうせん 環状線 환상선, 순환선
いっかん 一環 일환 じゅんかん 循環 순환

음 かん

2051

犠 희생 희

음독 ぎせい 犠牲 희생

음 ぎ

2052

簡 小6 대쪽/간략할 간

음독 かんい 簡易 간이 かんそ 簡素 간소 かんたん 簡単 간단 かんりゃく 簡略 간략
しょかん 書簡 서간, 편지 もっかん 木簡 목간

음 かん

2053 고치 견

- 음독: けんし 繭糸 고치실
- 훈독: まゆ 繭 고치
- 音: けん
- 訓: まゆ 繭

2054 낫 겸

- 훈독: かま 鎌 낫
- 音: れん
- 訓: かま 鎌

2055 小4 볼 관

- 음독:
  - かんこう 観光 관광
  - かんきゃく 観客 관객
  - かんしょう 観賞 관상
  - かんさつ 観察 관찰
  - かんねん 観念 관념
  - さんかん 参観 참관
  - しゅかん 主観 주관
  - らっかん 楽観 낙관
- 音: かん
- 觀

2056 옷깃 금

- 음독: きょうきん 胸襟 흉금
- 훈독: えり 襟 옷깃, 목덜미 / えりもと 襟元 목 언저리
- 音: きん
- 訓: えり 襟

2057 騎 — 말탈 기

음독
- 騎士 (きし) 기사
- 騎手 (きしゅ) 기수
- 騎乗 (きじょう) 기승
- 騎馬 (きば) 기마

음 き

2058 難 — 小6 어려울 난

음독
- 難病 (なんびょう) 난치병
- 難民 (なんみん) 난민
- 難関 (なんかん) 난관
- 苦難 (くなん) 고난
- 非難 (ひなん) 비난
- 困難 (こんなん) 곤란
- 災難 (さいなん) 재난

훈독
- 難い (かたい) 어렵다, 힘들다
- 難しい (むずかしい) (이해하기) 어렵다

음 なん　**훈** 難い・難しい

2059 藤 — 등나무 등

훈독
- 藤 (ふじ) 등나무
- 藤色 (ふじいろ) 연보라

음 とう　**훈** 藤 (ふじ)

2060 濫 — 넘칠 람

음독
- 濫獲 (らんかく) 남획
- 濫造 (らんぞう) 함부로 만듦
- 濫伐 (らんばつ) 남벌
- 濫発 (らんぱつ) 남발
- 濫用 (らんよう) 남용

음 らん

18획

2061 쪽 람

- 음독: しゅつらん 出藍 출람(제자가 스승보다 나음)
- 훈독: あい 藍 쪽

음 らん　훈 あい 藍

2062 양식 량

- 음독: りょうしょく 糧食 양식　ひょうろう 兵糧 군량
- 훈독: かて 糧 식량

음 りょう・ろう　훈 かて 糧

2063 小4 무리 류

- 음독: るいけい 類型 유형　るいすい 類推 유추　じんるい 人類 인류　いるい 衣類 의류
  しゅるい 種類 종류　ぶんるい 分類 분류　しょるい 書類 서류

음 るい

2064 小6 임할 림

- 음독: りんじ 臨時 임시　りんかい 臨海 임해　りんじゅう 臨終 임종　くんりん 君臨 군림
- 훈독: のぞむ 臨む 임하다

음 りん　훈 のぞむ 臨む

2069
覆
다시 복 · 덮을 부

음독: ふくめん 覆面 복면　てんぷく 転覆 전복

훈독: おお覆う 덮다, 가리다　くつがえ覆す 뒤엎다　くつがえ覆る 뒤집히다

음: ふく　훈: 覆う・覆す・覆る

2070
繕
기울 선

음독: しゅうぜん 修繕 수선

훈독: つくろ繕う 수선하다

음: ぜん　훈: 繕う

2071
騒
떠들 소

음독: そうおん 騒音 소음　そうどう 騒動 소동　そうらん 騒乱 소란

훈독: さわ騒ぐ 떠들다

음: そう　훈: 騒ぐ

2072
鎖
쇠사슬 쇄

음독: さこつ 鎖骨 쇄골　さこく 鎖国 쇄국　ふうさ 封鎖 봉쇄　へいさ 閉鎖 폐쇄

훈독: くさり 鎖 쇠사슬

음: さ　훈: 鎖

2077 曜 (小2) 빛날 요

- 음독: ようび 曜日 요일
- 음: よう

2078 癒 병나을 유

- 음독: ゆちゃく 癒着 유착
- 음: ゆ

2079 題 (小3) 제목 제

- 음독: だいめい 題名 제명, だいざい 題材 제재, もんだい 問題 문제, しゅつだい 出題 출제, わだい 話題 화제, しゅくだい 宿題 숙제, ほんだい 本題 본제, かだい 課題 과제
- 음: だい

2080 贈 줄 증

- 음독: ぞうてい 贈呈 증정, ぞうよ 贈与 증여, ぞうわい 贈賄 뇌물을 줌, きぞう 寄贈 기증
- 훈독: おく 贈る 주다, 선사하다
- 음: ぞう・そう
- 훈: 贈る

2081

小5 직분 직

음독
- しょくぎょう 職業 직업
- しょくにん 職人 직인
- しょくば 職場 직장
- きゅうしょく 求職 구직
- たいしょく 退職 퇴직
- しゅうしょく 就職 취직
- むしょく 無職 무직

음 しょく

2082

小5 짤 직

음독
- しょっき 織機 직기, 베틀
- そしき 組織 조직

훈독
- お 織る (직물 등을) 짜다
- お ひめ 織り姫 직녀
- け おりもの 毛織物 모직물
- はた お 機織り 베 짜기

음 しょく・しき **훈** 織る

2083

진압할 진

음독
- ちんあつ 鎮圧 진압
- ちんか 鎮火 진화
- ちんせい 鎮静 진정
- ちんつう 鎮痛 진통

훈독
- しず 鎮める 진정시키다
- しず 鎮まる 진정되다

음 ちん **훈** 鎮める・鎮まる

鎮

2084

징계할 징

음독
- ちょうえき 懲役 징역
- ちょうかい 懲戒 징계
- ちょうばつ 懲罰 징벌

훈독
- こ 懲りる 질리다
- こ 懲らす 벌주다
- こ 懲らしめる 벌주다

음 ちょう **훈** 懲りる・懲らす・懲らしめる

懲

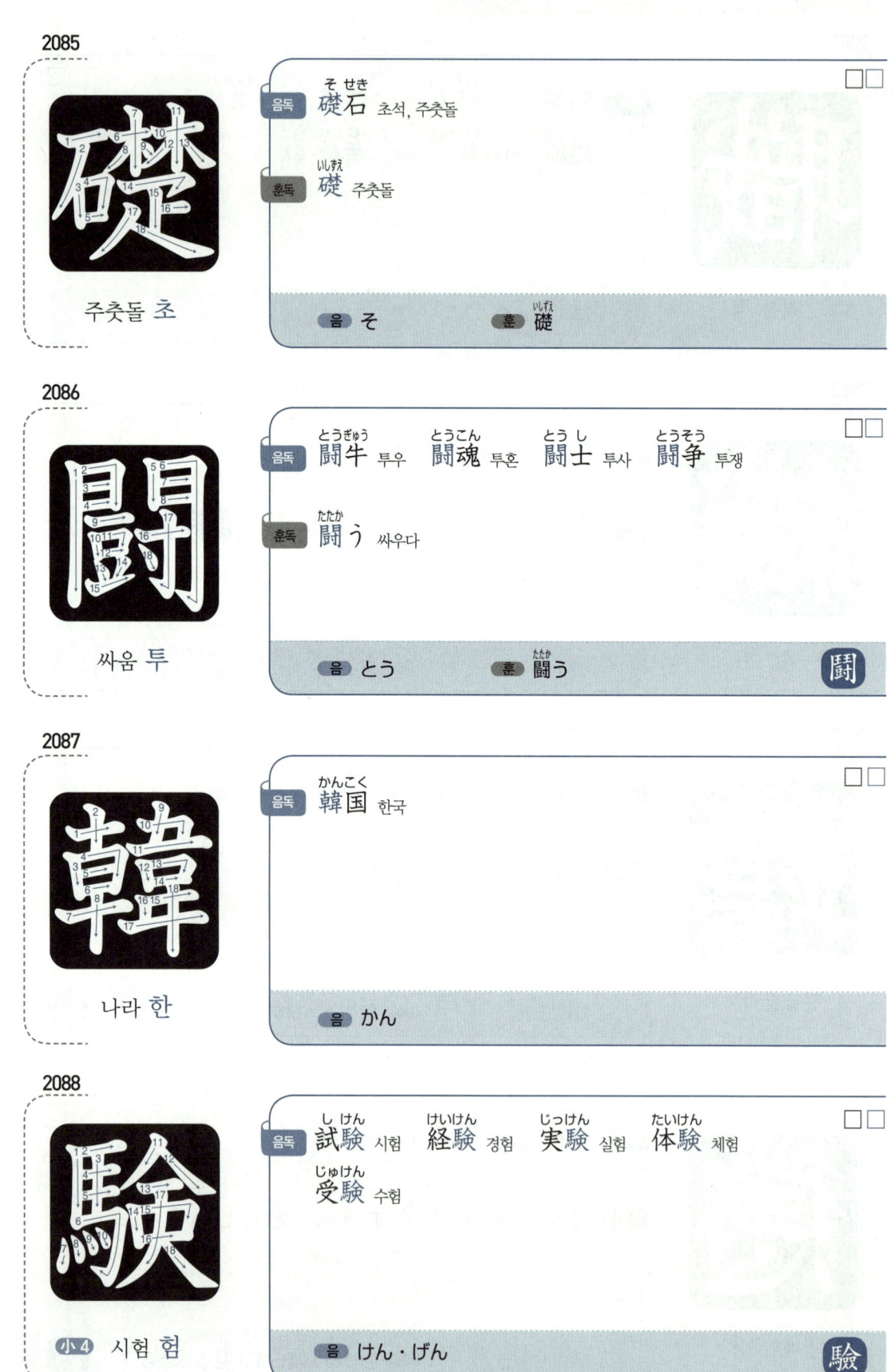

2093 깨우칠 경 (小6)

음독
- けいかん 警官 경관
- けいび 警備 경비
- けいさつ 警察 경찰
- けいかい 警戒 경계
- けいこく 警告 경고
- けいほう 警報 경보
- けいしちょう 警視庁 경시청
- やけい 夜警 야경(꾼)

음 けい

2094 닭 계

음독
- けいしゃ 鶏舎 계사, 닭장
- けいらん 鶏卵 계란
- ようけい 養鶏 양계
- とうけい 闘鶏 투계

훈독
- にわとり 鶏 닭

음 けい　훈 にわとり 鶏

2095 벌릴 라

음독
- らしんばん 羅針盤 나침반
- られつ 羅列 나열

음 ら

2096 고울 려

음독
- かれい 華麗 화려
- しゅうれい 秀麗 수려

훈독
- うるわしい 麗しい 곱다
- うらか 麗らか 화창함

음 れい　훈 麗しい・麗らか

2101 譜 족보 보

음독: 系譜 계보, 족보 / 楽譜 악보
음: ふ

2102 簿 문서 부

음독: 簿記 부기 / 原簿 원부 / 名簿 명부 / 帳簿 장부
음: ぼ

2103 璽 옥새 새

음독: 御璽 옥새
음: じ

2014 髄 뼛골 수

음독: 真髄 진수 / 骨髄 골수
음: ずい

2105

小5 알 식

음독	しきしゃ 識者 식자　ちしき 知識 지식　いしき 意識 의식　ひょうしき 標識 표지
	がくしき 学識 학식　りょうしき 良識 양식　じょうしき 常識 상식　にんしき 認識 인식

음 しき

2106

고울 염

음독	えんれい 艶麗 염려　のうえん 濃艶 농염　ようえん 妖艶 요염
훈독	つや 艶 광택, 애교　つや 艶やか 윤기가 돎　なまめ 艶かしい 요염하다

음 えん　　훈 艶・艶かしい

2107

운 운

음독	いんぶん 韻文 운문　いんりつ 韻律 운율

음 いん

2108

小4 원할 원

음독	がんしょ 願書 원서　がんぼう 願望 원망　しがん 志願 지원　ねんがん 念願 염원
	しゅつがん 出願 출원　ひがん 悲願 비원
훈독	ねが 願う 원하다, 바라다　ねがごと 願い事 소원

음 がん　　훈 願う

2113

으뜸 패

음독: 覇気 (はき) 패기 · 覇権 (はけん) 패권 · 覇者 (はしゃ) 패자, 우승자

음: は

2114

불터질 폭

음독: 爆撃 (ばくげき) 폭격 · 爆笑 (ばくしょう) 폭소 · 爆弾 (ばくだん) 폭탄 · 爆破 (ばくは) 폭파 · 爆発 (ばくはつ) 폭발 · 爆風 (ばくふう) 폭풍 · 原爆 (げんばく) 원폭

음: ばく

2115

다툴 경 (小4)

음독: 競争 (きょうそう) 경쟁 · 競走 (きょうそう) 경주 · 競技 (きょうぎ) 경기 · 競売 (きょうばい) 경매 · 競演 (きょうえん) 경연 · 競馬 (けいば) 경마

훈독: 競う (きそう) 다투다, 겨루다 · 競る (せる) 겨루다 · 競り市 (せりいち) 경매(시장)

음: きょう・けい   훈: 競う・競る

2116

오를 등

음독: 騰貴 (とうき) 등귀 · 沸騰 (ふっとう) 비등 · 暴騰 (ぼうとう) 폭등 · 急騰 (きゅうとう) 급등 · 高騰 (こうとう) 고등

음: とう

2121 籍 문서 적

음독: 書籍(しょせき) 서적 | 除籍(じょせき) 제적 | 戸籍(こせき) 호적 | 国籍(こくせき) 국적

음: せき

2122 鐘 쇠북 종

음독: 鐘楼(しょうろう) 종루, 종각 | 警鐘(けいしょう) 경종 | 晩鐘(ばんしょう) 만종, 저녁종

훈독: 鐘(かね) 종

음: しょう・しゅ　**훈**: 鐘(かね)

2123 響 울릴 향

음독: 影響(えいきょう) 영향 | 残響(ざんきょう) 잔향 | 反響(はんきょう) 반향

훈독: 響(ひび)く 울리다, 반향하다

음: きょう　**훈**: 響(ひび)く

2124 懸 달 현

음독: 懸賞(けんしょう) 현상(상금·상품을 내거는 일) | 一生懸命(いっしょうけんめい) 열심히 함

훈독: 懸(か)ける 걸다 | 懸(か)かる 걸리다

음: けん・け　**훈**: 懸(か)ける・懸(か)かる

2129 躍 뛸 약

음독: 躍進 やくしん 약진 / 活躍 かつやく 활약 / 跳躍 ちょうやく 도약

훈독: 躍る おどる 뛰어오르다

音 やく　訓 躍る おどる

2130 鶴 학 학

음독: 鶴首 かくしゅ 학수

훈독: 鶴 つる 학

音 かく　訓 鶴 つる

2131 艦 큰 배 함

음독: 艦船 かんせん 함선 / 艦隊 かんたい 함대 / 艦艇 かんてい 함정 / 軍艦 ぐんかん 군함

音 かん

2132 驚 놀랄 경

음독: 驚異 きょうい 경이 / 驚嘆 きょうたん 경탄

훈독: 驚く おどろく 놀라다 / 驚かす おどろかす 놀라게 하다

音 きょう　訓 驚く・驚かす おどろく・おどろかす

2133 籠 대그릇 롱

- 음독: ろうじょう 籠城 농성 / とうろう 灯籠 등롱
- 훈독: かご 籠 바구니 / こ 籠もる 틀어박히다
- 특: 葛籠 옷고리짝

음 ろう 훈 籠・籠もる

2134 襲 엄습할 습

- 음독: しゅうげき 襲撃 습격 / せしゅう 世襲 세습 / とうしゅう 踏襲 답습
- 훈독: おそう 襲う 덮치다, 습격하다

음 しゅう 훈 襲う

2135 鑑 거울 감

- 음독: かんさつ 鑑札 감찰 / かんしき 鑑識 감식 / かんてい 鑑定 감정 / かんべつ 鑑別 감별 / いんかん 印鑑 인감

음 かん

2136 鬱 막힐 울

- 음독: いんうつ 陰鬱 음울 / ゆううつ 憂鬱 우울 / そううつ 躁鬱 조울 / うっぷん 鬱憤 울분

음 うつ

부록

일본의 연중행사
비슷한 한자
일본인 성씨 읽기
일본의 역사시대와 연호
일본의 지명

일본의 연중행사 (*는 공휴일)

*元日=元旦 (1월 1일)	한 해의 시작을 축하하며, 마음을 새로이 하는 날이다. 元日로부터 7일 또는 15일까지를 松の内라고 하여, 門松를 세우고 정월의 신에게 鏡餅를 바친다. 또한 お雑煮나 お節料理를 먹는다.
七草 (1월 7일)	아침에 7종류의 나물(미나리, 광대나물, 떡쑥, 냉이, 별꽃, 순무, 무)을 넣어 만든 七草がゆ를 먹는 행사이다. 이 죽을 먹으면 병에 걸리지 않고, 장수한다고 한다.
鏡開き (1월 11일)	元日에 바쳤던 鏡餅를 떡국으로 해서 먹는 행사이다. 鏡餅는 두껍고 평평한 찹쌀떡으로 손이나 작은 망치로 깨뜨린다. 새해에 모든 일을 마무리하고, 새로이 일을 시작한다는 의미이다.
*成人の日 (1월 둘째 주 월요일)	20세가 되어, 어른이 되는 젊은이를 축하하는 날이다.
節分 (2월 3일 무렵)	봄이 시작되는 날(입춘)의 전날이다. 「おには外、福は内」라고 말하면서, 볶은 콩을 뿌리고, 자신의 나이 수만큼 콩을 먹으면 병이나 재해를 피할 수 있다고 한다.
*建国記念の日 (2월 11일)	일본의 건국을 기리는 날이며, 일본의 초대 천황인 神武天皇가 즉위한 날이다.
ひな祭り (3월 3일)	もの節供라고도 하며, 여자아이의 행복을 기원하는 축제이다. ひな人形나 もの花를 장식하고 白酒를 마시며 축하한다.
*春分の日 (3월 21일)	이날에는 성묘를 하는 풍습이 있다.
*緑の日 (4월 29일)	식물을 연구했던 昭和天皇의 생일인 이날은 식물제 등의 행사가 열린다.
*憲法記念日 (5월 3일)	일본국헌법이 실제로 시행되었던 1947년 5월 3일을 기념하는 날이다.
*子供の日 (5월 5일)	남자아이의 성장을 기원하는 날로, 鯉のぼり를 장식하거나 柏餅를 먹는다.

*母の日 (5월 둘째 주 일요일)	어머니에게 감사하는 날로, 빨간 카네이션 등을 선물한다.
*父の日 (6월 셋째 주 일요일)	아버지에게 감사하는 날로, 선물을 드리거나 한다.
*七夕 (7월 7일)	笹를 세우고, 잎에 소원을 적은 短冊를 달아 놓는 행사이다.
*海の日 (7월 20일)	바다가 주는 혜택에 대해 감사하는 날이다.
*お盆 (8월 15일)	선조의 영혼을 맞이하는 날로, 꽃이나 농작물 등을 바친다.
*終戦記念日 (8월 15일)	전쟁으로 희생된 사람을 기리고, 평화의 의미를 되새기는 날이다.
*敬老の日 (9월 15일)	노인을 공경하며, 장수를 기원하는 날이다.
*秋分の日 (9월 23일)	조상을 기리며, おはぎ(경단)를 만들거나 성묘를 한다.
*体育の日 (10월 둘째 주 월요일)	운동회나 마라톤 대회 등의 체육 행사가 열린다.
*文化の日 (11월 3일)	자유와 평화를 사랑하고, 학문과 예술 등의 문화 발전을 기리는 날로, 미술전 등이 열린다.
*七五三 (11월 15일)	3세가 되는 남자아이와 여자아이, 5세가 되는 남자아이, 7살이 되는 여자아이의 성장을 축하하는 날이다. 신사에 참배를 하고, 건강을 기원하는 의미로 千歳飴를 먹는다.
*勤労感謝の日 (11월 23일)	노동의 소중함을 기리며 감사하는 날이다.
*天皇誕生日 (12월 23일)	천황의 생일을 축하하는 날이다.
*大晦日 (12월 31일)	한 해의 마지막 날에, 국수처럼 길게 오래 살기를 기원하며 年越しそば를 먹는다. 절에서는 신년을 맞이하는 제야의 종을 친다.

비슷한 한자

九	丸
아홉 구 2획	둥글 환 3획

士	土
선비 사 3획	흙 토 3획

刀	力	刃
칼 도 2획	힘 력 2획	칼날 인 3획

小	少
작을 소 3획	적을 소 4획

人	入	八
사람 인 2획	들 입 2획	여덟 팔 2획

子	予	矛
아들 자 3획	미리 예 4획	창 모 5획

干	千
방패 간 3획	일천 천 3획

斤	斥
날 근 4획	물리칠 척 5획

大	犬	太
큰 대 3획	개 견 4획	클 태 4획

今	令
이제 금 4획	하여금 령 5획

万	方
일만 만 3획	모 방 4획

內	肉
안 내 4획	고기 육 5획

木	本
나무 목 4획	근본 본 5획

文	交
글월 문 4획	사귈 교 6획

反	皮
돌이킬 반 4획	가죽 피 5획

夫	天
지아비 부 4획	하늘 천 4획

仏	払
부처 불 4획	떨칠 불 5획

比	北
견줄 비 4획	북녘 북·달아날 배 5획

水	永	氷
물 수 4획	길 영 5획	얼음 빙 5획

心	必
마음 심 4획	반드시 필 5획

午	牛
낮 오 4획	소 우 4획

王	玉
임금 왕 4획	구슬 옥 5획

日	目	白	自
날 일 4획	눈 목 5획	흰 백 5획	스스로 자 6획

幻	幼
헛보일 환 4획	어릴 유 5획

巨	臣
클 거 5획	신하 신 7획

古	石	右
예 고 5획	돌 석 5획	오른 우 5획

功	巧
공 공 5획	공교할 교 5획

丘	兵
언덕 구 5획	병사 병 7획

句	旬
글귀 구 5획	열흘 순 6획

奴	如	好
종 노 5획	같을 여 6획	좋을 호 6획

代	伐
대신할 대 5획	칠 벌 6획

礼	札	乱
예도 례 5획	편지 찰 5획	어지러울 란 7획

末	未
끝 말 5획	아닐 미 5획

皿	血
그릇 명 5획	피 혈 6획

仕	任
섬길 사 5획	맡길 임 6획

史	吏
사기 사 5획	관리 리 6획

司	伺
맡을 사 5획	엿볼 사 7획

囚	因	困	固
가둘 수 5획	인할 인 6획	곤할 곤 7획	굳을 고 8획

矢	失
화살 시 5획	잃을 실 5획

申	甲
납 신 5획	갑옷 갑 5획

由	田
말미암을 유 5획	밭 전 5획

仰	抑
우러를 앙 6획	누를 억 7획

以	似
써 이 5획	닮을 사 7획

羊	辛	幸
양 양 6획	매울 신 7획	다행 행 8획

左	在
왼 좌 5획	있을 재 6획

宇	字
집 우 6획	글자 자 6획

各	名
각각 각 6획	이름 명 6획

全	金
온전 전 6획	쇠 금 ·성 김 8획

考	老	孝
생각할 고 6획	늙을 로 6획	효도 효 7획

仲	伸
버금 중 6획	펼 신 7획

缶	岳
두레박 관 6획	큰산 악 8획

休	体
쉴 휴 6획	몸 체 7획

成	威
이룰 성 6획	위엄 위 9획

坑	抗
구덩이 갱 7획	겨룰 항 7획

見	貝	具
볼 견 7획	조개 패 7획	갖출 구 8획

決	快
결단할 결 7획	쾌할 쾌 7획

系	係
이어맬 계 7획	맬 계 9획

技	枝
재주 기 7획	가지 지 8획

但	伯
다만 단 7획	맏 백 7획

労	栄	蛍
일할 로 7획	영화 영 9획	반딧불 형 11획

扶	抹
도울 부 7획	지울 말 8획

私	和
사사 사 7획	화할 화 8획

杉	形	彩
삼나무 삼 7획	모양 형 7획	채색 채 11획

束	東
묶을 속 7획	동녘 동 8획

秀	季	委
빼어날 수 7획	계절 계 8획	맡길 위 8획

冶	治
불릴 야 7획	다스릴 치 8획

役	投
부릴 역 7획	던질 투 7획

作	昨
지을 작 7획	어제 작 9획

材	村	林
재목 재	마을 촌	수풀 림
7획	7획	8획

低	底	抵	邸
낮을 저	밑 저	막을 저	집 저
7획	8획	8획	8획

折	祈	析
꺾을 절	빌 기	쪼갤 석
7획	8획	8획

弟	第
아우 제	차례 제
7획	11획

抄	秒
뽑을 초	분초 초
7획	9획

住	佳	往
살 주	아름다울 가	갈 왕
7획	8획	8획

坂	板	版
비탈 판	널 판	판목 판
7획	8획	8획

形	杉
모양 형	삼나무 삼
7획	7획

走	徒
달릴 주	무리 도
7획	10획

廷	延
조정 정	늘일 연
7획	8획

牧	放
칠 목	놓을 방
8획	8획

果	巢	菓
실과 과	새집 소	과자/실과 과
8획	11획	11획

欧	殴
구라파 구	때릴 구
8획	8획

径	経	軽
지름길/길 경	지날/글 경	가벼울 경
8획	11획	12획

苦	若
쓸 고 8획	같을 약 8획

昔	音
예 석 8획	소리 음 9획

官	宮
벼슬 관 8획	집 궁 10획

性	姓
성품 성 8획	성 성 8획

券	卷
문서 권 8획	책 권 9획

述	迷
펼 술 8획	미혹할 미 9획

侮	海	悔	梅
업신여길 모 8획	바다 해 9획	뉘우칠 회 9획	매화 매 10획

侍	待	持	特
모실 시 8획	기다릴 대 9획	가질 지 9획	특별할 특 10획

苗	笛	菌
모 묘 8획	피리 적 11획	버섯 균 11획

炎	淡
불꽃 염 8획	맑을 담 11획

步	涉
걸음 보 8획	건널 섭 11획

宜	宣
마땅 의 8획	베풀 선 9획

使	便
하여금/부릴 사 8획	똥오줌 변·편할 편 9획

齊	齋
가지런할 제 8획	재계할/집 재 11획

迭	送	逆
갈마들 질 8획	보낼 송 9획	거스릴 역 9획

皆	陛	階
다 개 9획	대궐섬돌 폐 10획	섬돌 계 12획

直	値
곧을 직 8획	값 치 10획

建	健
세울 건 9획	굳셀 건 11획

波	派
물결 파 8획	갈래 파 9획

計	針
셀 계 9획	바늘 침 10획

抱	泡	胞	砲	飽
안을 포 8획	거품 포 8획	세포 포 9획	대포 포 10획	배부를 포 13획

契	喫	潔
맺을 계 9획	먹을 끽 12획	깨끗할 결 15획

效	郊
본받을 효 8획	들 교 9획

孤	弧
외로울 고 9획	활 호 9획

忠	患
충성 충 8획	근심 환 11획

逃	挑	桃
도망할 도 9획	돋을 도 9획	복숭아 도 10획

看	着
볼 간 9획	붙을 착 12획

度	席
법도 도 9획	자리 석 10획

郎	朗
사내 랑 9획	밝을 랑 10획

乘	華
탈 승 9획	빛날 화 10획

冒	胃
무릅쓸 모 9획	밥통 위 9획

施	旅	旋	族
베풀 시 9획	나그네 려 10획	돌 선 11획	겨레 족 11획

変	恋	蛮
변할 변 9획	그리워할 련 10획	오랑캐 만 12획

室	窒
집 실 9획	막힐 질 11획

思	恩	惠
생각 사 9획	은혜 은 10획	은혜 혜 10획

哀	衷	衰
슬플 애 9획	속마음 충 9획	쇠할 쇠 10획

俗	裕
풍속 속 9획	넉넉할 유 12획

亭	停
정자 정 9획	머무를 정 11획

砕	粋	酔
부술 쇄 9획	순수할 수 10획	취할 취 11획

祖	租
할아비 조 9획	조세 조 10획

帥	師
장수 수 9획	스승 사 10획

奏	泰
아뢸 주 9획	클 태 10획

俊	唆
준걸 준 9획	부추길 사 10획

侯	候
제후 후 9획	기후 후 10획

律	津
법칙 률 9획	나루 진 9획

卸	御
짐부릴/풀 사 9획	거느릴 어 12획

浅	残	桟	踐	錢
얕을 천 9획	남을 잔 10획	사다리 잔 10획	밟을 천 13획	돈 전 14획

垣	恒
담 원 9획	항상 항 9획

則	側	測
법칙 칙 9획	곁 측 11획	헤아릴 측 12획

帰	掃
돌아갈 귀 10획	쓸 소 11획

侵	浸
침노할 침 9획	잠길 침 10획

降	隆
내릴 강·항복할 항 10획	높을 륭 11획

限	恨
한할 한 9획	한 한 9획

盾	循
방패 순 9획	돌 순 12획

峽	挾	狹
골짜기 협 9획	낄 협 9획	좁을 협 9획

耕	耗
밭갈 경 10획	소모할 모 10획

郡	群
고을 군 10획	무리 군 13획

般	航	船
일반 반 10획	배 항 10획	배 선 11획

党	堂
무리 당 10획	집 당 11획

俳	排
배우 배 10획	밀칠 배 11획

途	除
길 도 10획	덜 제 10획

倍	剖	陪	培	部
곱 배 10획	쪼갤 부 10획	모실 배 11획	북돋을 배 11획	떼 부 11획

島	鳥
섬 도 10획	새 조 11획

俸	峰
녹 봉 10획	봉우리 봉 10획

凍	陳	棟
얼 동 10획	베풀/묵을 진 11획	마룻대 동 12획

粉	紛
가루 분 10획	어지러울 분 10획

勉	逸
힘쓸 면 10획	편안할 일 11획

埋	理
묻을 매 10획	다스릴 리 11획

眠	眼
잘 면 10획	눈 안 11획

索	素
찾을 색·새끼줄 삭 10획	본디/흴 소 10획

徐	除
천천할 서 10획	덜 제 10획

遞	遲
갈릴 체 10획	더딜/늦을 지 12획

純	鈍
순수할 순 10획	둔할 둔 12획

儉	險	檢
검소할 검 10획	험할 험 11획	검사할 검 12획

借	惜	措
빌릴 차 10획	아낄 석 11획	둘 조 11획

笑	答
웃음 소 10획	대답 답 12획

胸	腦
가슴 흉 10획	골/뇌수 뇌 11획

捕	浦	補
잡을 포 10획	개 포 10획	기울 보 12획

唇	辱
입술 순 10획	욕될 욕 10획

栽	裁	載
심을 재 10획	옷마를 재 12획	실을 재 13획

殊	珠	株
다를 수 10획	구슬 주 10획	그루 주 10획

逐	遂	隊
쫓을 축 10획	드디어 수 12획	무리 대 12획

透	誘
사무칠 투 10획	꾈 유 14획

原	源
언덕 원 10획	근원 원 13획

殼	款	穀	隷
껍질 각 11획	항목 관 12획	곡식 곡 14획	종 례 16획

深	探
깊을 심 11획	찾을 탐 11획

喝	渴
꾸짖을 갈 11획	목마를 갈 11획

康	庸
편안 강 11획	떳떳할 용 11획

規	現
법 규 11획	나타날 현 11획

紳	神
띠 신 11획	귀신 신 9획

動	働
움직일 동 11획	일할 동 13획

悠	愁
멀 유 11획	근심 수 13획

描	猫
그릴 묘 11획	고양이 묘 11획

偶	遇	隅
짝 우 11획	만날 우 12획	모퉁이 우 12획

問	間
물을 문 11획	사이 간 12획

唯	推	准
오직 유 11획	밀 추 11획	비준 준 10획

設	説
베풀 설 11획	말씀 설·달랠 세 14획

帳	張	脹
장막 장 11획	베풀 장 11획	부을 창 12획

都	者	著	箸
도읍 도 11획	놈 자 8획	나타날 저 12획	젓가락 저 15획

菜	採
나물 채 11획	캘 채 11획

悼	卓
슬퍼할 도 11획	높을 탁 8획

責	債	漬	積	績
꾸짖을 책 11획	빚 채 11획	담글 지 14획	쌓을 적 16획	길쌈 적 17획

章	障
글 장 11획	막을 장 14획

販	敗
팔 판 11획	패할 패 11획

情	淸	晴	精	請
뜻 정 11획	맑을 청 11획	갤 청 12획	정할 정 14획	청할 청 15획

閉	閑
닫을 폐 11획	한가할 한 12획

祭	際
제사 제 11획	즈음 제 14획

票	漂	標
표 표 11획	떠다닐 표 14획	표할 표 15획

組	粗
짤 조 11획	거칠 조 11획

黃	橫
누를 황 11획	가로 횡 15획

執	報
잡을 집 11획	갚을/알릴 보 12획

黑	墨	默
검을 흑 11획	먹 묵 14획	잠잠할 묵 15획

覚	賞
깨달을 각 12획	상줄 상 15획

飯	飮	飾
밥 반 12획	마실 음 12획	꾸밀 식 13획

減	滅
덜 감 12획	멸할 멸 13획

番	審
차례 번 12획	살필 심 15획

開	關	閣	聞	閱
열 개 12획	관계할 관 14획	집 각 14획	들을 문 14획	볼 열 15획

復	腹	複
회복할 복·다시 부 12획	배 복 13획	겹칠 복 14획

過	渦	禍
지날 과 12획	소용돌이 와 12획	재앙 화 13획

象	像
코끼리 상 12획	모양 상 14획

幾	機
몇 기 12획	틀 기 16획

暑	署
더울 서 12획	마을 서 13획

棋	旗
바둑 기 12획	기 기 14획

植	殖
심을 식 12획	불릴 식 12획

募	墓	幕	暮	慕
모을 모 12획	무덤 묘 13획	장막 막 13획	저물 모 14획	그릴 모 14획

陽	揚	場	湯	腸
볕 양 12획	날릴 양 12획	마당 장 12획	끓을 탕 12획	창자 장 13획

援	暖	緩
도울 원 12획	따뜻할 난 13획	느릴 완 15획

税	説	鋭
세금 세 12획	말씀 설 · 달랠 세 14획	날카로울 예 15획

越	超
넘을 월 12획	뛰어넘을 초 12획

燒	曉
사를 소 12획	새벽 효 12획

隨	髓
따를 수 12획	뼛골 수 19획

然	燃
그럴 연 12획	탈 연 16획

偉	違
클 위 12획	어긋날 위 13획

提	堤
끌 제 12획	둑 제 12획

替	贊
바꿀 체 12획	도울 찬 15획

塔	搭
탑 탑 12획	탈 탑 12획

統	銃
거느릴 통 12획	총 총 14획

喚	換
부를 환 12획	바꿀 환 12획

慨	槪
슬퍼할 개 13획	대개 개 14획

遣	遺
보낼 견 13획	남길 유 15획

塊	魂	醜
흙덩이 괴 13획	넋 혼 14획	추할 추 17획

勸	歡	観
권할 권 13획	기쁠 환 15획	볼 관 15획

棄	葉
버릴 기 13획	잎 엽 12획

碁	基
바둑 기 13획	터 기 11획

農	豊
농사 농 13획	풍년 풍 13획

楽	薬
즐길 락 · 노래 악 13획	약 약 16획

虞	虜	慮
염려할 우 13획	사로잡을 로 13획	생각할 려 15획

嫁	稼
시집갈 가 13획	심을 가 15획

微	徴	徹	撤
작을 미 13획	부를 징 14획	통할 철 15획	거둘 철 15획

頒	領
나눌 반 13획	거느릴 령 14획

勢	熱	熟
형세 세 13획	더울 열 15획	익을 숙 15획

数	類
셈 수 13획	무리 류 18획

新	親
새 신 13획	친할 친 16획

遠	猿
멀 원 13획	원숭이 원 13획

義	儀	犧
옳을 의 13획	거동 의 15획	희생 희 17획

資	賃	貸
재물 자 13획	품삯 임 13획	빌릴/뀔 대 12획

賊	賦
도둑 적 13획	부세 부 15획

疑	凝
의심할 의 14획	엉길 응 16획

構	講	謙	購
얽을 구 14획	욀 강 17획	겸손할 겸 17획	살 구 17획

歷	曆
지날 력 14획	책력 력 14획

練	鍊
익힐 련 14획	단련할 련 16획

綠	緣	錄
푸를 록 14획	인연 연 15획	기록할 록 16획

膜	模
꺼풀/막 막 14획	본뜰 모 14획

慢	漫
거만할 만 14획	흩어질 만 14획

察	擦
살필 찰 14획	문지를 찰 17획

輪	論	諭
바퀴 륜 15획	논할 론 15획	타이를 유 16획

噴	墳	憤
뿜을 분 15획	무덤 분 15획	분할 분 15획

億	憶
억 억 15획	생각할 억 16획

憂	優
근심 우	넉넉할 우
15획	17획

舞	無
춤출 무	없을 무
15획	12획

衝	衡	衛
찌를 충	저울대 형	지킬 위
15획	16획	16획

幣	弊
화폐 폐	폐단/해질 폐
15획	15획

稿	橋
원고 고	다리 교
15획	16획

壤	孃
흙덩이 양	아가씨 양
16획	16획

賴	瀨
의뢰할 뢰	여울 뢰
16획	19획

操	燥	繰
잡을 조	마를 조	고치 켤 조
16획	17획	19획

濯	曜
씻을 탁	빛날 요
17획	18획

職	織	識
직분 직	짤 직	알 식
18획	18획	19획

警	驚
깨우칠 경	놀랄 경
19획	22획

일본인 성씨 읽기

2획

二	二宮	にのみや
入	入江	いりえ
八	八木	やぎ・はぎ

3획

工	工藤	くどう・こどう
久	久保	くぼ
	久保田	くぼた
及	及川	おいかわ・およかわ・しきかわ
大	大谷	おおたに
	大橋	おおはし
	大久保	おおくぼ
	大槻	おおつき
	大崎	おおさき
	大内	おおうち
	大島	おおしま
	大木	おおき
	大森	おおもり
	大山	おおやま
	大西	おおにし
	大石	おおいし
	大城	おおき・だいじょう
	大野	おおの
	大原	おおはら
	大場	おおば
	大田	おおた
	大竹	おおたけ
	大川	おおかわ
	大村	おおむら
	大塚	おおつか
	大沢	おおさわ
	大平	おおひら・たいへい
山	山岡	やまおか
	山谷	やんや・みたに
	山口	やまぐち
	山根	やまね
	山崎	やまさき・やまざき
	山内	やまうち
	山本	やまもと
	山岸	やまぎし
	山田	やまだ
	山中	やまなか
	山川	やまかわ
	山村	やまむら
	山下	やました

上	上野	うえの
	上原	うえはら・かみはら
	上田	あげた・かみた・じょうだ
	上村	うえむら
三	三輪	さんわ・みわ
	三木	さんぎ・みき
	三上	みかみ
	三浦	みうら
	三宅	みやけ
	三好	みよし
小	小谷	おたに・こたに
	小島	おじま
	小柳	こやなぎ
	小林	こばやし
	小笠原	おがさはら
	小山	こやま
	小森	こもり
	小西	こにし
	小松	こまつ
	小野	おの
	小野寺	おのでら
	小原	おはら・こはら
	小田	おだ
	小池	こいけ

	小倉	おぐら
	小泉	こいずみ
	小川	おがわ
	小出	こいで
	小沢	おざわ
	小坂	おさか
千	千葉	ちば
	千田	せんだ
川	川口	かわぐち
	川崎	かわさき
	川端	かわばた
	川島	かわしま
	川本	かわもと
	川上	かわかみ
	川野	かわの
	川原	かわはら
	川田	かわた
	川村	かわむら
土	土屋	つちや
	土田	つちだ・とだ
	土井	どい
下	下田	しもだ
	下村	したむら
丸	丸山	まるやま

		4획
今	今野	こんの
	今井	いまい
	今村	いまむら
内	内田	うちだ
	内山	うちやま
	内藤	ないとう
	内海	うちうみ・うつみ
丹	丹羽	たんば
木	木村	きむら・こむら
	木下	きのした
比	比嘉	ひが・ひよし
水	水野	みずの
	水谷	すいたに・みずたに
手	手塚	てづか
五	五十嵐	いからし
日	日高	ひだか
	日野	ひの
井	井口	いぐち
	井上	いね・いのうえ・いのえ
中	中谷	なかたに
	中本	なかもと
	中西	なかにし
	中村	なかむら
	中山	なかやま
	中島	なかしま・なかじま
	中嶋	なかしま
	中川	なかがわ
	中野	なかの
	中尾	なかお
	中田	なかた
	中井	なかい
	中沢	なかざわ
	中原	なかはら
天	天野	あまの
太	太田	おおた
片	片岡	かたおか
	片桐	かたぎり
	片山	かたやま
戸	戸田	とだ

		5획
加	加納	かのう
	加藤	かとう
甲	甲斐	かい
古	古谷	こたに・ふるたに
広	広瀬	ひろせ
	広田	ひろた
古	古田	ふるた
	古川	こがわ
	古賀	こが
米	米田	こめた・まいた

白	白石	しらいし		田	田口	たぐち
	白井	しらい			田代	たしろ
	白川	しらかわ			田畑	たばた
本	本多	ほんだ			田上	たうえ・たがみ
	本田	ほんだ			田島	たしま
	本間	ほんま			田原	たはら
北	北島	きたじま			田中	たなか
	北野	きたの			田村	たむら
	北原	きたはら			田辺	たなべ
	北川	きたがわ		出	出口	いでぐち・でぐち
	北村	きたむら		平	平岡	ひらおか
石	石崎	いしざき			平井	ひらい
	石川	いしかわ			平山	ひらやま
	石塚	いしづか			平松	ひらまつ
	石山	いしやま			平野	ひらの
	石橋	いしばし			平田	ひらた
	石井	いし			平川	ひらかわ
	石田	いしだ				
	石原	いしはら				
	石黒	いしくろ				

	6획	
江	江口	えぐち
臼	臼井	うすい
吉	吉岡	よしおか
	吉本	よしもと
	吉原	よしはら
	吉田	よしだ
	吉井	よしい
	吉川	きちかわ・よしかわ
	吉野	よしの

市	市川	いちかわ
矢	矢島	やじま
	矢野	やの
辻	辻	つじ
永	永野	ながの
	永井	ながい
	永田	ながた・えいだ

	吉村	よしむら
	吉沢	よしざわ
多	多田	ただ
寺	寺田	てらだ
西	西	にし
	西岡	にしおか
	西尾	にしお
	西本	にしもと
	西原	にしはら
	西川	にしかわ
	西村	にしむら
	西田	にした
	西山	にしやま
	西野	にしの
	西沢	にしざわ
成	成田	なりた
安	安達	あだち・あんだち
	安藤	あんどう
	安田	やすだ
	安井	やすい
	安部	あべ
宇	宇野	うの
伊	伊藤	いとう
	伊東	いとう
庄	庄司	しょうじ
早	早川	はやかわ

竹	竹内	たけうち
	竹本	たけもと
	竹中	たけなか
	竹田	たけだ
	竹村	たけむら
	竹下	たけした
池	池上	いけがみ
	池田	いけだ

7획		
角	角田	かくた・つのだ
谷	谷	こく・たに
	谷口	たにぐち
	谷本	たにもと
	谷川	たにがわ
近	近藤	こんどう・ちかふじ
尾	尾崎	おざき
佐	佐久間	さくま
	佐藤	さとう
	佐伯	さいき
	佐野	さの
	佐々木	ささき
杉	杉浦	すぎうら
	杉山	すぎやま
	杉本	すぎもと
	杉原	すぎはら
	杉田	すぎた

町	町田	まちだ
足	足立	あだち
児	児玉	こだま
志	志村	しむら
村	村瀬	むらせ
	村上	さむらかみ・むらかみ
	村田	むらた
	村井	むらい
	村山	むらやま
	村松	むらまつ
坂	坂本	さかもと
	坂田	さかた
	坂井	さかい
	坂口	さかぐち
沢	沢田	さわだ
向	向井	むかい
和	和田	わだ
花	花田	はなだ

8획		
岡	岡	おか
	岡崎	おかざき
	岡田	おかだ
	岡本	おかもと
	岡野	おかの
	岡村	おかむら
	岡部	おかべ

金	金城	かなうすく・かなき・かねぎ・きんじょう
	金子	かねこ
	金田	かなだ・かねた
	金井	かない
	金沢	かなざわ
東	東	ひがし・あずま
林	林	はやし・りん
	林田	はやしだ
牧	牧野	まきの
武	武藤	むとう・たけとう
	武田	たけだ
	武井	たけい
茂	茂木	しげき・もてき
服	服部	はっとり
沼	沼田	ぬまた
松	松崎	まつさき
	松島	まつしま
	松永	まつなが
	松浦	まつうら
	松尾	まつお
	松本	まつもと
	松山	まつやま
	松野	まつの
	松田	まつだ
	松井	まつい

	松岡	まつおか
	松下	まつした
	松原	まつばら
	松村	まつむら
岸	岸	きし
	岸本	きしもと
岩	岩崎	いわさき
	岩瀬	いわせ
	岩田	いわた
	岩井	いわい
	岩本	いわもと
若	若林	わかばやし
斎	斎藤	さいとう
長	長岡	ながおか
	長尾	ながお
	長谷川	はせがわ
	長島	ながじま
	長野	ながの
	長田	ながた・おさだ
	長沢	ながさわ
青	青柳	あおやぎ
	青木	あおき
	青山	あおやま
河	河合	かあい
	河野	こうの
	河原	かわはら・ごうはら
	河村	かわむら

阿	阿部	あべ・あべい
荒	荒川	あらかわ
9획		
南	南	みなみ
柏	柏木	かしわぎ・わかご
柳	柳田	やなぎた
	柳沢	やなぎさわ
相	相馬	そうま
	相沢	あいざわ
星	星	ほし
	星野	ほしの
神	神谷	かみたに・こうや・しんたに
	神田	こうだ・かんだ
前	前田	まえた・まえだ
	前川	まえかわ
畑	畑中	はたけなか
津	津田	つだ
泉	泉	いずみ
浅	浅野	あさの
	浅田	あさだ
	浅井	あさい
秋	秋山	あきやま
	秋元	あきもと
	秋田	あきた
荒	荒木	あらき
	荒井	あらい

後	後藤	ごとう		浜	浜崎	はまさき
					浜口	はまぐち
10획					浜野	はまの
高	高田	たかだ			浜田	はまだ
	高橋	たかはし		桑	桑原	くわはら
	高島	たかしま		栗	栗原	くりはら
	高瀬	たかせ			栗田	くりた
	高山	たかやま		原	原	はら
	高松	たかまつ			原口	はらぐち
	高木	こうき・たかき			原田	はらた
	高野	こうの		櫻	櫻井	さくらい
	高井	たかい		荻	荻野	おぎの
宮	宮崎	みやざき		畠	畠山	はたけやま
	宮内	みやうち		酒	酒井	さかい
	宮下	みやした		倉	倉田	くらた
	宮田	みやた				
	宮本	みやもと		11획		
	宮城	みやぎ		菅	菅原	すがはら
	宮原	みやばら			菅野	かんの・すがの
	宮川	みやかわ		亀	亀井	かめい
	宮沢	みやざわ		菊	菊地	きくち
根	根本	ねもと		堀	堀	ほり
	根岸	ねぎし			堀江	ほりえ
島	島崎	しまさき			堀口	ほりぐち
	島田	しまだ			堀内	ほりうち
馬	馬場	ばば			堀田	ほつた
梅	梅田	うめた			堀川	ほりかわ

笠	笠原	かさはら
	笠井	かさい
梶	梶原	かじはら・かぢはら
冨	冨田	とみた
細	細川	ほそかわ
渋	渋谷	しぶたに
深	深沢	ふかさわ
野	野崎	のざき
	野口	のぐち
	野田	のだ
	野中	のなか
	野村	のむら
	野沢	のざわ
望	望月	ぼうづき・もちづき
柴	柴田	しばた
斎	斎藤	さいとう
清	清水	きよみず・しみず
黒	黒木	くろき
	黒田	くろた
	黒川	くろかわ
	黒沢	くろさわ

12획		
菅	菅	つが
渡	渡辺	わたなべ

筒	筒井	つつい
飯	飯島	いいじま
	飯田	いいだ
	飯塚	いいつか・めいづか
富	富田	とみた・たくだ
	富永	とみなが
須	須藤	すとう
	須田	すだ
落	落合	おちあい
森	森	もり・しん
	森岡	もりおか
	森山	もりやま
	森田	もりた
	森本	もりもと
	森川	もりかわ
	森下	もりした
植	植田	うえた
奥	奥山	おくやま
	奥野	おくの
	奥田	おくた
	奥村	おくむら
越	越智	えち・おち・こち
堤	堤	つつみ
塚	塚本	つかもと
	塚田	つかだ

萩	萩原	はぎわら		德	德田	とくた
湯	湯浅	ゆあさ			德永	とくなが
13획				稲	稲垣	いながき
溝	溝口	みぞくち			稲葉	いなば
鈴	鈴木	すずき			稲田	いなだ
滝	滝沢	たきざわ		嶋	嶋田	しまだ
福	福岡	ふくおか		緒	緒方	おがた
	福井	ふくい		窪	窪田	くぼた
	福島	ふくしま		熊	熊谷	くまがい・くまたに
	福本	ふくもと		齋	齋藤	さいとう
	福永	ふくなが		増	増田	ますだ
	福原	ふくはら		**15획**		
	福田	ふくた		樋	樋口	ひぐち
新	新谷	あらや・しんたに・にいや		横	横山	よこやま
	新田	あらた・にいた			横田	よこた
	新井	あらい			横井	よこい
榊	榊原	さかきはら		**16획**		
遠	遠藤	えんどう		橋	橋本	はしもと
園	園田	そのだ		**17획**		
豊	豊田	とよた		篠	篠原	しのはら
14획					篠崎	しのさき
榎	榎本	えのもと			篠田	しのだ
関	関	せき		**18획**		
	関口	せきぐち		鎌	鎌田	かまた
	関根	せきね				

藤	藤岡	ふじおか
	藤田	ふじた
	藤井	ふじい
	藤原	ふじはら・ふじわら
	藤本	ふじもと
	藤野	ふじの
	藤川	ふじかわ
	藤村	ふじむら
	藤沢	ふじさわ

19획		
瀬	瀬戸	せと

21획		
鶴	鶴田	つるた

일본의 역사시대와 연호

時　代	年　号	年　度
	飛鳥時代（あすか）	645～707
	奈良時代（なら）	708～781
	平安時代（へいあん）	782～1190
	鎌倉時代（かまくら）	1191～1331
	南北朝時代（なんぼくちょう）	1331～1394
	室町時代（むろまち）	1394～1573
	安土・桃山時代（あづち・ももやま）	1573～1615
江戸時代（えど）	慶長（けいちょう）, 元和（げんな）, 寛永（かんえい）, 正保（しょうほ）, 慶安（けいあん） 承応（じょうおう）, 明暦（めいれき）, 万治（まんじ）, 寛文（かんぶん）, 延宝（えんぽう） 天和（てんな）, 貞享（じょうきょう）, 元禄（げんろく）, 宝永（ほうえい）, 正徳（しょうとく） 享保（きょうほう）, 元文（げんぶん）, 寛保（かんぽう）, 延享（えんきょう）, 寛延（かんえん） 宝暦（ほうれき）, 明和（めいわ）, 安永（あんえい）, 天明（てんめい）, 寛政（かんせい） 享和（きょうわ）, 文化（ぶんか）, 文政（ぶんせい）, 天保（てんぽう）, 弘化（こうか） 嘉永（かえい）, 安政（あんせい）, 万延（まんえん）, 文久（ぶんきゅう）, 元治（げんじ）, 慶応（けいおう）	1615～1868
近代（きんだい）	明治（めいじ）	1868～1912
	大正（たいしょう）	1912～1926
	昭和（しょうわ）	1926～1988
	平成（へいせい）	1989～2019
	令和（れいわ）	2019～

일본의 지명

北海道・東北地方	
北海道(ほっかいどう)	홋카이도
青森県(あおもりけん)	아오모리 현
岩手県(いわてけん)	이와테 현
宮城県(みやぎけん)	미야기 현
秋田県(あきたけん)	아키타 현
山形県(やまがたけん)	야마가타 현
福島県(ふくしまけん)	후쿠시마 현

関東地方(かんとうちほう)	
茨城県(いばらきけん)	이바라키 현
栃木県(とちぎけん)	도치기 현
群馬県(ぐんまけん)	군마 현
埼玉県(さいたまけん)	사이타마 현
千葉県(ちばけん)	치바 현
東京都(とうきょうと)	도쿄 도
神奈川県(かながわけん)	가나가와 현

中部地方 ちゅうぶちほう	
新潟県 にいがたけん	니가타 현
富山県 とやまけん	도야마 현
石川県 いしかわけん	이시카와 현
福井県 ふくいけん	후쿠이 현
長野県 ながのけん	나가노 현
山梨県 やまなしけん	야마나시 현
岐阜県 ぎふけん	기후 현
静岡県 しずおかけん	시즈오카 현
愛知県 あいちけん	아이치 현

近畿地方 きんきちほう	
三重県 みえけん	미에 현
滋賀県 しがけん	시가 현
京都府 きょうとふ	교토 부
大阪府 おおさかふ	오사카 부
兵庫県 ひょうごけん	효고 현
奈良県 ならけん	나라 현
和歌山県 わかやまけん	와카야마 현

中国地方 ちゅうごくちほう	
鳥取県 とっとりけん	돗토리 현
島根県 しまねけん	시마네 현
岡山県 おかやまけん	오카야마 현
広島県 ひろしまけん	히로시마 현
山口県 やまぐちけん	야마구치 현

四国地方 しこくちほう	
徳島県 とくしまけん	도쿠시마 현
香川県 かがわけん	가가와 현
愛媛県 えひめけん	에히메 현
高知県 こうちけん	고치 현

九州地方 きゅうしゅうちほう	
福岡県 ふくおかけん	후쿠오카 현
佐賀県 さがけん	사가 현
長崎県 ながさきけん	나가사키 현
熊本県 くまもとけん	구마모토 현
大分県 おおいたけん	오이타 현
宮崎県 みやざきけん	미야자키 현
鹿児島県 かごしまけん	가고시마 현
沖縄県 おきなわけん	오키나와 현

찾아보기

※숫자는 일련 번호임

ㄱ

가
- 加 0115
- 可 0116
- 仮 0214
- 苛 0481
- 価 0482
- 佳 0483
- 架 0685
- 家 0879
- 街 1311
- 暇 1522
- 嫁 1523
- 歌 1694
- 稼 1810

각
- 各 0215
- 却 0328
- 角 0329
- 刻 0484
- 殼 1096
- 脚 1097
- 覚 1312
- 閣 1695

간
- 干 0015
- 刊 0117
- 肝 0330
- 看 0686
- 間 1313
- 幹 1524
- 墾 1931
- 懇 2009
- 簡 2052

갈
- 喝 1098
- 渴 1099
- 葛 1314
- 褐 1525

감
- 甘 0118
- 紺 1100
- 勘 1101
- 敢 1315
- 堪 1316
- 減 1317
- 感 1526
- 監 1811
- 憾 1932
- 鑑 2135

갑
- 甲 0119

강
- 岬 0485
- 江 0216
- 岡 0486
- 降 0880
- 剛 0881
- 強 1102
- 康 1103
- 綱 1696
- 鋼 1933
- 講 2010

개
- 介 0046
- 改 0331
- 皆 0687
- 個 0882
- 開 1318
- 蓋 1527
- 慨 1528
- 箇 1697
- 概 1698

객
- 客 0688

갱
- 坑 0332
- 更 0335

거
- 去 0120
- 巨 0121
- 拠 0487
- 拒 0488
- 居 0489
- 挙 0883
- 据 1104
- 距 1319
- 裾 1529

건
- 巾 0016
- 件 0217
- 建 0689
- 健 1105
- 乾 1106
- 鍵 2011

걸
- 乞 0017
- 傑 1530

검
- 倹 0884
- 剣 0885
- 検 1320

게
- 揭 1107
- 憩 1934

격
- 格 0886
- 隔 1531

견	擊	1812		敬	1324		稽	1816	골	骨	0891
	激	1935		硬	1325		鷄	2094	공	工	0018
	犬	0047		景	1326	고	尻	0122		公	0049
	見	0333		傾	1534		古	0123		孔	0050
	肩	0490		境	1699		考	0218		功	0124
	堅	1321		慶	1814		告	0338		共	0220
	遣	1532		憬	1815		固	0496		攻	0341
	絹	1533		鏡	2091		股	0497		空	0500
	繭	2053		鯨	2092		苦	0498		供	0501
결	欠	0048		警	2093		枯	0694		恭	0892
	決	0334		競	2115		故	0695		恐	0893
	結	1322		驚	2132		孤	0696		貢	0894
	潔	1813	계	戒	0336		拷	0697		控	1114
겸	兼	0887		系	0337		庫	0889	과	果	0502
	謙	2012		季	0494		高	0890		科	0698
	鎌	2054		屆	0495		雇	1328		菓	1115
경	更	0335		係	0690		鼓	1536		過	1329
	京	0491		契	0691		稿	1817		誇	1537
	茎	0492		計	0692		錮	1936		寡	1701
	径	0493		界	0693		顧	2126		課	1818
	耕	0888		械	1111	곡	曲	0219		鍋	2013
	頃	1108		渓	1112		谷	0339	곽	郭	1116
	梗	1109		啓	1113		穀	1700	관	缶	0221
	経	1110		階	1327	곤	困	0340		串	0342
	軽	1323		継	1535		昆	0499		官	0503

	冠	0699		絞	1332		構	1706		潰	1822
	貫	1117		較	1541		駒	1819	귀	鬼	0899
	棺	1330		橋	1939		購	2015		帰	0900
	款	1331		矯	2014	국	局	0346		貴	1334
	寬	1538	구	九	0003		国	0510	규	叫	0226
	関	1702		久	0019		菊	1124		糾	0705
	管	1703		口	0020		君	0347		規	1127
	慣	1704		区	0051	군	軍	0702	균	均	0348
	館	1937		勾	0052		郡	0896		菌	1128
	観	2055		句	0127		群	1543	극	克	0349
괄	括	0700		丘	0128	굴	屈	0511		極	1335
광	広	0125		旧	0129		堀	1125		隙	1546
	光	0222		臼	0224		掘	1126		劇	1823
	狂	0343		求	0344		窟	1544	근	斤	0053
	鉱	1539		究	0345	궁	弓	0021		近	0350
괘	掛	1118		具	0506		宮	0897		根	0901
괴	怪	0504		拘	0507		窮	1820		勤	1336
	拐	0505		欧	0508	권	券	0512		筋	1337
	塊	1540		殴	0509		巻	0703		僅	1547
	壊	1938		亀	1120		拳	0898		謹	2016
교	巧	0126		球	1121		圏	1333	금	今	0054
	交	0223		救	1122		勧	1545		金	0513
	郊	0701		懼	1123		権	1821		琴	1338
	校	0895		溝	1542	궤	机	0225		禁	1548
	教	1119		駆	1705		軌	0704		錦	1940

급	襟	2056
	及	0022
	扱	0227
	急	0706
	級	0707
	給	1339
긍	肯	0514
기	己	0023
	気	0228
	企	0229
	肌	0230
	伎	0231
	岐	0351
	忌	0352
	汽	0353
	技	0354
	奇	0515
	祈	0516
	紀	0708
	記	0902
	既	0903
	起	0904
	飢	0905
	埼	1129
	寄	1130

	基	1131
	崎	1132
	期	1340
	幾	1341
	棋	1342
	欺	1343
	碁	1549
	棄	1550
	旗	1707
	畿	1824
	器	1825
	機	1941
	騎	2057
긴	緊	1826
길	吉	0232
김	金	0513
끽	喫	1344

ㄴ

나	那	0355
	奈	0517
낙	諾	1831
난	暖	1551
	難	2058
남	男	0356
	南	0709

납	納	0906
낭	娘	0907
내	内	0055
	匂	0056
	耐	0710
녀	女	0024
년	年	0233
념	念	0518
녕	寧	1708
노	奴	0130
	努	0357
	怒	0711
농	農	1552
	濃	1942
뇌	悩	0908
	脳	1133
뇨	尿	0358
능	能	0909
니	尼	0131
	泥	0519
닉	匿	0910

ㄷ

다	多	0234
	茶	0826
단	丹	0057

	旦	0132
	団	0235
	但	0359
	段	0712
	単	0713
	断	1134
	短	1345
	端	1709
	壇	1943
	鍛	2017
달	達	1346
담	担	0520
	胆	0714
	淡	1135
	談	1827
	曇	1944
답	答	1347
	踏	1828
당	当	0236
	唐	0911
	党	0912
	堂	1136
	糖	1945
대	大	0025
	台	0133

	代	0134		道	1351		憧	1830		랄	辣	1714
	対	0360		跳	1553		瞳	2019		람	嵐	1360
	待	0715		塗	1554	두	斗	0058			覧	2021
	帯	0913		稲	1711		豆	0362			濫	2060
	袋	1137		導	1829		痘	1354			藍	2061
	隊	1348		賭	1946		頭	1948		랍	拉	0525
	貸	1349	독	毒	0522		鈍	1355		랑	郎	0721
	戴	2018		独	0719	둔	屯	0059			浪	0921
덕	徳	1710		督	1555	득	得	1144			朗	0922
도	刀	0004		読	1712	등	灯	0238			廊	1361
	図	0361		篤	1947		等	1356		래	来	0365
	到	0521	돈	豚	1142		登	1357		랭	冷	0366
	逃	0716		頓	1556		謄	2020		략	略	1145
	挑	0717	돌	突	0523		藤	2059		량	両	0239
	度	0718	동	冬	0135		騰	2116			良	0367
	途	0914		同	0237	ㄹ					涼	1146
	倒	0915		東	0524	라	裸	1558			量	1362
	徒	0916		洞	0720		羅	2095			糧	2062
	桃	0917		胴	0919	락	落	1358		려	戻	0368
	島	0918		凍	0920		絡	1359			呂	0369
	盗	1138		動	1143		酪	1559			励	0370
	都	1139		棟	1352		楽	1560			侶	0722
	悼	1140		童	1353		卵	0363			旅	0923
	陶	1141		働	1557	란	乱	0364			慮	1832
	渡	1350		銅	1713		欄	2117			麗	2096

력	力	0005
	歷	1715
	暦	1716
련	恋	0924
	連	0925
	練	1717
	錬	1949
렬	劣	0240
	列	0241
	烈	0926
	裂	1363
렴	廉	1561
렵	猟	1147
령	令	0136
	鈴	1562
	零	1563
	領	1718
	霊	1833
	齢	2022
례	礼	0137
	例	0526
	隷	1950
로	老	0242
	労	0371
	炉	0527

	路	1564
	虜	1565
	露	2127
록	鹿	1148
	緑	1719
	録	1951
	麓	2097
론	論	1834
롱	弄	0372
	滝	1566
	籠	2133
뢰	賂	1567
	雷	1568
	頼	1952
	瀬	2098
료	了	0006
	料	0927
	僚	1720
	寮	1835
	瞭	2023
	療	2024
룡	竜	0928
루	涙	0929
	累	1149
	塁	1364

	楼	1569
	漏	1721
류	柳	0723
	留	0930
	流	0931
	硫	1365
	瑠	1722
	類	2063
륙	陸	1150
륜	倫	0932
	輪	1836
률	律	0724
	率	1151
	慄	1570
륭	隆	1152
릉	陵	1153
리	吏	0243
	里	0373
	利	0374
	厘	0725
	理	1154
	梨	1155
	痢	1366
	裏	1571
	履	1837

	璃	1838
	離	2099
린	隣	1953
림	林	0528
	臨	2064
립	立	0138
	粒	1156

마	馬	0933
	麻	1157
	摩	1839
	磨	1954
	魔	2128
막	漠	1572
	幕	1573
	膜	1723
만	万	0026
	晩	1367
	湾	1368
	蛮	1369
	満	1370
	慢	1724
	漫	1725
말	末	0139
	抹	0529

망											
	亡	0027		勉	0938		謀	1956		紋	0943
	妄	0244		綿	1727	목	木	0061		問	1163
	忙	0245		麵	1955		目	0143		聞	1736
	忘	0375	멸	滅	1575		牧	0537	물	物	0542
	望	1158		蔑	1728		睦	1576	미	未	0144
	網	1726	명	皿	0140	몰	沒	0378		米	0248
매	每	0246		名	0247	몽	夢	1577		尾	0380
	売	0376		命	0534	묘	妙	0379		弥	0543
	枚	0530		明	0535		苗	0538		味	0544
	妹	0531		冥	0939		畝	0941		眉	0730
	昧	0726		銘	1729		猫	1160		迷	0731
	梅	0934		鳴	1730		描	1161		美	0732
	埋	0935	모	毛	0060		墓	1578		微	1579
	買	1371		母	0141	무	茂	0539		謎	2025
	媒	1372		矛	0142		武	0540	민	民	0145
	魅	1840		侮	0536		務	1162		敏	0944
	罵	1841		冒	0728		貿	1375	밀	密	1164
맥	麦	0377		某	0729		無	1376		蜜	1737
	脈	0936		耗	0940		舞	1842			
맹	盲	0532		募	1373		霧	2100	ㅂ		
	猛	1159		帽	1374	묵	墨	1735	박	朴	0249
	盟	1574		慕	1731		黙	1843		泊	0545
면	免	0533		模	1732	문	文	0062		拍	0546
	面	0727		貌	1733		門	0541		迫	0547
	眠	0937		暮	1734		蚊	0942		剝	0945
										舶	1165

	博	1377		防	0387		煩	1583		併	0555
	撲	1844		妨	0388		繁	1959		柄	0737
	縛	1957		放	0548		翻	2065		病	0954
	薄	1958		房	0549		藩	2066		瓶	1170
반	反	0063		肪	0550	벌	伐	0251		塀	1382
	半	0146		紡	0949		閥	1739		餅	1849
	返	0381		傲	0950		罰	1740	보	布	0205
	伴	0382		訪	1166	범	凡	0028		步	0556
	班	0946		傍	1380		氾	0148		宝	0557
	畔	0947	배	北	0155		犯	0149		保	0738
	般	0948		杯	0551		帆	0252		捗	1053
	飯	1378		拜	0552		汎	0253		報	1383
	斑	1379		背	0735		範	1848		補	1384
	頒	1580		倍	0951	법	法	0553		普	1385
	搬	1581		配	0952	벽	壁	1960		譜	2101
	盤	1845		俳	0953		璧	2067	복	伏	0254
발	抜	0383		陪	1167		癖	2068		服	0558
	勃	0733		排	1168	변	辺	0150		復	1386
	発	0734		培	1169		弁	0151		腹	1584
	鉢	1582		輩	1846		変	0736		福	1585
	髪	1738		賠	1847		便	0848		複	1741
방	方	0064	백	白	0147	별	別	0390		僕	1742
	芳	0384		百	0250	병	丙	0152		覆	2069
	邦	0385		伯	0389		兵	0391	본	本	0153
	坊	0386	번	番	1381		並	0554	봉	奉	0559

부		북 분 불 붕		비 빈 빙		사	
封	0739	復	1386	比	0070	写	0160
俸	0955	富	1388	妃	0255	史	0161
峰	0956	腐	1743	批	0394	仕	0162
棒	1387	賦	1850	沸	0564	糸	0256
蜂	1586	膚	1851	泌	0565	寺	0257
縫	1961	敷	1852	肥	0566	死	0258
父	0065	覆	2069	非	0567	似	0395
夫	0066	簿	2102	飛	0744	沙	0396
不	0069	北	0155	卑	0745	社	0397
付	0154	分	0067	秘	0962	私	0398
扶	0392	奔	0563	備	1391	伺	0399
否	0393	盆	0743	扉	1392	邪	0568
府	0560	粉	0960	悲	1393	使	0569
附	0561	紛	0961	費	1394	事	0570
阜	0562	雰	1389	碑	1744	舎	0571
赴	0740	墳	1853	鼻	1745	砂	0746
訃	0741	憤	1854	浜	0963	思	0747
負	0742	噴	1855	貧	1176	査	0748
釜	0957	奮	1962	賓	1856	卸	0749
浮	0958	払	0156	頻	2026	唆	0964
剖	0959	仏	0068	氷	0157	師	0965
部	1171	不	0069	士	0029	射	0966
婦	1172	沸	0564	四	0158	蛇	1177
副	1173	崩	1175	司	0159	捨	1178
符	1174	棚	1390			斜	1179

	赦	1180		状	0402	서	西	0260		船	1190
	詞	1395		尚	0572		序	0403		善	1404
	詐	1396		相	0751		叙	0753		羨	1595
	飼	1587		桑	0969		逝	0972		腺	1596
	辞	1588		祥	0970		書	0973		禅	1597
	嗣	1589		常	1183		徐	0974		選	1861
	賜	1857		爽	1184		庶	1186		線	1862
	謝	2027		商	1185		暑	1402		膳	1963
삭	削	0750		喪	1400		婿	1403		鮮	2030
	索	0971		象	1401		署	1594		繕	2070
산	山	0030		傷	1590		誓	1749	설	舌	0262
	産	1181		想	1591		緒	1750		雪	1191
	傘	1397		詳	1592	석	夕	0033		設	1192
	散	1398		像	1748		石	0164		説	1751
	算	1746		箱	1858		昔	0573	섬	繊	2031
	酸	1747		賞	1859		析	0574	섭	渉	1193
살	殺	0967		償	2028		席	0975		摂	1598
삼	三	0031		霜	2029		惜	1187	성	成	0263
	杉	0400		璽	2103		釈	1188		声	0404
	参	0645	새	色	0259		潟	1860		姓	0575
	森	1399	색	索	0971	선	仙	0165		性	0576
삽	挿	0968		塞	1593		先	0261		省	0755
	渋	1182	생	生	0163		宣	0754		星	0756
상	上	0032		牲	0752		扇	0976		城	0757
	床	0401		省	0755		旋	1189		盛	1194

611

	聖 1599		疎 1407		囚 0168		誰 1863
	誠 1600		訴 1408		守 0264		穂 1864
	醒 1964		塑 1603		寿 0406		樹 1965
세	世 0166		遡 1752		秀 0407		輸 1966
	洗 0758		騒 2071		垂 0581		獣 1967
	細 1195	속	束 0405		受 0582		髄 2104
	税 1405		俗 0761		首 0764	숙	叔 0583
	歳 1601		速 0981		狩 0765		淑 1202
	勢 1602		属 1409		帥 0766		粛 1203
	説 1751		続 1604		殊 0984		宿 1204
소	小 0034	손	孫 0982		修 0985		塾 1755
	少 0071		損 1605		袖 0986		熟 1865
	召 0167		遜 1753		粋 0987	순	巡 0265
	沼 0577	솔	率 1151		捜 0988		旬 0266
	所 0578	송	松 0579		羞 1200		盾 0767
	咲 0759		送 0762		授 1201		殉 0989
	昭 0760		訟 1199		遂 1410		純 0990
	宵 0977	쇄	刷 0580		随 1411		唇 0991
	素 0978		砕 0763		須 1412		循 1414
	消 0979		殺 0967		痩 1413		順 1415
	笑 0980		鎖 2072		酬 1606		瞬 2073
	巣 1196	쇠	衰 0983		愁 1607	술	述 0584
	掃 1197	수	収 0072		数 1608		術 1205
	紹 1198		水 0073		睡 1609		崇 1206
	焼 1406		手 0074		需 1754	슬	膝 1866

습									
	拾	0768	拭	0774	甚	0778	顔	2075
	習	1207	息	0993	深	1210	謁	1870
	湿	1416	殖	1418	尋	1420	알 岩	0593
	襲	2134	植	1419	審	1868	암 暗	1618
승			飾	1613	십 十	0007	闇	2032
	升	0075	識	2105	拾	0768	압 圧	0174
	昇	0585	신 申	0172	쌍 双	0077	押	0594
	承	0586	迅	0268	씨 氏	0078	앙 央	0175
	乗	0769	辛	0408			仰	0270
	勝	1417	身	0409	아 牙	0079	애 哀	0779
	僧	1610	臣	0410	我	0413	挨	0996
	縄	1867	伸	0411	亜	0414	涯	1213
시			神	0775	児	0415	崖	1214
	示	0169	信	0776	芽	0590	愛	1619
	市	0170	娠	0994	雅	1617	曖	2033
	矢	0171	紳	1209	餓	1869	액 厄	0080
	侍	0587	慎	1614	악 岳	0591	液	1215
	始	0588	新	1615	悪	1211	額	2076
	柿	0770	腎	1616	握	1421	앵 桜	0997
	施	0771	薪	1968	楽	1560	야 冶	0416
	是	0772	실 失	0173	顎	2074	夜	0595
	時	0992	実	0589	안 安	0269	野	1216
	視	1208	室	0777	岸	0592	약 若	0596
	詩	1611	심 心	0076	案	0995	約	0780
	試	1612	芯	0412	眼	1212	弱	0998
식	式	0267						
	食	0773						

	藥	1969	여	与	0035		染	0785		悟	1002
	躍	2129		如	0272		捻	1221		娛	1003
양	羊	0271		余	0419		塩	1623		惡	1211
	洋	0781	역	役	0420		艶	2106		奧	1429
	揚	1422		易	0597	엽	葉	1426		傲	1627
	陽	1423		逆	0782		永	0176		誤	1762
	樣	1756		疫	0783	영	迎	0421	옥	玉	0177
	瘍	1757		訳	1218		英	0601		沃	0424
	養	1871		域	1219		泳	0602		屋	0788
	孃	1970		駅	1760		映	0786		獄	1763
	壤	1971	연	延	0598		栄	0787	온	溫	1430
	讓	2118		沿	0599		営	1427		穩	1974
	釀	2119		研	0784		詠	1428	옹	翁	1004
어	魚	1217		宴	1000		影	1876		擁	1975
	御	1424		軟	1220	예	予	0081	와	瓦	0178
	漁	1758		然	1425		刈	0082		渦	1431
	語	1759		鉛	1621		芸	0422	완	完	0425
억	抑	0417		煙	1622		預	1624		宛	0603
	億	1872		演	1761		誉	1625		玩	0604
	憶	1972		縁	1873		詣	1626		腕	1432
	臆	2034		燃	1973		鋭	1877		頑	1628
언	言	0418	열	悦	1001	오	午	0083		緩	1878
엄	俺	0999		熱	1874		五	0084	왕	王	0085
	嚴	2035		閲	1875		汚	0273		往	0605
업	業	1620	염	炎	0600		吳	0423		旺	0606

외	外	0179		羽	0274		援	1440		幼	0184
	畏	0789		宇	0275		媛	1441		有	0278
요	凹	0180		芋	0276		源	1633		油	0609
	妖	0426		雨	0607		園	1634		乳	0610
	要	0790		郵	1224		遠	1635		幽	0797
	搖	1433		偶	1225		猿	1636		柔	0798
	腰	1629		遇	1435		願	2108		悠	1229
	窯	1879		隅	1436	월	月	0091		唯	1230
	謠	1976		愚	1631		越	1442		喩	1444
	曜	2077		虞	1632	위	危	0277		裕	1445
욕	浴	1005		憂	1880		囲	0427		遊	1446
	辱	1006		優	2036		位	0428		猶	1447
	欲	1222	운	雲	1437		委	0608		愉	1448
용	冗	0086		運	1438		胃	0794		誘	1766
	用	0181		韻	2107		威	0795		維	1767
	勇	0791	울	鬱	2136		爲	0796		遺	1882
	容	1007	웅	雄	1439		僞	1226		儒	1979
	庸	1223		熊	1765		尉	1227		諭	1980
	湧	1434	원	円	0089		萎	1228		癒	2078
	溶	1630		元	0090		偉	1443	육	六	0092
	踊	1764		垣	0792		違	1637		肉	0279
우	又	0008		怨	0793		慰	1881		育	0611
	友	0087		原	1008		緯	1977	윤	潤	1883
	牛	0088		員	1009		衛	1978	융	融	1981
	右	0182		院	1010	유	由	0183	은	恩	1011

을	隱	1768		弐	0282		賃	1641	잔	殘	1015
	銀	1769		易	0597	입	入	0011		棧	1016
을	乙	0001		異	1233	잉	剩	1237		蠶	1017
음	吟	0429		移	1234				잠	潛	1886
	音	0799		餌	1885	ㅈ				暫	1887
	陰	1231	익	益	1012	자	子	0037	잡	雜	1774
	淫	1232		翌	1235		字	0286	장	丈	0038
	飲	1449		溺	1640		自	0287		匠	0288
읍	泣	0612		翼	2038		者	0615		壯	0289
응	應	0430	인	人	0010		姉	0616		狀	0402
	凝	1982		刃	0036		刺	0617		長	0618
의	衣	0280		引	0093		茨	0802		莊	0805
	医	0431		仁	0094		姿	0803		將	1018
	宜	0613		印	0283		恣	1013		章	1238
	依	0614		因	0284		滋	1451		張	1239
	椅	1450		忍	0432		煮	1452		帳	1240
	意	1638		咽	0800		紫	1453		裝	1454
	義	1639		姻	0801		慈	1642		粧	1455
	疑	1770		認	1771		資	1643		場	1456
	儀	1884	일	一	0002		雌	1772		掌	1457
	擬	2037		日	0095		磁	1773		葬	1458
	議	2120		壱	0433		諮	1983		獎	1644
이	二	0009		逸	1236	작	作	0435		腸	1645
	以	0185	임	任	0285		昨	0804		障	1775
	耳	0281		妊	0434		酌	1014		藏	1888
							爵	2039			

재	臟	2109		賊	1647		錢	1780		政	0813
	才	0039		跡	1648		箋	1781		亭	0814
	再	0290		摘	1776	절	切	0096		庭	1024
	在	0291		適	1777		折	0440		情	1248
	材	0436		滴	1778		窃	0808		停	1249
	災	0437		嫡	1779		絶	1461		偵	1250
	栽	1019		敵	1890		節	1655		頂	1251
	財	1020		積	1984	점	占	0187		晶	1462
	宰	1021		績	2040		店	0625		程	1463
	斎	1241		籍	2121		点	0809		艇	1656
	裁	1459	전	田	0186		粘	1246		静	1783
	載	1646		全	0293		漸	1782		精	1784
쟁	争	0292		伝	0294	접	接	1247		整	1985
저	低	0438		典	0624	정	丁	0012		錠	1986
	抵	0619		前	0806		井	0097	제	弟	0444
	底	0620		専	0807		正	0188		斉	0628
	狙	0621		栓	1022		井	0189		制	0629
	邸	0622		展	1023		呈	0441		帝	0815
	著	1242		転	1245		町	0442		除	1025
	貯	1460		煎	1649		廷	0443		剤	1026
	箸	1889		塡	1650		定	0626		済	1252
적	赤	0439		電	1651		征	0627		祭	1253
	的	0623		詮	1652		貞	0810		第	1254
	寂	1243		戦	1653		浄	0811		提	1464
	笛	1244		殿	1654		訂	0812		堤	1465

際	1785	遭	1787	挫	1030	준		俊	0820
製	1786	調	1892	座	1031			准	1036
諸	1891	槽	1893	罪	1659	죄		準	1660
題	2079	潮	1894	主	0191	주		遵	1899
조		嘲	1895	州	0298			중		中	0100
爪	0098	操	1987	舟	0299			仲	0302
弔	0099	燥	2041	朱	0300			重	0821
兆	0295	繰	2110	走	0449			衆	1469
早	0296	藻	2111	住	0450			즉		即	0452
条	0445	족		足	0447	肘	0451			즙		汁	0192
助	0446			族	1263	周	0634			증		症	1037
阻	0630	존		存	0297	注	0635			曾	1266
祖	0816			尊	1468	呪	0636			証	1470
租	1027	졸		卒	0631	宙	0637			蒸	1661
造	1028			拙	0632	柱	0817			增	1789
粗	1255	종		宗	0633	晝	0818			憎	1790
釣	1256			從	1029	奏	0819			贈	2080
措	1257			終	1264	珠	1032	지		止	0101
曹	1258			腫	1658	株	1033			支	0102
眺	1259			種	1788	酒	1034			地	0303
鳥	1260			踪	1896	酎	1035			旨	0304
彫	1261			縱	1988	週	1265			池	0305
組	1262			鐘	2122	駐	1897			至	0306
朝	1466	좌		左	0190	鑄	1898			芝	0307
詔	1467			佐	0448	죽		竹	0301			志	0453
照	1657								

	枝 0638		鎮 2083		錯 1989		妻 0647
	祉 0639	질	叱 0193	찬	贊 1904		凄 1050
	知 0640		迭 0643	찰	札 0195	척	尺 0103
	肢 0641		疾 1043		刹 0644		斥 0198
	指 0822		秩 1044		拶 0827		拓 0648
	持 0823		窒 1269		察 1795		脊 1051
	脂 1038		嫉 1662		擦 2042		隻 1052
	紙 1039		質 1902	참	參 0645		捗 1053
	遲 1471	짐	朕 1045		斬 1271		戚 1279
	誌 1791	집	執 1270		慘 1272	천	川 0040
	漬 1792		集 1473	창	倉 1049		千 0041
	摯 1900	징	徵 1793		唱 1273		天 0104
직	直 0642		澄 1903		窓 1274		泉 0829
	職 2081		懲 2084		創 1475		淺 0830
	織 2082		**ㅊ**		彰 1796		踐 1665
진	尽 0308	차	且 0194	채	采 0646		遷 1905
	津 0824		次 0309		菜 1275		薦 1990
	珍 0825		車 0454		彩 1276	철	凸 0199
	振 1040		茶 0826		採 1277		哲 1054
	陣 1041		差 1046		債 1664		鉄 1666
	真 1042		借 1047	책	冊 0196		撤 1906
	進 1267		遮 1794		柵 0828		徹 1907
	陳 1268	착	捉 1048		責 1278	첨	添 1280
	診 1472		着 1474		策 1476	첩	疊 1477
	震 1901		搾 1663	처	処 0197		貼 1478

청	庁	0200
	青	0649
	清	1281
	晴	1479
	請	1908
	聴	2043
체	切	0096
	体	0455
	逓	1055
	逮	1282
	替	1480
	滞	1667
	締	1909
	諦	1991
초	肖	0456
	抄	0457
	初	0458
	招	0650
	秒	0831
	草	0832
	超	1481
	酢	1482
	焦	1483
	硝	1484
	礁	2044

촉	礎	2085
	促	0833
	触	1668
	嘱	1910
촌	寸	0042
	村	0459
총	塚	1485
	総	1797
	銃	1798
촬	撮	1911
최	最	1486
	催	1669
추	抽	0651
	枢	0652
	秋	0834
	追	0835
	推	1283
	椎	1487
	墜	1912
	醜	2045
축	祝	0836
	畜	1056
	逐	1057
	軸	1488
	蓄	1670

	築	1992
	縮	2046
	蹴	2112
춘	春	0837
출	出	0201
충	虫	0310
	充	0311
	沖	0460
	忠	0653
	衷	0838
	衝	1913
취	吹	0461
	取	0654
	炊	0655
	臭	0839
	酔	1284
	就	1489
	趣	1914
측	側	1285
	測	1490
층	層	1799
치	治	0656
	値	1058
	恥	1059
	致	1060

	歯	1491
	稚	1671
	置	1672
	痴	1673
	緻	1993
칙	則	0840
	勅	0841
친	親	1994
칠	七	0013
	漆	1800
침	沈	0462
	枕	0657
	侵	0842
	針	1061
	浸	1062
	寝	1674
칭	称	1063

ㅋ

쾌	快	0463

ㅌ

타	他	0202
	打	0203
	妥	0464
	唾	1286
	惰	1492

탁	堕	1493
	拓	0648
	卓	0658
	託	1064
	濁	1995
	濯	2047
탄	炭	0843
	弾	1494
	嘆	1675
	綻	1801
	誕	1915
탈	脱	1287
	奪	1802
탐	探	1288
	貪	1289
탑	搭	1495
	塔	1496
탕	湯	1497
태	太	0105
	汰	0465
	怠	0844
	胎	0845
	泰	1065
	態	1803
	駄	1804

택	宅	0312
	択	0466
	沢	0467
토	土	0043
	吐	0313
	討	1066
통	洞	0720
	通	1067
	統	1498
	痛	1499
	筒	1500
퇴	退	0846
	堆	1290
투	投	0468
	妬	0659
	透	1068
	闘	2086
특	特	1069

ㅍ

파	把	0469
	波	0660
	派	0847
	破	1070
	婆	1291
	罷	1916

판	坂	0470
	阪	0471
	判	0472
	板	0661
	版	0662
	販	1292
팔	八	0014
패	貝	0473
	唄	1071
	敗	1293
	覇	2113
팽	膨	1996
편	片	0106
	便	0848
	偏	1294
	遍	1501
	編	1917
평	平	0204
	坪	0663
	評	1502
폐	肺	0849
	陛	1072
	閉	1295
	廃	1503
	蔽	1918

	弊	1919
	幣	1920
포	布	0205
	包	0206
	泡	0664
	怖	0665
	抱	0666
	胞	0850
	浦	1073
	砲	1074
	哺	1075
	捕	1076
	飽	1676
	褒	1921
	舗	1922
폭	幅	1504
	暴	1923
	爆	2114
표	表	0667
	俵	1077
	票	1296
	漂	1805
	標	1924
품	品	0851
풍	風	0852

	豊	1677		寒	1507		核	1085		懸	2124
피	皮	0207		閑	1508	행	行	0316	혈	穴	0210
	彼	0668		漢	1678		幸	0673		血	0318
	披	0669		韓	2087		向	0317	혐	嫌	1683
	被	1078	할	割	1509	향	享	0674	협	協	0676
	疲	1079		轄	2048		香	0858		峽	0861
	避	1997		含	0475		鄕	1297		挾	0862
필	匹	0107	함	陷	1082		響	2123		狹	0863
	必	0208		艦	2131	허	虛	1298		脇	1087
	泌	0565	합	合	0315		許	1299		脅	1088
	筆	1505	항	行	0316	헌	軒	1086		頰	2002
핍	乏	0108		抗	0476		獻	1682	형	兄	0211
ㅎ				恒	0856		憲	2000		刑	0319
하	下	0044		降	0880	험	險	1300		形	0477
	何	0474		航	1083		驗	2088		型	0864
	河	0670		港	1510	혁	革	0859		桁	1089
	荷	1080		項	1511		嚇	2049		螢	1303
	夏	1081	해	海	0857	현	玄	0209		衡	2003
	賀	1506		害	1084		見	0333	혜	惠	1090
학	学	0671		該	1679		弦	0675	호	互	0109
	虐	0853		楷	1680		縣	0860		戶	0110
	鶴	2130		解	1681		現	1301		号	0212
한	汗	0314		骸	1998		舷	1302		好	0320
	恨	0854		諧	1999		賢	2001		虎	0677
	限	0855	핵	劾	0672		顯	2089		呼	0678

호		환		횡		흔	
弧	0865	丸	0045	橫	1927	痕	1310
湖	1512	幻	0113	효		흡	
豪	1806	患	1307	孝	0479	吸	0327
護	2125	換	1514	效	0683	흥	
혹		喚	1515	曉	1518	興	2008
惑	1513	歡	1926	酵	1809	희	
酷	1807	還	2004	후		希	0480
혼		環	2050	朽	0324	姬	1095
魂	1808	활		后	0325	喜	1521
混	1304	活	0869	厚	0874	戱	1930
婚	1305	滑	1687	後	0875	犧	2051
홍		황		侯	0876	힐	
洪	0866	況	0682	候	1092	詰	1693
虹	0867	荒	0870	喉	1519		
紅	0868	皇	0871	嗅	1689	**일본한자**	
화		黃	1308	훈		込	0213
化	0111	慌	1516	訓	1093	枠	0684
火	0112	회		勳	1928	峠	0877
花	0478	回	0321	薰	2007	畑	0878
畵	0679	會	0322	훼			
和	0680	灰	0323	毀	1690		
華	1091	悔	0872	휘			
貨	1306	栃	0873	揮	1520		
話	1684	繪	1517	彙	1691		
靴	1685	賄	1688	輝	1929		
禍	1686	懷	2005	휴			
확		획		休	0326		
擴	0681	畫	0679	携	1692		
確	1925	獲	2006	흉			
穫	2090			凶	0114		
				胸	1094		
				흑			
				黑	1309		

※ 절취선을 따라 잘라 휴대하세요.

일본어 상용한자 2136자! ①

1획	乙	一	2획	九	刀	力	了	十	又	二	人	入	丁	七	八	3획
	새 을	한 일		아홉 구	칼 도	힘 력	마칠 료	열 십	또 우	두 이	사람 인	들 입	고무래 정	일곱 칠	여덟 팔	
干	巾	乞	工	久	口	弓	及	己	女	大	万	亡	凡	士	山	三
방패 간	수건 건	빌 걸	장인 공	오랠 구	입 구	활 궁	미칠 급	몸 기	계집 녀	큰 대	일만 만	망할 망	무릇 범	선비 사	메 산	석 삼
上	夕	小	与	刃	子	丈	才	川	千	寸	土	下	丸	4획	介	犬
윗 상	저녁 석	작을 소	더불/줄 여	칼날 인	아들 자	어른 장	재주 재	내 천	일천 천	마디 촌	흙 토	아래 하	둥글 환		낄 개	개 견
欠	公	孔	区	勾	斤	今	内	匂	丹	斗	屯	毛	木	文	反	方
이지러질 결	공평할 공	구멍 공	지경 구	굽을 구	날 근	이제 금	안 내	향내 내	붉을 단	말 두	진칠 둔	터럭 모	나무 목	글월 문	돌이킬 반	모 방
父	夫	分	仏	不	比	少	収	水	手	升	心	双	氏	牙	厄	予
아비 부	지아비 부	나눌 분	부처 불	아닐 불/부	견줄 비	적을 소	거둘 수	물 수	손 수	되 승	마음 심	두/쌍 쌍	성씨 씨	어금니 아	액 액	미리 예
刈	午	五	王	冗	友	牛	円	元	月	六	引	仁	日	切	井	爪
벨 예	낮 오	다섯 오	임금 왕	쓸데없을 용	벗 우	소 우	둥글 원	으뜸 원	달 월	여섯 육	끌 인	어질 인	날 일	끊을 절/온통 체	우물 정	손톱 조
弔	中	止	支	尺	天	太	片	匹	乏	互	戸	化	火	幻	凶	5획
조상할 조	가운데 중	그칠 지	지탱할 지	자 척	하늘 천	클 태	조각 편	짝 필	모자랄 핍	서로 호	집 호	될 화	불 화	헛보일 환	흉할 흉	
加	可	刊	甘	甲	去	巨	尻	古	功	広	巧	句	丘	旧	奴	尼
더할 가	옳을 가	새길 간	달 감	갑옷 갑	갈 거	클 거	꽁무니 고	예 고	공 공	넓을 광	공교할 교	글귀 구	언덕 구	예 구	종 노	여승 니
旦	台	代	冬	令	礼	立	末	皿	母	矛	目	未	民	半	白	犯
아침 단	대 대	대신할 대	겨울 동	하여금 령	예도 례	설 립	끝 말	그릇 명	어미 모	창 모	눈 목	아닐 미	백성 민	반 반	흰 백	범할 범
辺	弁	丙	本	付	北	払	氷	四	司	写	史	仕	生	石	仙	世
가 변	고깔 변	남녘 병	근본 본	부칠 부	북녘 북/달아날 배	떨칠 불	얼음 빙	넉 사	맡을 사	베낄 사	사기 사	섬길 사	날 생	돌 석	신선 선	인간 세
召	囚	示	市	矢	申	失	圧	央	永	玉	瓦	外	凹	用	右	由
부를 소	가둘 수	보일 시	저자 시	화살 시	납 신	잃을 실	누를 압	가운데 앙	길 영	구슬 옥	기와 와	바깥 외	오목할 요	쓸 용	오른 우	말미암을 유
幼	以	田	占	正	井	左	主	汁	叱	且	札	冊	処	斥	凸	庁
어릴 유	써 이	밭/논 전	점령할 점	바를 정	우물 정	왼 좌	주인 주	즙 즙	꾸짖을 질	또 차	편지 찰	책 책	곳 처	물리칠 척	볼록할 철	관청 청
出	他	打	平	布	包	皮	必	玄	穴	兄	号	込	6획	仮	各	江
날 출	다를 타	칠 타	평평할 평	베·필 포/보시 보	쌀 포	가죽 피	반드시 필	검을 현	굴 혈	형 형	부르짖을 호	담다		거짓 가	각각 각	강 강
件	考	曲	共	缶	光	交	臼	机	叫	扱	気	企	肌	伎	吉	年
물건 건	생각할 고	굽을 곡	한가지 공	두레박 관	빛 광	사귈 교	절구 구	책상 궤	부르짖을 규	거둘 급	기운 기	꾀할 기	살 기	재간 기	길할 길	해 년
多	団	当	同	灯	両	劣	列	老	吏	妄	忙	毎	名	米	朴	百
많을 다	둥글 단	마땅 당	한가지 동	등 등	두 량	못할 렬	벌릴 렬	늙을 로	관리 리	망령될 망	바쁠 망	매양 매	이름 명	쌀 미	성 박	일백 백
伐	帆	汎	伏	妃	糸	寺	死	色	西	先	舌	成	守	巡	旬	式
칠 벌	돛 범	뜰 범	엎드릴 복	왕비 비	실 사	절 사	죽을 사	빛 색	서녘 서	먼저 선	혀 설	이룰 성	지킬 수	돌/순행할 순	열흘 순	법 식

일본어 상용한자 2136자! ②

迅	安	仰	羊	如	汚	羽	宇	芋	危	有	肉	衣	耳	弐	印	因
빠를 신	편안 안	우러를 앙	양 양	같을 여	더러울 오	깃 우	집 우	토란 우	위태할 위	있을 유	고기 육	옷 의	귀 이	두/갖은두 이	도장 인	인할 인
任	字	自	匠	壮	再	在	争	全	伝	兆	早	存	州	舟	朱	竹
맡길 임	글자 자	스스로 자	장인 장	장할 장	두 재	있을 재	다툴 쟁	온전 전	전할 전	억조 조	이를 조	있을 존	고을 주	배 주	붉을 주	대 죽
仲	地	旨	池	至	芝	尽	次	虫	充	宅	吐	汗	合	行	向	血
버금 중	땅 지	뜻 지	못 지	이를 지	지초 지	다할 진	버금 차	벌레 충	채울 충	집 택	토할 토	땀 한	합할 합	다닐 행/항렬 항	향할 향	피 혈
刑	好	回	会	灰	朽	后	休	吸	7획	却	角	肝	改	坑	見	決
형벌 형	좋을 호	돌아올 회	모일 회	재 회	썩을 후	임금/왕후 후	쉴 휴	마실 흡		물리칠 각	뿔 각	간 간	고칠 개	구덩이 갱	볼 견/뵈올 현	결단할 결
更	戒	系	告	谷	困	攻	串	狂	求	究	局	君	均	克	近	岐
고칠 경/다시 갱	경계할 계	이어맬 계	고할 고	골 곡	곤할 곤	칠 공	꿸 관	미칠 광	구할 구	연구할 구	판 국	임금 군	고를 균	이길 극	가까울 근	갈림길 기
忌	汽	技	那	男	努	尿	但	対	図	豆	卵	乱	来	冷	良	戻
꺼릴 기	물끓는김 기	재주 기	어찌 나	사내 남	힘쓸 노	오줌 뇨	다만 단	대할 대	그림 도	콩 두	알 란	어지러울 란	올 래	찰 랭	어질 량	어그러질 려
呂	励	労	弄	里	利	忘	売	麦	没	妙	尾	返	伴	抜	芳	邦
음률 려	힘쓸 려	일할 로	희롱할 롱	마을 리	이할 리	잊을 망	팔 매	보리 맥	빠질 몰	묘할 묘	꼬리 미	돌이킬 반	짝 반	뽑을 발	꽃다울 방	나라 방
坊	防	妨	伯	別	兵	扶	否	批	似	沙	社	私	伺	杉	床	状
동네 방	막을 방	방해할 방	맏 백	다를/나눌 별	병사 병	도울 부	아닐 부	비평할 비	닮을 사	모래 사	모일 사	사사 사	엿볼 사	삼나무 삼	상 상	형상 상/문서 장
序	声	束	寿	秀	辛	身	臣	伸	芯	我	亜	児	冶	抑	言	余
차례 서	소리 성	묶을 속	목숨 수	빼어날 수	매울 신	몸 신	신하 신	펼 신	등심초 심	나 아	버금 아	아이 아	불릴 야	누를 억	말씀 언	나 여
役	迎	芸	呉	沃	完	妖	囲	位	吟	応	医	忍	壱	妊	作	材
부릴 역	맞을 영	재주 예	성 오	물댈 옥	완전할 완	아리따울 요	에워쌀 위	자리 위	읊을 음	응할 응	의원 의	참을 인	한/갖은한 일	아이밸 임	지을 작	재목 재
災	低	赤	折	呈	町	廷	弟	条	助	足	佐	走	住	肘	即	志
재앙 재	낮을 저	붉을 적	꺾을 절	드릴 정	밭두둑 정	조정 정	아우 제	가지 조	도울 조	발 족	도울 좌	달릴 주	살 주	팔꿈치 주	곧 즉	뜻 지
車	体	肖	抄	初	村	沖	吹	沈	快	妥	汰	択	沢	投	把	坂
수레 차	몸 체	닮을/같을 초	뽑을 초	처음 초	마을 촌	화할 충	불 취	잠길 침	쾌할 쾌	온당할 타	사치할 태	가릴 택	못 택	던질 투	잡을 파	비탈 판
阪	判	貝	何	含	抗	形	花	孝	希	8획	苛	価	佳	刻	岬	岡
언덕 판	판단할 판	조개 패	어찌 하	머금을 함	겨룰 항	모양 형	꽃 화	효도 효	바랄 희		가혹할 가	값 가	아름다울 가	새길 각	곶 갑	산등성이 강
拠	拒	居	肩	京	茎	径	季	届	固	股	苦	昆	空	供	果	官
근거 거	막을 거	살 거	어깨 견	서울 경	줄기 경	지름길 경	계절 계	이를 계	굳을 고	넓적다리 고	쓸 고	맏 곤	빌 공	이바지할 공	실과 과	벼슬 관
怪	拐	具	拘	欧	殴	国	屈	券	金	肯	奇	祈	奈	念	泥	担
괴이할 괴	후릴 괴	갖출 구	멜 구	구라파 구	때릴 구	나라 국	굽힐 굴	문서 권	쇠 금/성 김	즐길 긍	기특할 기	빌 기	어찌 나	생각 념	진흙 니	멜 담
到	毒	突	東	拉	例	炉	林	抹	枚	妹	盲	免	命	明	侮	牧
이를 도	독 독	갑자기 돌	동녘 동	끌 랍	법식 례	화로 로	수풀 림	지울 말	낱 매	누이 매	소경/눈멀 맹	면할 면	목숨 명	밝을 명	업신여길 모	칠 목

일본어 상용한자 2136자! ③

苗	茂	武	門	物	弥	味	泊	拍	迫	放	房	肪	杯	拝	法	並
모 묘	무성할 무	호반 무	문 문	물건 물	두루 미	맛 미	배댈 박	칠 박	핍박할 박	놓을 방	방 방	살찔 방	잔 배	절 배	법 법	나란히 병
併	歩	宝	服	奉	府	附	阜	奔	沸	泌	肥	非	邪	使	事	舎
아우를 병	걸음 보	보배 보	옷 복	받들 봉	마을 부	붙을 부	언덕 부	달릴 분	끓을 비/용솟음할 불	분비할 비/스며흐를 필	살찔 비	아닐 비	간사할 사	하여금 사	일 사	집 사
尚	昔	析	姓	性	沼	所	松	刷	垂	受	叔	述	昇	承	侍	始
오히려 상	예 석	쪼갤 석	성 성	성품 성	못 소	바 소	소나무 송	인쇄할 쇄	드리울 수	받을 수	아재비 숙	펼 술	오를 승	이을 승	모실 시	비로소 시
実	芽	岳	岸	岩	押	夜	若	易	延	沿	炎	英	泳	宛	玩	往
열매 실	싹 아	큰 산 악	언덕 안	바위 암	누를 압	밤 야	같을 약	바꿀 역/쉬울 이	늘일 연	따를 연	불꽃 염	꽃부리 영	헤엄칠 영	완연할 완	즐길 완	갈 왕
旺	雨	委	油	乳	育	泣	宜	依	者	姉	刺	長	抵	底	狙	邸
왕성할 왕	비 우	맡길 위	기름 유	젖 유	기를 육	울 읍	마땅 의	의지할 의	놈 자	손윗누이 자	찌를 자	긴 장	막을 저	밑 저	원숭이 저	집 저
的	典	店	定	征	斉	制	阻	卒	拙	宗	周	注	呪	宙	枝	祉
과녁 적	법 전	가게 점	정할 정	칠 정	가지런할 제	절제할 제	막힐 조	마칠 졸	졸할 졸	마루 종	두루 주	부을 주	빌 주	집 주	가지 지	복 지
知	肢	直	迭	刹	参	采	妻	拓	青	招	抽	枢	忠	取	炊	治
알 지	팔다리 지	곧을 직	갈마들 질	절 찰	참여할 참/석 삼	풍채 채	아내 처	넓힐 척/박을 탁	푸를 청	부를 초	뽑을 추	지도리 추	충성 충	가질 취	불 땔 취	다스릴 치
枕	卓	妬	波	板	版	坪	泡	怖	抱	表	彼	披	河	学	劾	幸
베개 침	높을 탁	강샘할 투	물결 파	널 판	판목 판	들 평	거품 포	두려워할 포	안을 포	겉 표	저 피	헤칠 피	물 하	배울 학	꾸짖을 핵	다행 행
享	弦	協	虎	呼	画	和	拡	況	効	枠	9획	架	看	皆	客	建
누릴 향	시위 현	화할 협	범 호	부를 호	그림 화/그을 획	화할 화	넓힐 확	상황 황	본받을 효	테, 테두리		시렁 가	볼 간	다 개	손 객	세울 건
係	契	計	界	枯	故	孤	拷	科	冠	括	郊	軍	巻	軌	糾	急
맬 계	맺을 계	셀 계	지경 계	마를 고	연고 고	외로울 고	칠 고	과목 과	갓 관	묶을 괄	들 교	군사 군	책 권	바퀴자국 궤	얽힐 규	급할 급
級	紀	南	耐	怒	段	単	胆	待	逃	挑	度	独	洞	郎	侶	柳
등급 급	벼리 기	남녘 남	견딜 내	성낼 노	층계 단	홑 단	쓸개 담	기다릴 대	도망할 도	돋울 도	법도 도	홀로 독	골 동/밝을 통	사내 랑	짝 려	버들 류
律	厘	昧	面	冒	某	眉	迷	美	勃	発	背	変	柄	保	封	赴
법칙 률	리 리	새벽 매	낯 면	무릅쓸 모	아무 모	눈썹 미	미혹할 미	아름다울 미	우쩍일어날 발	필 발	등 배	변할 변	자루 병	지킬 보	봉할 봉	갈 부
訃	負	盆	飛	卑	砂	思	査	卸	削	相	牲	叙	宣	省	星	城
부고 부	질 부	동이 분	날 비	낮을 비	모래 사	생각 사	조사할 사	짐부릴/풀 사	깎을 삭	서로 상	희생 생	펼 서	베풀 선	살필 성/덜 생	별 성	재 성
洗	咲	昭	俗	送	砕	首	狩	帥	盾	拾	乗	柿	施	是	食	拭
씻을 세	꽃필 소	밝을 소	풍속 속	보낼 송	부술 쇄	머리 수	사냥할 수	장수 수	방패 순	주울 습/열 십	탈 승	감 시	베풀 시	옳을 시	밥/먹을 식	씻을 식
神	信	室	甚	哀	約	洋	逆	疫	研	染	映	栄	屋	畏	要	勇
귀신 신	믿을 신	집 실	심할 심	슬플 애	맺을 약	큰 바다 양	거스릴 역	전염병 역	갈 연	물들 염	비칠 영	영화 영	집 옥	두려워할 외	요긴할 요	날랠 용
垣	怨	胃	威	為	幽	柔	音	咽	姻	茨	姿	昨	荘	前	専	窃
담 원	원망할 원	밥통 위	위엄 위	할 위	그윽할 유	부드러울 유	소리 음	목구멍 인	혼인 인	가시나무 자	모양 자	어제 작	씩씩할 장	앞 전	오로지 전	훔칠 절

일본어 상용한자 2136자! ④

点	貞	浄	訂	政	亭	帝	祖	柱	昼	奏	俊	重	指	持	津	珍
점 점	곧을 정	깨끗할 정	바로잡을 정	정사 정	정자 정	임금 제	할아비 조	기둥 주	낮 주	아뢸 주	준걸 준	무거울 중	가리킬 지	가질 지	나루 진	보배 진
茶	捗	柵	泉	浅	秒	草	促	秋	追	祝	春	衷	臭	則	勅	侵
차 차/차 다	맞닥뜨릴 찰	울타리 책	샘 천	얕을 천	분초 초	풀 초	재촉할 촉	가을 추	쫓을/따를 추	빌 축	봄 춘	속마음 충	냄새 취	법칙 칙	칙서 칙	침노할 침
炭	怠	胎	退	派	便	肺	胞	品	風	虐	恨	限	恒	海	香	革
숯 탄	게으를 태	아이밸 태	물러날 퇴	갈래 파	편할 편/똥오줌 변	허파 폐	세포 포	물건 품	바람 풍	모질 학	한 한	한할 한	항상 항	바다 해	향기 향	가죽 혁
県	峡	挟	狭	型	弧	洪	虹	紅	活	荒	皇	悔	栃	厚	後	侯
고을 현	골짜기 협	낄 협	좁을 협	모형 형	활 호	넓을 홍	무지개 홍	붉을 홍	살 활	거칠 황	임금 황	뉘우칠 회	상수리나무 회	두터울 후	뒤 후	제후 후
峠	畑	10획	家	降	剛	個	挙	倹	剣	格	兼	耕	庫	高	骨	恭
고개	밭		집 가	내릴 강/항복할 항	굳셀 강	낱 개	들 거	검소할 검	칼 검	격식 격	겸할 겸	밭갈 경	곳집 고	높을 고	뼈 골	공손할 공
恐	貢	校	郡	宮	拳	鬼	帰	根	記	既	起	飢	納	娘	悩	能
두려울 공	바칠 공	학교 교	고을 군	집 궁	주먹 권	귀신 귀	돌아갈 귀	뿌리 근	기록할 기	이미 기	일어날 기	주릴 기	들일 납	계집 낭	번뇌할 뇌	능할 능
匿	唐	党	帯	途	倒	徒	桃	島	胴	凍	浪	朗	旅	恋	連	烈
숨길 닉	당나라 당	무리 당	띠 대	길 도	넘어질 도	무리 도	복숭아 도	섬 도	큰창자 동	얼 동	물결 랑	밝을 랑	나그네 려	그리워할 련	이을 련	매울 렬
料	竜	涙	留	流	倫	馬	梅	埋	脈	眠	勉	冥	耗	畝	蚊	紋
헤아릴 료	용 룡	눈물 루	머무를 류	흐를 류	인륜 륜	말 마	매화 매	묻을 매	줄기 맥	잘 면	힘쓸 면	어두울 명	소모할 모	이랑 묘	모기 문	무늬 문
敏	剝	班	畔	般	紡	倣	倍	配	俳	病	俸	峰	釜	浮	剖	粉
민첩할 민	벗길 박	나눌 반	밭두둑 반	일반 반	길쌈 방	본뜰 방	곱 배	나눌/짝 배	배우 배	병 병	녹 봉	봉우리 봉	가마솥 부	뜰 부	쪼갤 부	가루 분
紛	秘	浜	唆	師	射	殺	挿	桑	祥	索	逝	書	徐	席	扇	宵
어지러울 분	숨길 비	물가 빈	부추길 사	스승 사	쏠 사	죽일 살/빠를 쇄	꽂을 삽	뽕나무 상	상서 상	찾을 색/새끼줄 삭	갈 서	글 서	천천할 서	자리 석	부채 선	밤 소
素	消	笑	速	孫	衰	殊	修	袖	粋	捜	殉	純	唇	時	息	娠
본디/흴 소	사라질 소	웃음 소	빠를 속	손자 손	쇠할 쇠	다를 수	닦을 수	소매 수	순수할 수	찾을 수	따라죽을 순	순수할 순	입술 순	때 시	쉴 식	아이밸 신
案	挨	桜	弱	俺	宴	悦	悟	娯	翁	浴	辱	容	原	員	院	恩
책상 안	칠 애	앵두 앵	약할 약	나 암	잔치 연	기쁠 열	깨달을 오	즐길 오	늙은이 옹	목욕할 욕	욕될 욕	얼굴 용	언덕 원	인원 원	집 원	은혜 은
益	恣	酌	残	桟	蚕	将	栽	財	宰	栓	展	庭	除	剤	租	造
더할 익	방자할 자	술부을 작	남을 잔	사다리 잔	누에 잠	장수 장	심을 재	재물 재	재상 재	마개 전	펼 전	뜰 정	덜 제	약제 제	조세 조	지을 조
従	挫	座	珠	株	酒	酎	准	症	脂	紙	振	陣	真	疾	秩	朕
좇을 종	꺾을 좌	자리 좌	구슬 주	그루 주	술 주	진한술 주	비준 준	증세 증	기름 지	종이 지	떨칠 진	진칠 진	참 진	병 질	차례 질	나 짐
差	借	捉	倉	凄	脊	隻	捗	哲	逓	畜	逐	値	恥	致	針	浸
다를 차	빌릴 차	잡을 착	곳집 창	쓸쓸할 처	등마루 척	외짝 척	칠 척	밝을 철	갈릴 체	짐승 축	쫓을 축	값 치	부끄러울 치	이를 치	바늘 침	잠길 침
称	託	泰	討	通	透	特	破	唄	陛	浦	砲	哺	捕	俵	被	疲
일컬을 칭	부탁할 탁	클 태	칠 토	통할 통	사무칠 투	특별할 특	깨뜨릴 파	염불소리 패	대궐섬돌 폐	개 포	대포 포	먹일 포	잡을 포	나누어줄 표	입을 피	피곤할 피

일본어 상용한자 2136자! ⑤

荷	夏	陷	航	害	核	軒	脇	脅	桁	恵	華	候	訓	胸	姫
멜 하	여름 하	빠질 함	배 항	해할 해	씨 핵	집 헌	옆구리 협	위협할 협	도리 형	은혜 혜	빛날 화	기후 후	가르칠 훈	가슴 흉	계집 희 **11획**
殼	脚	喝	渴	紺	勘	強	康	据	健	乾	揭	頃	梗	経	械	渓
껍질 각	다리 각	꾸짖을 갈	목마를 갈	감색 감	헤아릴 감	강할 강	편안 강	근거 거	굳셀 건	마를/하늘 건	높이들/걸 게	잠깐 경	줄기 경	지날/글 경	기계 계	시내 계
啓	控	菓	郭	貫	掛	教	亀	球	救	惧	菊	堀	掘	規	菌	埼
열 계	당길 공	과자/실과 과	둘레/외성 곽	꿸 관	걸 괘	가르칠 교	거북 구	공 구	구원할 구	두려워할 구	국화 국	굴 굴	팔 굴	법 규	버섯 균	갑 기
寄	基	崎	脳	断	淡	堂	袋	盗	都	悼	陶	豚	動	得	略	涼
부칠 기	터 기	험할 기	골/뇌수 뇌	끊을 단	맑을 담	집 당	자루 대	도둑 도	도읍 도	슬퍼할 도	질그릇 도	돼지 돈	움직일 동	얻을 득	간략할 략	서늘할 량
猟	鹿	累	陸	率	隆	陵	理	梨	粒	麻	望	猛	猫	描	務	問
사냥 렵	사슴 록	여러/자주 루	뭍 륙	비율 률/거느릴 솔	높을 륭	언덕 릉	다스릴 리	배 리	낟알 립	삼 마	바랄 망	사나울 맹	고양이 묘	그릴 묘	힘쓸 무	물을 문
密	舶	訪	陪	排	培	瓶	部	婦	副	符	崩	貧	蛇	捨	斜	赦
빽빽할 밀	배 박	찾을 방	모실 배	밀칠 배	북돋울 배	병 병	떼 부	며느리 부	버금 부	부호 부	무너질 붕	가난할 빈	긴뱀 사	버릴 사	비낄 사	용서할 사
産	渋	常	爽	商	庶	惜	釈	旋	船	雪	設	渉	盛	細	巣	掃
낳을 산	떫을 삽	떳떳할 상	시원할 상	장사 상	여러 서	아낄 석	풀 석	돌 선	배 선	눈 설	베풀 설	건널 섭	성할 성	가늘 세	새집 소	쓸 소
紹	訟	羞	授	淑	粛	宿	術	崇	習	視	紳	深	悪	眼	涯	崖
이을 소	송사할 송	부끄러울 수	줄 수	맑을 숙	엄숙할 숙	잘 숙	재주 술	높을 숭	익힐 습	볼 시	띠 신	깊을 심	악할 악/미워할 오	눈 안	물가 애	언덕 애
液	野	魚	訳	域	軟	捻	欲	庸	郵	偶	偽	尉	萎	悠	唯	陰
진 액	들 야	물고기 어	번역할 역	지경 역	연할 연	비틀 염	하고자할 욕	떳떳할 용	우편 우	짝 우	거짓 위	벼슬 위	시들 위	멀 유	오직 유	그늘 음
淫	異	移	翌	逸	剰	章	張	帳	斎	著	寂	笛	転	粘	接	情
음란할 음	다를 이	옮길 이	다음날 익	편안할 일	남을 잉	글 장	베풀 장	장막 장	재계할 재	나타날 저	고요할 적	피리 적	구를 전	붙을 점	이을 접	뜻 정
停	偵	頂	済	祭	第	粗	釣	措	曹	眺	鳥	彫	組	族	終	週
머무를 정	염탐할 정	정수리 정	건널 제	제사 제	차례 제	거칠 조	낚을/낚시 조	둘 조	무리 조	볼 조	새 조	새길 조	짤 조	겨레 족	마칠 종	주일 주
曽	進	陳	窒	執	斬	惨	唱	窓	菜	彩	採	責	戚	添	清	逮
일찍 증	나아갈 진	베풀/묵을 진	막힐 질	잡을 집	벨 참	참혹할 참	부를 창	창 창	나물 채	채색 채	캘 채	꾸짖을 책	겨레 척	더할 첨	맑을 청	잡을 체
推	酔	側	唾	脱	探	貪	堆	婆	販	敗	偏	閉	票	郷	虚	許
밀 추	취할 취	곁 측	침 타	벗을 탈	찾을 탐	탐할 탐	언덕 퇴	할미 파	팔 판	패할 패	치우칠 편	닫을 폐	표 표	시골 향	빌 허	허락할 허
険	現	舷	蛍	混	婚	貨	患	黄	黒	痕		街	覚	間	葛	敢
험할 험	나타날 현	뱃전 현	반딧불 형	섞을 혼	혼인할 혼	재물 화	근심 환	누를 황	검을 흑	흔적 흔	**12획**	거리 가	깨달을 각	사이 간	칡 갈	감히 감
堪	減	開	距	検	堅	結	軽	敬	硬	景	階	雇	過	棺	款	絞
견딜 감	덜 감	열 개	상거할 거	검사할 검	굳을 견	맺을 결	가벼울 경	공경 경	굳을 경	볕 경	섬돌 계	품팔 고	지날 과	널 관	항목 관	목맬 교
圏	貴	極	勤	筋	琴	給	期	幾	棋	欺	喫	短	達	答	隊	貸
우리 권	귀할 귀	다할 극	부지런할 근	힘줄 근	거문고 금	줄 급	기약할 기	몇 기	바둑 기	속일 기	먹을 끽	짧을 단	통달할 달	대답 답	무리 대	빌릴/꿀 대

일본어 상용한자 2136자! ⑥

渡	道	棟	童	痘	鈍	等	登	落	絡	嵐	廊	量	裂	塁	硫	痢
건널 도	길 도	마룻대 동	아이 동	역질 두	둔할 둔	무리 등	오를 등	떨어질 락	이을/얽을 락	남기 람	행랑 랑	헤아릴 량	찢어질 렬	보루 루	유황 류	이질 리
晩	湾	蛮	満	買	媒	募	帽	貿	無	博	飯	斑	傍	番	塀	報
늦을 만	물굽이 만	오랑캐 만	찰 만	살 매	중매 매	모을/뽑을 모	모자 모	무역할 무	없을 무	넓을 박	밥 반	얼룩 반	곁 방	차례 번	담 병	갚을/알릴 보
補	普	復	棒	富	雰	棚	備	扉	悲	費	詞	詐	傘	散	森	喪
기울 보	넓을 보	회복할 복/다시 부	막대 봉	부자 부	눈날릴 분	사다리 붕	갖출 비	사립문 비	슬플 비	쓸 비	말/글 사	속일 사	우산 산	흩을 산	수풀 삼	잃을 상
象	暑	婿	善	税	焼	疎	訴	属	遂	随	須	痩	循	順	湿	勝
코끼리 상	더울 서	사위 서	착할 선	세금 세	사를 소	성길 소	호소할 소	붙일 속	드디어 수	따를 수	모름지기 수	여윌 수	돌 순	순할 순	젖을 습	이길 승
殖	植	尋	握	揚	陽	御	然	葉	営	詠	奥	温	渦	腕	揺	湧
불릴 식	심을 식	찾을 심	쥘 악	날릴 양	볕 양	거느릴 어	그럴 연	잎 엽	경영할 영	읊을 영	깊을 오	따뜻할 온	소용돌이 와	팔뚝 완	흔들 요	샘솟을 용
遇	隅	雲	運	雄	援	媛	越	偉	喩	裕	遊	猶	愉	飲	椅	滋
만날 우	모퉁이 우	구름 운	옮길 운	수컷 웅	도울 원	미인 원	넘을 월	클 위	깨우칠 유	넉넉할 유	놀 유	오히려 유	즐거울 유	마실 음	의자 의	불을 자
煮	紫	装	粧	場	掌	葬	裁	貯	絶	晶	程	提	堤	朝	詔	尊
삶을 자	자주빛 자	꾸밀 장	단장할 장	마당 장	손바닥 장	장사지낼 장	옷마를 재	쌓을 저	끊을 절	맑을 정	한도/길 정	끌 제	둑 제	아침 조	조서 조	높을 존
衆	証	遅	診	集	着	創	策	畳	貼	晴	替	超	酢	焦	硝	塚
무리 중	증거 증	더딜/늦을 지	진찰할 진	모을 집	붙을 착	비롯할 창	꾀 책	거듭 첩	붙을 첩	갤 청	바꿀 체	뛰어넘을 초	초 초	탈 초	화약 초	무덤 총
最	椎	軸	就	測	歯	惰	堕	弾	搭	塔	湯	統	痛	筒	遍	評
가장 최	몽치 추	굴대 축	나아갈 취	헤아릴 측	이 치	게으를 타	떨어질 타	탄알 탄	탈 탑	탑 탑	끓을 탕	거느릴 통	아플 통	통 통	두루 편	평할 평
廃	幅	筆	賀	寒	閑	割	港	項	湖	惑	換	喚	慌	絵	暁	喉
폐할/버릴 폐	폭 폭	붓 필	하례할 하	찰 한	한가할 한	벨 할	항구 항	항목 항	호수 호	미혹할 혹	바꿀 환	부를 환	어리둥절할 황	그림 회	새벽 효	목구멍 후
揮	喜	13획	暇	嫁	幹	褐	感	蓋	慨	裾	傑	隔	遣	絹	傾	継
휘두를 휘	기쁠 희		틈/겨를 가	시집갈 가	줄기 간	갈색 갈	느낄 감	덮을 개	슬퍼할 개	옷자락 거	뛰어날 걸	사이뜰 격	보낼 견	비단 견	기울 경	이을 계
鼓	誇	寛	鉱	塊	較	溝	群	窟	勧	隙	僅	禁	碁	棄	暖	農
북 고	자랑할 과	너그러울 관	쇳돌 광	흙덩이 괴	비교할 교	도랑 구	무리 군	굴 굴	권할 권	틈 극	겨우 근	금할 금	바둑 기	버릴 기	따뜻할 난	농사 농
跳	塗	督	頓	働	裸	酪	楽	廉	鈴	零	路	虜	滝	賂	雷	楼
뛸 도	칠할 도	감독할 독	조아릴 돈	일할 동	벗을 라	쇠젖 락	즐길 락/노래 악	청렴할 렴	방울 령	떨어질/영 령	길 로	사로잡을 로	여울 롱	뇌물 뢰	우레 뢰	다락 루
慄	裏	漠	幕	盟	滅	睦	夢	墓	微	頒	搬	鉢	煩	腹	復	蜂
두려워할 률	속 리	넓을 막	장막 막	맹세 맹	꺼질/멸할 멸	화목할 목	꿈 몽	무덤 묘	작을 미	나눌 반	옮길 반	바리때 발	번거로울 번	배 복	복 복	벌 봉
飼	辞	嗣	傷	想	詳	塞	署	羨	腺	禅	摂	聖	誠	歳	勢	塑
기를 사	말씀 사	이을 사	다칠 상	생각 상	자세할 상	막힐 색	마을 서	부러워할 선	샘 선	선 선	잡을 섭	성인 성	정성 성	해 세	형세 세	흙 빚을 소
続	損	酬	愁	数	睡	僧	詩	試	飾	慎	新	腎	雅	暗	愛	業
이을 속	덜 손	갚을 수	근심 수	셈 수	졸음 수	중 승	시 시	시험 시	꾸밀 식	삼갈 신	새 신	콩팥 신	맑을 아	어두울 암	사랑 애	업 업

일본어 상용한자 2136자! ⑦

鉛	煙	塩	預	誉	詣	傲	頑	腰	溶	愚	虞	源	園	遠	猿	違
납 연	연기 연	소금 염	맡길/미리 예	기릴/명예 예	이를 예	거만할 오	완고할 완	허리 요	녹을 용	어리석을 우	염려할 우	근원 원	동산 원	멀 원	원숭이 원	어긋날 위
意	義	溺	賃	慈	資	奨	腸	載	賊	跡	煎	塡	電	詮	戦	殿
뜻 의	옳을 의	빠질 익	품삯 임	사랑 자	재물 자	장려할 장	창자 장	실을 재	도둑 적	발자취 적	달일 전	메울 전	번개 전	설명할 전	싸움 전	전각 전
節	艇	照	腫	罪	準	蒸	嫉	搾	債	践	鉄	滞	触	催	蓄	稚
마디 절	배 정	비칠 조	종기 종	허물 죄	준할 준	찔 증	미워할 질	짤 착	빚 채	밟을 천	쇠 철	막힐 체	닿을 촉	재촉할 최	모을 축	어릴 치
置	痴	寝	嘆	飽	豊	漢	該	楷	解	献	嫌	話	靴	禍	滑	賄
둘 치	어리석을 치	잘 침	탄식할 탄	배부를 포	풍년 풍	한수 한	갖출/마땅 해	본보기 해	풀 해	드릴 헌	싫어할 혐	말씀 화	신 화	재앙 화	미끄러울 활	뇌물 회
嗅	毀	彙	携	詰	14획	歌	閣	綱	箇	概	境	穀	寡	関	管	慣
맡을 후	헐 훼	무리 휘	이끌 휴	꾸짖을 힐		노래 가	집 각	벼리 강	낱 개	대개 개	지경 경	곡식 곡	적을 과	관계할 관	대롱 관	익숙할 관
駆	構	旗	寧	端	徳	稲	読	銅	辣	歴	暦	練	領	緑	僚	漏
몰 구	얽을 구	기 기	편안 녕	끝 단	큰 덕	벼 도	읽을 독	구리 동	매울 랄	지날 력	책력 력	익힐 련	거느릴 령	푸를 록	동료 료	샐 루
瑠	膜	慢	漫	網	綿	蔑	銘	鳴	慕	模	貌	暮	墨	聞	蜜	髪
유리 류	꺼풀/막 막	거만할 만	흩어질 만	그물 망	솜 면	업신여길 멸	새길 명	울 명	그릴 모	본뜰 모	얼굴 모	저물 모	먹 묵	들을 문	꿀 밀	터럭 발
閥	罰	複	僕	腐	碑	鼻	算	酸	像	誓	緒	説	遡	遜	需	塾
문벌 벌	벌할 벌	겹칠 복	종 복	썩을 부	비석 비	코 비	셈 산	실 산	모양 상	맹세할 서	실마리 서	말씀 설/달랠 세	거스를 소	겸손할 손	쓰일/쓸 수	글방 숙
様	瘍	漁	語	駅	演	誤	獄	踊	熊	誘	維	隠	銀	疑	認	雌
모양 양	헐 양	고기잡을 어	말씀 어	역 역	펼 연	그르칠 오	옥 옥	뛸 용	곰 웅	꾈 유	벼리 유	숨을 은	은 은	의심할 의	알 인	암컷 자
磁	雑	障	摘	適	滴	嫡	銭	箋	漸	静	精	際	製	遭	種	増
자석 자	섞일 잡	막을 장	딸 적	맞을 적	물방울 적	정실 적	돈 전	찌지 전	점점 점	고요할 정	정할 정	즈음 제	지을 제	만날 조	씨 종	더할 증
憎	誌	漬	徴	遮	察	彰	総	銃	層	漆	綻	奪	態	駄	漂	豪
미울 증	기록할 지	담글 지	부를 징	가릴 차	살필 찰	드러날 창	다 총	총 총	층 층	옻 칠	옷터질 탄	빼앗을 탈	모습 태	짐실을 태	떠다닐 표	호걸 호
酷	魂	酵	15획	稼	監	撃	潔	慶	憬	稽	稿	課	駒	窮	権	潰
심할 혹	넋 혼	삭힐 효		심을 가	볼 감	칠 격	깨끗할 결	경사 경	깨달을 경	머무를 계	원고 고	과정 과	망아지 구	다할/궁할 궁	권세 권	무너질 궤
劇	畿	器	緊	談	踏	導	憧	諾	慮	霊	論	寮	輪	履	璃	摩
심할 극	경기 기	그릇 기	긴할 긴	말씀 담	밟을 답	인도할 도	그리워할 동	허락할 락	생각할 려	신령 령	논할 론	동관 료	바퀴 륜	밟을 리	유리 리	문지를 마
魅	罵	舞	黙	撲	磐	輩	賠	範	餅	賦	膚	敷	墳	憤	噴	賓
매혹할 매	욕할 매	춤출 무	잠잠할 묵	칠 박	소반 반	무리 배	물어줄 배	법 범	떡 병	부세 부	살갗 부	펼 부	무덤 분	분할 분	뿜을 분	손 빈
賜	箱	賞	潟	選	線	誰	穂	熟	膝	縄	審	餓	謁	養	億	縁
줄 사	상자 상	상줄 상	개펄 석	가릴 선	줄 선	누구 수	이삭 수	익을 숙	무릎 슬	노끈 승	살필 심	주릴 아	뵐 알	기를 양	억 억	인연 연
熱	閲	影	鋭	緩	窯	憂	慰	遺	潤	儀	餌	潜	暫	蔵	箸	敵
더울 열	볼 열	그림자 영	날카로울 예	느릴 완	기와가마 요	근심 우	위로할 위	남길 유	불을 윤	거동 의	미끼 이	잠길 잠	잠깐 잠	감출 장	젓가락 저	대적할 적

일본어 상용한자 2136자! ⑧

諸	調	槽	潮	嘲	踪	駐	鋳	遵	摯	震	質	澄	賛	遷	撤	徹
모두 제	고를 조	구유 조	밀물/조수 조	비웃을 조	자취 종	머무를 주	쇠불릴 주	좇을 준	잡을 지	우레 진	바탕 질	맑을 징	도울 찬	옮길 천	거둘 철	통할 철
請	締	嘱	撮	墜	衝	趣	誕	罷	編	蔽	弊	幣	褒	舗	暴	標
청할 청	맺을 체	부탁할 촉	사진찍을 촬	떨어질 추	찌를 충	뜻 취	낳을 탄	마칠 파	엮을 편	덮을 폐	폐단/해질 폐	화폐 폐	기릴 포	펼/가게 포	사나울 폭	표할 표
確	歓	横	勲	輝	戯	16획	墾	憾	鋼	憩	激	錮	館	壊	橋	錦
굳을 확	기쁠 환	가로 횡	공 훈	빛날 휘	놀이 희		개간할 간	섭섭할 감	강철 강	쉴 게	격할 격	막을 고	집 관	무너질 괴	다리 교	비단 금
機	濃	壇	曇	糖	賭	篤	頭	錬	隷	録	頼	隣	磨	麺	謀	縛
틀 기	짙을 농	단 단	흐릴 담	엿 당	걸 도	도타울 독	머리 두	단련할 련	종 례	기록할 록	의뢰할 뢰	이웃 린	갈 마	밀가루 면	꾀 모	얽을 박
薄	繁	壁	縫	奮	膳	醒	樹	輸	獣	薪	薬	嬢	壌	憶	燃	穏
엷을 박	번성할 번	벽 벽	꿰맬 봉	떨칠 분	반찬 선	깰 성	나무 수	보낼 수	짐승 수	섶 신	약 약	아가씨 양	흙덩이 양	생각할 억	탈 연	편안할 온
擁	謡	緯	衛	儒	諭	融	凝	諮	積	整	錠	操	縦	錯	薦	諦
낄 옹	노래 요	씨 위	지킬 위	선비 유	타이를 유	녹을 융	엉길 응	물을 자	쌓을 적	가지런할 정	덩이 정	잡을 조	세로 종	어긋날 착	천거할 천	살필 체
築	緻	親	濁	膨	避	骸	諧	憲	賢	頬	衡	還	懐	獲	薫	興
쌓을 축	빽빽할 치	친할 친	흐릴 탁	부풀 팽	피할 피	뼈 해	화할 해	법 헌	어질 현	뺨 협	저울대 형	돌아올 환	품을 회	얻을 획	향풀 훈	일 흥
17획	懇	講	鍵	謙	鍋	矯	購	謹	鍛	戴	瞳	謄	覧	齢	瞭	療
	간절할 간	욀 강	자물쇠 건	겸손할 겸	냄비 과	바로잡을 교	살 구	삼갈 근	쇠불릴 단	일 대	눈동자 동	베낄 등	볼 람	나이 령	밝을 료	병고칠 료
謎	頻	謝	償	霜	鮮	繊	闇	曖	臆	厳	優	擬	翼	爵	績	燥
수수께끼 미	자주 빈	사례할 사	갚을 상	서리 상	고울 선	가늘 섬	숨을 암	가릴 애	가슴 억	엄할 엄	넉넉할 우	비길 의	날개 익	벼슬 작	길쌈 적	마를 조
擦	聴	礁	醜	縮	濯	轄	嚇	環	犠	18획	簡	繭	鎌	観	襟	騎
문지를 찰	들을 청	암초 초	추할 추	줄일 축	씻을 탁	다스릴 할	성낼 혁	고리 환	희생 희		간략할 간	고치 견	낫 겸	볼 관	옷깃 금	말탈 기
難	藤	濫	藍	糧	類	臨	翻	藩	壁	癖	覆	繕	騒	鎖	瞬	顎
어려울 난	등나무 등	넘칠 람	쪽 람	양식 량	무리 류	임할 림	번역할 번	울타리 번	둥근옥 벽	버릇 벽	다시 복/덮을 부	기울 선	떠들 소	쇠사슬 쇄	눈깜짝일 순	턱 악
顔	額	曜	癒	題	贈	職	織	鎮	懲	礎	闘	韓	験	顕	穫	19획
낯 안	이마 액	빛날 요	병나을 유	제목 제	줄 증	직분 직	짤 직	진압할 진	징계할 징	주춧돌 초	싸움 투	나라 한	시험 험	나타날 현	거둘 확	
鏡	鯨	警	鶏	羅	麗	麓	瀬	離	霧	譜	簿	璽	髄	識	艶	韻
거울 경	고래 경	깨우칠 경	닭 계	벌릴 라	고울 려	산기슭 록	여울 뢰	떠날 리	안개 무	족보 보	문서 부	옥새 새	뼛골 수	알 식	고울 염	운 운
願	臓	繰	藻	蹴	覇	爆	20획	競	騰	欄	譲	醸	議	籍	鐘	響
원할 원	오장 장	고치켤 조	마름 조	찰 축	으뜸 패	불터질 폭		다툴 경	오를 등	난간 란	사양할 양	술빚을 양	의논할 의	문서 적	쇠북 종	울릴 향
懸	護	21획	顧	露	魔	躍	鶴	艦	22획	驚	籠	襲	23획	鑑	29획	鬱
달 현	도울 호		돌아볼 고	이슬 로	마귀 마	뛸 약	학 학	큰 배 함		놀랄 경	대그릇 롱	엄습할 습		거울 감		막힐 울

일본어 상용한자 2136자! ②

迅	安	仰	羊	如	汚	羽	宇	芋	危	有	肉	衣	耳	弐	印	因
빠를 신	편안 안	우러를 앙	양 양	같을 여	더러울 오	깃 우	집 우	토란 우	위태할 위	있을 유	고기 육	옷 의	귀 이	두/갖은두 이	도장 인	인할 인
任	字	自	匠	壮	再	在	争	全	伝	兆	早	存	州	舟	朱	竹
맡길 임	글자 자	스스로 자	장인 장	장할 장	두 재	있을 재	다툴 쟁	온전 전	전할 전	억조 조	이를 조	있을 존	고을 주	배 주	붉을 주	대 죽
仲	地	旨	池	至	芝	尽	次	虫	充	宅	吐	汗	合	行	向	血
버금 중	땅 지	뜻 지	못 지	이를 지	지초 지	다할 진	버금 차	벌레 충	채울 충	집 택	토할 토	땀 한	합할 합	다닐 행/항렬 항	향할 향	피 혈
刑	好	回	会	灰	朽	后	休	吸	7획	却	角	肝	改	坑	見	決
형벌 형	좋을 호	돌아올 회	모일 회	재 회	썩을 후	임금/왕후 후	쉴 휴	마실 흡		물리칠 각	뿔 각	간 간	고칠 개	구덩이 갱	볼 견/뵈올 현	결단할 결
更	戒	系	告	谷	困	攻	串	狂	求	究	局	君	均	克	近	岐
고칠 경/다시 갱	경계할 계	이어맬 계	고할 고	골 곡	곤할 곤	칠 공	꿸 관	미칠 광	구할 구	연구할 구	판 국	임금 군	고를 균	이길 극	가까울 근	갈림길 기
忌	汽	技	那	男	努	尿	但	対	図	豆	卵	乱	来	冷	良	戻
꺼릴 기	물끓는김 기	재주 기	어찌 나	사내 남	힘쓸 노	오줌 뇨	다만 단	대할 대	그림 도	콩 두	알 란	어지러울 란	올 래	찰 랭	어질 량	어그러질 려
呂	励	労	弄	里	利	忘	売	麦	没	妙	尾	返	伴	抜	芳	邦
음률 려	힘쓸 려	일할 로	희롱할 롱	마을 리	이할 리	잊을 망	팔 매	보리 맥	빠질 몰	묘할 묘	꼬리 미	돌이킬 반	짝 반	뽑을 발	꽃다울 방	나라 방
坊	防	妨	伯	別	兵	扶	否	批	似	沙	社	私	伺	杉	床	状
동네 방	막을 방	방해할 방	맏 백	다를/나눌 별	병사 병	도울 부	아닐 부	비평할 비	닮을 사	모래 사	모일 사	사사 사	엿볼 사	삼나무 삼	상 상	형상 상/문서 장
序	声	束	寿	秀	辛	身	臣	伸	芯	我	亜	児	冶	抑	言	余
차례 서	소리 성	묶을 속	목숨 수	빼어날 수	매울 신	몸 신	신하 신	펼 신	등심초 심	나 아	버금 아	아이 아	불릴 야	누를 억	말씀 언	나 여
役	迎	芸	呉	沃	完	妖	囲	位	吟	応	医	忍	壱	妊	作	材
부릴 역	맞을 영	재주 예	성 오	물댈 옥	완전할 완	아리따울 요	에워쌀 위	자리 위	읊을 음	응할 응	의원 의	참을 인	한/갖은한 일	아이밸 임	지을 작	재목 재
災	低	赤	折	呈	町	廷	弟	条	助	足	佐	走	住	肘	即	志
재앙 재	낮을 저	붉을 적	꺾을 절	드릴 정	밭두둑 정	조정 정	아우 제	가지 조	도울 조	발 족	도울 좌	달릴 주	살 주	팔꿈치 주	곧 즉	뜻 지
車	体	肖	抄	初	村	沖	吹	沈	快	妥	汰	択	沢	投	把	坂
수레 차	몸 체	닮을/같을 초	뽑을 초	처음 초	마을 촌	화할 충	불 취	잠길 침	쾌할 쾌	온당할 타	사치할 태	가릴 택	못 택	던질 투	잡을 파	비탈 판
阪	判	貝	何	含	抗	形	花	孝	希	8획	苛	価	佳	刻	岬	岡
언덕 판	판단할 판	조개 패	어찌 하	머금을 함	겨룰 항	모양 형	꽃 화	효도 효	바랄 희		가혹할 가	값 가	아름다울 가	새길 각	곶 갑	산등성이 강
拠	拒	居	肩	京	茎	径	季	届	固	股	苦	昆	空	供	果	官
근거 거	막을 거	살 거	어깨 견	서울 경	줄기 경	지름길 경	계절 계	이를 계	굳을 고	넓적다리 고	쓸 고	맏 곤	빌 공	이바지할 공	실과 과	벼슬 관
怪	拐	具	拘	欧	殴	国	屈	券	金	肯	奇	祈	奈	念	泥	担
괴이할 괴	후릴 괴	갖출 구	멜 구	구라파 구	때릴 구	나라 국	굽힐 굴	문서 권	쇠 금/성 김	즐길 긍	기특할 기	빌 기	어찌 나	생각 념	진흙 니	멜 담
到	毒	突	東	拉	例	炉	林	抹	枚	妹	盲	免	命	明	侮	牧
이를 도	독 독	갑자기 돌	동녘 동	끌 랍	법식 례	화로 로	수풀 림	지울 말	낱 매	누이 매	소경/눈멀 맹	면할 면	목숨 명	밝을 명	업신여길 모	칠 목

일본어 상용한자 2136자! ①

1획		2획												3획	
乙	一		九	刀	力	了	十	又	二	人	入	丁	七	八	
새 을	한 일		아홉 구	칼 도	힘 력	마칠 료	열 십	또 우	두 이	사람 인	들 입	고무래 정	일곱 칠	여덟 팔	
干	巾	乞	工	久	口	弓	及	己	女	大	万	亡	凡	士	山	三
방패 간	수건 건	빌 걸	장인 공	오랠 구	입 구	활 궁	미칠 급	몸 기	계집 녀	큰 대	일만 만	망할 망	무릇 범	선비 사	메 산	석 삼
上	夕	小	与	刃	子	丈	才	川	千	寸	土	下	丸	4획	介	犬
윗 상	저녁 석	작을 소	더불/줄 여	칼날 인	아들 자	어른 장	재주 재	내 천	일천 천	마디 촌	흙 토	아래 하	둥글 환		낄 개	개 견
欠	公	孔	区	勾	斤	今	内	匂	丹	斗	屯	毛	木	文	反	方
이지러질 결	공평할 공	구멍 공	지경 구	굽을 구	날 근	이제 금	안 내	향내 내	붉을 단	말 두	진칠 둔	터럭 모	나무 목	글월 문	돌이킬 반	모 방
父	夫	分	仏	不	比	少	収	水	手	升	心	双	氏	牙	厄	予
아비 부	지아비 부	나눌 분	부처 불	아닐 불/부	견줄 비	적을 소	거둘 수	물 수	손 수	되 승	마음 심	두/쌍 쌍	성씨 씨	어금니 아	액 액	미리 예
刈	午	五	王	冗	友	牛	円	元	月	六	引	仁	日	切	井	爪
벨 예	낮 오	다섯 오	임금 왕	쓸데없을 용	벗 우	소 우	둥글 원	으뜸 원	달 월	여섯 육	끌 인	어질 인	날 일	끊을 절/온통 체	우물 정	손톱 조
弔	中	止	支	尺	天	太	片	匹	乏	互	戸	化	火	幻	凶	5획
조상할 조	가운데 중	그칠 지	지탱할 지	자 척	하늘 천	클 태	조각 편	짝 필	모자랄 핍	서로 호	집 호	될 화	불 화	헛보일 환	흉할 흉	
加	可	刊	甘	甲	去	巨	尻	古	功	広	巧	句	丘	旧	奴	尼
더할 가	옳을 가	새길 간	달 감	갑옷 갑	갈 거	클 거	꽁무니 고	예 고	공 공	넓을 광	공교할 교	글귀 구	언덕 구	예 구	종 노	여승 니
旦	台	代	冬	令	礼	立	末	皿	母	矛	目	未	民	半	白	犯
아침 단	대 대	대신할 대	겨울 동	하여금 령	예도 례	설 립	끝 말	그릇 명	어미 모	창 모	눈 목	아닐 미	백성 민	반 반	흰 백	범할 범
辺	弁	丙	本	付	北	払	氷	四	司	写	史	仕	生	石	仙	世
가 변	고깔 변	남녘 병	근본 본	부칠 부	북녘 북/달아날 배	떨칠 불	얼음 빙	넉 사	맡을 사	베낄 사	사기 사	섬길 사	날 생	돌 석	신선 선	인간 세
召	囚	示	市	矢	申	失	圧	央	永	玉	瓦	外	凹	用	右	由
부를 소	가둘 수	보일 시	저자 시	화살 시	납 신	잃을 실	누를 압	가운데 앙	길 영	구슬 옥	기와 와	바깥 외	오목할 요	쓸 용	오른 우	말미암을 유
幼	以	田	占	正	井	左	主	汁	叱	且	札	冊	処	斥	凸	庁
어릴 유	써 이	밭/논 전	점령할 점	바를 정	우물 정	왼 좌	주인 주	즙 즙	꾸짖을 질	또 차	편지 찰	책 책	곳 처	물리칠 척	볼록할 철	관청 청
出	他	打	平	布	包	皮	必	玄	穴	兄	号	込	6획	仮	各	江
날 출	다를 타	칠 타	평평할 평	베·필 포/보시 보	쌀 포	가죽 피	반드시 필	검을 현	굴 혈	형 형	부르짖을 호	담다		거짓 가	각각 각	강 강
件	考	曲	共	缶	光	交	臼	机	叫	扱	気	企	肌	伎	吉	年
물건 건	생각할 고	굽을 곡	한가지 공	두레박 관	빛 광	사귈 교	절구 구	책상 궤	부르짖을 규	거둘 급	기운 기	꾀할 기	살 기	재간 기	길할 길	해 년
多	団	当	同	灯	両	劣	列	老	吏	妄	忙	毎	名	米	朴	百
많을 다	둥글 단	마땅 당	한가지 동	등 등	두 량	못할 렬	벌릴 렬	늙을 로	관리 리	망령될 망	바쁠 망	매양 매	이름 명	쌀 미	성 박	일백 백
伐	帆	汎	伏	妃	糸	寺	死	色	西	先	舌	成	守	巡	旬	式
칠 벌	돛 범	뜰 범	엎드릴 복	왕비 비	실 사	절 사	죽을 사	빛 색	서녘 서	먼저 선	혀 설	이룰 성	지킬 수	돌/순행할 순	열흘 순	법 식

동양북스 채널에서 더 많은 도서 더 많은 이야기를 만나보세요!

 유튜브

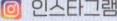 인스타그램

 블로그

 포스트

 페이스북

 카카오뷰

외국어 출판 45년의 신뢰
외국어 전문 출판 그룹
동양북스가 만드는 책은 다릅니다.

45년의 쉼 없는 노력과 도전으로 책 만들기에 최선을 다해온
동양북스는 오늘도 미래의 가치에 투자하고 있습니다.
대한민국의 내일을 생각하는 도전 정신과 믿음으로 최선을 다하겠습니다.